Pilot 派力营销图书 中国营销工具库

·中国营销实战丛书·

The Manual for Marketing Managers

The primary bible of chinese marketing manager

# 营销经理手册

## 中国营销经理入门宝典

[第二版]

屈云波 王婵龙 ◎ 编著

企业管理出版社
ENTERPRISE MANAGEMENT PUBLISHING HOUSE

**图书在版编目（CIP）数据**

营销经理手册：中国营销经理入门宝典 / 屈云波，王婵龙编著. — 2版.
— 北京：企业管理出版社，2016.2
ISBN 978-7-5164-1196-4

Ⅰ. ①营… Ⅱ. ①屈… ②王… Ⅲ. ①市场营销学—中国—手册 Ⅳ. ①F713.50-62
中国版本图书馆CIP数据核字（2016）第007145号

---

**书　　名：**营销经理手册：中国营销经理入门宝典（第二版）
**作　　者：**屈云波　王婵龙
**责任编辑：**尤　颖　田　天
**书　　号：**ISBN 978-7-5164-1196-4
**出版发行：**企业管理出版社
**地　　址：**北京市海淀区紫竹院南路17号　　　邮编：100048
**网　　址：**http：//www.emph.cn
**电　　话：**总编室（010）68701719　发行部（010）68701816　编辑部（010）68701408
**电子信箱：**80147@sina.com
**印　　刷：**香河闻泰印刷包装有限公司
**经　　销：**新华书店
**规　　格：**168毫米×235毫米　16开本　30印张　420千字
**版　　次：**2016年2月第2版　2016年2月第1次印刷
**定　　价：**88.00元

---

# 商德需要好榜样

## （再版序）

我已十多年没有意愿发声，除了自身懒惰原因，一是关于营销技术层面话题不断有很多新的中外著作可供大家阅读，同时也有很多电子商务和互联网营销大咖成功案例介绍，二是对这十多年中国商业及社会的道德表现极其失望和愤怒，以致无语。

我个人的观察，单从道德上讲我认为中国商业这十多年总体来说是大幅度退步的，以至于很多人可能已经麻木至习以为常，甚至以非为是。

不信？作为普通消费者，我们略举几个日常生活中常见的例子看看：大到购买房子及装修、股票、理财产品、商业保险、借贷、治病、上学等，小到穿的衣服、吃的食品、用的物品、公共服务（水、电、气、热、通信等）、售后服务、旅游等，很多时候都会让你体验到购前不敢相信，购后愤怒生气，直至投诉、起诉无果的遭遇，诚信和法制似乎只是停留在很多企业及老板们的嘴上和广告宣传上。

这种信任陡降、道德沦丧、法制不彰的现象不仅仅存在于商业领域，已经覆盖社会的很多方面，甚至包括亲朋好友的来往、同事同学的相处，以至于几乎我们每个人、每天都要学着如何分辨和应付海量的五花八门、不断升级、防不胜防的诈骗信息。

我们中有很多人深受其害、深恶痛绝却又无能为力，进而麻木至习以为常、毫无作为，甚至不自觉已经不同程度地是非颠倒、“好人变坏人”。

因为我们多数是普通人，通常也许会认为提高国民素质、改变社会风气、严刑峻法那是政府官员和社会精英们的事情。

但我们至少可以从自己及能够影响到的身边人做起，力所能及地改变自己，说一些正能量的话，做一些正能量的事，即便不能给自己带来任何功利，至少每晚可以安然入眠，为我们的下一代树个好榜样。

其实中国商界也有很好的榜样，就我个人多年体验而言，广东和四川的餐饮服务业很早就是中国商界好榜样，中国家电业产品和服务的表现曾经也是，也许还有其他，不一而足。

最后，在企业管理出版社再版《中国营销实战丛书》首批六本书之际，写此文与二十多年来一直信任和陪伴派力营销的上千万中国营销人共勉。

让我们摘录亚马逊CEO杰夫·贝索斯在普林斯顿大学2010年学士毕业典礼上的演讲辞其中的几句话作为共勉：

善良比聪明更难，选择比天赋更重要。

天赋和选择不同。聪明是一种天赋，而善良是一种选择。天赋得来很容易——毕竟它们与生俱来，而选择则颇为不易。如果一不小心，你可能被天赋所诱惑，这可能会损害到你做出的选择。

你们要如何运用这些天赋呢？你们会为自己的天赋感到骄傲，还是会为自己的选择感到骄傲？

北京派力营销管理咨询有限公司

2016年1月18日

# 前　言

三十多年来，伴随中国市场经济的快速发展和市场营销的普及教育，越来越多的中国企业已经认识到了市场营销对于企业经营的重要价值。部分领先的企业陆续设置了更加专业化和细分化的市场营销组织，对营销人员的选、用、育、留也更加重视和专业。但是很多企业和营销经理对部门职能、岗位设置、人才选用、组织运行等所需知识还掌握不足，需要专业指导，因此我们推出这本《营销经理手册——中国营销经理入门宝典》。

本书系统介绍了市场营销的基本概念、市场营销部的职能、岗位设置与岗位职责、工作方法等，同时展现了几个主要行业的营销原理、营销组织及营销人员的选、用、育、留等内容，实用性强。

全书分为六章：

第一章，讲述市场营销以及市场营销部的基本概念。通过阅读第一章，读者就能对市场营销的概念、市场营销组织和市场营销部的职能有非常清晰的了解。

第二章，讲述市场营销部的内部组织及分工配合，为读者描述市场营销部内部的岗位设置以及各个岗位的职责和相互之间如何配合。

第三章，讲述市场营销部与公司其他部门以及外部专业机构的分工配合，使读者懂得在公司内如何发挥市场营销部的领头作用。

第四章，讲述市场营销部常用的营销方法，其中包括营销管理所涉及到的所有主要方法。

第五章，讲述工业品、服务业和零售业等几个主要行业的营销原理和营销组织，以满足不同行业营销经理们的工作需求。

第六章，讲述营销经理、人力资源经理和公司高管们如何选、用、育、留市场营销人员。

# 目　　录


## 第一章 市场营销与市场营销部

第一节 市场营销的基本概念　2
第二节 市场营销的职能与组织　18
第三节 市场营销部的角色　25
第四节 市场营销部经理的角色　33

## 第二章 市场营销部内部分工与配合

第一节 市场营销部组织结构　38
第二节 市场营销部岗位职责　40
第三节 市场营销部各职能岗位的配合　60

## 第三章 市场营销部与其他部门及机构的分工与配合

第一节 市场营销部与其他部门的分工与配合　66
第二节 市场营销部与专业机构的分工与配合　77

## 第四章 市场营销部常用的专业方法与工具

第一节 市场营销信息收集与分析方法 91
第二节 市场营销战略制定方法 153
第三节 市场营销策略制定方法 177
第四节 年度营销计划制定方法 261
第五节 市场营销执行与控制方法 271

## 第五章 几个主要行业的营销原理及营销组织设置

第一节 服务行业 334
第二节 零售行业 352
第三节 工业品行业 366
第四节 互联网行业 380

## 第六章 如何选育留用市场营销人员

第一节 市场营销人员的招聘 401
第二节 市场营销人员的培训 411
第三节 市场营销人员的团队合作 428
第四节 市场营销人员的薪酬与绩效考核 449
第五节 市场营销人员应具备的几种能力 466

参考文献 470

# 第一章
# 市场营销与市场营销部

营销的目的就是要使推销成为多余！

——现代管理学之父 彼得·德鲁克

# 第一节 市场营销的基本概念

## 一、市场营销的定义

市场营销，现在似乎被用的太过于泛滥了，基本上每个人对这个词汇都不陌生，但真正懂市场营销的人却少之又少。大部分人将市场营销等同于销售。其实，在中国的汉语词汇中本来没有这个词。市场营销理论产生于美国，后来被引进到了中国。美国所用的词为“Marketing”，在引进中国时翻译为市场营销。市场营销是由三个汉语词字组成，即“市场”、“营”和“销”。这里所谓的“市场”是指有一定需求并且有购买能力的人，对企业来说就是顾客和消费者；所谓“营”可以理解为管理、经营等，而“销”其实就是我们所熟悉的销售。那么，从字面上理解我们就应该知道市场营销并不是销售，而销售只是营销的冰山一角。

在我国，绝大多数企业的营销经理并没有经过系统的营销知识学习，完全是靠经验和感觉进行工作，本身知识结构的科学性、系统性不强，这直接影响企业营销活动的效率和效果。下面我们就来回顾一下市场营销的定义。

美国市场营销协会对市场营销的定义是：市场营销是一项有组织的活动，它包括创造“价值”，将“价值”沟通输送给顾客，以及维系管理公司与顾客间的关系，从而使得公司及其相关者受益的一系列过程。①

菲利普·科特勒从社会和管理角度对市场营销下的定义是：营销是个人和集体通过创造，提供出售，并同别人自由交换产品和价值，以获

① 【美】菲利普·科特勒，凯文·莱恩·凯勒.《营销管理》第12版

得其所需所欲之物的社会过程。[①]从企业的角度，菲利普·科特勒将市场营销定义为：市场营销是指企业的这种职能，即认识目前未满足的需要和欲望，估量和确定需求量大小，选择和决定企业能最好地为其服务的目标市场，并决定适当的产品、劳务和计划（或方案），以便为目标市场服务。[②]

被称为“现代管理学之父”的著名管理学家彼得·德鲁克曾经这样说：

可以这样说，某些推销工作总是需要的。然而，营销的目的就是要使推销成为多余。营销的目的在于深刻地认识和了解顾客，从而使产品或服务完全适合顾客的需要而形成产品的自我销售。理想的营销会产生一个已经准备来购买产品或服务的顾客；剩下了的事就是如何便于顾客得到这些产品或服务。[③]

对市场营销的定义虽然有多个版本，但其核心思想都是一样的，即“发现市场需求，调动企业所有的资源比竞争对手更好地满足它，并长期循环往复。”

市场营销无非是了解、分析和启发消费者的需求，开发、制造出消费者需要的产品（品牌），并通过一系列的营销技术手段和部门协同工作，达成消费者与产品（品牌）有效沟通的系统工程。也就是说，市场营销是企业根据顾客需求分配其本身的人力、财力和实物资源的方法（图1-1）。

---

①【美】菲利普·科特勒，凯文·莱恩·凯勒.《营销管理》第12版
②【美】菲利普·科特勒，《营销管理》第10版
③【美】菲利普·科特勒，凯文·莱恩·凯勒.《营销管理》第12版

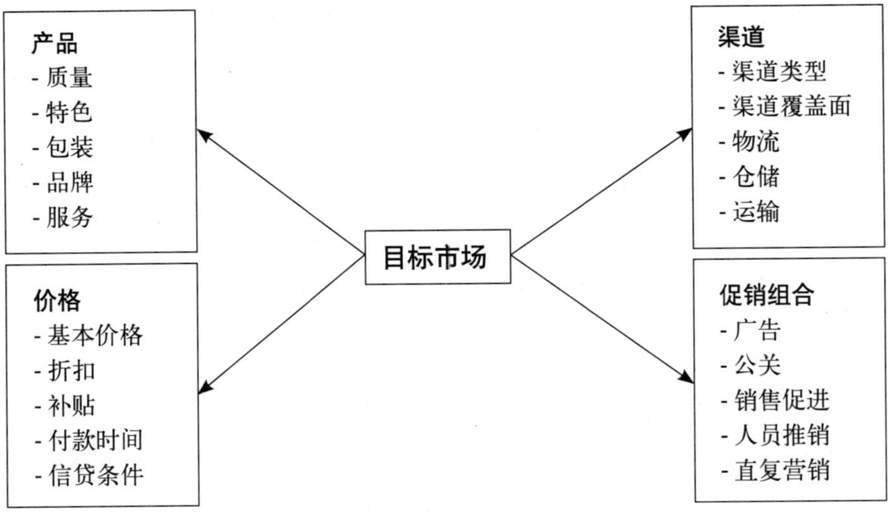


**图 1-1 市场营销的核心**

结合图 1-1，对市场营销的理解可归纳为以下几个要点：

● 营销的目的在于创造目标消费者的满足；

● 满足的工具是产品或服务；

● 达成满足之前，必须动用产品（品牌）概念、定价、渠道以及促销等各种元素；

● 整个过程必须有周密的分析、良好的计划及完整的执行和控制，才能够达成目的。

## 二、市场营销观念

市场营销观念是大多数企业的经营者用来指导公司营销的哲学思想。任何企业都是在某种观念的指导下从事营销活动的。市场营销观念的演变与发展，可归纳为五个阶段，即生产观念、产品观念、推销观念、市场营销观念和全面营销观念（注意，这里的全面营销观念为菲利普 · 科特勒《营销管理》第 12 版中所提，其中包括了社会营销观念）。

### 1. 生产观念

生产观念是指导销售者行为最古老的观念之一。这种观念产生于 20 世纪 20 年代前。生产观念认为消费者喜爱那些可以随处得到的、价格低廉的产品。企业致力于提高生产效率和分销效率，扩大生产，降低成本以扩展市场。美国汽车大王亨利 · 福特曾宣称："不管顾客需要什么颜色的汽车，我只有一种黑色的。"这就是典型的生产观念的表现。在这种观念的指导下企业的经营主要是从自身生产出发，而不是从消费者需求出发。

生产观念是在卖方市场条件下产生的。在资本主义工业化初期以及第二次世界大战末期和战后一段时期内，由于物资短缺，市场产品供不应求，生产观念在企业经营管理中颇为流行。我国在计划经济旧体制下，由于市场产品短缺，企业不愁其产品没有销路，企业在其经营管理中也奉行生产观念。

### 2. 产品观念

产品观念认为，消费者最喜欢高质量、多功能和具有某种创新特色的产品。在产品观念指导下，企业通常致力于生产高值产品，并不断加以改进。它们认为只要自己有完美的产品，消费者就会源源不断地来购买，而没有考虑产品是不是迎合了消费者的需要。

产品观念同生产观念一样产生于市场产品供不应求的"卖方市场"形势下。产品观念会引发营销近视，企业只看到自己的产品质量好，看不到市场需求在变化，致使企业经营陷入困境。

### 3.推销观念

推销观念或称销售观念是被许多企业所采用的另一种观念。它认为，消费者通常表现出一种购买惰性或抗衡心理，如果让消费者自行抉择，他们一般不会足量购买某一企业的产品。因此，企业必须主动推销和大力促销，以刺激消费者大量购买本企业产品。

推销观念被大量运用于推销那些非渴求商品。所谓非渴求商品，就是指购买者一般不会想到要去购买的产品或服务，如保险。许多企业在产品过剩时，也常常奉行推销观念。他们的近期目标是销售其能够生产的东西，而不是生产市场所需的产品。

推销观念产生于资本主义国家由“卖方市场”向“买方市场”过渡的阶段。在 1920—1945 年间，由于科学技术的进步，科学管理和大规模生产的推广，产品产量迅速增加，逐渐出现了市场产品供过于求，卖主之间竞争激烈的新形势。尤其在 1929—1933 年的特大经济危机期间，大量产品销售不出去，因而迫使企业重视采用广告术与推销术去推销产品。许多企业家感到即使有物美价廉的产品，也未必能卖得出去；企业要在日益激烈的市场竞争中求得生存和发展，就必须重视推销，拼命地争夺顾客。此时出现了大量的电视广告、报纸广告、直邮广告、推销电话。

推销观念虽然表面上看已经不是“闭门造车”，比前两个观念有所进步，但其实质并无多大变化，依然是从企业自身出发。

### 4.市场营销观念

市场营销观念是作为对上述观念的挑战而出现的一种企业经营哲学。市场营销观念认为，实现企业各项目标的关键，在于正确确定目标市场的需要和欲望，并且比竞争者更有效、更有利地传送目标市场所期望的商品或服务。此时，企业不是销售能生产的产品，而是生产能够销售的产品。

市场营销观念的出现，使企业经营观念发生了根本性变化，也使市场营销学发生了一次革命。市场营销观念同推销观念相比具有重大的差别。

推销观念注重卖方需要；市场营销观念则注重买方需要。推销观念以卖主需要为出发点，考虑如何把产品变成现金；而市场营销观念则从消费者需要出发，通过制造、传送产品，来满足顾客的需要。

表 1-1 推销观念与营销观念的比较

| 不同点 | 出发点 | 重点 | 方法 | 目的 |
|---|---|---|---|---|
| 推销观念 | 企业 | 产品 | 推销和促销 | 通过销售获得利润 |
| 营销观念 | 目标市场 | 顾客需要 | 整合营销 | 通过顾客满意获取利润 |

### 5.全面营销观念

在竞争日益激烈的情况下，公司需要思考如何在新的市场环境中运作和竞争。新时期的营销人员也认识到必须通过企业内外部合作才能提升企业的竞争力。因此，也就产生了全面营销观念。全面营销观念的基础是发展、设计和执行营销计划、过程及活动。全面营销观念认为营销应贯穿于“事情的各个方面”，而且要有广阔的、统一的视野。全面营销涉及四个方面：关系营销、整合营销、内部营销和社会营销。全面营销主要是认识到市场活动的宽广度与复杂性，试图加以协调。如图 1-2 所示。

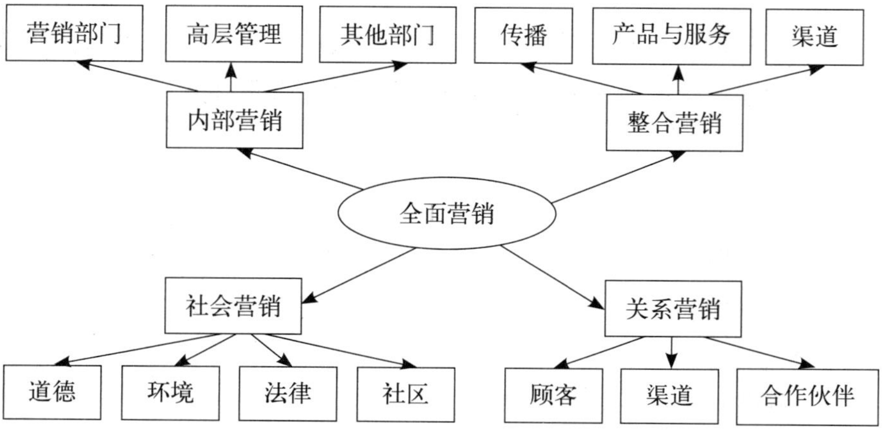


**图 1-2　全面营销维护**

营销的目标越来越集中于发展人和组织的长期牢固关系，这种关系将决定公司营销活动的成败。关系营销旨在与公司利益紧密相关者——顾客、供应商及其他合作伙伴建立长期互惠关系以实现多赢，从而维持业务。整合营销的核心思想是在设计与执行营销计划时要全盘考虑，如对产品、价格、渠道和促销综合考虑，在传播和传递价值时也要通过不同的营销活动实施。内部营销就是要确保组织中每个人都有营销观念，从而更好地服务顾客。内部营销包括两个方面：一方面，营销的不同职能，如销售、广告、客户服务、产品管理、市场调研等，须协调工作，避免出现各职能人员的相互抱怨、推卸责任，所有的职能都要从顾客角度来进行调整。另一方面，营销部门也需要其他部门的支持。企业的各个部门，如研究开发部门、采购部门、制造部门、销售部门、物流部门、会计部门、财务部门，以及企业的中高层领导都应该从顾客需求的角度思考问题，真正做到顾客导向。社会营销观念要求营销人员仔细看待自己在社会中所起的作用。社会营销观念认为，企业的任务是确定各个目标市场的需要、欲望和利益，并以保护或提高消费者和社会福利的方式，比竞争者更有效、更有利地向目标市场提供能够满足其需要、欲望和利益的物品或服务。社会营销观念要求市场营销者在制定市场营销政策时，要统筹兼顾三方面的利益，即企业利润、消费者需要的满足和社会利益。具有社会营销观念的企业可以改善自身的社会形象，提升品牌美誉度，增加顾客忠诚度。近年来环境污染、能源短缺、健康等问题受到越来越多的关注，这就要求企业实施社会营销观念。没有社会营销观念的企业一旦出现问题就会对企业和社会造成极大的影响，“三聚氰胺”事件就是典型的例子。

我国现在的绝大多数企业，尤其中小企业可以说还依然停留在推销观念甚至是产品观念阶段。随着中国在全球经济发展中作用日益显著，加入 WTO 之后，国外企业纷纷进入中国市场，而这些企业的营销水平可以说远远超出了国内企业。我们的民族企业必须尽早实施营销观念，避免在市场竞争中被外来者淘汰。

营销观念可以说是市场营销的核心，营销观念包括有利于企业成功的几个要点：

● 企业的目的在于创造、赢取并持续保有顾客，顾客是而且应该是任何企业一切活动的中心。

● 为创造、赢取并持续保有顾客，企业必须创造、产出和递送人们所需要和认为有价值的物品和服务。此外，这些物品和服务的创造、产出和递送的条件和价格，对顾客而言，应比竞争对手更有吸引力。而对于该企业来说，需要这些产品和服务的顾客群的数量规模必须大到足以形成合理的创造、产出和递送的条件和价格。

- 企业要继续生存并有利可图，则产生的收益必须要超过成本至一定水平，而且必须有相当长时期的持续增长，足以为该企业吸引、维持、保有并扩展其资本，使企业能与竞争者抗衡，甚至超越竞争者。
- 任何企业想要得到上述结果，首先必须明确目标，然后必须确立可以用来实现目标的各种策略，此外还需要执行计划。一般而言这些都必须以书面形式表现，而且必须经过多次的沟通讨论和定期的检讨。
- 必须制订适当的奖励、审核与控制系统以确保顺利执行。

根据上述原则，在确定一个企业是否具备营销导向时，应考虑以下要点：

（1）营销基本上是一种“心态”。凡是真正市场导向的企业，“以顾客为中心”的观念必定深深扎根于企业的每个部门和每个人。所有决策的实施都必须能在顾客身上看得见成果和影响。顾客是企业生存的根基和源泉。

（2）营销同时也是一种企业组成的方式。企业设计的起点是顾客，并确保产品和服务的制造和递送方式最合乎顾客利益。所以一切其他有关企业组织设计的决策也应以顾客为出发点，确保企业能创造、争取和继续拥有顾客。

（3）营销是争夺客户资源涉及的一系列行动和措施。一旦认清“以顾客为中心”对企业的重要性，便会自然而然产生各种满足顾客需要的必要行动和措施，这些行动和措施因组织机构不同而各异，但一般都包括以下内容：

- 发掘顾客及顾客的欲望需求，以及各种市场群体及其存在的差异。
- 物品与服务的创造、生产和递送方式必须适合已经被确认的欲望和需要，并配合企业确定所要满足的顾客需求领域。

● 对根据售价营销的产品和服务，就必须要有订价政策。

● 应向市场提供有关产品和服务的信息，以确保产品和服务的递送方式适合顾客的需要。

（4）为调整这些措施，应设计适当的组织形态，为更进一步满足顾客需求，在管理上营销必须使用一系列的专业技术和专业工具。有些技术和工具是专门用在营销方面的，有些则普遍适用于企业的各功能层面。然而这些专业技术和专门工具最终的用途和目的，是为了要使企业各项职能的发挥在顾客利益的前提下更有效率并产生更好的效果。

## 三、市场营销管理

通过上面的内容，你已经了解了营销观念——一种指导整个公司工作的哲学，那么就让我们更进一步看看什么是市场营销管理工作。

美国市场营销协会对市场营销管理的定义是："市场营销管理是计划和执行关于商品、服务和创意的观念、定价、促销和分销，以创造符合个人和组织目标的交换的一种过程。"[①]简单的说营销管理就是发现需求、满足需求的过程。营销管理作为一种艺术和科学，需要选择目标市场，然后通过创造、传递和沟通优质的顾客价值，获得、保持和增加顾客。营销管理工作包括：分析与选择市场机会、制定营销战略与策略、形成营销计划、营销计划实施与控制。通过图 1-3 加以理解营销管理的过程：

① 【美】菲利普·科特勒.《营销管理》第10版

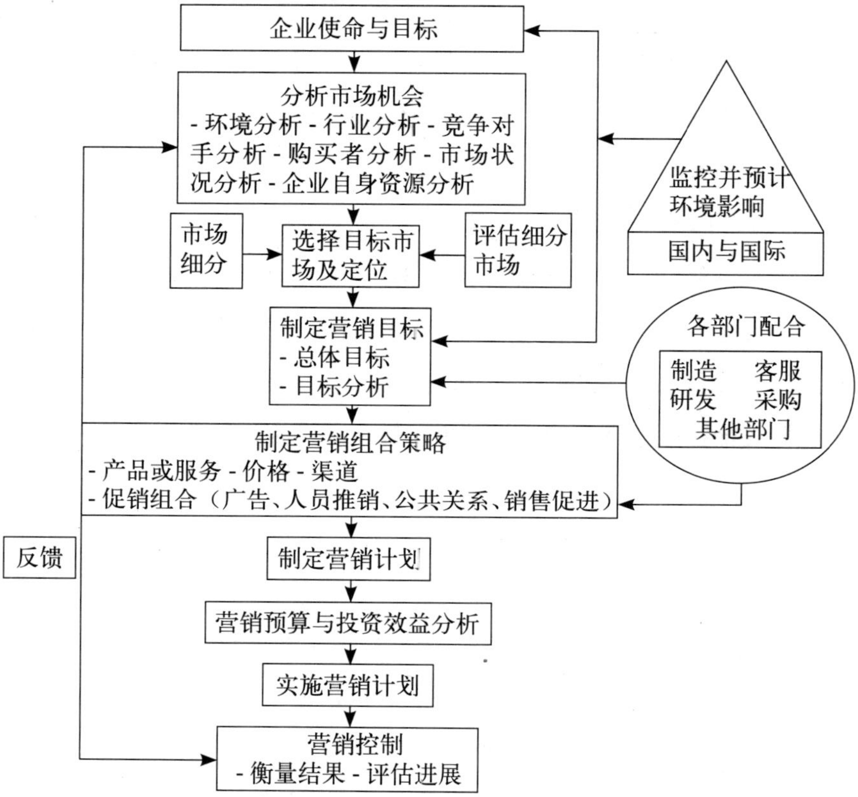


**图 1-3 营销管理过程图**

通过图 1-3，你会对营销管理有了一个大概的了解。下面对营销管理涉及到的几个过程进行简单阐述，详细内容可参见第四章。

### 1.分析与选择市场机会

企业处于一个不断变化的竞争环境中，需要对内外环境的各个方面进行分析，包括环境分析、行业分析、竞争者分析、消费者分析和市场状况分析等，从而发现机会点和问题点，为企业的营销决策提供依据。

### 2.制定营销目标

在完成对前一阶段的分析之后，就需要制定在计划时间内的特定目标，如销售额增长、市场份额提高、利润率以及客户目标等。制定的各种目标必须满足以下几个条件：①目标必须按轻重缓急有层次地安排一一实现；②目标尽量做到量化，如提高市场份额5%；③目标应该有一定挑战性但可以实现，企业应该进行科学地分析，而不是凭主观感觉；④目标应该有时间限制，起始和结束时间要清楚；⑤各目标之间应该协调一致，如销售额最大化和利润最大化可能是冲突的。另外，也需要认真权衡短期利润与长期增长、现有市场渗透与新市场开发、利润目标与非利润目标等的关系。选择不同的目标组合将直接决定影响随后战略与策略的制定。

### 3.制定营销战略与营销策略

营销战略和营销策略这两个词在各种书中反复出现，在不同的书中营销战略和营销策略包括的内容似乎都不一样，但有的书中所说的战略在另外一本书中却被说成策略。战略可以说是一种宏观的方向性的指导，而策略则是相对比较具体的指导。

营销战略其实是对企业战略的进一步落实和对营销计划的具体指导。制定营销战略是企业全部营销活动的基础。换句话说，企业在市场推广、渠道设计与管理、销售等方面的具体行动，都必须符合营销战略的要求，必须根据营销战略制定具体的行动方案。在制定营销战略的过程中，要思考影响企业营销成败的一些根本性因素，如市场、竞争等，从营销角度识别企业面临的需求、问题和机会，并在充分了解自身情况的基础上，找到一条使自身资源与外部环境相适应的成功之路。

营销战略可以说是针对企业特定战略业务单元（SBU）制定的包括STP战略在内的一些竞争战略。营销战略的制定必须在STP战略的基础上进行。所谓的STP就是市场细分、选择目标市场以及定位。市场细分就是根据消费者在人文、心理以及行为上的差异来进行划分，属于同一细分市场的消费者在各个方面表现出一致性。目标市场就是企业根据自身资源情况和细分市场的大小选择进入的某个细分市场。企业由于资源问题不可能满足所有细分市场的需求，因此必须选择与自身能力相符的市场，从而做到集中兵力攻破一点。定位其实就是决定要在消费者的心目中占据一个什么样的位置。企业首先要进行大量的市场调研工作，然后分析市场并划分细分市场。划分出不同的细分市场之后要对细分市场进行各方面的评估选择适当的目标市场，然后再进行定位。

**战略业务单元（SBU）**

战略业务单元是指：

● 它是一项独立业务；

● 它有自己明确的竞争对手；

● 有负责该业务的经理，且该经理能控制大多数影响该业务利润的因素。

实际操作起来，SBU不必严格如定义所述，假如必要的话，SBU适用于所有特定的产品、顾客或产品组和顾客群。

例如，对于海尔集团这样的企业，可以认为其空调、电视、洗衣机、电脑、药业等为战略业务单位；对于东风汽车集团这样的企业，可以认为轿车、卡车为不同的业务单位，也可以认为轿车、轻型卡车、中型和重型卡车为不同的业务单位。也就是说,是否将某些部分分离或合并,主要取决于为之服务的顾客群、顾客需求和技术。

制定完STP战略之后,还要对营销组合要素进行整体规划(对营销组合的整体规划属于营销战略范畴,而各个组合的具体策划则属于营销策略范畴)。同时,还要制定竞争战略、业务增长战略。

制定完营销战略,接下来就要进行营销策略制定工作。营销策略是为支持营销战略而采取的行动,它说明了如何通过操纵与营销组合相关的要素,以实现既定的营销战略。

营销组合最为经典的模型就是4Ps组合(见表1-2),即产品(Product)、价格(Price)、渠道(Place)、促销(Promotion)(注意:这里的促销其实是指所有的推广,而不是日常所见的促销活动)。当然对于服务行业也提出了7Ps模型,即价格、产品、促销、渠道、人员、服务过程、有形展示(第五章详细介绍)。

**表1-2 营销策略的内容**

| 产品 | 价格 | 渠道 | 促销 |
|---|---|---|---|
| •有形商品<br>•服务<br>•产品特征<br>•质量<br>•产品线<br>•特色<br>•设计<br>•包装<br>•品牌<br>•附属物<br>•产品担保 | •目标<br>•灵活性<br>•产品生命周期的价格水平<br>•地理条款<br>•价格折扣<br>•折让<br>•付款期限<br>•信用条件 | •目标<br>•渠道类型<br>•覆盖面<br>•中间商种类<br>•商店的种类和地点<br>•处理运输与储存<br>•服务水平<br>•招募中间商<br>•渠道管理 | •目标<br>•促销组合<br>•广告<br>•销售促进<br>•公共关系<br>•人员推销<br>•直复营销 |

规划营销组合时，企业要考虑如下问题。

● 产品：提供哪种或哪些产品，如何管理现有产品，是否放弃失败产品等都需要策略，品牌、包装等也是产品策略的内容。

● 价格：产品定价决策是重要的营销决策之一，价格调整、产品定价、销售条件与折扣等也需要制定相关的策略，如何决定新产品的价格是企业需要应付的挑战之一。

● 渠道：渠道是选择将产品所有权从制造商移转到客户的途径，此外，企业还需要制定中间商（如批发商与零售商）策略。

● 促销：这里的促销并不是我们日常生活中所说的类似于商场中的促销活动，而是指整体的市场推广，包括制定广告、人员推销、销售促进、公共关系、直复营销等策略。当产品从产品生命周期的初期步入后期，其促销策略也需随之而调整。

应该说，产品、价格、渠道和促销这四种营销组合要素相互关联，某一要素的变动将影响其他要素的变动和调整。营销组合受到企业是选择价格还是其他要素作为主要竞争手段的影响。例如，当企业决定以价格为主要竞争手段时，其他三大营销要素必须支持攻击性价格策略，如促销活动中的以“低价、超低特价”为诉求主题即是如此。在非价格竞争上，产品和促销策略就非常重要，例如产品是高价，相应促销活动就应该为产品树立高质量形象。需要提醒的是，价格策略并不改变供求曲线，而非价格竞争会改变供求曲线。

每个营销组合要素又包含多个替代策略。制造商可以生产、营销一种或数种产品，而产品之间可能相关也可能不相关，这样产品分销渠道可选择批发商，或省下批发成本让利给零售商，甚至直接面对最终消费者。最重要的是，管理层应该从众多选择中选择一种既可满足目标市场又能达成企业与营销目标的营销要素组合方案。

### 4.制定营销计划

营销战略是一幅描述公司未来在某一市场上将要做些什么的大型蓝图。而营销计划则是从营销战略中抽取有关资料和结论，应用于具体的行动方案中。制定年度营销计划的前提是营销战略，在缺乏明确的战略指引下制定的年度营销计划往往是一种目光短浅的行为。在企业的实际操作中，往往会在每年年末制定针对特定战略业务单元的下年的年度营销计划，然后再将计划进行分解，制定每项产品、每个地区的季度、月度营销计划，从而逐步实现整体的年度计划。

年度营销计划书面总结了营销人员对市场的理解，是关于公司如何实现营销目标的方案，包含着营销战略以及实施这些战略的时间、人员安排细节以及财务分配计划的书面陈述。大致包括以下几点（具体可参见第四章年度营销计划部分）：①当前状况分析；②营销目标是什么，如提高市场占有率、增加销售额等；③战略是什么；④营销策略是什么；⑤实施计划，包括人员安排、时间安排等；⑥财务文件，包括费用预算、盈亏平衡点等；⑦执行控制以及权变计划。

### 5.营销执行与控制

所有的企业都可以学会营销的战略和策略，但为什么有的企业成为行业龙头，而有的企业只能成为一个追随者，还有的可能只是在夹缝中生存或灭亡？答案就是营销的执行与控制问题。

营销执行系统是为了保证营销战略、策略和计划的成功落地实施，从而高效地完成营销目标的一个体系。营销执行包括营销组织构架、营销业务流程、营销人员管理。营销控制系统的目的是保证营销目标按时、按质、高效地完成，并且保证营销的各个方面能够适应环境的变化。如果一个企业不能及时适应环境变化，就意味着将要在竞争中被无情地淘汰。

## 第二节 市场营销的职能与组织

### 一、市场营销职能概述

美国市场营销协会定义委员会在 1934 年提出，市场营销的职能包括商品化、购买、销售、标准化和分级、风险管理、集中、融资、运输和储存等九项，它们又被归纳为三类，即交换职能（购买和销售）、物流职能（运输和储存）和辅助职能（融资、风险承担、沟通和标准化等）。

由此可见，市场营销是一个系统工程，而非简单的独立工作。市场营销各个职能之间相辅相成，始于消费者或客户，又终于它们。站在一个制造企业的角度，市场营销的整体职能应该包括以下几个方面。

#### 1. 市场调查与研究

市场营销首先要发现需求，而发现需求就要通过市场调查和研究工作。市场调查与研究可以说是整个企业所有活动的基础。在市场供给小于市场需求的时代，企业生产的产品不用为卖不出而去发愁。但这个时代早已一去不复返了，现在处于供大于求时代，市场竞争已经白热化。企业必须生产消费者需要的产品；只有存在市场需求，产品才能销售出去。如果企业的产品同顾客的需求存在差异，将必然会导致产品滞销。

需求或者潜在需求可以说是客观存在的，企业只需要发现这种需求或者启发这种需求，然后按照这种需求进行生产，产品就会适销对路。发现需求是市场调查与研究的任务之一。

发现了需求，而且又开发出与需求相匹配的产品之后，企业仍然要进行市场调查与研究。因为在什么时间生产、生产多少也是一个关键问题。如果企业盲目地大量生产，可能会造成产品库存积压，导致成本升高；如果企业保守生产，可能会出现产品断货现象，对企业的形象造成一定的损失。因此，企业要进行市场调查与研究来对未来需求数量进行预测，从而指导生产。

由于消费者的需求是随着环境的变化在不断变化的，因此企业还需要不断地调查分析整个环境状况，进而预测消费者需求的变化，及时调整产品及其他营销组合来适应这种变化。即使消费者的需求没有变化，由于竞争对手产品出现新的创新也会引起消费者转移。因此，企业也需要对竞争对手的各个方面进行市场调查。

**2.生产与供应管理**

这里的生产与供应管理职能不是指技术意义上的生产过程，而是对生产和供应进行协调管理，解决的是生产什么、生产多少以及保证能够及时供应给消费者的问题。因为消费者的需求和市场环境在不断发生着变化，企业作为生产经营者需要适应市场需求的变化，及时调整生产的产品，以保证产品总是适销对路。要做到这种适应性，企业对外需要严密监控市场动向，对内需要各个部门的相互配合。首先市场营销部门的调研人员要及时提供准确的市场需求信息，然后由管理者将这些信息传递给研发部门，研发部门完成产品的设计与开发之后再转移到生产部门进行适量生产。采购部门要保证原料、材料、零部件的及时采购和供应。生产出产品之后销售部门要及时完成渠道的铺货以便消费者能够买到产品。物流部门则要保证产品的及时供应到位。

企业首先要生产消费者需要的产品，其次要适量生产，生产过多将造成产品积压，生产过少则无法满足所有消费者的需求，对企业形象造成损失。

### 3.产品管理

市场营销是为了满足消费者的需求，而需求的满足是通过提供产品来实现的。产品管理首先要保证产品是消费者所需的，即通过调查研究发现消费者的需求进而发展出产品概念。产品概念经过筛选、测试后，被转变为实体产品，之后还要决定产品的品牌、包装、价格、渠道、推广等问题。而随着消费者需求的变化，还要对产品进行改进或者开发新的产品。

### 4.销售

销售是市场营销的重要职能之一，它完成了产品从生产者向消费者的转移，也使企业获得了收入从而可以继续生产活动。

当然，企业销售工作的顺利进行需要市场营销的其他职能支持才能顺利完成。

### 5.物流

通过商品流通实现商品所有权的转移之后，企业还需要通过实体分配，也就是物流，来实现产品的空间移动。物流是市场营销的重要职能之一。这一职能由交通运输机构及仓储机构承担。物流包括商品的包装、搬运、装卸、存储、加工整理及运输等环节。其中运输与存储是物流的中心环节。运输就是借助各种运输工具，将产品从生产者手中转移到广大消费者手中。企业应当根据产品的特征、数量、价值、市场需求的紧急程度、企业的经济实力，结合各种运输方式的特点选择适当的运输工具并且制定最恰当的运输路线，来减少商品在途时间，减少商品损耗，从而节省费用。

商品存储是商品离开了生产领域，尚未进入消费领域，处在流通领域中必然产生的营销职能。由于商品生产和消费之间在时间、地点上存在一定的差异，企业必须建立仓库或租赁仓库对商品进行储存，以此保证能够及时满足消费者需要。

近年来越来越多的企业开始重视物流职能。因为，物流成本占据了企业总成本的很大一部分，有人称物流为企业节省成本的“新大陆”。通过有效的物流管理可以保证企业顾客的需求得到及时解决，从而保证顾客满意。

### 6.市场沟通

企业在生产出消费者需要的产品之后并不能高枕无忧。因为，在产品同质化的今天，消费者面前有无数来自企业竞争对手的产品。此时就需要市场沟通来影响消费者的选择。市场沟通可以说是市场营销非常重要的职能。市场沟通的工具包括广告、公共关系、销售促进、人员推销和直复营销等。企业可以通过广告来增加产品的知名度，通过公共关系来提高企业产品的美誉度，通过销售促进和人员推销来刺激消费者选择本企业产品。

市场沟通职能主要是将企业信息及产品信息传递给消费者从而影响消费者的决策，同时可以将消费者对企业的反馈信息传递给企业，从而改进企业活动。市场沟通应该是双向的，而不是单向的由企业向消费者传递信息。如果不能实现双向的沟通，那么效果将大大减弱，企业也得不到消费者的反馈信息从而影响后续的各种决策。

**7.客户服务**

顾客在购买企业产品之后，可能会出现很多问题，如发现产品质量有缺陷，或者是不知道如何使用产品或者产品需要维修保养。如果这些问题没有得到及时的解决，顾客就会产生不满，不满的顾客通过口头传播就会对企业形象造成负面影响。此时，就需要客户服务来更好地满足顾客的需求。

其实，市场营销的客户服务职能不仅仅是为了解决客户的问题，而且也是企业获取顾客信息的重要来源。客户遇到的问题或者不满很可能是产品改进的方向或新产品概念的来源。

在产品同质化的市场环境下，越来越多的企业开始重视客户服务，将服务看做是差异化的竞争战略。

总的来说，市场营销的各种职能都是为了更好地满足消费者的需要。

## 二、市场营销的职能组织

目前我国很多企业在设计市场营销组织时，认为市场营销组织就是市场营销部，仅仅设置市场营销部这一个部门，将市场营销部仅仅看作是一个将现有产品推广出去的独立工作部门。在很多企业中往往会出现产品研发与市场需求脱节，生产计划与实际需要数量相悖，人力、财务、物流、服务与营销疏远的现象。营销人员孤军奋战，企业的营销活动的效率和效果自然不甚理想。

出现上述问题的原因是企业对市场营销的职能不了解，认为市场营

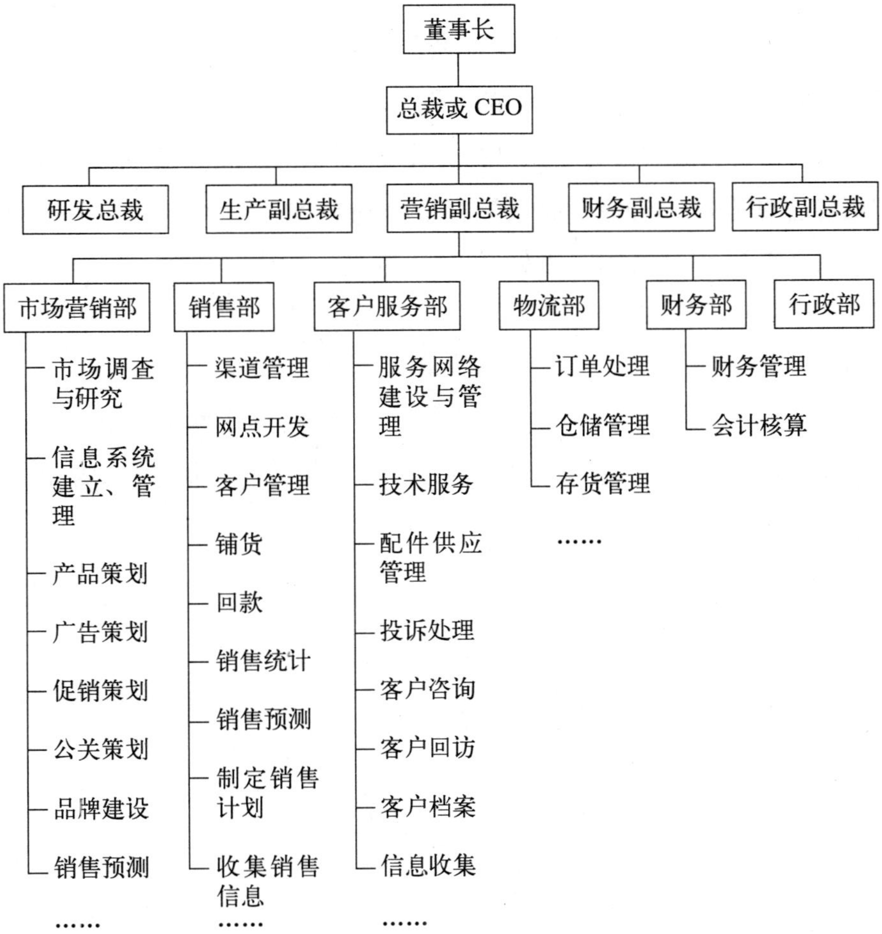


**图 1-4　企业市场营销组织基本架构图**

销的职能就是市场营销部门的职能。

市场营销部作为履行市场营销职能最为关键的部门，是企业的核心部门。但市场营销的职能不能单单放给营销部门，一个企业的完整营销组织应该是由营销副总裁领导市场营销部、销售部、客户服务部、物流部、财务部、行政部等。其中市场营销部处于核心位置，负责协调各个部门的工作，每一个部门都要对企业的市场营销工作负责。只有这些部门协调配合才能高效地完成满足需求的工作。

图 1-4 为企业的市场营销职能组织的一个最基本的形式，企业应该根据自己的规模、市场区域情况等进行灵活的调整。

图 1-5 是某电器公司的营销系统组织架构，供读者参考。

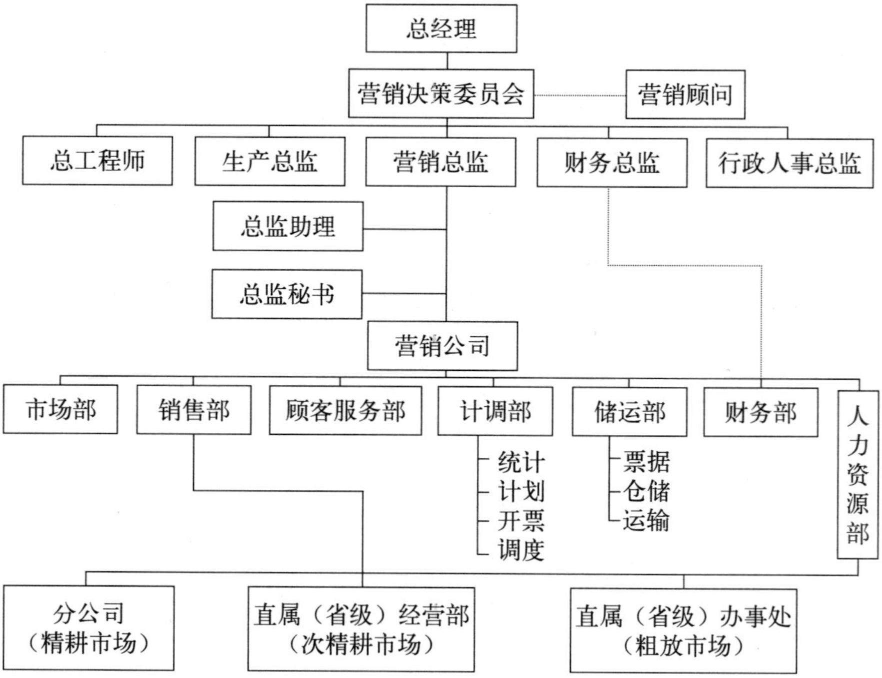


图 1-5 电器公司的营销系统组织架构图

# 第三节 市场营销部的角色

中国经济发展迅速，在短短的几年内，由短缺经济发展为过剩经济，企业已从高增长阶段往低平稳增长阶段过渡；市场被高度细分，市场缝隙越来越小；商品更加丰富，消费者对商品及其服务的要求越来越高，选择的余地越来越大；厂家、商家经过几年的发展，实力不断壮大，各行业普遍形成强强相争的局面；决策的代价及风险越来越大；如此种种因素，使得企业的发展面临更大的挑战。

如何在竞争激烈的环境中，发现潜在市场，掌握商机，适时创新，求得生存与发展；如何使企业的决策风险降至最低，增加商战的胜数；这越来越需要理性的分析与规划。因此，企业必须有具备专业营销水平的部门——市场营销部承担这一重任。

在国外，市场营销部早已是举足轻重的部门；在中国，虽然许多公司成立了市场营销部，其良好的运作也证明了市场营销部设立的必要性，但仍有很多企业的市场营销部并没有充分发挥作用，没有起到保障公司经营业绩实现方面的核心作用。究其原因，在于没有正确理解市场营销部的地位和作用，同时缺少有效的组织和运作手段及协调相关部门关系的方法。因此不少企业迫切需要这方面的指导和帮助。

## 一、市场营销部在营销组织的作用

市场营销部作为市场营销职能最为核心的实施者，可以说是企业的“大脑”，企业所有的活动都源自于市场营销部门。用军事术语来说，市场营销部就是企业的“参谋部”。企业在战场上的所有活动都是在市场营销部制定的战略、策略、计划等指导下进行。

在具体的企业实践中，市场营销部的作用见表1-3所示。

**表1-3 市场营销部的作用**

| 作用 | 内容 |
| --- | --- |
| 实施部门内市场营销的相关职能 | ● 信息收集与分析<br>● 战略制定（市场细分/目标市场选择/市场定位）<br>● 策略制定（产品策略/价格策略/渠道策略/促销策略）<br>● 计划制定（新产品上市计划/年、季、月度营销计划/推广计划） |
| 协调与营销组织内外各个部门的关系以更好的完成市场营销工作 | ● 与销售部门<br>渠道设计及渠道管理支持/为销售部提供销量预测及市场分析资料<br>为销售部提供推广资源，如市场工具、促销礼品、广告制作物产品说明及终端展示物<br>● 与生产部门<br>帮助审核包装订购的一致性标准<br>帮助设计与控制订购包装的安全库存量<br>设计产品品类与市场需求的关系<br>帮助控制采购标准及产成品出库标准<br>● 与研发部门<br>提供市场需求资料/提供新产品概念及诉求资料<br>● 与客户服务部<br>协调客户服务部将客户投诉意见与研发、生产、销售工作衔接，协助制定客户服务战略、策略及计划<br>● 与物流部门<br>将顾客意见反馈给物流部门，帮助他们更加高效地将产品传递到顾客手中 |
| **向整个企业灌输全员营销的理念，做一个倡导者及教育者** | |

## 二、市场营销部角色地位的演进

市场营销部的发展过程可以划分为以下四个阶段：

**阶段1：简单的销售部门**

企业规模很小的时候，通常由主管销售的副总经理负责管理销售队伍。如果需要进行市场调研或广告，则会由外部机构帮助。现在很多规模较小的企业仍然会采用这种形式。

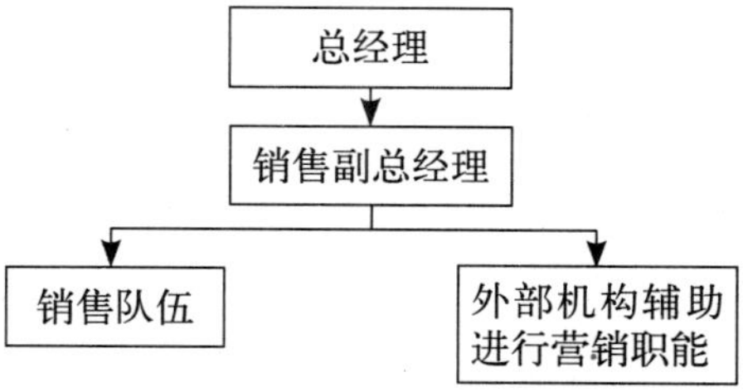


**阶段2：兼有营销职能的销售部门**

随着规模的扩大，企业需要增加某些市场营销职能，如市场调研、市场推广等。此时主管销售的副总经理就会雇佣营销调研经理和广告经理。此阶段企业仍然以销售部为中心，营销职能只是辅助作用。

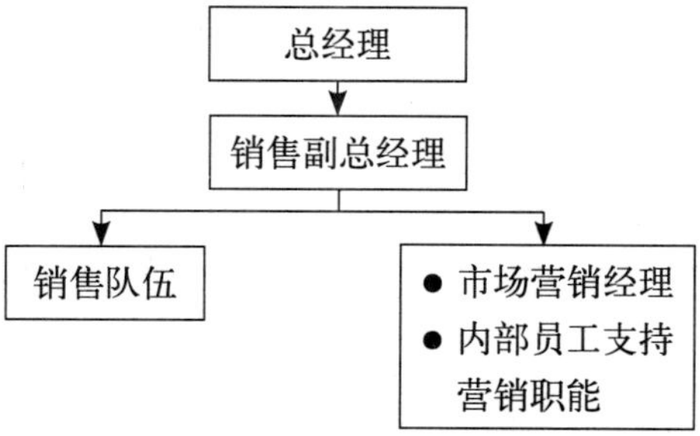

**阶段3：独立的市场营销部门**

随着持续的发展，企业增加了它在营销职能上的投入，如市场调研、新产品开发、广告和促销、售后服务。此时企业就单独设立市场营销部，营销副总经理和销售副总经理向总经理汇报工作，在这一阶段中，营销、销售两部门成为组织中两个独立的部门，市场营销部与销售部地位相当。

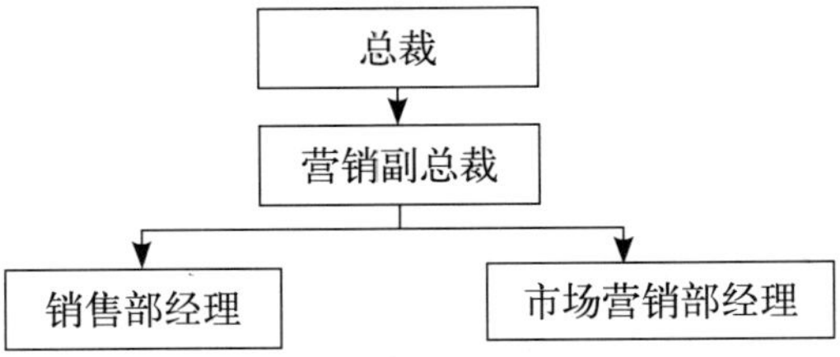


**阶段4：现代的市场营销部**

现代的市场营销部在企业中处于核心地位，公司设立营销副总裁直接管理与营销相关的所有工作，包括销售部、市场营销部等等。虽然销售部与市场营销部在行政级别上为平行关系，但在实际工作中，销售部要听从市场营销部的指导，各个部门都要围绕市场营销部进行工作。

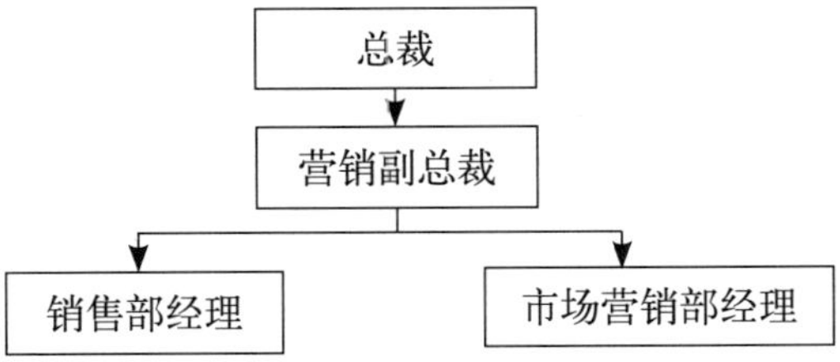

## 三、市场营销部的具体职能

### 1.市场营销部的职能

| 职能分类 | 具体内容 |
| --- | --- |
| 营销研究 | ● 组建和完善营销信息系统<br>● 建立信息收集、交流及保密制度<br>● 内部信息收集(如销售业绩的统计、分析)<br>● 市场调研方案的制定、实施和管理<br>● 营销环境分析、行业分析、市场潜力分析、市场占有率分析、销售预测<br>● 消费者购买心理和行为的调查，消费趋势预测<br>● 竞争对手分析（竞争对手实力分析，竞争对手产品的性能、批发价、促销办法等收集分析，竞争对手未来行动分析）<br>● 渠道及销售终端调研<br>● 市场需求分析<br>● 开发新产品的市场调查<br>● 现有市场分析，未来市场预测及发展规划 |
| 制定营销战略 | ● 市场细分<br>● 目标市场选择<br>● 市场定位 |
| 制定营销策略 | ● 制订产品策略（产品概念、诉求，产品品牌，产品价格，产品包装）<br>● 制订销售渠道策略（渠道长度、宽度、广度等）<br>● 市场推广策略制定<br>-研究制订提高本公司知名度和品牌形象的策略。<br>-规划促销策略。包括针对中间商的促销办法；针对本公司业务员的促销办法；针对消费者的促销办法。<br>-规划广告策略（制订年度及各月和特定活动的广告计划；广告的形式、诉求、概念；广告代理商及媒体的甄选、联系及管理；印刷每月（季）广告计划表寄给经销商。<br>-公共关系策略<br>-其他相关策略 |

（续表）

| | |
|---|---|
| 制定营销计划 | ● 新产品上市计划（商业计划，执行计划，推广与销售配合计划，铺货、激励、促销及公关计划等）<br>● 年度、季度、月度营销计划<br>● 年度、季度、月度推广计划<br>● 渠道支持计划（推广策略和行为支持，人员支持，物质支持）<br>● 人员培训计划<br>（市场营销部人员、销售部人员、其他人员关于市场营销方面的培训） |
| 营销控制 | ● 年度计划控制<br>● 盈利能力控制<br>● 效率控制<br>● 战略控制 |

### 2.市场营销部在产品生命周期不同阶段的工作重点

| 阶段 | 工作重点 |
|---|---|
| 产品导入期 | ● 消费者心理及行为的研究<br>● 制定产品上市规划<br>● 制定分销计划及各阶段实施目标<br>● 定价<br>● 制定产品策略 |
| 产品成长期 | ● 建立和完善营销信息收集、分析、沟通及保密系统<br>● 制定年度营销计划<br>● 负责产销协调 |
| 产品成熟期 | ● 对竞争品牌策略的分析<br>● 销售预测及未来需求预测，提出市场发展方向和规划<br>● 制定产品策略，制定广告策略，实施品牌规划等 |

## 四、市场营销部与销售部的职能分工

市场营销部和销售部是营销组织中的两个关键部门，市场营销活动是由市场营销部和销售部相互配合来完成的。如果说市场营销部是企业的“参谋部”，那么销售部就是“作战部”。销售部的任务就是把产品或服务以最经济的方法送达到目标顾客的购买点，完成销售和回款工作；市场营销部的作用之一是把产品或服务的信息有效地传达到目标顾客，让消费者知道本企业的产品并喜欢，从而刺激其采取购买行动。

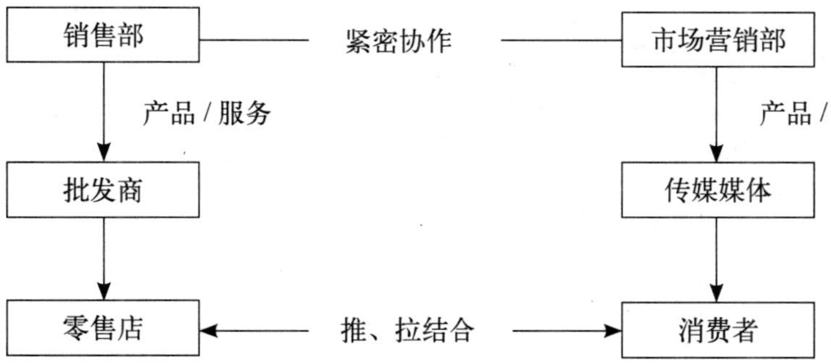


**图1-6 市场营销部和销售部的工作对象**

由图 1-6 可知，市场营销部的工作是整体的战略问题，为企业辨路、寻路、探路、带路，为企业指明发展方向，市场营销部的工作关系到产前、产中、产后和销售的全过程，涉及到产品规划、价格、渠道规划和市场推广。而销售部的工作是战术问题，主要是将市场营销部根据市场研究规划出的产品，按设计好的渠道和价格以及促销等方式进行销售，负责管理好渠道，完成回款任务。

市场营销部统揽全局，从产品构想及产品组合、行业及竞争研究，到市场地位、市场布局等；销售部的工作就简单很多，只是将产品卖出去，管理好中间商，完成铺货和网点建设。

市场营销部的工作关系到企业的长远利益，而销售部的工作关系的是短期利益。

在如今竞争这么激烈的市场环境中，如果没有市场营销部提供的各

**表1-4　市场营销部与销售部分工配合**

| 营销职能 | 负责部门 | 两部门的配合 |
|---|---|---|
| 信息收集与分析 | 市场营销部 | 销售部是重要的信息来源：各种销售报表，业务员、业务主管和业务经理的工作报告与市场信息反馈报告等。 |
| 营销战略策划 | 市场营销部 | 在目标市场选择以及区域市场划分方面，要征求销售部的意见，营销部门负责。 |
| 年度营销计划 | 市场营销部 | 在制定计划过程中需要销售部配合制定营销目标及其他销售工作相关决策。 |
| 产品策划 | 市场营销部 | 销售部应对产品组合、价格策略、新产品开发的方向等问题提出建议。 |
| 新产品开发与上市 | 市场营销部 | 营销部负责新产品开发及上市的策划工作，销售部提出建议并执行新产品上市。 |
| 渠道策划 | 市场营销部 | 渠道策划要参考销售部的意见，但应该由市场营销部负责完成。 |
| 渠道管理 | 销售部 | 渠道管理工作由销售部门负责，业务人员具体执行。市场营销部需要定期评估渠道管理的状况，提出改进意见。 |
| 广告策划及执行 | 市场营销部 | 销售部可对区域性广告的设计与投放提出建议。 |
| 促销策划及执行 | 市场营销部及销售部 | 整体市场促销计划由市场营销部制定，销售部协助执行；区域市场促销计划可由销售部制定，报市场营销部批准，销售部执行。 |

种资源，销售部是很难完成业绩的。销售部必须与市场营销部紧密配合才能实现企业整体市场营销活动的顺利进行。

在实际操作中，市场营销部与销售部在各个方面的工作中配合都较为密切，通过表 1-4，你可以了解市场营销部与销售部分工与配合。

# 第四节 市场营销部经理的角色

## 一、市场营销部经理的主要角色

市场营销部经理作为企业营销系统的重要一员，需要担任以下几种主要角色。

**第一，上下级信息的传递者**。市场营销部经理作为中层管理者，是连接下级员工和高层管理者的桥梁。一方面，市场营销部经理要把营销副总裁的指示、决策和方针传达下去，另一方面要将下级各个职能经理的各种信息、状况汇报上去。对于上级的指示要根据部门的具体情况分析、权衡，将其变成部门的工作内容传达下去；对于下级反馈的信息，要做相应的汇总后，再呈报给上级。

**第二，部门工作的统筹管理者**。市场营销部经理作为市场营销部的掌门人，要对部门内工作进行统筹管理，包括营销信息系统建设与维护、市场研究、广告、促销、公关等各方面工作计划的制定，以及部门团队的管理和日常工作管理。这也就要求市场营销部经理应当具备全面的市场营销知识及管理知识。

**第三，营销活动的监控者**。市场营销部在制定完营销活动的计划后，需要对计划的执行进行监督、控制，保证营销活动不偏离轨道，同时可以根据具体情况的变化及时调整计划。作为市场营销部经理要随时对各部门营销活动的执行进行控制调整。

**第四，内外关系的协调者**。首先，企业市场营销活动的顺利进行需要各部门密切配合，市场营销部经理作为核心部门经理需要协调各部门的关系，加强各部门的沟通，从而减少摩擦，更高效地完成营销活动。其次，市场营销部不可避免地要与外部机构合作，此时便需要市场营销部经理需要作为企业的代表与外部机构进行联络。

## 二、成为专业的市场营销部经理

我们编写本手册的目的，是希望能够给各企业的营销经理们以切实的帮助，从而尽快成长为专业的营销经理。从现实来看，我国大部分企业的营销经理距离真正专业的营销经理还很远，完成从非专业营销经理向专业营销经理的转变还需要持续的理论和实践的学习。

### 1.差距何在

我们对比了专业营销经理与非专业营销经理在各方面的差距，并通过具体例子说明这些差距意味着什么。读者可根据表1-5的说明对照自身的情况，从而找出自身需要弥补的不足。

例如，许多企业都可能遇到这样的局面：在某地区我们的产品销售下降了。此时，我们该怎么办？

非专业的营销经理会认为，我们需要解决销量下降的问题，并得出结论，我们要采取措施提高销售量。我们应该加大营销投入，增加广告、开展销售促进活动、多派销售人员做批发商和零售商的工作等。

而专业的营销经理对此的思考则复杂且科学的多。首先，他会探究

表1-5 专业营销经理与非专业营销经理的区别

| 领域 | 专业营销经理 | 非专业营销经理 | 差距 | 弥补差距的要点 |
| --- | --- | --- | --- | --- |
| 确认问题 | 能准确识别需要解决的问题 | 不能正确地定义并提出问题 | 不能透过现象深入本质，经常混淆问题的症状与问题本身 | 多问“为什么” |
| 分析问题 | 能区分影响营销问题解决的各种要素的相对重要性 | 分析问题缺乏深度，不能抓住要点 | 不能灵活运用理论知识分析问题，过于强调经验 | 补习营销基础知识课程 |
| 解决问题的方案 | 在合理预测与假设的前提下，能针对问题提出几种可供选择的行动方案及预算，在方案中注重多种策略的配合 | 往往只提出一种方案，且方案中各种策略之间缺乏协调和配合 | 知识不全面，对各种营销工具运用不熟练 | 营销经理应掌握多方面的知识与技能，不但要熟悉市场营销的各个领域，还要熟悉相关领域的知识，如财务、生产、人力资源管理等 |
| 创造性 | 既能充分利用自己与他人的经验，又能在经验的基础上发挥自身创造性 | 墨守成规，简单地重复自己与他人的经验 | 发挥创造性的前提是对自身和他人经验的深刻洞察 | 创造性的培养可以说是一件最难的事，不过多听、多看、多问、多想、多读会很有帮助 |

产品销量下降背后真实的原因是什么，或者说真正的问题是什么。可能是因为竞争对手的竞争性削价活动，也可能是竞争对手大幅度提高了广告和促销投入，或者是消费需求发生了变化等等。然后，专业的营销经理会分析每种因素对产品销量下降的影响程度，发现销量下降主要是因为经销商不愿意再经销我们的产品，而经销商积极性不高的原因在于我

们的销售人员减少了拜访次数，未能给予经销商有效的销售支持，也未能及时解决经销商面临的各种问题。销售队伍问题的根源则在于我们的激励制度和业绩评价指标落后于市场的发展没有及时调整。现在问题清楚了，营销经理应会同销售经理及财务经理共同商定一套新的销售激励制度及控制办法，从而鼓励销售人员提高工作效率。

**2.采取行动，弥补差距**

了解自身的差距很重要，而更重要的是采取行动弥补差距。可能会有人认为我们给出的弥补差距的办法太抽象，但每个人都应该明白，通往成功的道路除了学习、思考、实践以外，没有任何其他的捷径。

（1）**学习**。对于21世纪的经理人来说，懂得学习是成功的关键，尤其是国内营销经理们。由于许多人并没有接受过系统的专业知识培训，无论是他人经验，还是系统的理论知识都较缺乏，而弥补差距的首要行动就是学习。工作太忙、没有时间不能成为疏于学习的借口。

（2）**从更高的角度审视你面临的问题**。如果不能让你的视野开阔，总是局限在眼前的事务和问题中，你永远也不可能成为一名营销战略家。

（3）**培养创造性**。

（4）**阅读本书**。本书的编写正是为了满足你的需求，帮助你尽快成长。因此将本手册带在身边，以便随时翻阅，则你成长的速度会大大加快。

# 第二章
# 市场营销部内部分工与配合

健全合理的部门组织设计及各岗位的分工配合决定了工作运转的效率和效果！

# 第一节 市场营销部组织结构

## 一、市场营销部组织设计基本原则

不同企业的市场营销部组织设计是不一样的，但不管企业如何设计市场营销部组织都必须遵循以下原则：

- 无论部门和岗位如何设置，应确保所有的营销职能都有专人负责；
- 根据每项职能在本企业中的重要性、工作量决定是否单独为其成立一个部门；
- 根据企业产品所处生命周期阶段，进行市场营销部组织设计。产品处于不同生命周期阶段必然会导致市场营销部的工作重点不一样；
- 各个岗位职责要明确。

## 二、市场营销部的基本组织形式

不同的企业其市场营销部的组织设置肯定是不一样的，但万变不离其宗，市场营销部的职能肯定是一样的。图 2-1 给出了市场营销部的基本组织形式，这个形式也是按照市场营销部的职能来设计的。它适合我国相当数量的企业。

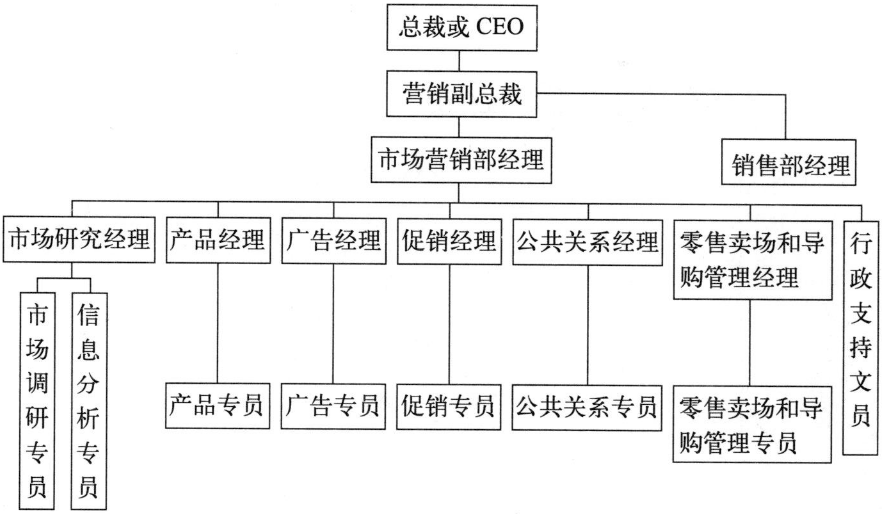


**图2-1　市场营销部的基本组织架构**

该组织结构是市场营销部的基本结构，不同企业应根据自身的实际情况、工作重点、各项工作的工作性质及工作量，合理灵活地配置组成不同的组织形式。例如，可以合并市场调研专员和信息分析专员，也可以成立单独的市场研究部门。但无论怎样，市场营销部的以上职能应是健全和完备的。市场部应站在战略的高度，统筹规划企业的未来，兼顾长期方向及近期利益，在与竞争对手的博弈中，争取主动，求得生存和发展。

# 第二节 市场营销部岗位职责

## 一、市场营销部经理职位描述

| 职位名称 | 市场营销部经理 |
| --- | --- |
| 组织中所处位置 | 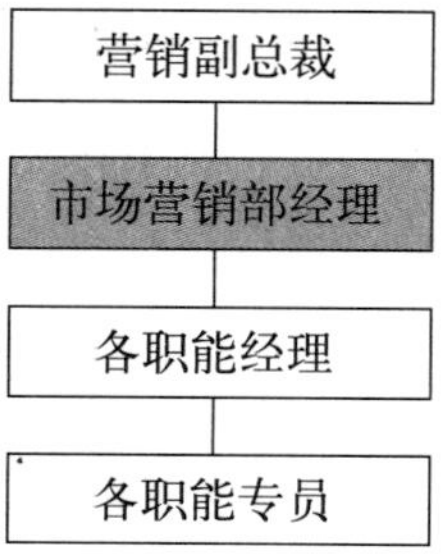 |
| 汇报对象 | 向营销副总裁报告并接受其领导 |
| 直接下属 | 各职能经理 |
| 总体工作目标 | 为达成公司总体目标制定各项市场营销策略及组织各项推广活动，提高和维护企业品牌形象；有计划地组织市场调研、信息汇总和分析各项数据，为决策层提供营销决策支持 |
| 职责阐述 | ● 协助制定公司中长期发展策略，为公司整体营销决策提供参考<br>● 全面负责市场营销部的管理工作，部门工作任务的布置、监督与控制<br>● 领导和组织部门内各成员共同制订并执行公司中长期和年度营销目标及整体市场营销计划<br>● 组织拟定年度营销企划（营销策略、营销计划）并监督执行，将营销计划按月、区域、产品进行分解<br>● 制定并监督执行市场规划与营销预算<br>● 制定并监控公司年、季、月专项市场推广及公关活动策划及预算，并对实施过程和效果进行评估，及时进行调整<br>● 负责产品发展策略的制定，以及对产品结构调整方案的制定<br>● 监督、审核新产品的研发计划及上市策划，并对实施过程进行监督评估<br>● 根据市场的实际需求，对产品价格的制定及调整方案负责 |

（续表）

| | |
|---|---|
| 职责阐述 | ● 组织并实施营销信息系统的建设，指导相关人员收集各类信息，并对信息的准确性、及时性负责<br>● 组织并监督执行市场调查计划<br>● 组织并监督执行新产品上市计划与预算<br>● 负责对广告、媒介、调研公司的招标及广告创意、媒介选择的审核<br>● 协调部门内部以及本部门与其他部门（采购、生产、配送、财务、销售）之间的合作关系<br>● 与生产、销售部门磋商，结合市场情况作出合理的产销计划<br>● 与研发、销售部门磋商，结合市场情况作出合理和具有前瞻性的新产品开发计划<br>● 与销售部门配合进行分销渠道及渠道政策的设计与完善<br>● 协助销售部门实施市场推进工作，对过程及结果进行监控和评估<br>● 策划与推广客户服务计划和增值性活动，并组织相关部门协助客户服务部门执行好增值性的客户服务活动，对工作过程及结果进行监控和评估<br>● 招募、训练、培养市场推广人员，为公司发展储备人才<br>● 定期召开市场分析会议，以便各部门统一观念、协调进程<br>● 组织拟定本部门工作规范、行为准则及奖罚制度<br>● 指导本部门各项工作的实施，通过检查各部门周、月、季、年计划安排及执行状况，控制工作的进程<br>● 评定本部门工作人员资信及业绩表现，负责内部人员招聘、培训及调配<br>● 对本部门发生的各项费用进行审核及事后评估<br>● 定期进行市场走访及客户拜访，以便能亲身体会市场的变化及客户的需求 |
| 工作权限 | ● 对部门月度及年度工作计划的申请权及指导执行权<br>● 对部门内部的人员管理权及任免权，对于直属下级的建议任免权，报上级审批<br>● 对各项广告、策划、推广方案的审批权<br>● 对新产品研发、上市方案的审批权<br>● 对包装设计的审批权<br>● 对各类供应商、执行商的招标决定权<br>● 对部门各项费用的控制审批权<br>● 对本部门人员的培训、监督、考核权<br>● 对相关部门相互配合及服务水平的评估权 |

（续表）

| | | |
|---|---|---|
| 工作内容 | 年度 | ● 领导编制年度营销计划及具体行动方案<br>● 参与编制年度预算，并进行月度分解<br>● 制定分销商战略伙伴合作模式并进行选择<br>● 编制年度促销/广告状况总结报告，制定年度促销/广告计划和费用预算<br>● 编制对广告、媒介或公关服务供应商的筛选条件并进行评估<br>● 组织、安排新产品开发<br>● 对新产品上市质量、上市三个月后的市场表现进行评估<br>● 制定价格体系维护管理(调整）方案 |
| | 季度 | ● 审核促销计划并监督销售部的执行情况，进行事中、事后评估<br>● 对各办事处传播计划的执行情况进行评估<br>● 对渠道促销、消费者促销、广告效果进行评估<br>● 对上季度预算量进行总结 |
| | 月度 | ● 组织编制各产品月度营销计划及销售预测，对销售预测准确率进行分析<br>● 规划传播策略，审批传播方案，调整传播费用预算<br>● 制定产品价格策略<br>● 制定销售渠道的配置计划 |
| | 日常操作 | ● 向各部门协商信息需求，并组织相关人员进行信息收集，组建和完善营销信息系统<br>● 对市场促销和广告行为进行监控，并调整年度促销和广告计划<br>● 控制营销预算，监督市场运作<br>● 负责组织编制各产品的知识培训手册、导购员培训手册、促销方案执行手册，同时做好相关人员的培训工作<br>● 提出统一的终端生动化要求 |
| 工作对象 | 内部 | ● 销售部　● 生产部　● 客户服务部<br>● 技术部　● 物流部　● 财务部 |
| | 外部 | ● 广告公司　● 媒介公司　● 调研公司<br>● 行业协会　● 政府机构　● 新闻媒体… |

（续表）

| | |
|---|---|
| 岗位对人员的要求 | ● 本科及以上学历，市场营销专业<br>● 具有成功的快速消费品行业市场管理经历<br>● 在营销领域具有丰富的专业理论及实践经验<br>● 较强的应变能力，严密的分析、计划、执行、控制能力，较强的沟通能力及正直的品格<br>● 熟练使用Office办公软件及其他软件 |

## 二、产品经理及专员职位描述

| 职位名称 | 产品经理 |
|---|---|
| 组织中所处位置 | 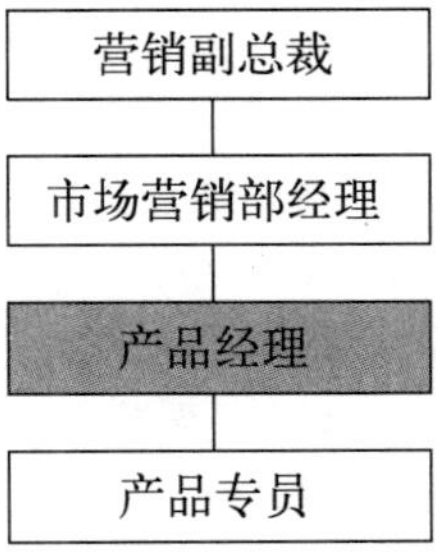 |
| 汇报对象 | 向市场营销部经理报告并接受其领导 |
| 直接下属 | 产品专员 |
| 总体工作目标 | 为达成公司总体目标制定各产品的营销策略及销售预测；为提高和维护企业品牌形象制定各产品的推广计划及价格体系维护 |
| 职责阐述 | ● 及时收集、处理所负责产品的各方面信息，为本人及相关人员决策提供依据<br>● 依据企业的发展规划，确定产品发展目标与战略，负责制定产品营销计划，特别是年度产品营销计划<br>● 负责产品的多方位企划，包括价格企划、包装企划、广告企划、促销企划、竞争企划、渠道企划<br>● 协助促销企划人员制定各时期的促销目标与方案，共同制定项目的时间表和预算，并对促销结果进行评估 |

（续表）

| | |
|---|---|
| 职责阐述 | ● 协助广告策划人员进行产品的广告企划以确保广告质量，并对广告费用的支出和传播效果进行监督与评估<br>● 根据销售部门提供的销售预测，结合相关信息进行市场预测并协助制定生产计划，与生产部门协调，降低生产成本并保证产品质量<br>● 结合消费市场、竞争品信息和企业内部资源及经营计划，与企业研发、生产、采购和财务等部门一起，制订并提交新产品研发计划。与相关部门共同进行经济技术分析和产品商业化分析<br>● 负责新产品开发过程的组织协调和控制<br>● 新产品的上市企划（包括定位、价格、名称、包装、视觉形象、广告、促销等）<br>● 产品品牌形象提升、维护策略制定<br>● 负责产品的成本、利润分析<br>● 产品组合规划<br>● 产品销量规划<br>● 产品区域性、季节性投放规划<br>● 负责产品销售目标和实际销量差异的分析，并提出相应的建议<br>● 与领导层共同制订不同产品的价格政策,实现公司可能的最大利润<br>● 依据公司总体策略及市场、竞争品状况即将出现的反应，及时提出调整价格的建议及方案<br>● 以产品负责人的角色，协调市场、销售、生产、研发等部门间的关系<br>● 参加与所负责产品相关的各种会议，共同寻求问题的解决方案<br>● 及时处理所负责产品的各种危机事件，维护产品形象<br>● 有效地进行团队管理，共同推进年度产品营销计划各项工作的实施<br>● 定期进行市场走访，寻求个区域公司员工及中间商对该产品的支持并获取最新市场信息<br>● 对产品专员进行工作上的指导、评估与管理 |
| 工作权限 | ● 对产品专员工作的分配权<br>● 产品专员工作的审核评估权<br>● 产品推广促销活动的执行评估权<br>● 产品价格调整的建议权<br>● 产品结构调整的建议权<br>● 新产品开发全过程的相关项目小组成员的评估权 |

（续表）

| | | |
|---|---|---|
| 工作对象 | 内部 | ● 销售部 ● 生产部 ● 物流部<br>● 客户服务部 ● 技术部 ● 财务部 |
| | 外部 | ● 行业协会 ● 广告公司 ● 调研公司… |
| 岗位对人员的要求 | ● 本科及以上学历，市场营销专业<br>● 具有一定的产品管理经验<br>● 协调能力强，逻辑性强，对市场有敏锐的洞察力<br>● 较强的市场分析能力<br>● 熟练使用办公软件及其他电脑操作 | |

| 职位名称 | 产品专员 |
|---|---|
| 组织中所处位置 | 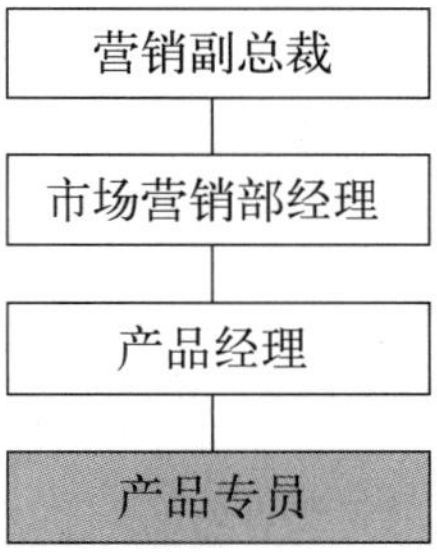 |
| 汇报对象 | 向产品经理报告并接受其领导 |
| 总体工作目标 | 协助产品经理完成产品营销计划，为产品经理提供及时的支持 |
| 职责阐述 | ● 执行产品经理的各项工作指令，协助产品经理完成各项计划<br>● 协助产品经理确定产品发展目标与战略<br>● 及时收集、处理所负责产品各方面的信息，为产品经理及相关人员的决策提供依据<br>● 协助产品经理进行价格、广告、促销、分销的日常管理与决策<br>● 参加与所负责产品相关的各种会议，共同寻求问题的解决方案<br>● 协助产品经理及时处理所负责产品的各种危机事件，维护产品形象<br>● 协助产品经理参与新产品开发工作及新产品上市推广<br>● 协助产品经理进行市场预测并协助制定生产计划<br>● 协助产品经理编写各种报告<br>● 为产品经理提供各类产品分析报告 |

（续表）

<table>
<tr><td>职责阐述</td><td colspan="5">● 为产品经理提供有关对产品评估的数据支持<br>● 为产品经理提供同类产品竞争对手的信息分析报告以及调研报告<br>● 为产品经理提供价格制定及调价依据<br>● 定期进行市场走访，寻求各区域公司员工及中间商对该产品的支持，并为产品经理提供最新市场信息<br>● 及时处理产品经理分配的各种文书工作</td></tr>
<tr><td rowspan="2">工作对象</td><td>内部</td><td>● 销售部</td><td>● 生产部</td><td>● 技术部</td><td>● 财务部</td></tr>
<tr><td>外部</td><td>● 行业协会</td><td>● 广告公司</td><td>● 调研公司…</td><td></td></tr>
<tr><td>岗位对人员的要求</td><td colspan="5">● 本科及以上学历<br>● 至少一年以上相关工作经验<br>● 较强的市场分析能力<br>● 能够较快的接受并吸收新知识<br>● 对市场具备敏锐的洞察力<br>● 熟练运用各种办公软件</td></tr>
</table>

## 三、市场研究经理及专员职位描述

<table>
<tr><th>职位名称</th><th>市场研究经理</th></tr>
<tr><td>组织中所处位置</td><td>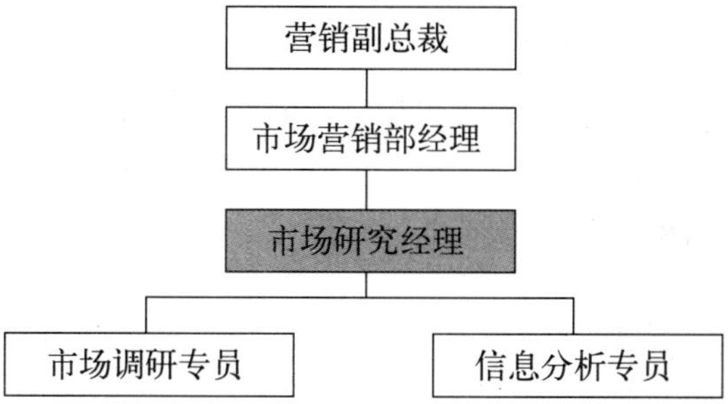
</td></tr>
<tr><td>汇报对象</td><td>向市场营销部经理报告并接受其领导</td></tr>
<tr><td>直接下属</td><td>市场调研专员、信息分析专员</td></tr>
<tr><td>总体工作目标</td><td>建立健全的营销信息系统，收集、分析、处理各类信息并为营销决策提供信息支持</td></tr>
</table>

（续表）

| | |
|---|---|
| 职责阐述 | ● 建立健全的营销信息系统；制订内部信息、营销情报的收集、整理、分析、交流及保密制度并健全档案管理<br>● 负责市场调查计划（消费者、分销渠道、竞争者等）的制订、实施和监控<br>● 组织实施定期或不定期的市场调研，以及各类情报的搜集，系统分析市场状况，为营销决策提供依据<br>● 组织实施宏观营销环境、行业状况、供求状况信息的搜集工作<br>● 组织实施企业内部营销环境调研；本公司销售实绩分析、广告和销售政策实施结果分析及修正建议报告，为市场营销部制订和修正各项市场营销计划提供依据<br>● 每月、每季对各项内外部信息数据进行综合分析，向市场营销部经理及其他相关决策者提交分析报告（包括行业动态分析、消费者市场分析、流通渠道、竞争品动态和策略分析、本公司销售业绩分析、广告和销售政策实施结果分析等）<br>● 与相关部门一起，建立企业内部营销信息反馈系统，及时把握一线市场的销售动态<br>● 协助市场营销部经理制订各项市场营销计划<br>● 配合产品经理对消费者进行产品口味、包装外观、概念等测试<br>● 确定本企业产品或服务相对于竞争产品的优劣势以及成功因素<br>● 在保密制度允许范围内，为本部门及公司其他部门提供信息支持<br>● 对所提供的各类信息的准确性、及时性、可用性负全责<br>● 对调研费、信息费等费用预算进行初级审核，并对费用的使用进行控制<br>● 与市场调查公司合作，执行市场调查任务<br>● 负责编制情报调研、信息收集及整理的培训教材，并负责相关培训工作 |
| 工作权限 | ● 具有建立信息档案保密制度权<br>● 依据保密制度有权对信息索取人或部门进行信息等级控制<br>● 市场调研活动实施的监控权<br>● 市场调研活动效果事前、事中及事后评估权<br>● 有对市场调查公司的选择和评估权和与市场调查公司签订合作意向书的建议权<br>● 对调研费、信息费等费用预算进行初级审核权<br>● 有培训、考核下属的权利 |

（续表）

| | | |
|---|---|---|
| 工作对象 | 内部 | 各信息需求和提供部门 |
| | 外部 | ● 调研公司　● 信息公司<br>● 行业协会　● 统计局等 |
| 岗位对人员的要求 | ● 本科及以上学历<br>● 三年以上相关工作经验<br>● 有市场研究经验<br>● 较强的分析能力、判断能力<br>● 具有营销信息管理的经验 | |

| 职位名称 | 市场调研专员 |
|---|---|
| 组织中所处位置 | 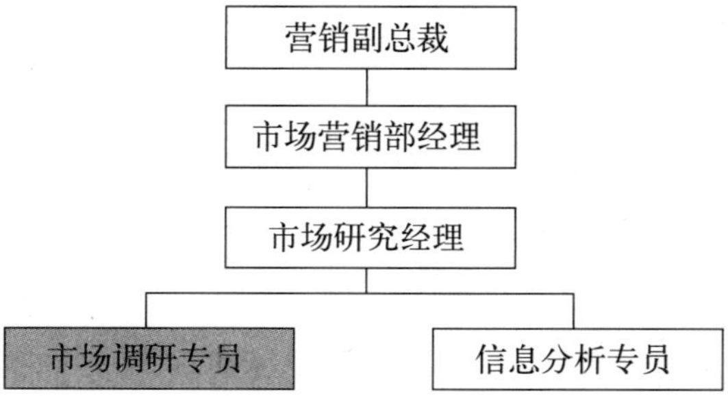 |
| 汇报对象 | 向市场研究经理报告并接受其领导 |
| 总体工作目标 | 制定市场调研方案，并组织实施市场调研工作，收集内外部市场信息，为决策层提供决策依据 |
| 职责阐述 | ● 接受调研任务，协助制订市场调研计划，确定调研方式并实施调研<br>● 制定调研方法、调研路径，制作数据统计表格<br>● 市场环境变化的调研工作<br>● 市场趋势及市场潜力分析；产品或服务的潜在市场分析<br>● 配合产品经理对消费者进行产品口味、包装外观、概念等测试<br>● 负责区域消费者与用户的市场调查计划的制定、实施和监控<br>● 负责区域消费者基本情况、消费心理和购买行为的信息收集、整理和分析<br>● 竞争对手及其产品、策略调查<br>● 新产品市场反馈信息调研，并提出改善意见 |

（续表）

| | | |
|---|---|---|
| 职责阐述 | ● 选择调研公司，拟定调研外包合同并监督执行<br>● 审核调研公司的问卷、调研方式及样本的合理性<br>● 建立、维护和更新市场研究的各种网络<br>● 协助市场研究经理完成调研报告<br>● 协助信息分析专员建立、维护和更新消费者研究的数据库 | |
| 工作对象 | 内部 | 各信息需求、提供部门 |
| | 外部 | ● 调研公司 ● 情报公司 ● 统计局 ● 行业协会 … |
| 岗位对人员的要求 | ● 本科及以上学历<br>● 两年以上相关工作经验<br>● 具备一定的市场经验和市场调研、心理学、统计及预测的专业知识<br>● 较强的市场分析能力<br>● 熟练运用统计软件等 | |

| 职位名称 | 信息分析专员 |
|---|---|
| 组织中所处位置 | 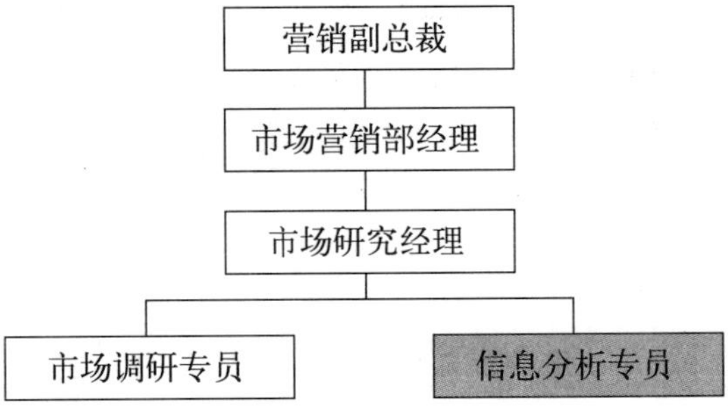 |
| 汇报对象 | 向市场研究经理报告并接受其领导 |
| 总体工作目标 | 负责内外部市场信息的整理分析工作，为决策层提供决策依据 |
| 职责阐述 | ● 收集、归纳各部门的信息需求<br>● 编制内部及外部信息数据分析报告<br>● 信息档案的归类和管理<br>● 建立、维护和更新竞争对手档案库，对竞争对手信息进行分析<br>● 收集渠道客户及零售终端客户的动态信息，并及时做出分析<br>● 为决策部门提供准确的信息支持<br>● 建立、维护并更新渠道档案库 |

（续表）

| | | |
|---|---|---|
| 工作对象 | 内部 | 各信息需求、提供部门 |
| | 外部 | ● 调研公司 ● 情报公司 ● 统计局 ● 行业协会 … |
| 岗位对人员的要求 | ● 本科及以上学历<br>● 两年以上相关工作经验<br>● 具备一定的市场经验和市场调研、心理学、统计及预测的专业知识<br>● 较强的市场分析能力<br>● 熟练运用统计软件等 | |

## 四、广告经理及广告专员职位描述

| 职位名称 | 广告经理 |
|---|---|
| 组织中所处位置 | 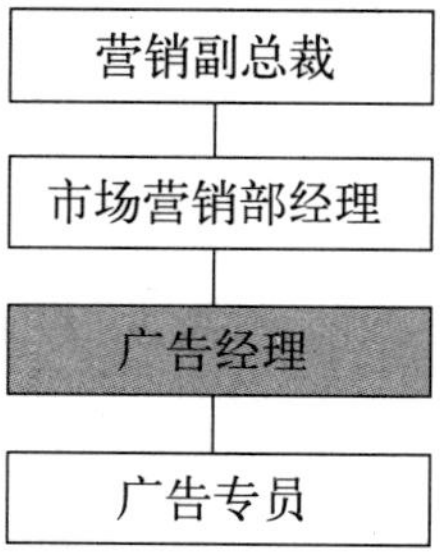 |
| 汇报对象 | 向市场营销部经理报告并接受其领导 |
| 直接下属 | 广告专员 |
| 总体工作目标 | 依据年度营销计划和总体品牌规划建设方案，制定并执行年度、季度、月度广告宣传计划，提升品牌知名度及企业形象，为完成公司的整体营销策略提供支持 |
| 职责阐述 | ● 依据公司整体规划及阶段性目标，制订年度、季度、月度、节假日广告计划<br>● 负责对年度营销计划中的广告传播部分进行细化，形成具体执行方案<br>● 地区性广告计划的制订、指导或审批及实施监控 |

（续表）

| | | | | |
|---|---|---|---|---|
| 职责阐述 | ● 制定产品不同时期的广告策略以及品牌形象提升与维护的广告策略<br>● 制定专业广告策划方案、媒体策划方案<br>● 定期和非定期向市场营销部经理提供广告提案<br>● 制定具体的广告实施方案并组织实施<br>● 根据具体广告实施方案制订广告预算，报市场营销部经理审批<br>● 审核对外广告宣传材料，组织各类宣传品的制作<br>● 监控广告公司设计并执行媒体运作计划<br>● 对媒体发布实施监控及管理<br>● 对广告活动进行事前、事中及事后评估<br>● 定期对广告效果评估，制定改进方案，形成报告提交市场营销部经理<br>● 随时掌握竞争对手的广告策略，制定应对调整<br>● 负责审核专业广告公司及媒介公司，与其签订合作协议并监督其工作<br>● 指导广告专员的工作 | | | |
| 工作权限 | ● 年度广告活动计划与预算的建议权<br>● 广告活动实施的监控权及广告效果的评估权<br>● 具有广告费用的申请权<br>● 具有与广告公司及媒介公司签约的申请权<br>● 在广告及媒介执行过程中对代理公司具有监督权<br>● 对广告公司及媒介公司有评估权及解除合作的建议权 | | | |
| 工作对象 | 内部 | ● 销售部 | ● 客户服务部 | ● 财务部 |
| | 外部 | ● 广告公司 | ● 媒介公司 | |
| 岗位对人员的要求 | ● 本科及以上学历，广告专业优先<br>● 具有丰富的广告经验<br>● 熟悉国内外知名广告公司及各种媒体运作方式<br>● 拥有与专业广告公司合作的经历 | | | |

（续表）

| 职位名称 | 广告专员 |
|---|---|
| 组织中所处位置 | 营销副总裁<br>市场营销部经理<br>广告经理<br>广告专员 |
| 汇报对象 | 向广告经理报告并接受其领导 |
| 总体工作目标 | 完成广告经理交与的各项工作 |
| 职责阐述 | ● 协助广告经理完成各种广告提案及广告计划<br>● 收集广告公司、媒介公司及媒介资料，帮助广告经理做出决策<br>● 负责与广告公司、媒介公司或媒体的前期洽谈工作<br>● 收集整理各种广告创意资料，协同、监督广告公司完成广告创意<br>● 负责具体广告执行过程中的监督工作<br>● 收集相关竞争对手广告信息并提交广告经理<br>● 制作各种广告宣传资料<br>● 收集广告效果评估相关资料提交广告经理 |
| 工作对象 | 内部：● 销售部 ● 客户服务部 ● 财务部<br>外部：● 广告公司 ● 媒介公司 |
| 岗位对人员的要求 | ● 大专以上学历<br>● 至少一年以上相关工作经验<br>● 较强的市场分析能力，逻辑性强<br>● 能快速接受新知识<br>● 熟练运用各种办公软件 |

## 五、促销经理及促销专员职位描述

| 职位名称 | 促销经理 |
|---|---|
| 组织中所处位置 | 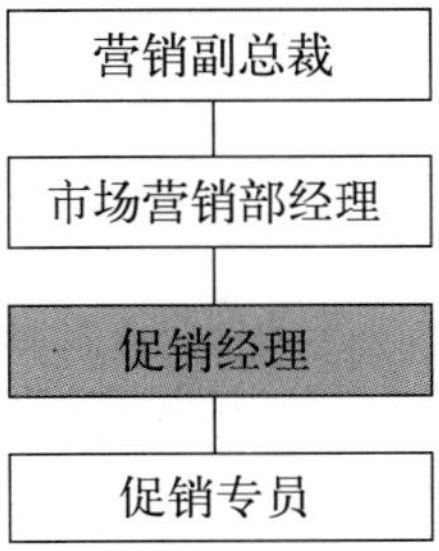 |
| 汇报对象 | 向市场营销部经理报告并接受其领导 |
| 直接下属 | 促销专员 |
| 总体工作目标 | 依据公司的年度营销计划，计划、组织、监督执行促销活动 |
| 职责阐述 | ● 依据公司整体规划，制定年度、季度、月度、节假日促销计划<br>● 根据各产品经理提供的以及年度营销计划中的产品策略方案，制定促销活动方案，监督指导销售部执行，并对其执行情况进行评估<br>● 与广告经理配合进行促销活动计划<br>● 指导监督各区域市场促销活动计划的拟定与执行，并进行评估<br>● 跟踪竞争品的促销手段，提出相应的建议<br>● 协助进行各区域销量分析并提出推进计划<br>● 负责跟踪、监督促销物料及POP的购买计划，并制定促销品、POP等援助器材的发放计划<br>● 处理促销活动中的各种突发事件<br>● 控制促销投入的预算，负责对年度、月度项目促销活动的评估及分析<br>● 制定各市场促销活动经费的申报细则及审批程序，并对该程序予以监督<br>● 负责促销人员的招募、培训，以保证促销活动按计划进行<br>● 负责与销售部等相关部门的沟通协调工作 |
| 工作权限 | ● 促销活动实施的监控权<br>● 对促销专员工作的审核评估权<br>● 监督并指导销售部执行促销活动，并对其执行情况进行评估的权利 |

（续表）

<table>
<tr><td>工作权限</td><td colspan="2">● 对促销费用申请的建议权<br>● 有与相关促销物料公司签订合约的权利<br>● 促销费用的控制权</td></tr>
<tr><td rowspan="2">工作对象</td><td>内部</td><td>● 销售部 ● 客户服务部 ● 财务部</td></tr>
<tr><td>外部</td><td>● 礼品公司 ● 零售公司</td></tr>
<tr><td>岗位对人员的要求</td><td colspan="2">● 本科及以上学历，市场营销、企业管理、广告类专业优先<br>● 具有成功的消费品行业促销管理经历<br>● 很强的谈判能力及沟通能力，有一定的策划能力</td></tr>
</table>

<table>
<tr><th>职位名称</th><th>促销专员</th></tr>
<tr><td>组织中所处位置</td><td>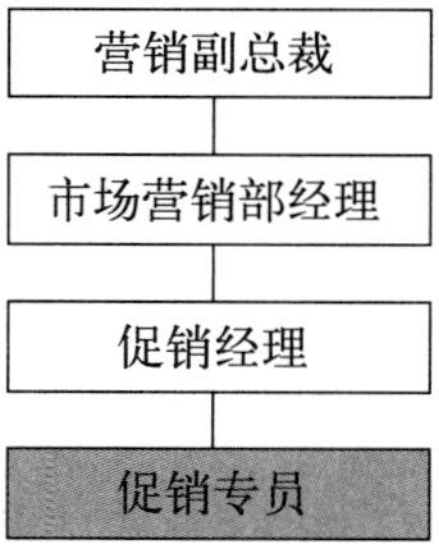
</td></tr>
<tr><td>汇报对象</td><td>向促销经理报告并接受其领导</td></tr>
<tr><td>总体工作目标</td><td>完成促销经理交给的各项任务</td></tr>
<tr><td>职责阐述</td><td>● 协助促销经理制定促销活动方案<br>● 负责收集竞争对手的促销活动信息以及其他市场信息<br>● 负责促销物品的设计及选择<br>● 协助促销经理跟踪、监督促销物料及POP的购买计划，并对其质量进行检验<br>● 跟踪促销品、POP等器材的发放<br>● 协助组织实施促销方案，指导各区域促销计划的实施<br>● 负责对促销活动进行评估与分析<br>● 协助进行促销活动现场管理，发现问题及时向促销经理汇报<br>● 协助促销经理对促销人员进行招募、培训<br>● 负责对促销人员进行监督、考察</td></tr>
</table>

（续表）

<table>
<tr><td rowspan="2">工作对象</td><td>内部</td><td>● 销售部　● 客户服务部　● 财务部</td></tr>
<tr><td>外部</td><td>● 礼品公司　● 零售公司</td></tr>
<tr><td>岗位对人员的要求</td><td colspan="2">● 大专以上学历，市场营销、企业管理、广告类专业优先<br>● 至少一年以上相关工作经验<br>● 分析能力、策划能力强<br>● 能够快速学习并吸收新知识</td></tr>
</table>

## 六、公共关系经理及专员职位描述

<table>
<tr><th>职位名称</th><th>公共关系经理</th></tr>
<tr><td>组织中所处位置</td><td>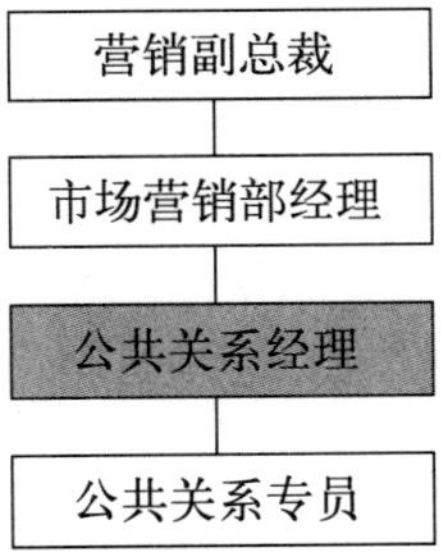
</td></tr>
<tr><td>汇报对象</td><td>向市场营销部经理报告并接受其领导</td></tr>
<tr><td>直接下属</td><td>公共关系专员</td></tr>
<tr><td>总体工作目标</td><td>根据企业整体规划及营销计划，策划并实施公共关系活动，为完成总目标提供支持</td></tr>
<tr><td>职责阐述</td><td>● 全面负责年度、季度、月度、节假日公关计划的制定与执行，配合其他营销活动，提供公关支持<br>● 负责市场公关活动的策划及监督实施<br>● 负责公关活动效果的评估<br>● 向市场营销部经理定期提交公关活动报告并为营销策略提出建议<br>● 建立媒体资料数据库并与媒体建立良好、稳定关系，制定和实施公司的新闻传播计划<br>● 与政府和行业相关机构建立良好、稳定的关系<br>● 负责组织有关本企业的产品及服务软性文章的编写<br>● 出现危机事件时，进行危机公关，维护公司的名誉</td></tr>
</table>

（续表）

<table>
<tr><td>工作权限</td><td colspan="2">● 具有公关相关费用的申请权<br>● 具有与公关公司合作签约的申请权</td></tr>
<tr><td rowspan="2">工作对象</td><td>内部</td><td>● 销售部 ● 客户服务部 ● 财务部</td></tr>
<tr><td>外部</td><td>● 媒体 ● 公关公司 ● 政府<br>● 利益相关者 ● 行业协会</td></tr>
<tr><td>岗位对人员的要求</td><td colspan="2">● 本科及以上学历，公共关系、新闻、市场营销、广告专业优先<br>● 至少三年以上相关工作经验<br>● 较强的市场感知能力，把握市场发展方向<br>● 优秀的人际交往及协调能力，极强的社会活动能力<br>● 较强的文字和语言表达能力</td></tr>
</table>

<table>
<tr><th>职位名称</th><th>公共关系专员</th></tr>
<tr><td>组织中所处位置</td><td>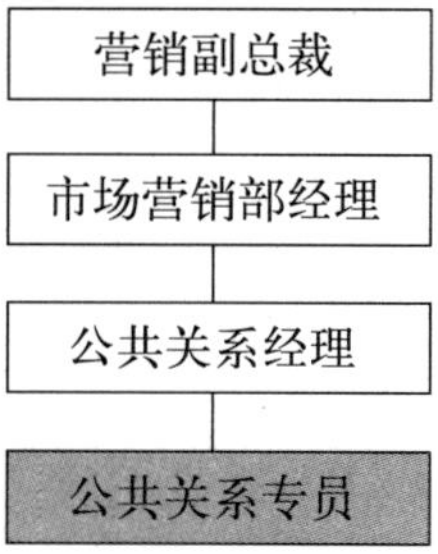
</td></tr>
<tr><td>汇报对象</td><td>向公共关系经理报告并接受其领导</td></tr>
<tr><td>总体工作目标</td><td>完成公共关系经理交与的各种任务</td></tr>
<tr><td>职责阐述</td><td>● 协助公共关系经理制定公关计划<br>● 协助公共关系经理进行市场公关活动的策划<br>● 公关活动实施现场管理、监督<br>● 对公关活动效果进行评估<br>● 与各类媒体记者接洽、合作<br>● 媒体资料数据库的更新与维护<br>● 公关活动礼品的制作和管理<br>● 撰写新闻稿件及关于公司、产品的软性文章<br>● 协助公共关系经理编写公关活动报告</td></tr>
</table>

（续表）

| | | |
|---|---|---|
| 工作对象 | 内部 | ● 销售部　● 客户服务部　● 财务部 |
| | 外部 | ● 媒体　● 公关公司　● 政府<br>● 利益相关者　● 行业协会 |
| 岗位对人员的要求 | | ● 大专以上学历，公共关系、新闻等相关专业<br>● 两年以上相关工作经验<br>● 优秀的写作能力<br>● 优秀的人际交往及沟通能力 |

## 七、零售卖场和导购管理经理及专员职位描述

| 职位名称 | 零售卖场和导购管理经理 |
|---|---|
| 组织中所处位置 | 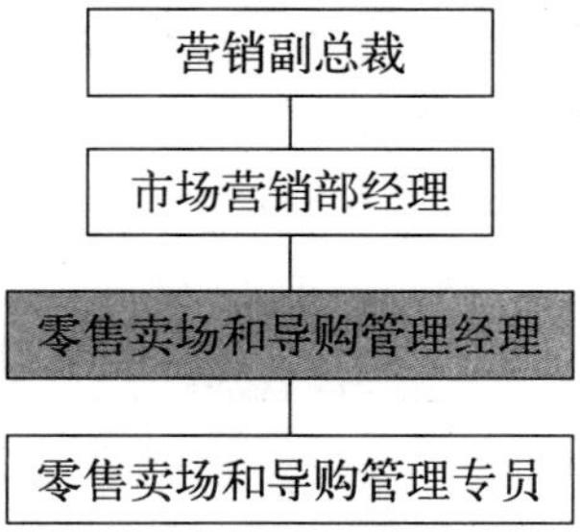 |
| 汇报对象 | 向市场营销部经理报告并接受其领导 |
| 总体工作目标 | 规范企业产品在零售终端的表现，提高并维护企业形象，建立产品在各地区的知名度 |
| 职责阐述 | ● 向市场营销部经理提交年度、季度、月度卖场建设计划<br>● 负责卖场建设的规划、预算与管理，卖场检查与考核监控<br>● 负责卖场建设的效果评估<br>● 负责关键零售客户档案的建立与管理<br>● 协助制定零售卖场的推广计划与方案<br>● 负责推广方案在零售卖场的落地实施，并对方案的实施进行监督、控制与评估<br>● 制定统一的终端生动化要求规范<br>● 负责零售卖场活化方案的制定<br>● 负责管理市场工具的制作并对发放情况进行控制 |

（续表）

| | | | |
|---|---|---|---|
| 职责阐述 | ● 负责零售卖场推广费用预算与控制<br>● 负责制定零售卖场展示与导购规则并进行监督<br>● 分析比较竞争对手在零售卖场的陈列、活化及其他推广促销活动，提出改善方案并实施<br>● 负责导购管理体系的设计和实施<br>● 导购管理制度的制定和导购资源的预算分配<br>● 负责导购培训体系的建设、培训教材的编制及培训绩效考评 | | |
| 工作对象 | 内部 | ● 销售部 | ● 客户服务部 |
| | 外部 | ● 制作公司 | ● 礼品公司 |
| 岗位对人员的要求 | ● 本科及以上学历，市场营销等相关专业<br>● 两年以上市场推广相关工作经验<br>● 具有成功的消费品行业零售及促销管理经历<br>● 敏锐的市场洞察力，具备对商业情况的分析和评估能力<br>● 很强的谈判能力及沟通能力<br>● 较强的策划能力 | | |

| 职位名称 | 零售卖场和导购管理专员 |
|---|---|
| 组织中所处位置 | 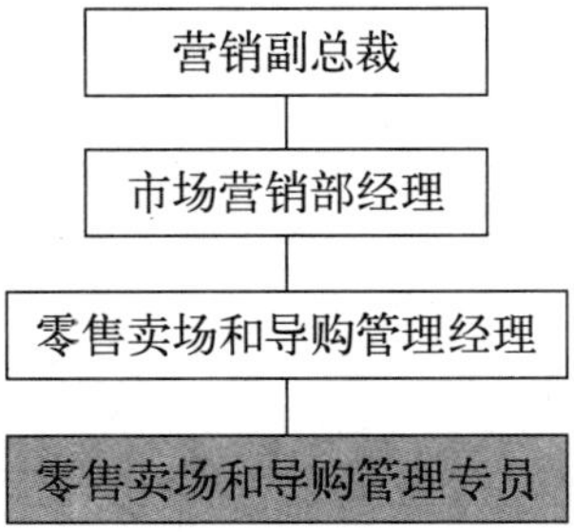 |
| 汇报对象 | 向零售卖场和导购管理经理报告并接受其领导 |
| 总体工作目标 | 协助上级完成各项工作，完成上级交与的任务 |
| 职责阐述 | ● 协助上级制定零售卖场的推广计划与方案<br>● 对推广方案在零售卖场的落地实施进行监督，并向上级汇报情况<br>● 进行零售卖场活化工作的现场管理<br>● 对零售卖场的市场工具进行发放并进行跟踪控制，并向上级汇报 |

（续表）

<table>
<tr><td>职责阐述</td><td colspan="3">● 对零售卖场商品的陈列工作进行检查<br>● 对零售卖场的市场设备、器材进行合理配置<br>● 对零售卖场活化物品的张贴、悬挂、陈列等进行检查<br>● 对零售卖场导购代表进行培训、考核，对其日常工作进行监督检查<br>● 收集竞争对手在零售卖场的陈列、活化及其他推广促销活动资料，向上级汇报</td></tr>
<tr><td rowspan="2">工作对象</td><td>内部</td><td>● 销售部</td><td>● 客户服务部</td></tr>
<tr><td>外部</td><td>● 制作公司</td><td>● 礼品公司</td></tr>
<tr><td>岗位对人员的要求</td><td colspan="3">● 大专以上学历<br>● 一年以上相关工作经验<br>● 有一定的促销、市场活化、推广等方面的知识<br>● 具备较强的沟通能力<br>● 责任心强</td></tr>
</table>

## 八、行政支持文员职位描述

<table>
<tr><th>职位名称</th><th>行政支持文员</th></tr>
<tr><td>组织中所处位置</td><td>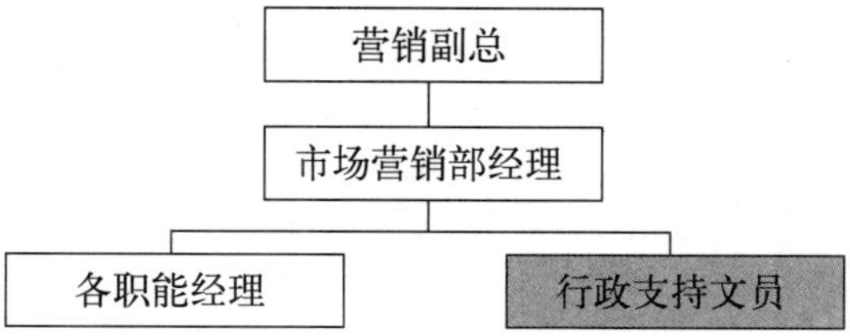
</td></tr>
<tr><td>直接领导</td><td>市场营销部经理</td></tr>
<tr><td>职责阐述</td><td>● 负责市场营销部日常事务接待<br>● 部门会议的组织，以及会议记录和归档工作<br>● 负责市场营销部内部信息的上下传达及横向部门间信息传递<br>● 负责部门文件的编辑工作，以及各种文件的收发、传递与归档<br>● 负责本部门各种费用的报销</td></tr>
</table>

（续表）

| | |
|---|---|
| 职责阐述 | ● 负责本部门办公设备的维护管理<br>● 负责市场营销部档案的综合管理<br>● 协助市场营销部经理和各职能经理进行人员业绩考核<br>● 其他综合行政管理工作 |
| 岗位对人员的要求 | ● 大专以上学历<br>● 有档案管理经验者优先<br>● 优秀的写作能力<br>● 优秀的人际交往及沟通能力<br>● 熟练操作办公软件 |

## 第三节 市场营销部各职能岗位的配合

市场营销部门要想高效地完成营销工作，需要部门内各个岗位之间密切配合。各个职能经理并不是孤立工作，他们之间需要相互沟通，相互配合。由于各个岗位之间的配合是就具体工作展开的，我们也不可能做到把任何工作都讲清楚。因此，我们就从整体上进行简单阐述。

### 一、各职能经理与市场营销部经理日常工作的整体配合

在市场营销部的日常工作中，各个职能经理应配合市场营销经理完成营销目标。市场营销部经理将整体营销计划分解为各个职能计划，向各职能经理下达任务。各职能经理制订各自的计划及预算上报给营销经理审核。超过营销经理权利范围的要由营销经理报营销副总裁审核。具体汇报流程如图（2-2）所示。

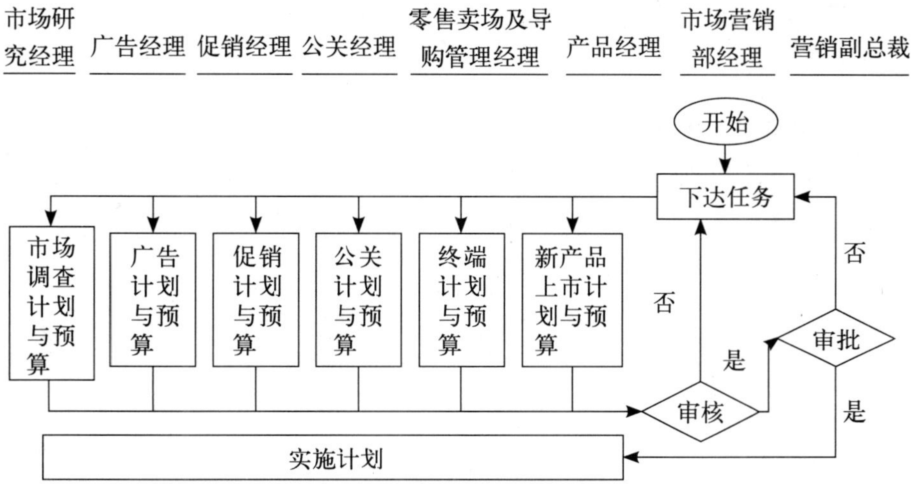


图2-2 各职能经理与市场营销部经理日常工作的整体配合

## 二、产品经理与其他各职能经理的配合

营销部门内各项职能工作可以说都要针对产品进行，那么产品经理就需要与其他职能经理密切配合，具体见图 2-3。

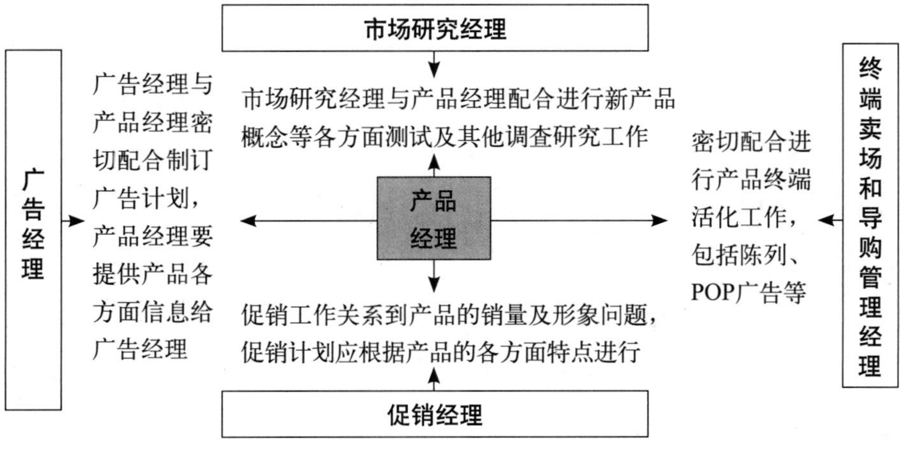


图2-3 产品经理与其他各职能经理的配合

## 三.市场研究经理与其他职能经理的配合

市场研究经理及其下属在组织中主要为各种决策的制定提供依据，以保证决策的正确性。广告经理、促销经理、产品经理以及终端卖场和导购管理经理都需要市场研究经理提供信息，具体见图2-4。

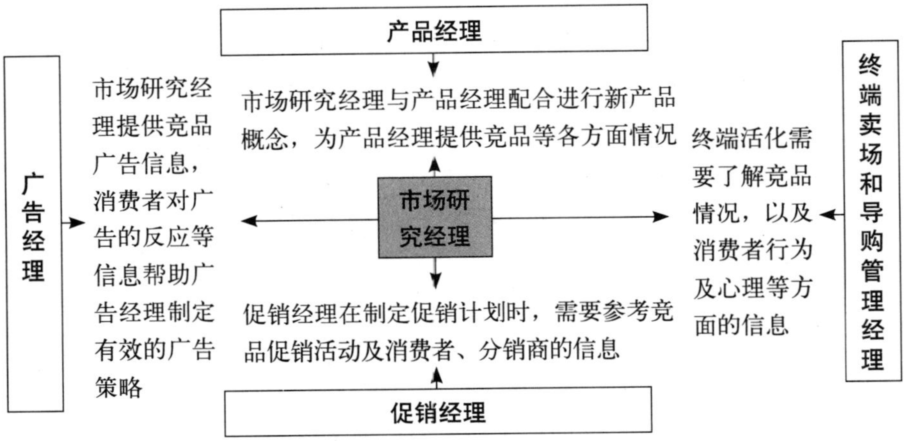


图2-4　市场研究经理与其他职能经理的配合

## 四、具体工作的配合

市场营销部的具体工作配合其实可以说涉及到业务流程问题，关于业务流程的优化可以参考第四章。在此，我们以市场调查工作为例，描述岗位之间如何进行配合。企业应该根据各自的具体情况进行工作。

1. **市场调查工作配合**

在实际操作中，如果调查项目规模较小，操作不复杂，而且企业员工可以自行操作的话，市场调查具体的执行工作可以由市场研究经理负责组织实施；如果调研项目规模比较大，企业人员没有能力进行，则可以委托市场调查公司进行。图 2-5 是市场营销部自行调查时，各个岗位的配合情况。

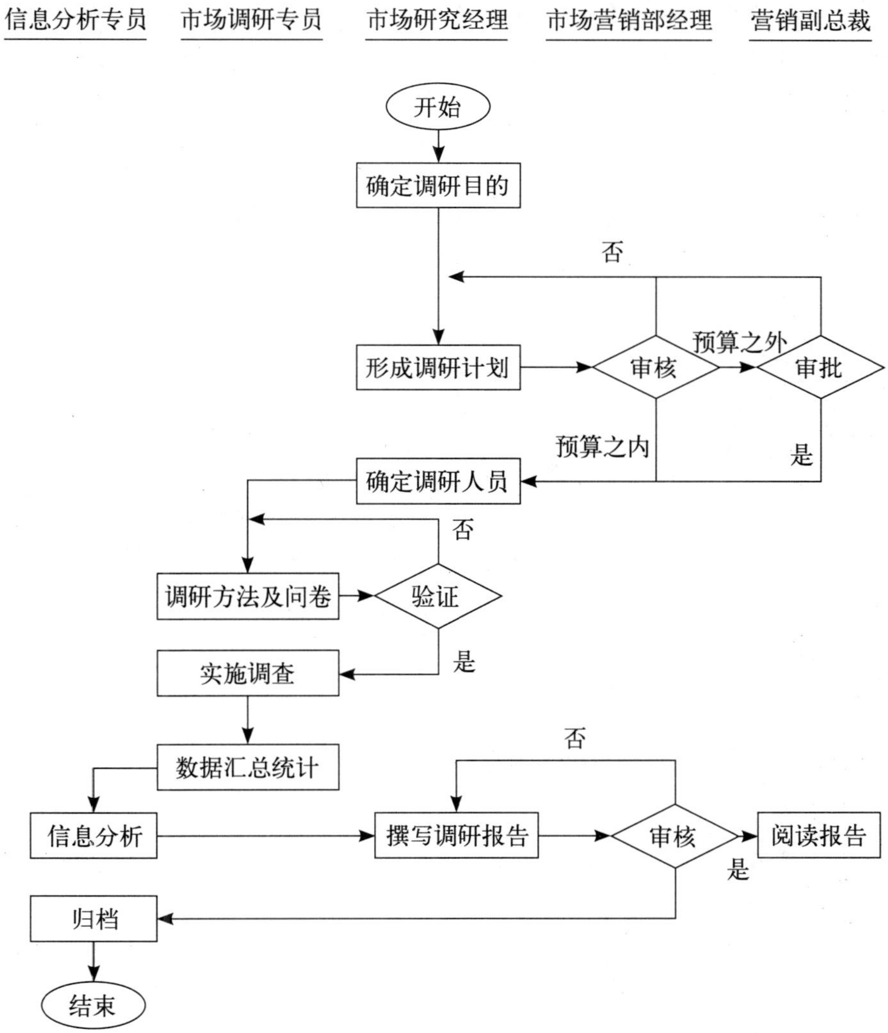


图2-5　市场营销部市场调查工作配合

2. **日常信息共享工作配合**

在日常工作中，市场营销部其他人员，如促销经理、广告经理、产品经理在其工作中也免不了要使用营销信息，此时就需要信息共享。通常有信息分析专员收集来自信息需求者的需求并进行归类，然后报市场研究经理审核，决定是提供档案库中的信息还是进行新的市场调查，具体见图2-6。

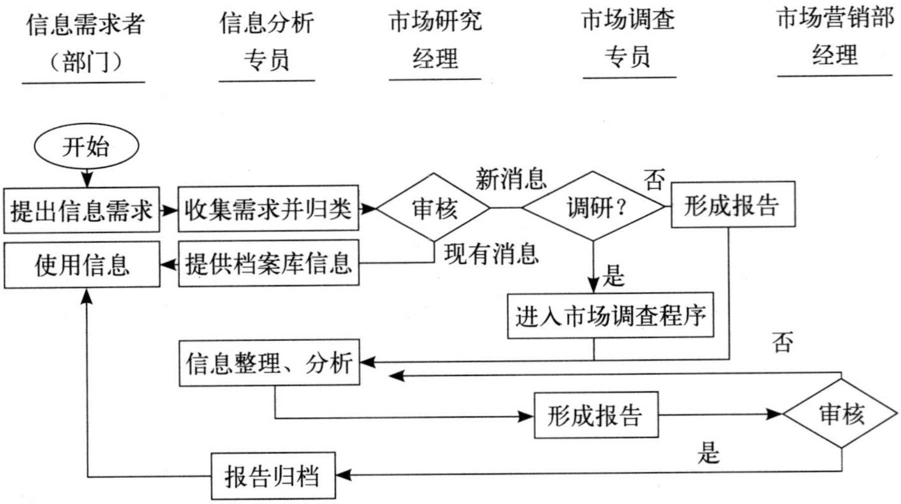


**图2-6　市场营销部日常信息共享工作配合**

# 第三章 市场营销部与其他部门及机构的分工与配合

企业营销活动的高效进行，一方面需要所有部门以“满足消费者”为中心来协调配合，另一方面要善于利用外部专业机构的力量！

# 第一节 市场营销部与其他部门的分工与配合

## 一、市场营销部与其他部门的关系

虽然全员营销的概念提倡了很久，但在实际工作中各个部门的关注点肯定不同，营销部门与其他部门之间的矛盾就在所难免了。一个以市场为导向的组织，所有部门都需要“考虑顾客”和为满足顾客的需要和期望而工作，然而，对于营销部门是否应该比其他部门更多地拥有影响和权威，才能保证营销活动协调一致，很少能真正达成共识。一般说来，营销人员必须靠说服，而不是靠权力进行工作。各部门间的关系表现为强烈的竞争和不信任，其中有些冲突来源于对公司最佳利益的不同看法，有些是由于不适当的部门间偏见造成的，而有些则由于部门利益与公司利益相冲突所造成的。

在典型的组织结构中，所有的功能部门应该说都对顾客的满意程度有或多或少的影响，在营销观念下，所有的部门都应以“满足消费者”这一原则为中心，致力于满足消费者需求，而营销部门则更应当在日常活动中向其他职能部门灌输这一原则。

营销经理的两大任务：一是协调公司内部的营销活动，二是根据满足顾客利益的目标，协调市场营销部门与公司其他功能部门的关系。一般而言，营销经理应主要依靠说服而不是权利来进行工作。

其他部门经常反对在工作中一切以顾客利益为中心。正如市场营销部强调顾客满意这一点一样，其他部门也同样强调他们工作的重要性，显然，其间冲突是不可避免的。

表 3-1 总结了营销部与各部门之间的主要差异，我们接下来主要讨论一下各部门所关注的主要问题。

**表3-1 专业营销经理与非专业营销经理的区别**

| 部门 | 其他部门的侧重点 | 市场营销部门侧重点 |
| --- | --- | --- |
| 研究开发部门 | 基础研究<br>内在品质<br>功能特点 | 应用研究<br>直观质量<br>销售特点 |
| 工程设计部门 | 设计前置时间长<br>较少型号<br>标准部件 | 设计前置时间短<br>较多型号<br>任意型号 |
| 采购部 | 产品线宽度<br>标准零件<br>原材料价格<br>经济采购量<br>间隔性采购 | 产品线宽度<br>非标准零件<br>原材料质量<br>为防止缺货的大批采购量<br>配合顾客需要随时采购 |
| 制造部门 | 生产的前置时间长<br>型号较少长期经营<br>型号不变<br>标准订货量<br>易制造<br>中度质量控制 | 前置时间短<br>型号较多短期经营<br>型号常变<br>随意订货量<br>外形美观<br>高度质量控制 |
| 财务部门 | 支出严格合理化<br>刚性预算<br>订价能抵偿成本 | 直觉性支出<br>弹性预算<br>订价能进一步开发市场 |
| 会计部 | 标准交易方式<br>报告较少 | 特殊交易条件与折扣<br>报告较多 |

### 1.研究开发部门

公司希望开发新产品，但常因研究开发部门和营销部门关系不好而以失败告终。研究开发部门由科学技术人员构成，他们因科学的奇特性和超前性而骄傲，关注技术问题，而不关心眼前的销售利润，喜欢在较少监督或较少顾虑成本的情况下工作，而营销与销售部门由具有商业头脑的人员组成，他们以对市场领域的了解而骄傲，喜欢看到有销售特色的新产品，他们有一种注意成本的紧迫感。市场营销人员把研发人员看作是不切实际的、知识分子味十足的，甚至不懂业务的科学狂人。相反，研发人员把市场营销人员看作是唯利是图的势利人，这些固定的看法，阻碍了生产的互相协调。

结果，公司呈现三种类型：技术驱动型，市场驱动型和二者并重型。在技术驱动型的公司中，研发人员研究基本原理问题，寻求强大突破，力求产品尽善尽美，虽然他们会发现一种重要的新产品，但研究与开发的费用很高，新产品成功率较低。

在市场驱动型的公司里，研发人员为专业市场的需要而设计新产品，绝大多数是对产品的改进和现有技术的应用，新产品的成功率较高，但主要是改进生命周期较短的产品。

在技术、市场两者并重的公司中，营销部与研究开发部已形成有效的组织关系，它们共同负责，进行卓有成效的市场导向革新，研发人员不仅负责发明，也负责有成功希望的革新，销售人员不只是注意新的销售特色，也协助研究人员寻找能满足需要的新途径。

研究开发与营销部门的合作，可采用下列几种简便易行的方式：

● 联合主办研讨会，以加强对对方工作目标、作风和问题的理解和尊重。

● 每个新项目要同时派给研发人员和营销人员，他们将在整个项目执行过程中合作，同时，研究开发部与营销部应共同确定营销计划的目标。

● 研究开发部门的合作，要一直持续到推销时期，包括制定技术手册、合办贸易展览、售后调查，甚至做一些销售工作。

● 产生的矛盾应由高层管理部门解决，在同一个公司中，研究开发部门与营销部门应同时向一个副总经理报告。

### 2.工程部门

工程部门负责寻找实际的方法，以设计新产品与新的生产程序，工程师们较为关心技术质量的保证，成本费用节约，以及生产的简便性，如果营销人员希望生产几种配件，而不是标准配件，以突出产品特色，工程师们便会与之发生冲突，他们认为营销人员只要求外观美，而不注重产品内在性能，是一群极易改变工作重心且夸夸其谈之辈，不值得加以信任。但在营销主管人员具有工程基础知识并能有效地与工程师们沟通的公司，一般不会出现上述问题。

### 3.采购部门

采购主管人员负责以最低的成本买进质量、数量都合适的原材料与零配件，通常他们的购买量大且种类较少，但营销经理通常会争取在一条生产线上推出几种型号的产品，这就需要采购量小而品种多的原材料及配件，而不是量大而种类少的配件，他们认为营销部门对原料及其零配件的质量要求过高，尤其是当营销部门的预测发生错误时更为突出，这迫使他们不得不以较高的价格条件购进原材料，有时还会造成库存过多产生积压的现象。

### 4.制造部门

制造部门与营销部门之间存在几种潜在矛盾。生产人员负责工厂的正常运转，以达到用合适的成本在合适的时间内生产合适数量产品的目的。他们成天忙于处理机器故障、原料缺乏、劳资纠纷及怠工等问题。

他们认为，营销人员在不了解工厂的经济情况及策略的前提下，却埋怨工厂生产能力不足、生产拖延，质量控制不严，售后服务不佳等，而且，还经常作出不正确的销售预测，推荐难于制造的产品，答应给顾客过多不合理的服务项目。

营销人员确实看不到工厂的困难，而只注意顾客提出的问题。例如，顾客希望很快拿到货物，不希望收到不合格的商品，得不到工厂的及时周到的服务等。他们很少注意，多为一位客户服务，会加大工厂的成本；这不仅是两个部门之间沟通不好的问题，而且是实际利益冲突的问题。

公司可采用不同的方法来解决这些问题。在生产导向型的公司里，人们做的每一件事情都是为了保证生产顺利进行和降低成本，这种公司倾向于生产简单的产品，希望生产线窄一些，而生产批量大一些。需要加速生产来配合促销活动的情况几乎没有，顾客在遇延期交货时不得不耐心等待。

另一些公司是市场导向型的。这种公司想尽一切办法来满足顾客需要。例如，在一家大型的化妆品公司里，只要营销人员一声令下要求生产什么东西，生产人员就立即行动，而不考虑加班费用、短期生产效应等。结果造成生产成本高昂而且成本不固定，产品质量也欠稳定等问题。

公司应逐渐向生产导向与市场导向并重的方向发展。在这种两者并重的公司里，制造部门与营销部门可以共同确定公司追求的最佳利益。解决办法包括召开联合研讨会，以了解双方的观点；设置联合委员会和联络人员，制定人员交流计划，以及采用分析方法，从而确定最有利的行动方案等。

公司的盈利能力很大程度上取决于营销部门与制造部门之间良好的协调关系。营销人员必须具备了解制造部门的能力，如了解新生产策略——弹性工厂、自动化和机器人、准点生产、质量圈等营销含义。如果公司想通过降低生产成本来取胜，那就需要一种生产策略；如果公司想依靠质优、品种多或优质服务取胜，就需要三个不同的生产策略。所以，生产设计和生产能力的判断依据，是根据已规划好的产量、成本、质量、品种和服务组成的营销战略目标来决定的。

制造部门可以是产品的营销工具。在产品尚未确定卖主之前，当购买者去工厂了解生产管理质量状况时，生产人员和工厂部门无疑成了重要的营销工具。

### 5.财务部门

财务主管人员以能评估不同业务活动的盈利能力而骄傲，但每当涉及到营销经费时就喊“头痛”。营销主管人员在要求大量预算用于宣传、促销活动和推销人员开支的同时，却不能具体说明这些花费能带来多少销售利润。财务主管人员怀疑，营销人员所作的预测是自己随意编制的，并没有真正考虑经费与销售利润的关系，以便能把预算投向获利更多的领域；他们认为，营销人员急于大幅度削价是为了获得订单而不是真正为了盈利。

同时，营销主管人员则认为，财务人员控制资金太紧，拒绝把资金投入长期的潜在市场开发中去，他们把所有的营销经费看作是一种浪费，而不是投资。财务人员过于保守，不愿冒风险，从而与许多机遇失之交臂，解决这个问题的办法是加强对营销人员的财务训练，同时加强对财务人员的营销训练。财务主管人员要运用财务工具和理论，支持对全局有影响的营销工作。

6.会计部门

会计人员认为，营销人员不能准时制作各种报表，尤其不喜欢销售人员与顾客达成的特殊交易，因为这些交易需要特殊的会计手续；反之，营销人员则不喜欢会计人员把固定成本分摊到不同品牌上去；品牌经理认为，他们主管的品牌比预期的更能盈利，但问题在于分摊给产品的间接费用太多，而使得品牌利润率降低，他们还希望会计部门能编制按渠道、区域、订货规模等各不相同的利润和销售额报表。

## 二、市场营销部与其他部门的配合

在非营销导向的企业里，市场营销部门往往无足轻重，不仅不是核心部门，对营销运作的实际操作与最后结果也缺乏直接的影响力。但在营销主导的企业中，市场营销部门负责整合公司所有的资源，主导营销运作过程，并对最后的销售数字与盈亏负责。因此，市场营销经理名义上虽无直接指挥调度其他部门的实权，但实质上却类似于一个执行官的角色，他要负责让一切营销运作顺利推动，并达到（甚至超越）原先设定的目标。

但市场营销工作是一项系统工作，市场营销部只是一个负责统筹协调的核心部门，营销工作的顺利进行离不开其他部门的大力支持与配合。如果没有相关部门持续地紧密合作，营销部门再怎么三头六臂，也无法独力完成任务。市场营销人员一定要明白：所有非营销部门的工作都是专业、重要且必须被尊重的，不能认为市场营销部比较重要而其他部门无足轻重。 营销人员必须认识到其他部门的协助是不可或缺的。同时要学会谦虚，尊重其他部门的专家，肯定其他部门的贡献。非营销部门应该认知到自己是营销部门不可或缺的合作伙伴。只有大家共同努力才能让营销运作顺利进行。

下面我们以图表的形式给出市场营销部门与几个主要的部门之间的配合。

### 1.市场营销部向营销副总裁的工作汇报流程

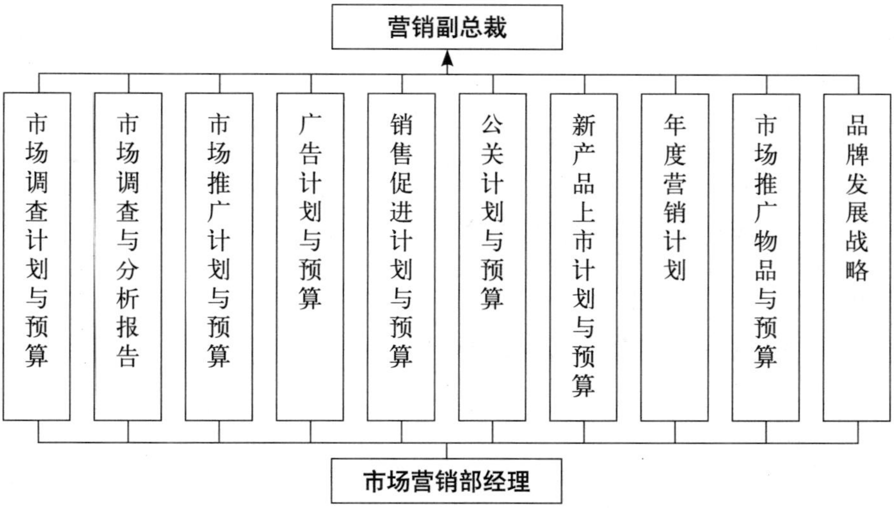


图3-1 市场营销部向营销副总裁的工作汇报流程

### 2.市场营销部与财务部的配合运作

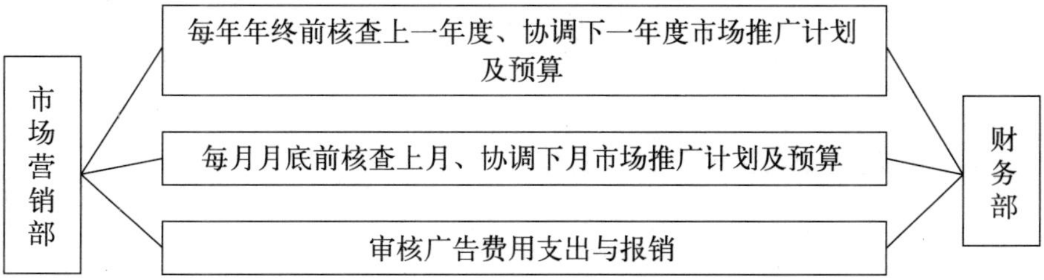


图3-2 市场营销部与财务部的配合运作

### 3. 市场营销部与研发部的配合运作

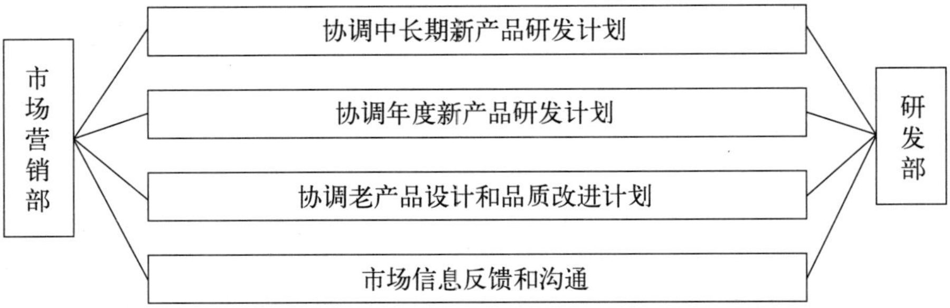


**图3-3　市场营销部与研发部的配合运作**

### 4. 市场营销部与生产部的配合运作

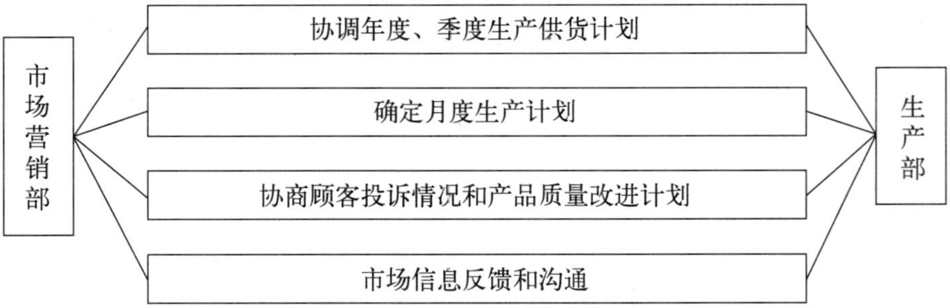


**图3-4　市场营销部与生产部的配合运作**

## 5. 市场营销部与销售部的配合运作

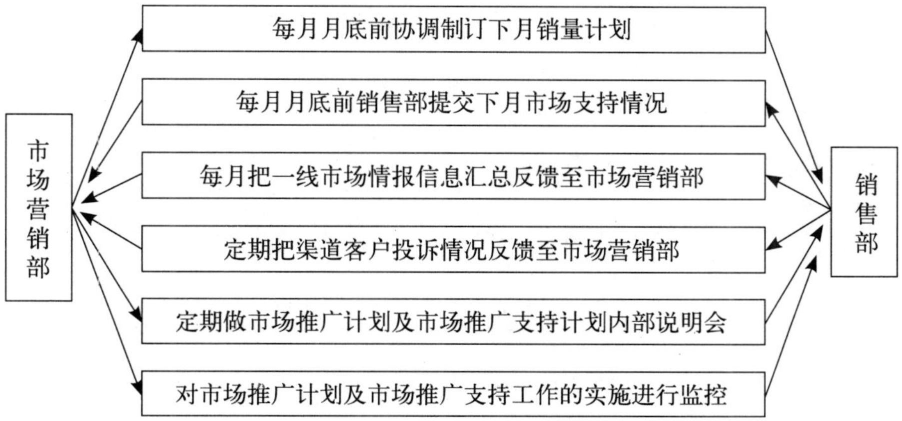


图3-5　市场营销部与销售部的配合运作

## 6. 市场营销部与客户服务部的配合运作

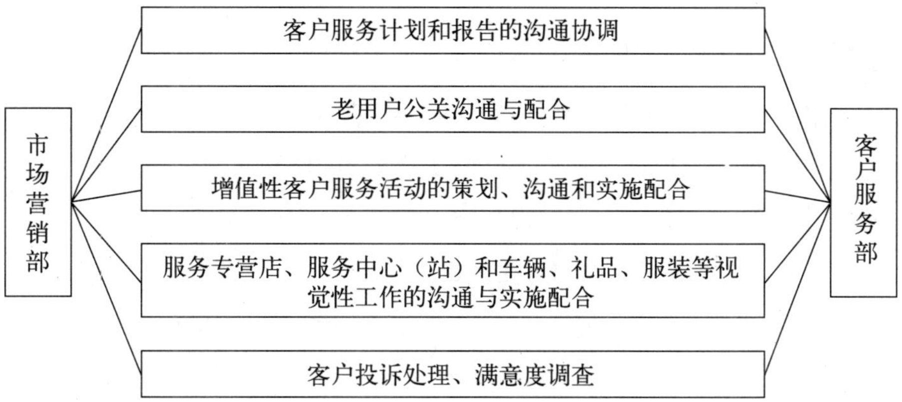


图3-6　市场营销部与客户服务部的配合运作

7.市场营销部与地区分公司的配合运作

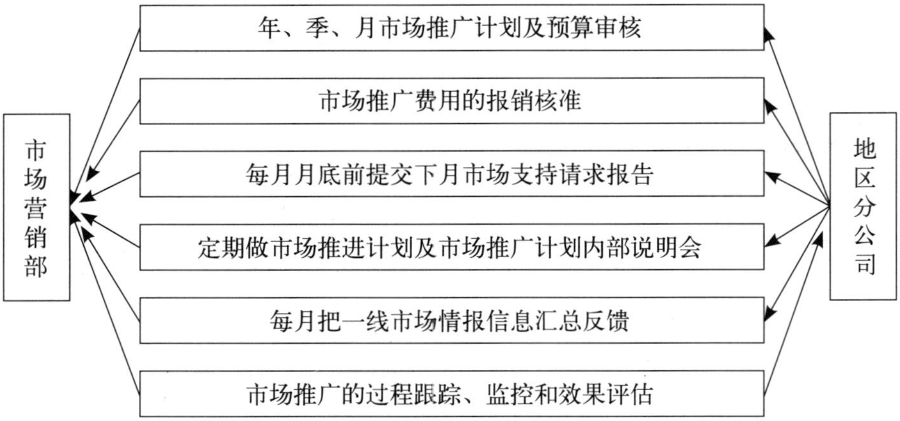


图3-7 市场营销部与地区分公司的配合运作

**市场营销部与地区营销部门关于市场推广工作的关系协调问题**

市场营销部与地区营销部门在市场推广策略制定和预算决策权限分配上一般有两种形式。

**一种是集权管理**。市场推广工作决策权由营销总部统一控制，地区营销部门按很小的销售额比例提取可自由支配的市场推广费用。

**另一种是分权管理**。营销总部掌握全国性市场推广活动的决策权和费用投放权，按年度市场推广计划应分配给各地区的市场推广预算及使用计划由各地区营销部门自主支配。

食品、日用品等快速流转消费品行业的跨国企业普遍采取集权管理模式，国内企业往往由于营销总部的人力资源不足采用分权管理的方式。但不管集权还是分权，都应明确以下几点：

（1）从效果上看，集权管理较分权管理更有保证，应是我国企业今后的努力方向。

（2）无论采取集权管理还是分权管理，营销总部均应对地区营销部门的推广计划、预算和报销进行审核，对实施过程及结果进行监督和评估。

## 第二节　市场营销部与专业机构的分工与配合

在现实中，并不是所有的企业都有职能完整的市场营销部门，比如很多中小企业就没有真正的市场营销部，那么他们的市场营销部的职能就需要外包给专业机构来完成。即使有职能完整的市场营销部门，该部门有时也需要通过与外部专业机构合作来完成某些工作。虽然这样看起来是会增加开支，但实际结果恰恰相反。因为专业机构在人员数量和专业素质方面都要优于一般企业的人员配置，也就是“术业有专攻”，因而能提高工作的效率，节约相应的成本。通常情况下，市场营销部门会与市场调查公司、广告公司、公关公司、营销管理咨询公司等合作。

### 一、市场营销部与市场调查公司的合作

虽然营销调研对于企业非常重要，但就实际而言，我国企业中本身具备强大调研能力的还不多。因此，为了保证市场调研结果真正具有参考价值，提高营销决策的科学性，企业有必要借助专业市场调查公司的专业技能。尤其在以下情况时：

- **需要额外经营资源时**。调研公司专业人员具备丰富的专业知识，

通过对企业问题的研究分析，可提供整体性的经营信息，促成业务创新和改进。而且由外界协助调查，可以在一定时限完成工作，能避免企业自行调查时发生延误。

● **需要客观建议时**。企业在面临一些重大市场决策时，往往正反两方面意见争论不休，很难在内部解决。因此经由第三者深入调查，提供客观的第三者立场的建议，将有助于决策形成，可减少决策的失误。

● **需要专家协助时**。企业内部常缺乏专业知识或经验以建立必要的制度及体系，通常可借助专家力量，为企业建立必要的内部市场调查系统。

### 1. 选择市场调研公司

一般情况下，企业可从现有的名录中选出几家重点对象，以备进一步接触。就目前而言，市场上还没有一份完整的市场调研公司名录。因此，企业应注重日常的收集。有不少市场调研公司在媒体上发表文章、刊登调查报告，在一些商业报刊或网络广告上也经常可以查到它们的广告信息。此外，朋友推荐也是一种常见的方法。目前，市场上众多的市场调研公司大致可分为四类，即外资专业市场调研公司、政府机构及科研院所（包括其下属公司）、民营或私营的专业调研机构、咨询公司或广告公司的市场调研部门。

选择一家优秀的市场调研公司如同寻找一个战略联盟，是一件十分细致的工作。不同的市场调研公司其性质及行业对象有所不同，因此，正确地选择市场调研公司是调研项目成功进行必不可少的条件。选择市场调研公司可以按照以下标准。

| 选择市场调研公司的标准 | |
|---|---|
| 声誉 | 在业界的声誉<br>运用专业知识及勇于坚持公正意见的声誉<br>严守职业道德及坚持诚信原则的信誉<br>限期完成工作的能力及服务质量 |
| 经验 | 创办时间长短，主要工作人员服务的年限<br>已完成市场调查主题的性质及工作范围<br>为行业竞争者进行工作的经验 |
| 人员结构 | 市场调研公司的人员一般分为专职和兼职两种。公司的研究人员、技术人员等应是专职人员；访问员、复核员、编码员、行业专家等一般是兼职人员；实地督导有些是专职的，有些则是兼职的。这些可以量化的指标是判断公司实力的硬性标准 |
| 设备 | 工作人员的配备<br>调查分析时应用的软硬件设备 |

### 2. 与市场调研公司沟通

初选结束后，企业应与所选的几家公司进一步接触。为了能够全面地了解这几家公司，企业必须要求各公司提供文字资料，这些资料会成为企业选择最终合作伙伴的依据。这些资料包括：公司简介、人员简介、项目运作流程、收费标准、客户名单，以及以前做过的一些范本（如策划书、调查问卷、执行手册、访问工作记录、抽样图、抽样记录表、编码原则、调查报告等）。如果想获得更具针对性的资料，企业应给这些公司提供一些委托要求及项目背景介绍，这样，它们在准备资料时会有侧重点，资料也更具参考价值。

企业与市场调研公司之间的沟通是项目实施中的第一步，也是最重要的一步。有些企业对市场调研很熟悉，知道每次调研的目的，甚至对调查方法和一些具体的操作都了如指掌，只要给调研公司提供一份调查纲要，再为其介绍一下此次调查的背景、目的、所需数据和数据的应用就可以了。然而，有些企业并不清楚调研项目的目的，它们可能只有一个很笼统的想法，这时就需要与调研公司进行面谈。面谈时，企业提供的信息越多就越有利于它们了解和定义企业所面临的问题，即此次调查的目的是什么，要获得哪些数据以及这些数据有哪些用途。此外，在调研项目开始之前，企业应与市场调研公司签订保密协议。

市场调研公司正确定义企业的问题是调研项目成功的基础。“定义”工作的成功与否关键看相互的沟通如何。当双方就问题的定义达成一致后，企业就可以要求市场调研公司根据项目的具体要求拟定“调研计划书”。计划书一般包括以下内容：可能采用的调研方法；完成整个调研工作所需要的时间；整个调研项目所需要的各项费用。

当收到几家市场调研公司的计划书后，就可以集中进行比较，从中选出最合适的一家作为代理，与之会晤商议，签订市场调研委托合同。

### 3. 市场营销部与市场调查公司的分工配合

在委托市场调查机构进行市场调查时，首先要建立和谐的人际关系，在相互理解与相互尊重的前提下，建立对市场的共同理念，如此双方在实施市场调查时，才能将意见分歧及认知差距减至最低程度，提高调研效率。

**（1）市场调查开始前**

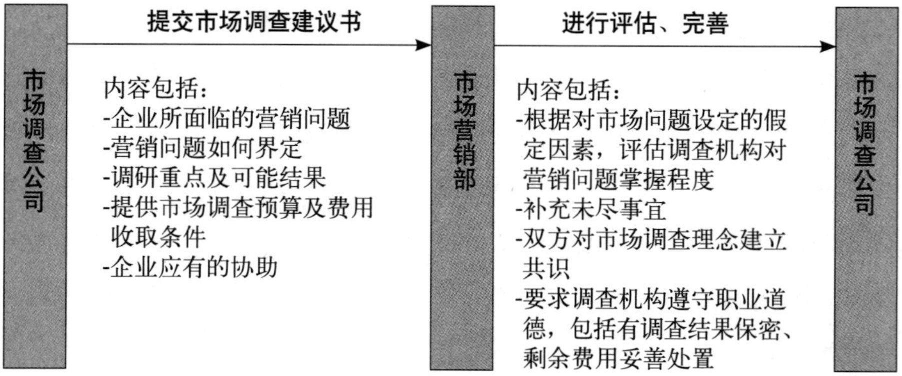

（2）**市场调查进行过程中**

委托企业在调查机构进行调查时，应信任调查机构，不能干涉调查工作进行，并指定代理人主动协助调研。

（3）**市场调查结束时**

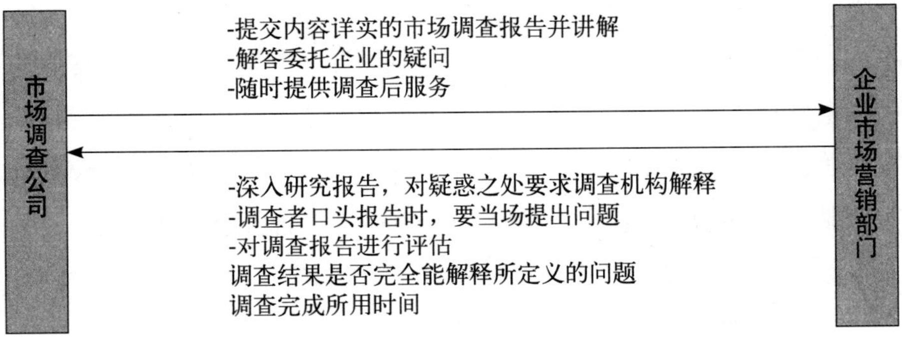


（4）**提高企业自身的市场研究水平**

培养企业的市场研究人员是非常重要的。自己拥有市场研究人员，对于一些日常性的小规模调查研究就可以独立完成。另外，这样可以为企业带来重视市场、尊重科学、讲究量化分析的观念以及规范化的运作模式。最重要的是，在较大的市场研究项目中，企业内的市场研究人员在与市场调研公司的沟通方面会起到至关重要的作用。

## 二、市场营销部与广告公司的合作

广告不是推广的惟一手段，但推广工作的开展离不开广告。当一家企业需要做广告时，首先面临的决策是：这个广告是自己做还是请他人代理？如果请广告公司代理，如何选择合适的广告公司为自己服务？

广告服务也是一个非常细分的行业。就整个广告过程而言，从创意产生到最后被消费者，中间有不同的公司负责不同的环节。广告的完成通常分为创意、制作和投放三大环节。相应地，有的广告公司主要做创意，有的广告公司则专心于制作（如平面广告的制作、广告片的拍摄等），有的同媒体建立起长期的合作关系，甚至买断了某些重要媒体的广告资源，在媒体取得上有获取优势和成本优势，通常也叫做广告代理公司。当然，也有一些实力强、规模大的广告公司囊括了这三个环节。或者一些优秀的创意公司，由于与制作公司和广告媒体代理公司有长期的合作，也可以代理企业来完成以下环节，但是，中间要收取一定的代理费。还有一些专业公司，如广告监测、调查公司，都是为广告公司或企业提供决策支持的。有时候，企业也需要直接和它们合作。

**1．选择广告公司的标准**

每个企业都希望找到一个优秀的、可长期信赖的广告公司，但如今广告公司越来越多，选择一个合适的公司为自己服务，并非易事。在选择广告公司时可以参考以下标准。

| 选择广告公司的标准参考表 | |
|---|---|
| 规模 | 一般预算较大的广告倾向于找大广告公司做，预算小的则相反。这是因为预算小的广告，许多大公司觉得最终获取的利润不大，不愿承担，或虽能承担却不予以足够的重视；而对于预算大的广告，小公司可能由于人力、物力有限而难以承担。另外还要考虑企业要求广告公司的服务范围。要求范围越广，如不仅包括媒体选择、广告创意服务，还包括市场分析、产品促销等，则越倾向于选择规模较大的广告公司。 |
| 创造性 | 创意是广告的灵魂，每一个广告公司都声称自己富有创意。而创造性其实是最难判断的一项指标。看一个广告公司的创造性最可靠的是看以前的业务记录。它做过哪些广告？创意如何？有哪些是成功的？成功的越多，说明它拥有的富有创意的人才越多，未来成功的可能性就越大，因而对广告主越有利。 |

（续表）

| | |
|---|---|
| 对企业产品熟悉情况 | 一个广告成功的前提条件是广告人员对所宣传的产品非常熟悉，不仅要熟悉产品性能和特点、生产和营销状况、顾客需求的重点，还要熟悉产品在行业的整体情况、主要竞争对手的情况、国家相关政策等。 |
| 产品的冲突性 | 一般不宜选择正在为竞争对手做广告的公司。一方面是出于商业信息保密的需要，一方面也是为了避免有关各方造成利益上的冲突，对建立长期合作关系不利。 |
| 人员的相容性 | 一个合适的广告公司不仅要业务优秀，而且其人员要容易合作共事，能为广告主保守商业秘密，可以长期信赖。这可以通过考察广告公司与客户的关系来判断。 |
| 对本土市场的了解 | 对于国际广告来说，熟悉当地的文化风俗习惯、市场需求、法律法规等是极其重要的。因此选择在国内外市场有分公司的广告公司对有国际业务的企业来说无疑是有利的。 |

### 2．选择广告公司的程序

本程序是为广告预算较大，希望与广告公司建立长期关系的企业设计，亦可供其他企业参考。选择广告公司的程序一般分为五步：

| 步骤 | 参考内容 |
|---|---|
| 1.计划 | 在营销部门相关人员组织下进行下列工作：<br>收集汇总需要的文件和资料<br>构造一个评审模式，制定选择广告公司的标准<br>设计一个广告项目，以备第三阶段广告公司比稿<br>初选一批广告公司作为开展工作的重点，候选名单在选择中可增减更换<br>制订一个详细的选择计划，对各项活动及其所需时间做出具体安排 |
| 2.访问候选公司 | 选择组要访问各候选广告公司，收集决策所需的各种资料，了解各广告公司的优势和劣势，必要时也可访问广告公司的客户 |
| 3.邀请候选公司访问企业 | 完成第二步后，可以对候选名单做适当的删减，然后邀请候选的广告公司访问企业。访问前要为每个候选公司准备一份企业的详细资料，如产品各方面介绍、市场占有率、销售状况、竞争对手、企业的营销策略等 |

（续表）

| | |
|---|---|
| 4.审核各候选公司的设计 | -对项目的理解<br>-企业营销战略的体现<br>-创意水平<br>-设计的实用性 |
| 5.确定广告公司 | 选择小组按原先订立的标准，写出综合评审报告，交由决策者做出最后的选择，双方签订广告代理合同 |

### 3．市场营销部与广告公司配合要点

#### （1）提出高要求

追求卓越意味着必须提出高要求，而只有提出高要求才能获得高质量的结果。务必让广告公司知道你满怀信心，并认为广告公司会产出不仅仅只是好并且牢靠的广告，切记要传达你更高的期望。

#### （2）召开创意会议

首先处理重要议题：策略、消费者利益点、品牌定位和个性。清楚说明你所认为广告作品是否达到前述要项的状况，如果答案是否定的，要解释理由。坦诚告诉代理商他们未达成的目标是无伤大雅的，切记不要让他们呆坐一旁胡乱猜测。

#### （3）人性化

尝试人性化而非企业化的反映。当你喜欢眼前的广告，就让每个人知道你真的喜欢。当你不喜欢某一广告时，也要坦诚告知，只是必须给予为何拒绝的理由。当你不太确定时，也要勇于承认，你可能需要时间消化吸收一个广告公司构思创造长达数周的作品。在一个新作品的提案后，切勿因任何人而被迫选择立即通过。

#### （4）持续一致

告诉大家你所希望的未来走向。务必为你的业务与广告分别设立目标，而且坚守不移。

（5）**简化核准程序**

当广告公司需要对客户组织中不同阶层的人提案时，一般常见的现象是每一层级都会提出方向性的细微修正，最后结果却削弱了创意。请务必小心许多“小改变”所累积的结果。

（6）**让广告公司觉得身负责任**

告诉他们你认为何处有误，而不是指示他们如何解决。最好的客户决不插手干涉。如果客户只是指出主要问题，然后让广告公司自行寻求解决方法，他们无疑一定更加卖力。如果广告公司早已预料到有人总是会指示下一步的作法，他们绝不会像原本提案时那般花费心力。

（7）**建议工作会议**

参与的时间最好在创意过程的早期，利用非正式有问有答的会议，大家可以轻松地讨论初步的创意构想，这种方式可帮助早一点决定正确方向，并且节省日后作业的时间。

（8）**与外界保持联系**

来自商场四面八方的压力极易使人变得胸襟偏狭，眼界短窄。要设法与变化中的市场及消费者保持接触。走进商场，拜访店主，同消费顾客或店面经理交谈。有时也可参加消费者小组座谈会。

（9）**让广告公司参与你的业务**

告诉他们市场现状，好消息坏消息均可，甚至也让创意人员知悉一切，代理商都很想了解最新的市场情况。你的成功最终也将是他们的成功。

## 三、市场营销部与营销管理咨询公司的合作

当企业的营销业绩下滑、停滞不前或者希望业绩更上一层楼且自身

毫无良方时，常借助于外界营销专家们专业水平的营销诊断。其实，在现实操作中，即使是在管理上非常成功的世界500强企业，都会定期地邀请外部咨询公司为企业注入新的活力。而处于发展中的中小企业，由于人员素质及综合管理水平的限制，更加需要咨询公司的帮助。中国有句古诗曰“不识庐山真面目，只缘身在此山中”。因此，外部机构作为局外人，由于其自身有着本行业以及其他行业的经验，往往能够发现企业隐藏的问题。

### 1．如何选择营销管理咨询公司

中国的咨询行业可以说产生于20世纪90年代初期。优秀的营销管理咨询公司应该是能够为企业提供营销管理的一个完整系统，从而保证在没有咨询公司的情况下，企业依然可以持续良性地发展。

作为市场营销部的经理，有责任为企业选择一个优秀的营销管理咨询公司。在选择营销管理咨询公司时，有以下几个方面的标准可供参考：

| 选择营销管理咨询公司的标准 | |
|---|---|
| 成立年限 | 评估咨询公司时，成立年限极为重要。咨询可以说靠的就是专业和经验。即使一个具有非常强的专业理论的公司，如果成立时间很短便不可能积累多少经验，因为一个深度咨询项目往往就需要几个月的时间，甚至要一年时间。没有经验的积累，自然就无法保证咨询的质量。中国的咨询公司至少有几十万家，而成立超过五年的可能就很少，超过十年的仅为凤毛麟角。 |
| 声誉 | 声誉可以说是任何公司的“宝贵财富”。如果你要评价一个咨询公司，听一下它客户的声音是最好不过的了。客户的意见相对是比较公正的。当然，你可能也会选择听同行的评价，但值得注意的是，现在太多的咨询公司由于缺乏“道德”往往会故意贬低同行以达到自己的目的，这种行为本身就是不专业的表现。 |

（续表）

| | |
|---|---|
| 项目经验 | 选择咨询公司时，一定要看该公司以往的项目经验。注意，这里我们说的是“看”而不是“听”。很多公司会吹嘘自己有很多经验，也许自己只是去某公司参加了一个会议然后就会说自己做了项目。因此，首先你要让公司提供以往的项目报告，做到“眼见为实”。其次，你应该打电话到该公司的客户公司进行核实，看是否属实。经验的多少其实与上面讲的成立年限直接相关，两者要同时考虑。 |
| 主要人员素质 | 咨询公司主要人员如合伙人、团队的领导等骨干的素质是评估咨询公司的一个重要因素。对这些人的评价可以从三个方面加以考虑：①专业能力，即理论功底；②咨询经验；③在大型企业任要职的实战经验，咨询公司的关键人物如果没有在大型企业担任高层管理者的实战经验，很容易导致咨询工作脱离实际。如果团队中有这样一个有实战经验的领导加以把控，无疑会大大提高咨询工作的质量。其余人员起码应该是名牌大学的优秀学生，科班出身或所学专业与咨询业务密切相关。 |
| 业务专长 | 在选择咨询公司时，一定要考虑该公司的主营业务与自己需求的匹配性。很多公司的业务涵盖了企业管理的方方面面，结果自然是每个业务都做不好。任何一个公司都不可能在每个领域都很专业，即使是国际一流的公司也无法做到这一点。不管自己有哪方面的需求，一定要选择专注于自己需求领域的公司。 |
| 价格 | 在选择咨询公司时，价格是最不重要的因素，也不应该是你选择公司的标准。俗语曰：“一分价钱一分货”，“没有金刚钻不揽瓷器活”。优秀的公司费用自然会高但给企业带来的长期利益确是不可估量的，而“忽悠公司”往往会报价很低但往往事后会让你感觉失望。现实中有太多的“贪一时便宜，吃大亏”的案例，即使没吃亏，你的投资也只能是“打水漂”。 |

## 2.市场营销部与营销管理咨询公司的合作

选择一个合适的公司后，任务还没有结束。一个咨询项目往往需要双方的相互配合，而不是咨询公司的“孤军奋战”。作为营销经理，一定要分配好部门人员给予相关协助。

（1）**项目开始前**

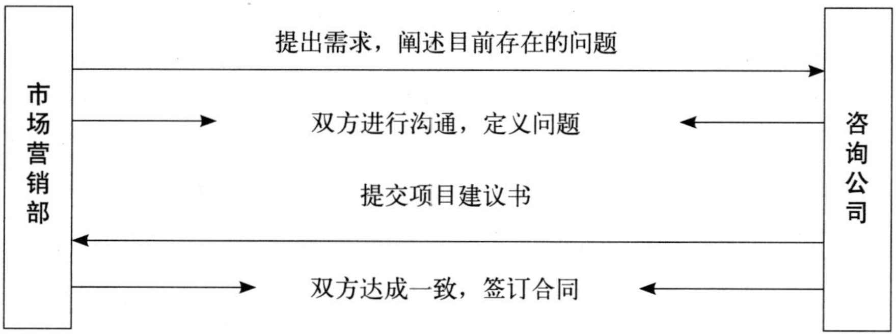


（2）**项目启动**

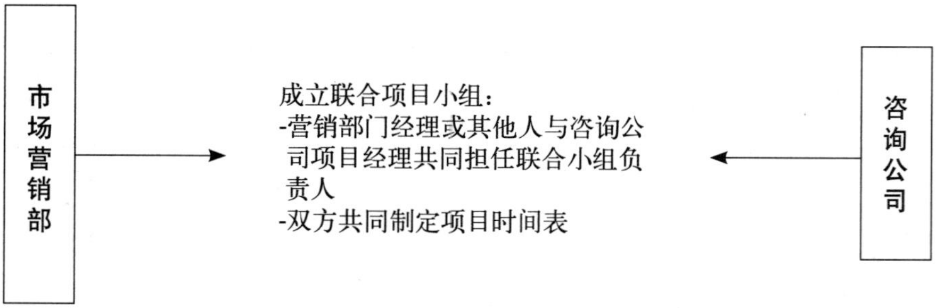


（3）**项目初期**

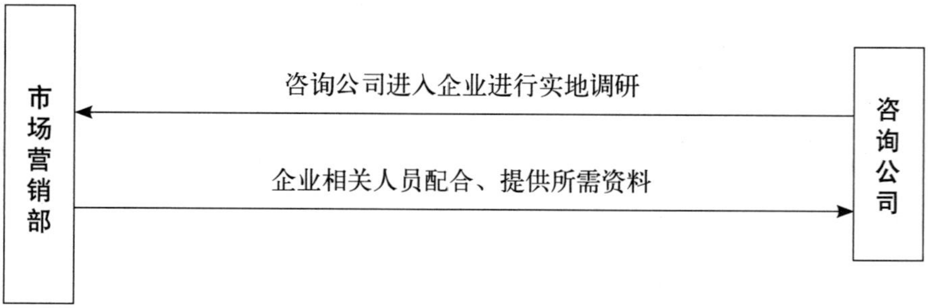

（4）**项目中期**

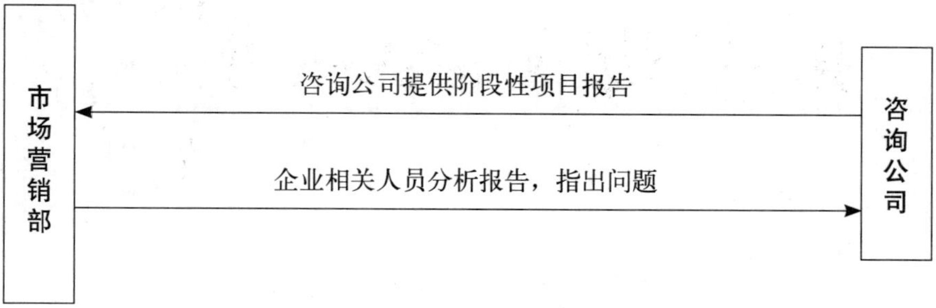


（5）**项目结束**

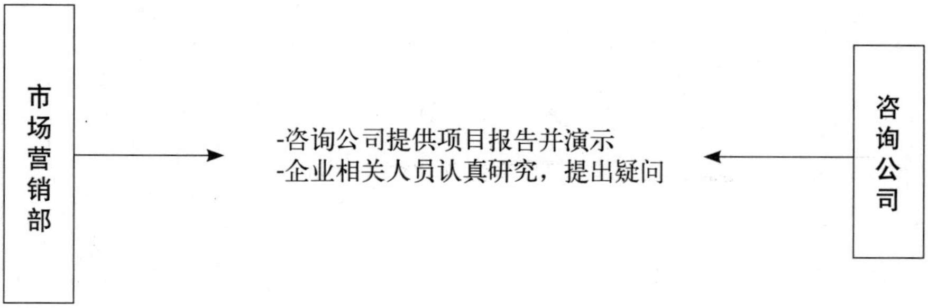


（6）**后续实施过程中的服务**

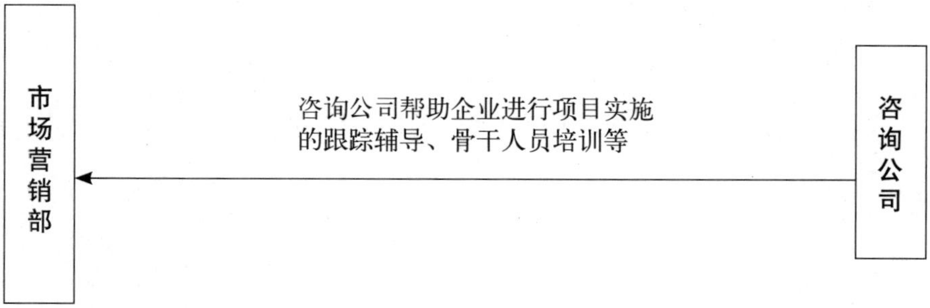

# 第四章
# 市场营销部常用的专业方法与工具

理论和实践之间的“桥梁”就是方法，学习并掌握科学的方法才能走上专业营销之路！

# 第一节 市场营销信息收集与分析方法

## 一、市场营销信息的收集方法

### 1．营销信息系统

（1）营销信息系统的重要性

我国大多数企业的经理们的管理注意力往往集中在货币、原材料、设备和人员上，而对公司的第五项重要资源——信息，却缺乏应有的重视，或者即使口头上重视，实际执行力却很差。我们可以听到许多公司的营销经理都在抱怨：

● 合格的营销信息太少。

● 错误的营销信息太多。

● 营销信息在公司里过于分散，许多有用的信息传递不到急需的人手中。

● 有时，当下属认为营销信息对考核他们的绩效不利时，就往往隐瞒不报。

● 重要的信息经常来得太迟，以致失去时效性。

● 对信息的准确性很难估计判断。

许多公司信息管理的现状说明了他们距离现代专业化营销还有很远。但市场形势的变化却使得营销经理对营销信息的需要比以往任何时候都更为强烈：

从区域性营销发展到全国营销甚至国际营销，随着公司的发展，它的地理市场覆盖面也不断扩大，此时营销经理就需要比从前更多的市场信息。在一个小市场中做事，所需的信息种类、数量和精度都容易满足，但如果企业面临的是几个省、整个中国或几个国家时，原有的信息收集方式就完全不能满足需要。

从价格竞争发展到非价格竞争。当企业加强对品牌、产品差异化、广告和促销等竞争性营销工具的应用时，为了保证这些工具的有效性，需要比从前更多的信息。

随着市场竞争越来越激烈，市场环境、消费者需求、购买行为和心理以及竞争者的活动等都处于快速的变化之中，如果企业不建立科学的营销信息系统，必将被市场所淘汰。

这些急剧增加的信息需要新的信息技术才能得到满足。随着IT技术及互联网的进步与普及，信息处理也发生了一场革命。但是，大部分企业的信息处理还不够精细。许多公司还没有营销调研部门。还有许多公司只有小的营销调研部，其工作只限于例行的预测、销售分析和非常规的调查。只有少数公司建立了先进的营销信息系统，向公司营销管理层提供最新的营销信息和分析报告。

现代市场营销与传统推销的最大区别就在于它的一切决策以市场需求为导向，是在对市场充分调研的基础上，考虑企业外部的竞争和内部的实力因素做出的。优秀的策划必定是建立在大量占有信息的基础上的。离开了对企业内外部各种信息的掌握，策划本身变成了无源之水，无本之木，各项营销决策也因此而成了一种拍脑袋的决策，在市场上遭到失败也就丝毫不令人奇怪。

那么对于营销经理而言，应如何安排信息收集、分析的工作，以配合策划工作所需呢？最重要的一点就是建立系统性的信息收集和分析体制，即建立营销信息系统。营销信息系统具有以下作用：

第一，营销信息系统是企业进行正确营销决策和计划的基础。决策与计划的正确与否，是企业营销活动成败的关键。而正确的决策与计划的前提是把握关于企业所处环境的各方面的信息。任何一个企业都处于一个不断变化的环境之中，这就要求企业的营销决策者及时了解各方面的情况，从而制定具有针对性的符合实际的营销决策。科学的营销信息能使决策者方便地得到大量的，全面反映所处环境的信息，帮助决策者分析问题、判断机会，从而制定解决企业现实营销问题的各种计划。

第二，营销信息系统是对企业营销活动进行控制调整的基础。由于环境是不断变化的，同时营销信息系统并不能预测到可能发生的所有变化，市场、竞争者、渠道、消费者、公众以及宏观环境的变化往往会使营销计划偏离事实情况，因此营销计划的实施过程需要有必要的控制和调整手段。科学的营销信息系统能在原有营销计划的基础上，及时、准确地向企业反馈计划执行过程中产生的新情况，证明原定计划的正确与否，或者指出原定计划应该进行的必要调整，并再控制调整整个营销活动按新的计划运行，以保证营销计划的切实可行。

营销信息系统是企业的“嗅觉”系统。组建营销信息系统，虽然费用较高，但是能解决国内企业决策建立在主观想象基础上的严重问题。营销信息系统的建设和管理是营销经理工作中非常重要的一项内容，也是国内企业在营销管理实践中普遍表现较差的一个方面。

（2）营销信息系统的构成

营销信息系统是指互相关联的人员、设备与过程的连续系统，用来收集、整理、分析、评估和分配有关的信息，以便能为决策者提供重要、及时和准确的信息。

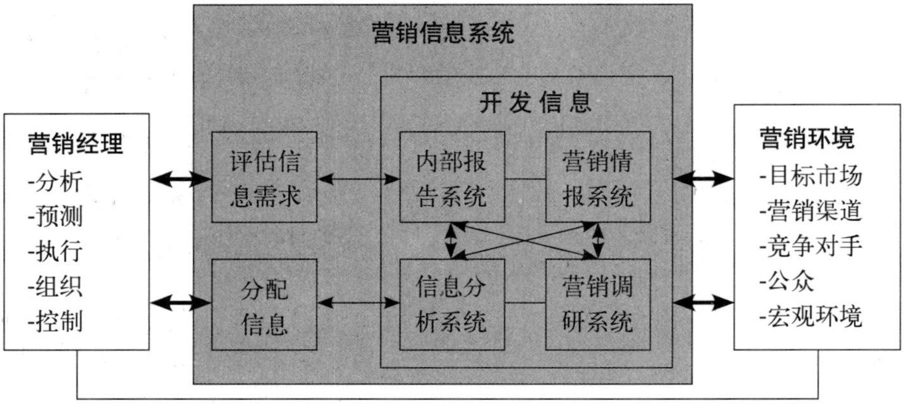


**图4-1 营销信息系统的构成图**

营销信息系统的概念如图 4-1 所示，该系统始于营销经理，也终止于营销经理。首先，营销经理提出信息需求，其次通过公司的内部记录、营销情报活动和营销调研过程，开发所需的信息，并通过信息分析加以处理使其更为有用。最后，营销信息系统将信息以适当方式、在适当时间送交营销管理人员（如定期内部信息交流制度、创办内部刊物等），以协助其营销规划、执行和控制。

营销信息系统应该体现出一种交叉性，即营销经理认为需要的信息、实际需要的信息和经济上可以获得的信息之间交叉。营销经理应该对自己的信息需求进行评估，下面提供了一些有用的问题：

- 你固定要做的有哪些决策？
- 你做这些决策时需要哪些信息？
- 你固定得到的是哪种信息？
- 你定期要求进行哪种特别的研究？
- 哪种信息是你想要而现在没有的？

- 每日、每周、每月、每年需要何种信息？
- 固定要看的杂志和报纸有哪些？
- 哪种特定信息需要不断更新？
- 你希望有何种分析信息的模式可用？

评估完信息需求接下来就要获取信息，营销信息的来源有三个，相对应的，营销信息系统也就包括这三个组成部分：内部报告系统、营销情报系统、营销调研系统。此外，获取的信息经过处理才能为决策提供参考，此时就需要信息分析系统对信息进行相应处理，并形成报告。

1）公司内部报告系统

专业的营销经理都会定期使用内部记录信息和报告，特别是在进行每天例行的规划、执行和控制决策时。这些内部信息有以下几种：

- 公司财会部门会编制财务报表，并保存有销售、定单、成本和费用情况的详细资料。
- 研发部门提供关于技术方面的信息。
- 制造部门将提供生产方面情况。
- 物流部门提供订单、库存、运输等方面情况。
- 销售部门的报告则提供销售信息，以及有关各渠道和竞争对手活动的信息。
- 客户服务部门所提供的信息是有关顾客意见、投诉情况、售后服务、顾客满意度以及产品质量情况。

某一部门所作的研究，往往会对其他部门提供有用的信息。营销经理可利用公司各处所收集的信息来评估绩效，并从中发现问题和机会。

从内部记录取得信息通常要比从外部来源来得快，成本也较低，但内部记录也有一些问题：

● 由于这些记录为其他目的而做，信息可能不完整，或者形式上不适合用于营销决策。例如，会计部门的销售和成本资料是用来做财务分析和编制财务报表，如果要用来评估产品、推销员或渠道的绩效则须加以调整。

● 大公司的许多不同职能领域会产生大量信息，要保存这些信息实在很困难。营销信息系统必须将堆积如山的信息加以汇集、组织、处理和编制索引，使管理人员可以很容易而且很快找到要用的信息。

● 我国许多企业没有建立完备的内部报告系统，例如，销售部门不能提供定期报告或提供的报告质量很差，难以反映真实的市场情况，这在很大程度上限制了营销经理所能使用的内部纪录的数量与质量。

因此，为了有效获取内部信息，营销经理应领导建立内部报告系统。下面方框中的内容表明了在建设内部报告系统时的要点。

**内部报告系统的建设**

内部报告系统是营销经理使用的最基本的信息系统。通过内部报告系统，营销经理可获得有关订单、销售额、存货水平、应收账款、应付账款等信息。通过分析这些信息，营销经理能够发现重要的机会和问题。内部报告系统的核心是订单—装运—收款循环。销售代表、经销商和顾客将订单送交公司。订货部门准备数份发票副本，分送各有关部门。存货不足的项目留待以后交付；需装运的项目则附上运单和账单，同时还要复印多份分送各有关部门。

优秀的企业能够迅速并正确地执行这些步骤。销售代表每天下班前提交各自的订单，而订单部门则会尽快处理这些订单。仓库将及时发货，各种账单也将尽快送出。应用计算机技术可以使订单—装运—收款循环周期缩短一半以上。

营销经理在规划内部报告系统建设时，应把握如下原则：

● 提高报告的及时性。我国已有一些企业通过建立计算机信息系统，从而在很大程度上解决了这个问题。例如美的、TCL、华鹤等通过全国联网的计算机系统，公司总部的营销经理和销售经理，能够在第一时间掌握各地市场的销售情况，并通过计算机软件的相应功能，立即分析出各种销售数据及对比情况。应用此种技术手段，上述企业营销决策的时效性和准确性大幅度提高。

● 避免建立一个提供过多信息的系统。如果每天早晨，经理们一踏进办公室，就面临着大量的销售统计资料，往往会造成经理们或置之不理，或费时太多的局面。

● 对信息系统提供的信息的即时性要有充分的思想准备，即不要对一些明显是暂时情况的信息做出过分反应。当然，也不要对一些危机的苗头视而不见。

● 保持信息技术与管理者能力之间的平衡。如果只有信息水平大幅度提高，而经理们缺乏处理高度复杂信息的能力，其结果会造成公司营销决策方面的混乱。通常，对于一个企业而言，信息质量的提高比管理质量的提高更快。因此稳妥的做法是制定一个渐进的计划来改进信息系统。

● 公司的营销信息系统应在管理者认为需要的信息、管理者实际上需要的信息和经济上可获得的信息之间保持平衡。一个好的办法是建立企业营销信息计划工作委员会，该委员会与公司内各部门的营销人员进行会谈，以确定他们的信息需求。

2) 营销情报系统

内部报告系统为营销经理提供已发生的结果数据，而营销情报系统则为营销经理提供即时发生的信息。营销情报是有关营销环境发展的日常信息，帮助营销管理人员编制和调整营销计划。营销情报系统确定所需要的信息、通过监视环境变化收集信息并将信息分送给需要的经理。

营销情报系统收集信息主要有三大来源：

● 许多情报可依靠公司自身人员来收集。包括公司主管、工程师和专家、采购人员和销售员、客户服务人员等。但公司员工可能太忙而无法传送重要的信息。此时公司应向他们灌输作为情报收集者的重要性，并训练他们发现新的进展，鼓励将信息送回公司，并制定适当的工作制度和信息上报程序，以便信息能够准确及时地反馈。公司还可以通过一定的方法鼓励供应商、中间商以及顾客传递重要的情报。

**销售代表收集信息的重要作用**

这里面尤其重要的是强调销售代表的作用，销售代表是公司的“眼睛和耳朵”，他们在收集信息上处于有利地位，是其他方法不能取代的。公司必须通过考核销售代表信息收集工作指标，并据此发放销售奖金的办法激励销售代表出色完成信息收集工作，为销售人员提供填写方便的报告。销售代表应该知道他们公司的哪位经理需要何种信息。

恰恰在这方面，我国许多企业存在着很大的不足，主要的问题在以下三个方面：

● 有的企业根本就没有建立正式的制度，要求销售代表定期收集并上报信息；

● 有的企业虽然要求销售代表收集信息，但并没有提供相应的表格，也没有收集和填报方面的具体指导，因此销售代表报上来的信息五花八门，很多达不到要求；

• 有的企业虽然对销售代表有明确的要求，但在对销售代表的工作评价中缺乏对相应指标的考核，信息收集工作的好坏未与销售代表的奖励挂钩，因此根本得不到销售代表的重视，填报的信息质量很差。

• 竞争对手的信息也可以从他们的自我描述中获得，如年度报告、讲演、新闻稿、广告等。也可从别人对竞争对手的描述中得到信息，如报刊杂志、展销会等。有些公司则监视竞争对手的行动，如购买竞争对手的产品加以分析，监视其销售额，以及检索新专利等。

• 公司也可以向外部供应者购买情报。国内许多调研公司以及一些国家的相关部门（如国家统计局信息中心，各种行业协会的信息统计部门）都出售各种数据资料，如品牌占有率、零售价格、拥有该项产品的商店百分比、无该项产品的商店百分比等。充分利用这种现成的渠道获得资料是一种代价小而收益大的方式。不过令人遗憾的是，许多企业忽略了这一点而很少采用。

3) 营销调研系统

通常情况下，内部报告和营销情报所得到的信息并不足以支持营销经理完成各项策划工作，此时就需要对特定情况进行正式研究。我们把营销调研定义为通过信息把消费者、顾客、大众以及营销人员联结起来的职能。这些信息通常被视为营销机会与问题，并用以开展、修正及评估营销活动，监视营销绩效及增进对营销过程的了解和控制。

需要进行营销调研的内容很多，如市场潜力评估、市场占有率分析、确定市场特征、销售分析、行业趋势研究、短期预测、竞争者及其产品研究、长期预测和价格研究等。

许多人认为营销调研是一项费时而又正式的过程，只有大公司才会做，但这种看法不正确。对于小公司而言，虽然不可能向大公司那样拿出很多钱进行市场研究，但小公司仍然需要有效的营销信息来改善其营销决策，而且更为重要的是，对于小公司而言，总能找到一些非正式且成本低的研究方法，来代替大公司的研究专家所采用的正式而复杂的营销调研技术。例如，小公司可更多依赖于自身营销人员策划并执行某些营销调研项目，通过观察和访问的方式获得信息。简而言之，小公司的营销人员必须通过勤奋工作来弥补营销调研经费的不足。

4) 信息分析系统

通过以上途径收集的信息如果不经过分析处理，就只是一些堆积在一起的事实，只有经过信息分析系统的加工处理才能挖掘出这些事实背后的对营销决策者有用的信息。信息分析系统是借助于一些统计方法、工具及模型，利用科学的技术、技巧来分析营销信息，从中得出能够帮助决策者更好地进行营销决策的研究结果，因此也被称为营销决策支持系统。

信息分析系统需要相关人员对统计学、计算机软件等知识进行综合利用。

（3）营销信息的管理

现代营销活动离不开信息的沟通，然而在许多情况下，由于信息的大量增加，使得营销经理面对的往往是大量无效、过时、不可靠的或者杂乱无章的信息。同时由于查询不便，使一些重要信息无法及时送交相关人员手中。因此，必须对营销信息系统进行科学有效的管理，使其真正发挥应有的作用。

在管理营销信息时，首先，要对收集到的各种信息进行筛选、整理、分类、归档，并编制检索索引，以方便相关人员的使用。其次，要不断地更新信息，定期销毁过时无用的信息。最后，要定期或不定期地向营销决策人员提供信息分析报告，以帮助其做出正确的决策。

**2.市场调研方法及流程**

营销是科学和艺术的结合体，对于中国营销人来说，“科学”是近阶段提升的重点。而“拿数据说话”便是“科学”的具体体现。对企业而言，市场调研工作是获取数据的重要手段。

（1）市场调研的目的

市场调研就是为企业营销决策提供依据，为营销研究工作奠定数据基础。在企业的实际操作中，市场调研的目的大致如下。

| 市场调研的目的 | |
|---|---|
| 设定企业经营目标 | ● 了解市场的大小、主要的顾客及潜在顾客，进而制定销售目标<br>● 了解每个区域市场的大小及潜力，进而制定每个区域业务人员的业绩标准<br>● 了解在不同订价时，可达成的销售金额，进而制定利润目标<br>● 根据价格预测及产品利润率，进而设定财务目标(如投资回报率)<br>● 了解广告费及促销费用与销售额之间的关连性，进而制定促销目标和广告目标<br>● 预测未来市场成长趋势、商业趋势，进而制定企业的长期目标 |
| 发现营销问题原因 | ● 销售额的下降<br>-内部原因：订价过高、质量不高、促销不够、资源不足<br>-外部原因：竞争加剧、市场萎缩<br>● 获利率不足<br>-成本增加：制造成本、促销成本<br>-销售下降：内部原因、外部原因<br>-售价太低：售价与成本相比 |

（续表）

| | |
|---|---|
| 发现营销问题原因 | ● 无法满足市场的需求<br>-了解谁是购买决定者<br>-了解人们选择某些品牌的原因<br>-了解消费者在何时及何处购买 |

（2）市场调研的内容

很多企业进行市场调研工作时，对于调查什么可能并没有一个清晰、系统的框架。大多数可能就是需要什么就调研什么或者只是进行简单的销售数据的收集工作。

| 市场调研的内容 | |
|---|---|
| 宏观环境 | ●自然地理环境 ●社会文化环境<br>●政治环境 ●经济环境 |
| 行业研究 | ●行业动态<br>●行业吸引力 |
| 市场状况 | ●地区分布 ●市场潜力 ●市场占有率<br>●市场发展变化趋势 ●细分市场研究 |
| 竞争对手 | ●确定主要竞争对手<br>●确定每个竞争对手的竞争地位<br>●竞争对手的营销战略<br>●竞争对手的渠道策略（渠道设计、经销商政策等）<br>●竞争对手的价格策略<br>●竞争对手的推广策略（广告、促销、公关等） |
| 产品 | ●消费者对产品形状、包装、品味等爱好的研究<br>●同类产品或竞争产品的比较<br>●产品成本分析 ●新产品开发、测试等 |
| 渠道 | ●渠道网络体系 ●批发商、经销商经营状况<br>●批发商、经销商政策研究 ●仓储、运输状况<br>●终端类型及分布<br>●终端经营状况（终端进销存情况、铺货情况、促销情况等），确切掌握各个终端的经营现状，优化终端分布，制定相应调整策略 |

（续表）

| | | |
|---|---|---|
| 消费者 | ●消费需求（包括现实需求和潜在需求及变化趋势，了解现实需求有助于制定短期促销或推广方案；了解潜在需求可协助研发新产品，增强企业的市场适应能力）<br>●消费行为（掌握购买信息，包括：谁买、如何买、在哪买、何时买、买来做什么等，了解这些行为特征，有助于设计符合目标人群的渠道、终端及物流配送）<br>●消费心理<br>●消费者分布及人口统计特征等<br>●消费者满意度及品牌偏好等 | |
| 促销组合 | ●活动方式<br>●效果评估 | ●媒体选择<br>●竞争对手的活动 |
| 销售预测 | ●短期销量预测 | ●长期销量预测 |

（3）市场调研的方法

通过收集和分析适当的数据，市场人员可以在已知风险（而不是在不确定性）的条件下作出决策。市场信息的获取一般可通过以下两大类调研方法。

1) 反应式市场调研方法

运用反应式市场调研方法时，目标受众对测试条件或访问人员提出的问题作反应式回答，或者是面对面地交谈，也可能是电话访谈。同样，目标受众回答问卷或表格，并把它们递交上去或邮寄回去。图 4-2 列举了反应式市场调研方法的一些常见的方法类型。其中访问法适用于探索性研究及描述性研究，试验法适用于因果性研究。

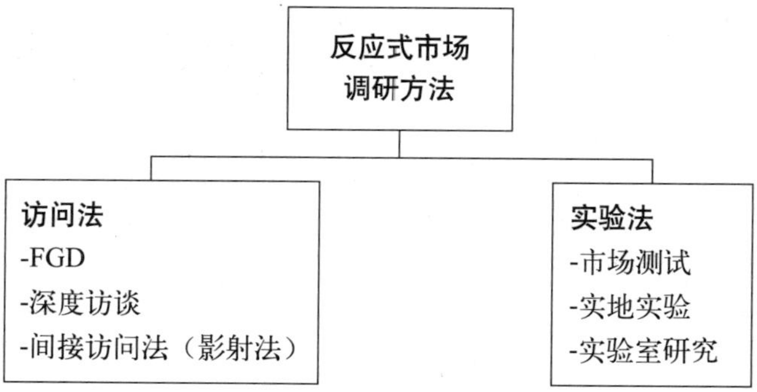


图4-2 反应式市场调研方法

在所有市场调研方法中，访问法是应用最为普遍的一类方法。常见的访谈性市场调研方法有四大类：电话访谈、人员访谈、邮件访谈、电子访谈等（见下表 4-1）。

表 4-1 常见的访谈性市场调研方法

| | |
|---|---|
| **电话访谈** | 传统电话访谈 |
| | 电脑辅助电话访谈 |
| **人员访谈** | 户内 |
| | 商场拦截 |
| | 电脑辅助人员访谈 |
| **邮件访谈** | 传统邮件 |
| | 邮寄式固定样本组 |
| **电子访谈** | 电子邮件 |
| | 因特网 |

2) 非反应式市场调研方法

运用这类方法是以对所观察到的现象或外部数据进行解释为基础的，而不依赖于直接从被访问者处获得的直接数据。下图列举了非反应式市场调研方法的一些主要形式。其中观察法适用于描述性研究，二手资料适用于探索性研究。

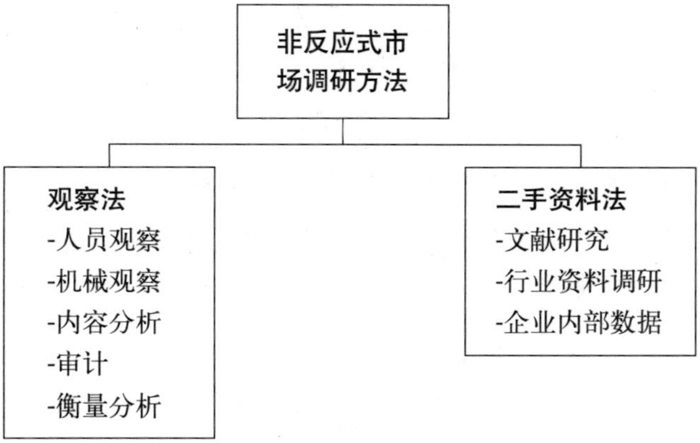


图4-3 非反应式市场调研方法

所有市场调研方法都有其内在的优点和不足。例如，结构化访谈是由访问员拿着标准化问卷执行访问，这种方法容易分析数据，但是缺乏深度，无法探知问卷以外的深层重要因素。相对应的，自由访谈可以获得丰富的定性信息，但却很难对数据进行分析。

选择市场调研方法时也应考虑成本因素。例如，访问员入户访问理论上要比邮寄访问问卷的花费要大得多。但是，前者访问的回答率很高，后者的回答率却很低。因此，成本被视为数据质量的决定性因素，当然，成本不是根据调研任务的价值来衡定，而是根据实际调研结果的价值来测定。

在实际操作中最常见的三种调研方法是深度访谈（In-Depth Interview）、焦点小组座谈会（Focus Group Discuss，FGD）和问卷调查，前两者是定性研究方法，一般适用于探索性研究；问卷调查是定量研究方法，一般适用于描述性研究。下面对这三种方法略加详述。

①深度访谈

深度访谈是一种无结构的、直接的、个人的访问，在访问过程中，需要一位掌握高级技巧的调查员，深入地访谈一位调查者，以界定对某一问题的潜在动机、信念、态度和感情。

深度访谈最大的优点是可以获得比较全面的资料，或者适当了解一些复杂的问题；其最大缺点是由于采用无结构访问，是否成功取决于访问人员的技巧和经验。

对深度访谈而言，在访谈过程中可以问哪些问题，不能问哪些问题是重点所在，Patton 归纳了六类比较适宜提问的问题类型：

- 经验、行为 (Experience/Behavior) 问题；
- 意见、价值 (Opinion/Value) 问题；
- 感受 (Feeling) 问题；
- 知识 (Knowledge) 问题；
- 感官 (Sensory) 问题；
- 背景、人口统计 (Background/Demographic) 问题。

如前面所述，深度访谈成功与否取决于访问人员的技巧和经验，而在这些技巧和经验中，提问方式无疑是最根本和基础的。一般说来，深度访谈中比较恰当的提问方式有三类：

● 描述性提问（Descriptive Questioning）。访谈开始时比较适合的一类提问方式，如访问人员可以从彼此感兴趣或对访问结果有意义的人或事开始提问。

● 结构性提问（Structural Questioning）。结构性提问在于发现受访者是如何组织他们的知识的。

● 对比式提问（Contrast Questioning）。多用于发现受访者对某件事、观点等的态度与倾向。

深度访谈的执行流程如图 4-4 所示。

1. 项目确定及前期准备工作
2. 通过各种形式收集被访者名单
3. 设计甄别问卷及深访大纲
4. 确认甄别问卷及深访大纲
5. 进行两次甄别
6. 通知被访者访谈时间及地点
7. 进行深度访谈
8. 访谈结束赠送礼品
9. 访谈笔录的整理及审核
10. 项目结束进行后期工作

**图4-4 深度访谈的执行流行图**

②焦点小组座谈会

FGD 可以把人们头脑中“无意识”从购买模型中提取出来，帮助企业理解顾客内心究竟在想些什么。

通常，小组座谈会是定性研究中最常用的一种方式，一般是将一组受访者（8 ～ 12 人为佳）集中在一起，以小组讨论的形式对调查的主题发表意见，主要目的在于获取方向性答案。

一般说来，FGD 比较适合以下一些情形：

- 研究顾客的购买习惯；
- 更好地理解特殊消费者；
- 更多地了解消费者的不同态度；
- 了解某个品牌的形象；
- 弄清楚消费者和某种产品之间的情感纽带；
- 开展有效的广告攻势；
- 培育专业直觉判断力。

一般而言，FGD 执行的基本步骤如图 4-5 所示。

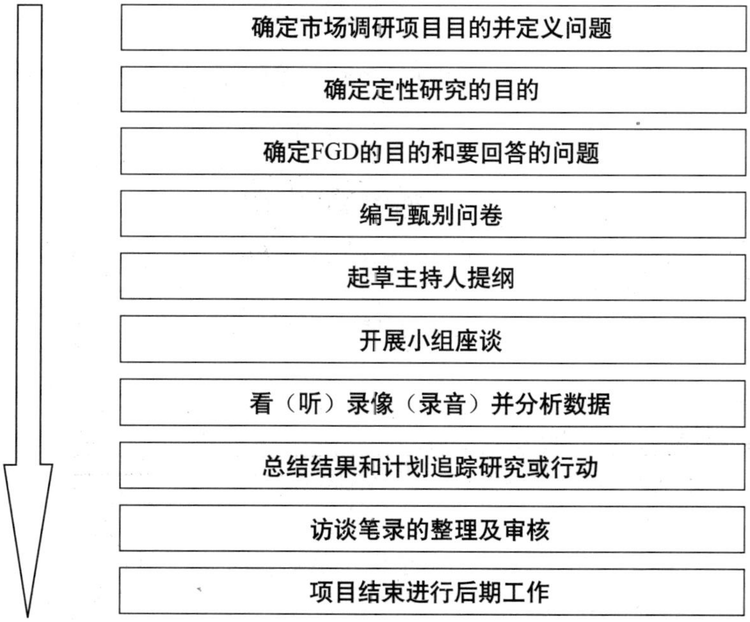


图4-5　FGD执行流程图

③问卷调查

问卷调查最为关键的是进行调查问卷的设计。一般而言，问卷设计可遵循以下流程（见表 4-2）。

**表 4-2 调查问卷设计流程表**

| 步骤 | 说明 |
|---|---|
| 指定所需信息 | ●回顾所研究问题的成分和方法，尤其是研究问题、假设和影响研究设计的特征。确保所要获取的信息完全体现了所研究问题的所有成分<br>●对目标人群有一个清楚的概念 |
| 确定访谈方法类型 | 审查方法类型 |
| 确定单个问题的内容 | ●这个问题是必要的吗？<br>●为了清楚地获得所需信息，需要用几个提问替代一个问题吗？ |
| 克服调查对象无法或不愿回答的情况 | ●调查对象具备有关知识吗？<br>●如果调查对象不可能有相关知识，那么在有关讨论话题的提问本身之前，应该提出测量熟悉程度、产品使用以及过去经验等过滤性问题<br>●调查对象能够清楚明白地表述吗？<br>●将调查对象所需付出的工作量减到最小 |
| 决定问题结构 | ●开放式的问题在探索性研究中以及作为开头的问题非常有用<br>●尽可能使用结构化的问题<br>●在多重选择问题中，答案选项应该包括所有可能的选择，并应该互相排斥 |
| 确定问题的措辞 | ●根据人物、事件、时间、地点、原因和方式（6W）来定义论题<br>●使用通俗的用词，用词应该与调查对象的词汇量水平相适应<br>●避免含混的用词<br>●避免暗示调查对象应该是哪个答案的诱惑性问题<br>●避免选项中没有明确表达的隐含选择<br>●避免隐含假设 |
| 安排问题顺序 | ●开头的问题应该有趣、简单，不咄咄逼人<br>●确认资格的问题应该作为开头的问题<br>●首先获得的应该是基础信息，其次分类信息，最后标志信息<br>●困难的、复杂的或敏感的问题应该放在靠后的位置<br>●泛指问题放在特定问题之前 |

（续表）

| | |
|---|---|
| 确认问卷页面的形式与布局 | ●将一份问卷分为几部分<br>●每一部分的问题应该编号<br>●问卷应该预编码<br>●问卷本身应该连续编码 |
| 复制问卷进行试调查排除问卷缺陷 | ●任何时候都要进行试调查<br>●问卷的所有方面都应该经过测试，包括问题的答案、措辞、顺序、形式和布局、问题的难度以及指示说明<br>●试调查中的调查对象应该与实际调查中包括的调查对象类似<br>●试调查的样本很小，初次测试时从15～30人不等<br>●问卷的每一次重大修正后，应该使用一个不同的调查对象样本来进行另一次试调查 |

（4）市场调研的管理流程

| 步骤 | 说明 |
|---|---|
| 确定调研目的 | ●调研要解决什么问题<br>●调查的主题是什么 |
| 制定调研计划 | ●调研所要解决的问题描述　●确定市场调研的范围<br>●调研采用的方法　●调研预算　●调研进度安排 |
| 实施调研、收集数据 | ●对每一件具体工作制定详细的说明，确保按统一的方式工作<br>●项目管理者要抽取一定的调研样本进行核查，以便控制调研的质量 |
| 分析数据 | ●数据编辑整理　●数据编码　●数据录入分析 |
| 撰写调研报告 | 对已完成的市场调研项目做完整而又准确的描述：<br>-调研目标<br>-背景信息<br>-调研方法评价<br>-形象化的展示调研结果<br>-结论<br>-建议 |

（5）营销调研的实施流程

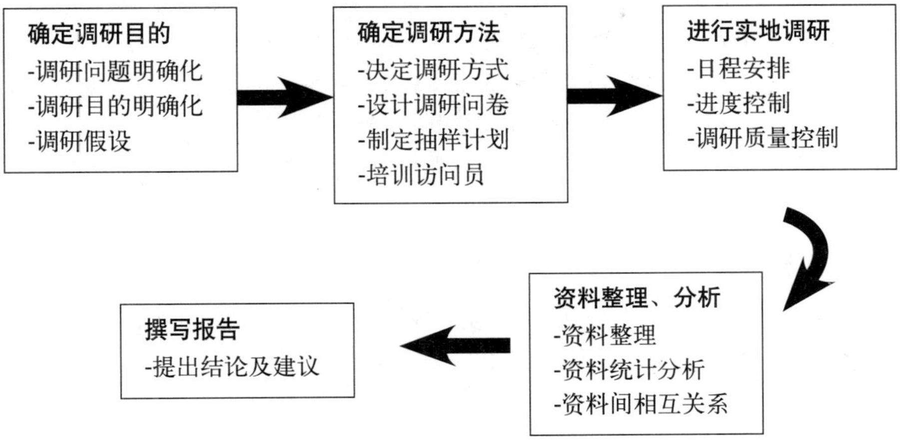


（6）市场调研计划书

一般的市场调研计划书的组成部分如下：

| | |
|---|---|
| 执行摘要 | 计划书的开头应当说明其他各部分的要点，总结概括整个研究计划 |
| 背景 | 应该讨论问题的背景，包括环境背景等 |
| 问题定义、研究目的 | 一般来说，问题的陈述（包括问题的具体组成部分）应该包含在计划书中。如果还没有提出问题陈述（在确定问题的研究中），应当明确说明营销研究项目的目的 |
| 问题的研究框架 | 计划至少应该提供相关的学术或行业文献的回顾，以及某种分析模型。如果已经确认了研究问题、假设以及影响研究设计的因素，那么这些就应包括在计划书中 |
| 研究设计 | 应该明确说明所采用的研究设计，无论是探索性、描述性或者因果研究都应如此。所提供的信息应该包含以下内容：所得到的信息类型、问卷的填写方法、量表技术、问卷的性质（所问问题的类型、长度、平均访谈时间）、抽样计划和样本量 |
| 现场工作、数据收集 | 计划书应该说明如何收集数据以及由谁来收集数据。如果将现场工作转包给另一公司，则应该予以说明。计划书应该描述确保数据收集质量的控制体系 |

（续表）

| | |
|---|---|
| 数据分析 | 计划进行的数据分析的类型以及如何解释结果都应该在计划中予以说明 |
| 报告 | 计划书应该说明是否提交中期报告以及在什么阶段提交，最终报告以何种形式提交，是否提交关于结果的正式汇报 |
| 成本和时间 | 计划书应该说明每阶段的成本和时间安排，应该包含重点路径图法和项目评估技术，在大型项目中，报酬表也应该预先拟定出来 |
| 附录 | 任何统计信息或仅有一些人所感兴趣的其他信息应该包含在附录里 |

市场调研技术日趋复杂，这使市场调研成为营销管理当中一个非常专业的职能。正是这个原因，许多服务性企业开始转向委托企业外部的研究公司开展市场调研工作，而不是挖掘企业内部资源去自行展开研究。

## 二、市场营销信息分析方法

### 1.营销环境分析方法

环境分析对企业成功的重要性有多大？一言以蔽之，至关重要。一项针对一百家大企业的研究报告显示："拥有先进的外部环境分析系统的企业，比没有类似系统的企业显现较高的增长率与盈利率"。

一般而言，企业是处在一个无法控制的外部宏观环境中从事业务经营，并有一定能力对供应链上下游施加影响力，同时，在企业内部还有管理层可控制的营销资源与非营销资源。由此可见，企业的营销环境可以分为三个层面：宏观层面、中观层面和微观层面。环境分析模型如图 4-6 所示。

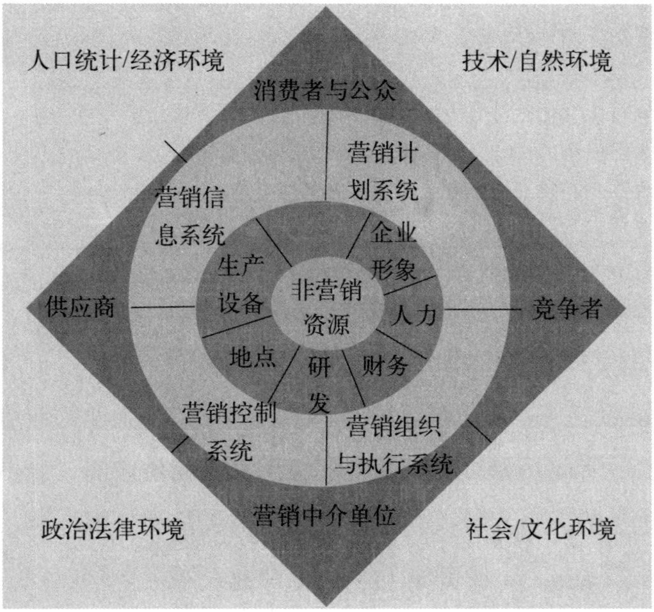


图4-6 环境分析模型图

宏观层面就是外部宏观影响因素：影响所有企业的环境因素就可称之为外宏观环境影响因素，具体如表 4-3 所示。

表 4-3 企业部宏观环境影响因素

| | |
|---|---|
| 人口统计因素 | ●地理分布<br>●消费者人口统计特征：年龄、家庭生命周期、教育收入<br>●人口统计特征的裱花，可能暗示着新的市场机会 |
| 政治法律因素 | ●区域经济发展战略<br>●行业政策<br>●税收政策<br>●政府的双重身份：资源提供者、顾客<br>●法律法规 |

（续表）

| | |
|---|---|
| 经济因素 | ● GNP与GDP<br>● 可支配收入 |
| 社会文化因素 | ● 社会文化<br>● 价值观<br>● 性别角色<br>● 建设与健康 |
| 科技因素 | 科技发展会对整个行业产生巨大影响：形成全新的行业；大幅改变甚至摧毁现有行业；刺激不相关的市场与行业 |

中观层面就是外部微观环境因素：影响某特定企业的环境因素可称之为外部微观环境因素，外部微观环境因素包括供应商、营销中介机构和客户、消费者及公众等。外部微观环境因素虽属外部环境，但与企业个体的关系较为密切。营销成功取决于企业在环境中管理营销活动的能力。为了达成目标，营销主管需要先行确认企业的环境，之后需要不断地予以系统观察与分析。营销主管必须能够敏锐观察到可能的机会或问题，以及环境的发展变化趋势。在有些行业，企业在外部微观环境中形成的价值链构成了企业的核心竞争力。

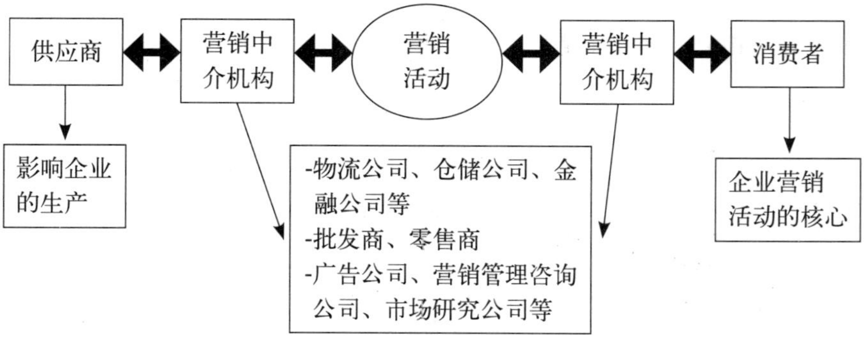


图4-7 企业在外部微观环境中形成的价值链

在某些情况下绕开某些中间机构反而可以提升企业的经营效率。制造商可以直接向供应商采购，或直接向客户销售，并自行负责运送、票据融通等。不过，营销中间机构在其服务领域上具有专业性。一般而言，相对于企业而言，营销中间机构能够提供更专业的服务，且成本也较低。企业与这些公司建立战略上的合作关系，对企业营销工作的质量与效率具有重大意义。

微观层面就是企业内部可控制的营销资源和非营销资源：在企业内部与营销活动产生交互关系、支持关系、制约关系的因素都是微观层面的营销环境因素，有的是企业营销资源，包括营销信息系统、营销计划系统、营销组织与执行系统以及营销控制系统；有的则是企业非营销资源，如企业的研发能力、生产能力、财务资源、地址、人力资源、企业形象等。这些非营销资源同样会对营销活动产生很大的影响。企业的研发能力可以决定企业是行业领导者还是行业追随者，而企业形象对吸引资金、员工与客户也有很大的影响。生产与财务能力则直接影响企业新产品开发活动。

营销环境分析主要是收集企业内外部信息并进行分析，从中预测可能的发展趋势及其影响。很多企业可能在实际操作中会进行某些方面的分析，但并没有一个系统的模型加以指导，分析不够全面。营销环境分析模型的价值就在于此。作为营销经理，更应该站在整体的高度进行全面、系统的环境分析。

### 2.行业分析方法

（1）行业分析的内容

通常，行业分析内容包括三个基本要素：市场要素、环境要素、行业竞争要素（表 4-4）。

**表 4-4 行业分析的基本因素表**

| | | |
|---|---|---|
| 市场要素 | 市场规模 | 通常，规模大的市场要比规模小的市场有更多的细分机会。大型企业对大规模市场情有独钟，然而，市场规模越大，就需要更多资源与竞争对手进行抗衡，显然，这样的市场往往对小企业并没有多少吸引力，软饮料市场就是如此。因此，市场规模越大，并不能说明越值得投资。有可能的话，需要进一步分析各细分子市场的市场规模。 |
| | 市场成长性 | 市场成长性越好，通常表明边际利润较高，并能在未来的几年中保持较高的盈利水平，这样，许多企业都希望进入这样的市场。同时，这样的市场也会吸引许多竞争对手。现实操作时，企业可以结合市场规模和市场成长性这两个指标进行分析，目的是识别市场总量以及各细分市场的变化情况，来揭示出在变化中所蕴含的机会与威胁。 |
| | 产品生命周期 | 市场规模和市场成长性是描述产品生命周期时经常使用的两个要素。产品生命周期曲线将产品销售分为四个部分：导入期、成长期、成熟期和衰退期。产品导入期和成长期是产品生命周期的早期阶段，产品销售量不断增加。在产品成熟期，销售量趋于平稳，而衰退期则代表整个产品生命周期的结束。<br>导入期成功回报高，但潜在风险也大；成长期机会较大企业应加大市场投入；成熟期机会不大，企业应以巩固市场地位为主；衰退期蕴含威胁，企业应停止投入，抽取利润。 |
| | 销售的周期性 | 许多企业都努力开发产品和争取整年业务来抵消计划年度内的销售量波动。如果行业属于这种状况的话，显然，行业的吸引力会大大降低，除非企业能够在销售周期以外平衡企业的其他业务。如果企业不能平衡其他业务的外部周期，销售的周期性就不是行业有吸引力的特征。 |
| | 销售季节性 | 销售的季节性和周期性不尽相同。销售的季节性往往是指在销售年度内，企业的销售量随季节而变化。绝大多数行业受季节影响小，而部分行业则受影响较大，如冰淇淋、滑雪、旅游等。正是因为这种销售的季节性，滑雪圣地通常以四季度假为诉求点，刺激春、夏、秋三季的旅游消费。另外，产品的季节性需求会在季节结束时迅速下降，这期间往往会导致产品的价格战。 |

（续表）

| | | |
|---|---|---|
| 市场要素 | 营销组合 | 渠道、定价和促销的总趋势为企业提供了既有利于竞争对手分析和消费者分析，又有利于战略制定的背景。 |
| | 行业利润水平 | 行业内不同产品的利润、边际利润和现金流是不同的，不同行业产品也存在差异。盈利能力的不同可能归因于包括劳动资本密集比、原材料、生产技术和竞争在内的许多生产要素，这足以说明长期盈利能力低的行业要比盈利能力高的行业缺乏吸引力。 |
| | 财务比率 | 像行业利润水平一样，财务比率也会随行业的不同而有所不同，即使是同一行业内部也有所不同。绝大多数的比率都以回报来表示，如投资回报率（ROI），资产收益率（ROA）等。 |
| 环境要素 | 行业分析中的环境要素分析通常使用PEST分析模型，即政治因素（Political）、经济因素（Economic）、社会因素（Social）和技术因素（Technological）。 | |
| 行业竞争要素 | 新进入者威胁 | 加入一个产业的新对手会引进新的业务能力，同时也常常带来可观的资源。但新进入者的最终目的是获取市场份额，结果，价格可能被压低或导致该行业成本的上升，利润率下降。 |
| | 替代品的威胁 | 广义地看，一个产业的所有企业都与生产替代品的产业竞争。替代品设置了产业中企业可牟取利润的定价上限，从而限制了一个产业的潜在收益。替代品所提供的价格、性能选择机会越有吸引力，该产业利润“上盖”就压得越紧。 |
| | 买方侃价实力 | 买方的产业竞争手段是压低价格、要求较高的产品质量或索取更多的服务项目，并且从竞争者彼此对立的状态中获利，所有这些都是以产业利润为代价的。 |
| | 供方侃价实力 | 供应商可能通过提价或降低所销售产品或服务质量的威胁来向某个产品中的企业施加压力。供方压力可以迫使一个产业因无法使价格跟上成本的增长而失去利润。 |
| | 行业内的竞争强度 | 现有竞争对手以人们熟悉的方式争夺地位，应用的战术有价格竞争、广告战、产品引进、增加客户服务等，发生这种争夺或者因为一个或几个竞争者感到有压力，或者因为他们看到了改善自身处境的机会。在大多数产业中，一个企业的竞争行动对其竞争对手会产生显著影响，因此，可能激起竞争对手对该行动进行报复或设法对付。 |

（2）五力模型的应用

波特教授的五力模型是用来分析行业的竞争强度和盈利水平（产业利润率）。行业盈利水平高，说明该行业可以投资，但并不说明公司就应该进入这个行业；行业盈利水平低，说明该行业可能不值得投资，但并不说明公司就应该撤出这个行业。五力模型分析内容如图 4-8 所示。

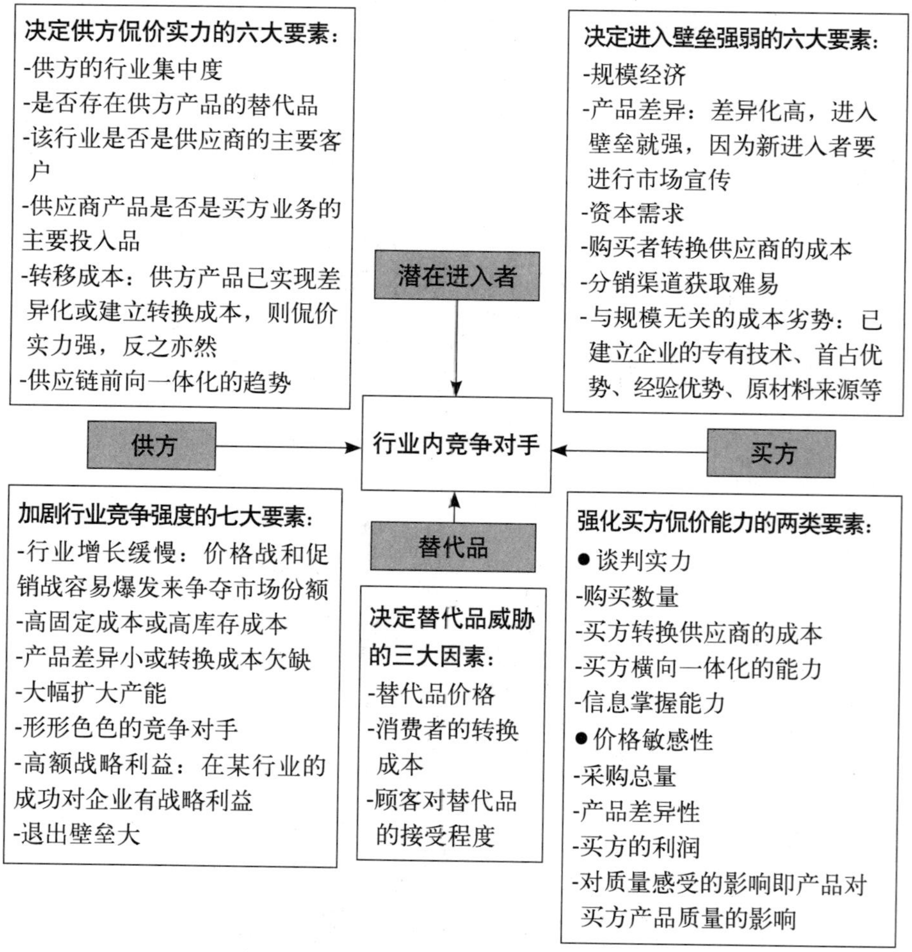


图4-8　五力模型图

### 3.竞争对手分析方法

作为低价航空公司的始作俑者及成功者，西南航空公司的竞争对手是谁？

西南航空公司的回答是：我们不和其他航空公司展开竞争，而是与地面运输工具展开竞争。

在今天这个激烈竞争的市场当中，超越竞争对手俨然是企业的战略重点，可是，如果没有瞄准竞争对手，结果会怎样呢？

做快餐的要挑战“麦当劳”，做软件的要挑战“微软”，这就是瞄错竞争对手的幼稚。

因此，竞争对手分析的前提是正确界定竞争对手，接下来才是对竞争对手的全面解剖和解构。

（1）竞争的四个层次

市场竞争是有层次的，我们可以通过品牌来区别和界定不同竞争层次的竞争对手。具体方法是按照品牌物理属性的相似性来划分竞争层次（如图 4-9 所示）。

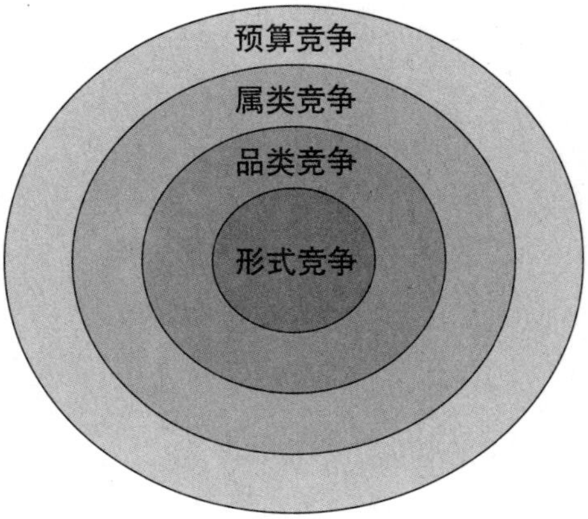


图4-9 竞争的四个层次

表 4-5 竞争四个层次的说明

| | |
|---|---|
| 形式竞争 | 这是最狭义的一种竞争，它反映了企业竞争主要是产品品牌竞争的观点。这些品牌属同类产品，具有相同的产品特征，面对同样的细分市场。它只关注竞争对手当前提供了什么，而不考虑未来可能会发生什么变化。 |
| 品类竞争 | 这是一种具有类似特征的产品或服务之间的竞争。在界定竞争对手时，企业应重点考虑这一层次的竞争对手。例如，如果不考虑目标市场的话，所有生产个人电脑的企业都可以相互视为竞争对手。AC尼尔森公司和信息资源公司(IRI)等专业的调查机构，按照产品物理属性的相似性来界定产品子类别或市场，如软饮料市场或速溶燕麦片市场。尽管在这个层次上界定的市场会比产品形式层次更宽些，但仍然是以短期的观点来界定市场。 |
| 属类竞争 | 属类竞争以更长的时间跨度为导向，着重于可替代产品分类，是满足同一顾客需求的产品或服务之间的竞争。如软饮料与橙汁在“解渴”上竞争，快餐与正餐在“方便”上竞争等。 |
| 预算竞争 | 这个层面的竞争考虑了市场上争夺同一个消费者钱包份额的所有产品和服务。例如，一位消费者有500美元的可自由支配收入，这笔钱可以用来度假、买戒指、投资到金融市场或者是做其他的事情。当经济发展不稳定时，消费者钱包份额的竞争会更加激烈。预算层次的竞争在概念上是行得通的，但由于它暗含的竞争对手数量庞大，往往很难策略性地得以实施。 |

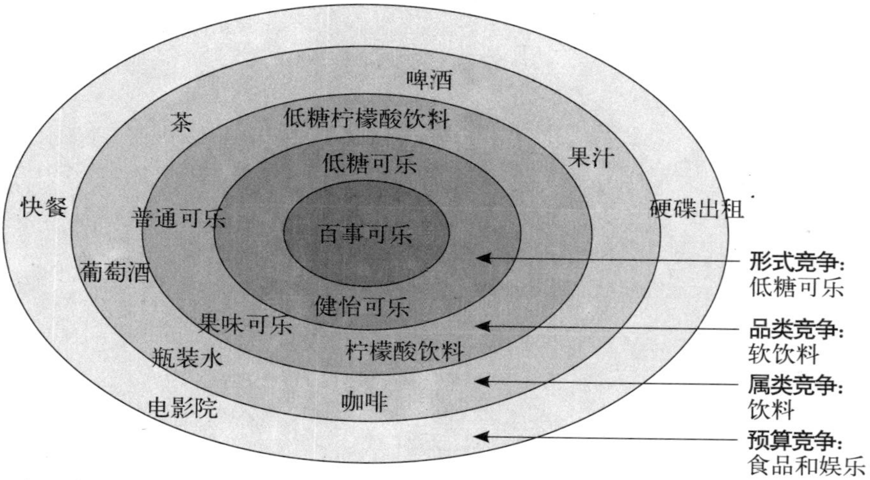


图4-10 以百事可乐为例的四个竞争层次

属类竞争与产品形式和产品品类竞争最大的区别在于，前者以外部为导向，而后两者是以内部为导向。按照产品形式或产品品类区分的竞争对手，是与自己企业生产的产品相类似的企业竞争，而属类竞争则是把视角转向了企业外部的顾客。那么，到底由谁来界定竞争对手呢？是企业还是顾客？当然是顾客，只有顾客才是决定选择何种产品和服务来解决问题的裁判。尽管有些情况下，能解决相同问题或提供相同利益的产品或服务很有限，但单纯关注实体产品多半会忽视生存下来的竞争对手。

西南航空公司运用外部导向成功地开辟了被人们认为最成功的美国国内航线。该公司的成功在于把重点放在短途旅行上，不提供餐点或是播放录相等类似的服务，但是它给乘客带来了特殊价值：价格比竞争对手低 60%，准点起飞，在不拥挤的机场起降。在概念形成过程中，西南航空公司并没有把注意力放在航空业内竞争上，而是把目光放在了可以取代飞机的短途陆地运输工具，即汽车和火车上。人们开车而不乘飞机的因素有很多，西南航空公司在集中分析了这些因素，并剔除或减弱其他情况之后，树立了短途飞行的价值取向。

（2）界定竞争对手的方法

1) 界定竞争对手的四大标准

企业用复杂决策代替简单决策，往往会找出太多的竞争对手，而采用过于简单的决策又可能会忽视主要竞争对手。因此，在界定竞争对手时，企业需要在识别众多竞争对手和少量竞争对手之间寻求平衡。

竞争通常就是对顾客的争夺。除争夺顾客资源的企业互为竞争对手外，争夺其他资源的企业也是竞争对手。例如，从争夺顾客的角度看，当当网和华为公司不是竞争对手，但他们在相同的劳动供给条件下争夺计算机编程人员，因此从人力资源角度看，就是竞争对手。胶卷和珠宝生产都需要银材料，柯达公司和珠宝厂商是争夺同一原材料的竞争对手。类似的，所有的制造厂商都通过超市或百货商店来销售产品，他们是争夺货架空间的竞争对手。地区零售商和跨国公司通常根据地理位置来区隔竞争对手。前者包括一些硬件商店，后者如我们熟知的通讯设备市场上的 NEC（日本）、朗讯（美国）和北电网络（加拿大）。总体来说，有四种界定竞争对手的标准（表 4-6 所示）：顾客导向、营销导向、资源导向和地理区隔。

**表 4-6 四种界定竞争对手的标准**

| 界定竞争对手的标准 | 细化内容 |
| --- | --- |
| 顾客导向 | 顾客是谁——类似预算的竞争<br>顾客什么时间使用产品和服务——时间和注意力的竞争<br>顾客为什么使用该产品和服务——需求满足方式的竞争 |
| 营销导向 | 广告和促销；沟通策略；媒体策略；分销策略；价格策略 |
| 资源导向 | 原材料；人力资源；财务资源 |
| 地理区隔 | 营业地点；生产地点；分销区域 |

2) 界定竞争对手的五大方法

①根据已有分类界定竞争对手

界定竞争对手的最简单方法是采用现成的分类方法。国际上流行的分类编码标准有三类：标准工业编码（SIC）、北美工业分类系统（NAICS）、邓白氏编码（DUNS）。

②根据产品的可替代性界定竞争对手

根据产品的可替代性界定竞争对手是另一种界定竞争对手的方法，其界定过程是为了评估其他产品是否具有同本企业产品一样的功能。通过这种方法，企业可以找出自己的潜在竞争对手，从而对这些对手的产品和顾客给予足够重视。但由于这种方法并没有详细地考虑顾客感知，有可能会忽略部分竞争对手，如冰淇淋和苏打的竞争。

③根据管理者的判断界定竞争对手

管理者可以根据自己的经验、销售报告、分销商或其他渠道，来判断企业当前和未来的竞争对手。一种方式是运用图表来勾勒思维过程，图 4-11 是著名的安索夫成长矩阵的变形。

| 产品（服务）＼市场（顾客） | 相同 | 不同 |
|---|---|---|
| 相同 | A | B |
| 不同 | C | D |

**图4-11　安索夫成长矩阵**

其中，A 代表产品形式竞争，即产品和服务基本相同，追求相同顾客群体的企业之间的竞争。C 代表以不同顾客群体为目标的产品形式竞争。

最有趣的方格是 B，B 代表了潜在的未来竞争对手，这些竞争对手提供不同的产品和服务，已经具备了与企业争夺现有顾客的实力。在这个例子中，管理者要努力预测 B 中哪些企业更可能成为企业的直接竞争对手。有关企业的顾客资本化的实例数不胜数。在电信行业中，IBM 公司通过它的主机业务获得了许多大客户的特许权。因此，IBM 公司可以很容易地通过收购微波通信公司（MCI）和罗姆公司（Rolm）而处于方格 A。

方格 D 的竞争对手非常难以预测，因为他们与企业的差别很大，往往针对不同的市场销售不同的产品。有关这方面的例子是，力敦工业公

司 (Litton Industries) 的微波技术在消费耐用品领域的商业化，这一举措使通用电器公司在橱具市场上又有了新的竞争对手。

克拉克（Clark）和蒙特马利（Montgomery）在研究中发现，企业在界定竞争对手时应重点考虑三个因素：

- 竞争对手的规模；
- 竞争对手的成功；
- 竞争对手的威胁性行为。

更有趣的是，他们还发现，企业高层管理者在判断竞争对手时几乎说不出几个竞争对手的名字。他们每天都在关注产品形式和产品品类的竞争对手，所界定的竞争范围比较狭小。

④根据顾客购买信息界定竞争对手

代伊（Day）、萧克（Shocker）和斯莱瓦斯塔瓦（Srivastava）在研究中指出了评估竞争对手市场结构的两种顾客数据：真实购买或使用的数据和判断数据。真实的购买或使用数据反映了顾客的真正购买行为，不过这些数据只是说明了顾客真正做了什么，而不是他们在过去做过什么或未来将要做什么，因此，这种行为性数据更适合评估当前的市场结构，而不适合评估未来的市场结构。

通常，可以根据品牌转换、交叉需求弹性对顾客购买信息进行分类。

⑤根据顾客意见界定竞争对手

定性方法也可以对竞争对手进行界定。根据顾客意见对竞争对手进行界定有四类方法：整体相似、部分相似、产品删除和替代使用。共同点都是根据顾客意见画出顾客意见的感知图（图 4-13 所示）。

尽管这些判断方式并不是基于真实的顾客行为，它们仍有助于企业深入了解未来的市场竞争情况和更宽泛地界定现有竞争对手，并广泛适用于包括组织用品和耐用消费品在内的各种类型的产品和服务。

（3）竞争对手信息来源

分析竞争对手需要动用资源来收集信息。然而，收集信息通常不是营销分析者所面临的主要问题。竞争情报的来源很多，我们缺少的是指导收集和分析资料的框架，以及对资料所反映问题的清晰理解和判断。

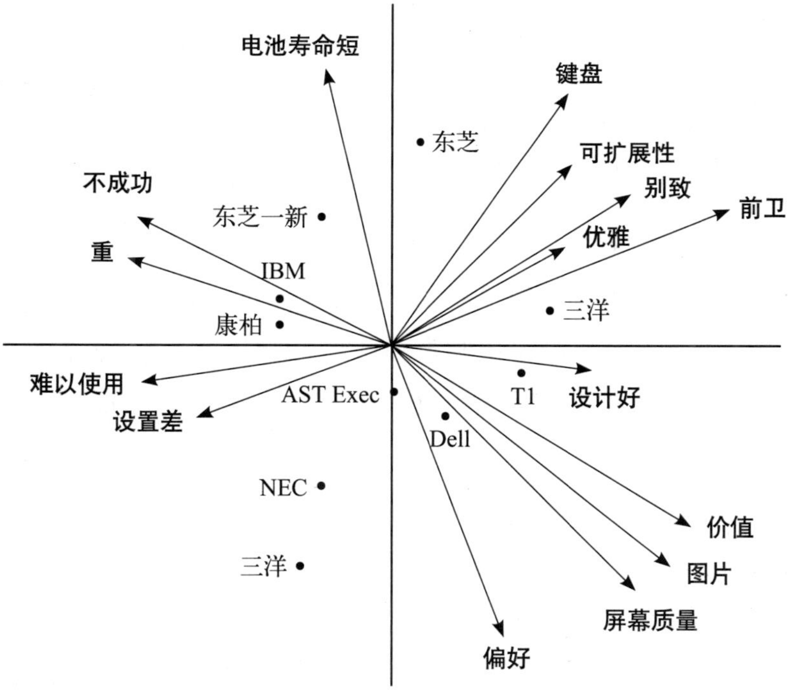


图4-12 顾客对笔记本电脑的感知图

通常，竞争对手分析的信息来源有三大类：二手资料来源、原始资料来源和其他资料来源，具体见表 4-7。

表 4-7 信息来源说明表

| 资料 | 资料来源 |
| --- | --- |
| 二手资料 | ●企业内部收集的资料 ●地方报纸 ●年报<br>●上市公司的10K报告 ●专利和商标资料 ●一般商业出版物 ●新闻报道<br>●促销宣传材料 ●贸易出版物 ●咨询公司报告 ●员工沟通<br>●贸易协会 ●政府来源 ●电子数据服务 ●网络 |
| 原始资料 | ●销售人员和顾客 ●企业员工 ●供应商和中间商<br>●咨询公司和专业调查公司 ●投资银行 |
| 其他资料 | ●招聘广告 ●展览展会 ●工厂参观 ●重要员工<br>●逆向工程：购买竞争产品进行分析<br>●样板市场：竞争对手在某些区域进行示范的市场 |

（4）竞争对手竞争性路径分析方法

近些年来，企业越来越重视对竞争对手的分析，原因有三个方面：

第一，许多行业已步入成熟期，其增长速度很慢或是零增长。在这样的市场中，企业销售量的提升往往来自其他企业销售量的减少，竞争压力很大。

第二，产品的生命周期越短，企业在短期内收回投资的压力就越大。在这种状态下，企业难免对竞争对手作出错误判断。

第三，近十年来，企业面临着一个动荡不安的国际环境，把握竞争对手的脉搏对企业来说是至关重要的。

竞争性路径分析法旨在通过对竞争对手的当前目标、现行策略、竞争力、未来意愿、未来策略五个方面的分析，来对竞争对手进行深入地解剖。

下面详细介绍竞争性路径分析方法的应用。

1) 判定竞争对手的当前目标

企业或产品目标很多。在讨论目标时，准确地界定目标是非常重要和必要的。从营销规划的角度来看，企业要明确三个基本的品牌或产品目标：

● 成长性目标（The Growth Objective），通常指品牌在战略业务单位中的成长或品牌市场份额的增加。在这样的目标下，利润是辅助性指标。

● 保持性目标（The Hold Objective），又称稳定目标。市场份额正在减少的企业应该考虑采用这样的目标。企业在市场萎缩的情况下，能够扭转局面的有效方法是，采取有效措施减缓市场份额的下降，逐渐挽回市场。

● 收获目标（The Harvest Objective），又称为奶油目标（The Milk Objective）。在这个目标下，利润是最重要的参数。

在产品层面，目标主要是用市场份额或利润来表述；在企业层面，目标与投资回报或其他的综合统计有关。

目标在很大程度上决定了企业应该采取什么样的策略和在市场上会采取什么样的行动，因而企业并不用进行大量的市场调研来揭示企业的策略和营销活动，但要通过观察、销售电话报告等方式，来保持对竞争对手活动的敏感性。

让我们看一下上面所列出的两个主要目标选择——成长性目标与收获目标。如果竞争对手的产品是以牺牲短期利润来提升市场地位的话，就可能会出现如下现象：产品升级、价格降低、广告投入增大、对消费者和中间商的促销活动更加频繁或者是分销投入增多。

换句话说，希望扩大品牌市场份额的企业，将会很活跃地在相关市场活动上投入资金或降低价格。这样的活动很容易被产品经理、广告代理和其他评估竞争品牌活动的部门所掌握。

以收获为目标的品牌则会以相反的方式出现在市场上。竞争对手会出现提高价格、减少营销预算等行为，可以理解为从活跃的市场竞争中退出，也许只是暂时退出。当然，完全正确地估计市场份额的损失是不现实的，但确定目标方向并不困难。

人们很少会从企业经营和运营方式上去推论企业的表层目标。例如，寻求最小化资本投入的企业对竞争对手的大量资本投资反应很迟钝，如联邦快递公司在20世纪70年代购买自己的飞机时，依美利空运公司就没做出什么反应。类似的，以销售佣金或折扣的百分比作为销售人员补偿的企业，是以销量而不是盈利能力为主要目标。事实上，最主要的绩效衡量指标(如固定资产报酬率)，往往对企业行为有显著影响。

总之，判定竞争对手目标为制定企业战略提供了非常重要的信息。对于追求市场份额的产品来说，我们应该把他看作是不同类型的竞争对手，而不是跟追求利润最大化的产品同样对待。追求利润的产品很容易受到反对顾客的攻击，但它与追求市场份额的产品的正面竞争则是可以避免的。

2) 辨别竞争对手的当前战略与策略

可以从营销战略、产品或服务策略、技术策略三大方面进行分析。

①营销战略

对营销战略的分析可以从以下三个要素进行：目标市场选择、核心竞争战略制定（如差异化优势）和战略实施（如支持性的营销组合）。

第一个要素是进行市场细分，确定品牌或产品的竞争目标。

第二个组成要素是所谓的核心竞争战略。这取决于企业拿什么参与竞争，即企业的差异化优势何在。从本质上来说，营销经理往往在两个差异化优势之间进行选择：价格或成本优势和产品特征优势。换句话说，产品通常根据价格或质量来定位。质量差异化优势很容易被感知，不是真正的差异化。例如，IBM公司的核心战略从一开始就是以服务为基础，这样的优势可以由确切的数据来支持，如区域服务代表的数量或平均反应时间。

第三个要素是战略实施。营销组合是竞争对手的基本战略和具体策略实施的深刻反映。竞争对手所要考虑的领域和问题都在其中。此外，判定战略实施的成功程度同样很重要。与实现目标和收效良好的结果相关的战略可能还会再被采纳，而导致不良业绩的战略很可能会被淘汰。重点可对竞争对手的定价策略、促销策略、分销策略进行分析。

②产品或服务策略

企业竞争力的主要决定因素在短期内还是所提供产品或服务的物理构成，这些属性不像广告或价格那样容易改变。造价高的产品不可能被定为低档产品。类似，从产品的物理属性描述（如高温下的稳定性、抗腐蚀性、耐用性）上升到企业目标和策略的概括也需要一个过程。因此，从最低限度来说，竞争性产品的供给应该互相比较，即比较真正的产品或服务加上如何展示和销售。

我们可以用矩阵(如图 4-13 所示)来表示主要产品或服务的差异。除了要列出具体的产品特征外，企业还需要给出反映产品特征的权重，至少要能反映出不同特征的相对重要性。根据产品的基本特征和相对权重信息，企业可以与竞争对手的相关产品进行比较，从而了解自己产品的优势和劣势。

| | 竞争对手A<br>品牌1…Ka | 竞争对手B<br>品牌1…Ka | ………… |
|---|---|---|---|
| 特征<br>F1<br>F2<br>.<br>. | | | |

图4-13 产品（服务）的差异矩阵图

③技术策略

另一个重要任务是评估主要竞争对手的技术策略，就是说，企业如何跟上市场的发展。这一点可以运用麦迪全 (Maidique) 和派茨 (Patch) 的框架来分析。他们认为，在分析技术策略时，应考虑六个方面的内容，如图 4-14 所示。

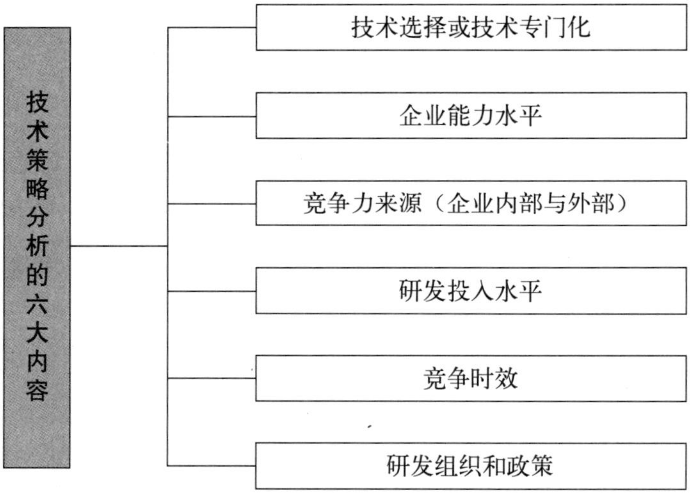


**图4-14 技术策略分析的六大内容**

归纳辨别竞争对手当前策略的相关内容，可以得到产品竞争分析模型，如图 4-15 所示。

3) 评估竞争对手的竞争力

企业可收集的信息很多，但并不一定都有用。那么，评估竞争对手的竞争力时企业应该收集哪些竞争对手信息呢？我们可以从现有的几个框架中找到答案。现在比较常用的是罗斯查尔德（Rothschild）在 1979 年设计的分析框架。他把必要的信息分成五个相互独立的部分，分别用来

| | 竞争对手A<br>品牌1…Ka | 竞争对手B<br>品牌1…Ka |
|---|---|---|
| 产品：<br>产品质量<br>产品价值链<br>产品利益点 | | |
| 市场细分：<br>顾客是谁<br>顾客在哪购买<br>顾客什么时间购买<br>顾客为什么购买 | | |
| 分销：<br>分销方式<br>分销范围 | | |
| 促销：<br>总投入金额<br>促销方式 | | |
| 广告：<br>广告策略<br>广告媒体<br>广告排期<br>广告总投入 | | |
| 价格：<br>零售价格<br>批发价格 | | |
| 技术策略： | | |

**图4-15 产品竞争分析模型图**

评估竞争对手的创意和设计能力、生产能力、市场能力、财务能力和管理能力，具体内容详见表4-8竞争对手的竞争力分析模型。

表 4-8 竞争对手竞争力分析模型

| 竞争对手竞争力分析模型 | |
|---|---|
| 1.创新和设计能力<br>●技术资源<br>a. 技术理念<br>b. 专利和版权<br>c. 技术复杂性<br>d. 技术一体化<br>●人力资源<br>a. 核心人物和技能<br>b. 外部技术群体的使用<br>●研发资金<br>a. 研发投入总额<br>b. 占销售额的百分比<br>c. 整个时间范围内的一致性<br>d. 内部集中<br>e. 政府扶持<br>●技术性策略<br>a. 技术专业化<br>b. 技术能力<br>c. 资源能力<br>d. 时效性：开始、仿制<br>●管理过程<br>a. 全面质量管理或六西格玛<br>b. 质量屋 | ●人力资源<br>a. 主要人物和技能<br>b. 工作队伍①技能组合②统一<br>●供应商<br>a. 质量<br>b. 能力<br>c. 承诺 |
| 2.生产能力<br>●实物资源<br>a. 能力<br>b. 厂房①大小②地理位置③使用年限<br>c. 设备①自动化②维修③灵活性<br>d. 工序①独立性②灵活性 | 3.市场能力<br>●销售队伍<br>a. 技能<br>b. 规模<br>c. 类型<br>d. 地理位置<br>●分销网络<br>a. 技能<br>b. 类型<br>●服务和销售政策<br>●广告<br>a. 技能<br>b. 类型<br>●人力资源<br>a. 主要人物和技能<br>b. 人员流动<br>●资金<br>a. 总额<br>b. 随时间变化的一致性<br>c. 占销售额的百分比<br>d. 薪酬体系 |

（续表）

| | |
|---|---|
| 4.财务能力<br>● 长期<br>a. 负债/资产比率<br>b. 负债成本<br>● 短期<br>a. 现金或现金等价物<br>b. 贷款额度<br>c. 负债类型<br>d. 负债成本<br>● 清算<br>● 经营回报<br>a. 边际利润<br>b. 利润<br>c. 现金流<br>d. 销售、资产、营销支出的回报<br>e. 存货、应收账款调整<br>● 人力资源<br>a. 核心人物和技能<br>b. 人员调整/流动<br>● 财务评估系统<br>a. 预算<br>b. 预测<br>c. 控制 | 5.管理能力<br>● 核心人物<br>a. 企业核心任务制度的目标和优先次序<br>b. 价值<br>c. 薪酬体系<br>● 决策<br>a. 决策层次<br>b. 决策类型<br>c. 决策速度<br>● 战略规划<br>a. 计划的类型<br>b. 计划的重点<br>c. 计划的时间跨度<br>● 人员配备<br>a. 员工资历和人员流动<br>b. 员工经验<br>c. 职务调动政策<br>● 组织<br>a. 集中程度<br>b. 职能划分<br>c. 人员使用情况 |

4) 评估竞争对手的市场意愿

绝大多数竞争对手都经历过几个关键的时间点，在这样的时间点上每一个竞争对手都可能选择放弃或继续竞争。在考虑竞争对手继续参与竞争的可能性问题时（这样的活动有时并不一定符合利润逻辑），我们应该评估以下问题：

● 该产品对企业有多重要？产品的销售量和利润占的比重越大，该产品线的员工人数越多，以及给企业的战略冲击越大或策略要点越重要，企业越应该全力以赴发展该产品。

● 企业对市场的认同程度如何？企业的高层管理者往往很难承认自己是错的，如联想 2004 年初那样公开宣布三年战略未能达成的例子，确实是比较罕见的。

● 企业有最好的员工和经理，或者有第二或第三流的团队吗？经理的进取心如何？有些经理的好胜心很强，最好胜的竞争对手所反映的热情可能适得其反，使企业不可能实现目标，只有通过了解竞争对手的最坏打算，我们才能够成功地部署下一步任务，预测竞争对手未来的策略。

5) 预测竞争对手的未来战略与策略

竞争分析并不一定会正确地得出和表示出竞争对手将采取什么样的策略。在这种情况下，主观估计是基于已经收集和分析的信息。解决这个问题的一种方法是超越预测者们所处理的历史资料。通过观察用于预测的因变量（这里指竞争者的战略与策略）和用于预测因变量的自变量的历史数据，预测者们可以做的事情是：她或他可以简单地假设趋势会继续，就是说，假设仅有的相关信息是过去战略与策略的历史形式。例如，一个企业有销售品牌的跟踪记录，这些品牌拥有优质形象和昂贵价格，这样人们就可以推测未来并假设这种情况将会继续。类似的，如果一个品牌不断地吸引成年消费者，经理则可以假设趋势仍会继续。这其中所暗含的假设是没有关于独立变量的信息。

预测者可以选择的第二种方法是，努力在资源变量和战略与策略之间建立一种因果关系。换句话说，预测者应该努力把资源或能力的变化同所追求的战略与策略联系起来。

预测竞争对手未来战略与策略的第三种方法是运用历史数据。美国康宁公司（Corning Glass）下属的盈利企业康宁瓷器公司（Corning Ware）

产品线进展顺利。同时，公司清楚地知道安克豪汀公司（Anchor hocking）等竞争对手都盯着他们的业务。康宁公司感兴趣的是竞争对手如何进入市场，这样自己可以抢先采取进入策略，公司还要求高层经理扮演竞争对手的角色来决定自己将如何应对康宁瓷器。这样的预测练习给康宁瓷器公司提供了非常有效的防御信息。因此，用来预测竞争对手可能活动的第三种方法是模仿他们。人们可以运用已收集的现有数据，扮演竞争对手的角色，制定竞争对手的行动方案。史密斯克林公司（Smithklin）在泰胃美公司 (Tagamet) 发展态势良好时就采取了这种做法。

当有少量竞争对手时，我们可以综合采用博弈论和决策树的方法来预测竞争行为。在此，就不一一进行介绍了。

**4.消费者购买决策分析方法**

营销是围绕顾客来展开的。洞察顾客更多的是去发现、发掘顾客的需求，接下来就需要着手分析顾客是如何购买的，顾客的购买会受到哪些因素的影响。

（1）消费者购买决策过程及影响因素

如果消费者的需求可以通过购买来满足，那么，消费者会经历一个购买决策的逻辑过程。显然，这个购买决策过程会受到许多因素的影响。如图 4-16 所示。

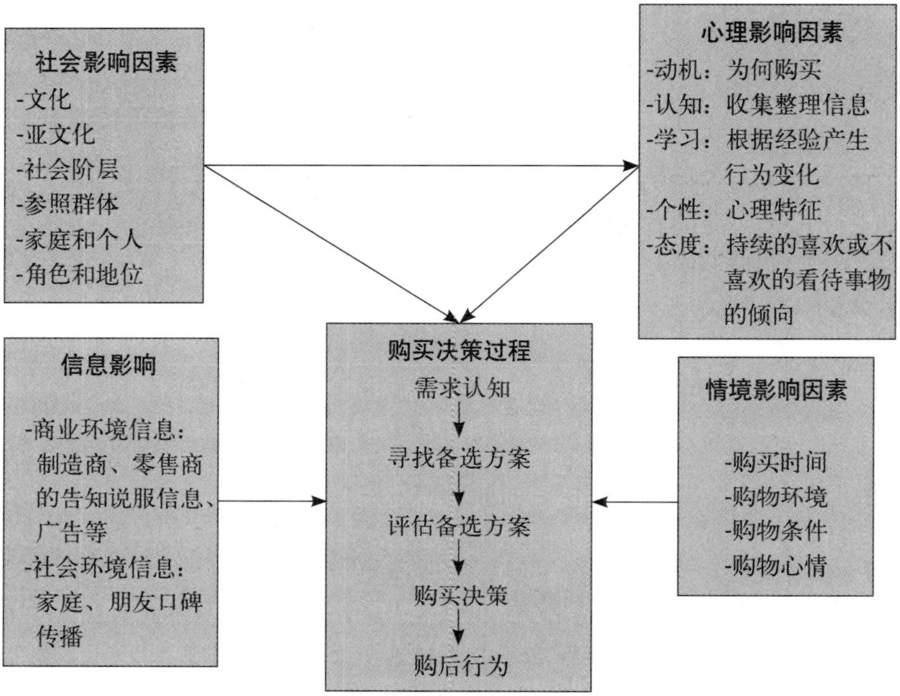


图4-16 消费者购买决策过程图

表 4-9 消费者购买决策五个过程

| 过程 | 说明 |
| --- | --- |
| 需求认知 | 每个人都有未满足的需求或欲望。有些需求可以通过购买产品或服务来满足，因此，购买决策过程始于一项可用消费方式满足的需求，而且满足动机强到足以让人采取购买行动。需求认知可能来自于个体感受（例如感到饥饿），需求也可能来自外部刺激，例如广告或样品。现有产品耗用完毕，或不满意目前使用的产品，也可能引发一项购买决策过程。营销人员需要去识别引起消费者某种需求的环境，通过从一些消费者那里收集信息，识别一些会对产品产生兴趣的常见刺激因素。 |

（续表）

| | |
|---|---|
| 寻求备选方案 | 消费者一旦意识到需求的存在，就开始寻找能满足需求的选择方案。一般消费者都先确认可选择产品，再确认可选择品牌。产品和品牌的寻找过程可能先会简单地回忆过去经验，然后才开始广泛地外部搜寻。 |
| 评估备选方案 | 找到满意的几个选择方案后，消费者在实际决定购买前会加以评估。评估可能会确定一个或数个标准（指标）。例如，消费者可能根据价格、式样、颜色等标准来评估服装。 |
| 购买决策 | 寻找、评估备选方案之后，消费者就开始决定是否购买。是否选择最佳的备选方案就是首要的决策内容。如果决定购买，还需要进行一系列与购买相关的决策，如何地与何时购买等。 |
| 购后行为 | 消费者从购物过程中会学到很多知识，这将影响相同需求的再次购买行为。消费者在购买后会有些新想法或新观念，并会调整、修正原有想法。<br>购物之后消费者常常会有一些感慨，往往会怀疑自己的选择，这就是所谓的购物后认同不一致（Post Purchase Cognitive Dissonance），即在多项选择中难以抉择所引发的一种焦虑状态。产生购物后认同不一致主要是因为，消费者曾经仔细考虑过每一种方案的优缺点，购买后，所购买产品的缺点以及未选购产品的优点，这二者会逐渐在消费者心中放大。结果，消费者开始怀疑所选择的正确性，并对这一选择感到忧虑。<br>消费者满意与否将影响其以后的购买行为，所以营销人员要尽量减少消费者购后不满意的情况和程度。另外，还应该注意观察购买者购后如何使用和处置产品。这一方面和消费者的满意度有关，而且可以发现产品的新用途和新需求。 |

**表 4-10 影响消费者购买行为的因素**

| 影响因素 | 说明 | |
|---|---|---|
| **文化** | 文化是人类欲望和行为最基本的决定因素。亚文化是文化的一部分，主要是地理区域性的文化，例如不同民族和宗教群体之间的差异。 | |
| **社会因素** | 社会阶层 | 社会阶层是由收入、教育、职业、居住地等多个因素决定的。同一社会阶层的人，其行为要比来自两个不同社会阶层的人的行为更为相似。 |

（续表）

<table>
<tr><td rowspan="6">社会因素</td><td>参照群体</td><td>参照群体是指那些直接或间接影响人的看法和行为的群体。它使一个人受到新的行为和生活方式的影响，并影响其态度和自我概念，产生某种趋于一致的压力，从而影响个人的实际产品选择和品牌选择。因为，人们通常期望能迎合群体及群体中的其他人。<br>主要参照群体有：家庭、朋友、邻居、同事等；次要相关群体有：宗教、爱好团体、职业协会等。并且，相关群体中存在一些叫做意见领导者的人，他们在群体内非正式的传播中提供意见和信息，引导群体的想法和行为。另外，人们还受他们并不是其成员的一些群体的影响，比如受其希望去从属的崇拜性群体和受其拒绝接受的隔离性群体的影响。<br>在选购产品或转换品牌选择上，参照群体的口碑比广告和销售人员的作用要大，尤其信息来自于我们认为对产品了解的人或我们信赖的人，那就更具影响力。</td></tr>
<tr><td>家庭</td><td>家庭是最重要的消费者购买单位。从广义上说，我们需要分析父母、子女、夫妻间在购买中的决策关系。比如，确定对某种产品的采购，夫妻双方谁更有影响力，这常常取决于谁更有权力或经验。家庭的生命周期也是影响消费者购买行为的重要因素。家庭生命周期可以分为单身、新婚、满巢（阶段一、阶段二、阶段三）、空巢（阶段一、阶段二）和鳏寡（尚在工作、退休）。处于不同阶段的消费者其经济能力及消费重点都不一样，营销人员应该针对不同特点采用不同手段。</td></tr>
<tr><td>角色和地位</td><td>每个人在各群体中的位置可用角色和地位来确定。角色是一个人所期望做的活动内容，而每一个角色都伴随着一种地位。人们在购买商品和选择品牌时，往往结合自己在社会中所处的角色和地位来考虑。</td></tr>
<tr><td>年龄</td><td>人们在一生中随着年龄的增长所购买的商品和服务是不断变化的。</td></tr>
<tr><td>职业</td><td>职业一方面影响其收入，另一方面也影响其消费模式。</td></tr>
<tr><td>生活方式</td><td>生活方式是一个人在世界上所表现的有关其活动、兴趣和看法的生活模式。人的生活方式描绘出同他/她的环境有相互影响的“完整的人”。我们需要研究我们的产品和品牌与具有不同生活方式的各群体之间的相互关系。</td></tr>
</table>

（续表）

| | | |
|---|---|---|
| 心理影响因素 | 动机 | 消费者为何而购买，这就是动机（Motive）。动机是一种足以刺激一个人采取行动的感受，动机的目的是寻求满足需求的产品或服务。病情越重，跑往医院的速度就越快，这就是动机对购买决策的影响。 |
| | 认知 | 消费者在作出购扳决策之前往往会收集有关信息。认知（Perception）是收集、整理信息的过程，也是解释或了解周围世界的方式。认知的多少或认知的内容要视所认知的事物和经验而定。<br>这里关键的是个人感觉，人们对同一刺激物会产生不同的认知，因为人们的认知会经历三个过程，即选择性注意（注意与自己需要有关的、自己期望的以及比较反常的刺激物）、选择性扭曲（对信息按照自己的意思加以扭曲）和选择性保留（保留支持其态度和信念的信息）。 |
| | 学习 | 人们要行动就得学习。学习是由于经验而引起的个人行为的改变，人类行为大多来源于学习，而一个人的学习是通过驱动力、刺激物、诱因、反应和强化而形成的。其实用价值在于，我们可以通过把学习与强烈驱动力联系起来，运用刺激性暗示和提供积极强化等手段来建立对产品的需求。 |
| | 个性和自我概念 | 每个人都有影响其购买行为的独特个性。个性是一个人所特有的心理特征，它导致一个人对他所处的环境相对一致和持续不断的反应。个性通常可从以下性格特征来描述：自信、控制欲、自主、顺从、交际、保守和适应等。另外，自我概念（自我形象）是与个性相关的个人思维。营销人员努力开发品牌形象与目标市场的自我形象相一致。但一个人的实际自我概念（即他如何看待自己）与他的理想自我概念（即他希望如何看待自己）和他的他人概念（即他认为别人如何看待自己）是截然不同的。而以上哪一种自我是通过购买产品来实现满足的呢？这就是我们在分析中需要回答的问题。 |
| | 信念和态度 | 通过实践和学习，人们形成了自己的信念和态度，信念和态度反过来又影响人们的购买行为。信念是一个人对某些事物所持有的描绘性思想。它也许基于知识、看法和信仰，可能带有或不带有某种感情因素。对制造商来说，信念树立了产品和品牌在消费者心目中的形象。<br>与信念一样重要的是态度。态度是一个人对某些事物或观念长期持有的好与坏的认识上的评价、情感上的感受和行动倾向。态度可以节省精力和脑力，因此，态度也是难以改变的。所以，企业最好使其产品与既有态度相一致，而不要试图改变人们的态度。 |

（续表）

| | |
|---|---|
| 信息影响 | ● 商业信息来源<br>-包括所有想和消费者沟通的企业和个人，如制造商、零售商、广告商和销售人员，他们向消费者传达的告知信息和说服信息就属于商业环境信息来源。在当前的商业社会中，广告是大家最熟悉的商业信息来源。<br>● 社会信息来源<br>-包括家庭、朋友和熟人，他们直接或间接提供产品的信息。最常见、最有影响力的社会信息来源是口碑。 |
| 情景影响 | ● 购买时间<br>-时间因素会影响消费者对某些产品的需求。例如，周末去商场购物的消费者通常会更多一些。<br>-购买时间间隔也会影响消费者的购买决策。例如，距离上次去某家餐厅的时间长短会影响此次是否仍然选择这家餐厅。<br>-现场购物时间也是影响购买决策的重要因素。例如，超市购物高峰导致结账排长队时，有些购买零散物品的消费者会选择放弃购买。<br>● 购物环境<br>购物的实体环境对人的感觉有着紧密的作用，例如灯光、气味、气温与声音。英国莱斯特综合大学的研究人员通过三个星期的观察，他们发现：餐厅里播放古典乐曲，会刺激顾客消费更多的食物，据统计，此时顾客人均消费在24英镑以上；当播放流行乐曲时，顾客人均消费在22英镑以上；当没有任何背景音乐时，顾客人均消费大约为21.70英镑。<br>● 购物条件<br>购买条件以及消费者愿意参与的与交易有关的活动都将影响消费者的购买行为。当前，有些企业在尝试将一些销售功能或活动移转给消费者，例如，以前称为“加油服务站”，现在都称为“加油站”，因为你必须自行加油、洗雨刷等。<br>● 购物心情<br>有时消费者会因临时的突发情况而更改购买决策。很显然，心情好坏会影响采购，生气或兴奋时可能会购买一些原本不会购买的产品。例如，歌星演唱会上，你可能会比平时愿意花更多钱购买纪念T恤。 |

（2）消费者购买决策中的五种角色

就许多产品而言，识别购买者是相当容易的，如剃须刀一般是男性选择，连衣裙是女性的选择。然而，有时候我们也需要认真识别目标决策者，因为购买角色是可以改变的。例如在我国，涂料的购买者主要是男性，但是在北美和欧洲等室内涂料消费周期短的发达地区，涂料品牌的选择者中女性占到了 60%。

在一个购买决策中，通常有以下五种角色（见表 4-11）。

**表 4-11 购买决策中的五种角色**

| 角色 | 说明 |
| --- | --- |
| 发起者 | 首先提出或有意购买某一产品或服务的人 |
| 影响者 | 其看法或建议对最终决策者具有一定影响的人 |
| 决策者 | 在是否买、为何买、如何买、在哪里买等方面做出完全决策或部分决策的人 |
| 购买者 | 实际采购人 |
| 使用者 | 实际消费者或使用产品或服务的人 |

正确地识别购买决策中的不同角色，对于营销策略的制定有着一定的影响。制定营销策略时，营销人员要明白到底该策略应该针对哪个角色，从而制定不同的策略。例如，针对某些儿童消费品，儿童可能就是发起者，父母是决策者和购买者；在制定广告策略时，就要将儿童做为广告对象，吸引他们的注意，然后由他们向父母发起购买要求；在制定促销策略时，就要针对父母，因为父母是购买者，而儿童这个使用者不会关心你有什么优惠。

（3）消费者购买决策行为分析方法

营销以满足消费者的需求为核心，但消费者的消费需求和消费行为却不是轻易就能觉察到的，它受到各种内外因素的影响和制约。在这些影响消费者购买行为的因素中，选取其中最主要的因素，建立消费者购买行为模式分析方法，有助于更深入地理解消费者的需求，以便制定相应的营销策略。下面介绍几种分析模型。

1) 品牌 / 投入模型

选取所购买商品品牌的差异度和消费者购买该商品的投入程度两个因素来考虑，可以将消费者的购买行为分为四个类型：复杂型、和谐型、习惯型、多变型。如图 4-17 所示。

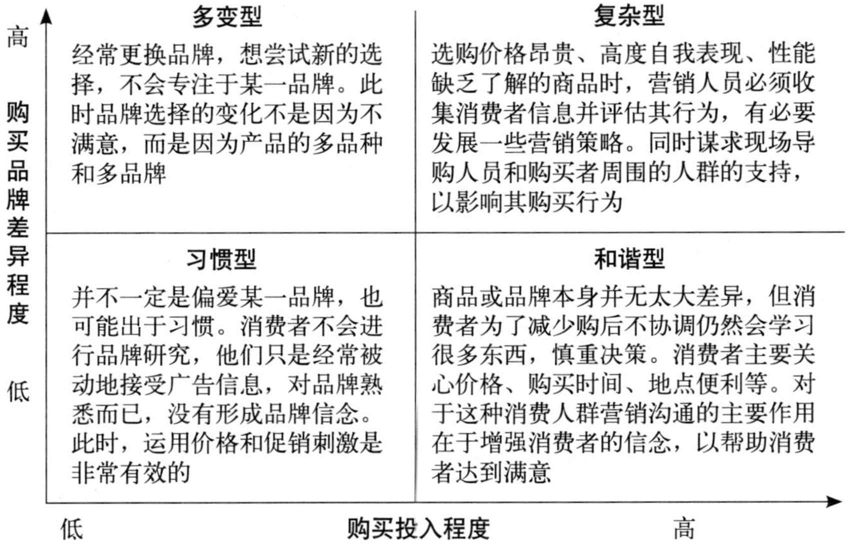


**图4-17 品牌/投入模型**

2) 消费方式矩阵

根据消费者的消费形态和消费价值观念这两个指标，可以对消费者的购买决策进行划分，得到的结果就是消费方式矩阵。如图 4-18 所示。

| | 有限消费 | 最大限度消费 |
|---|---|---|
| 时尚消费 | 利 益型 | 享乐型 |
| 功能性消费 | 价格型 | 价值型 |

**图4-18 消费方式矩阵**

通常，消费形态可以分为时尚消费和功能性消费：时尚消费者紧追当前的消费热潮，大多是创新采用者；功能性消费者希望产品功能能够满足其需要。消费价值观念反映的是消费者对消费的态度，可以分为最大限度消费和有限消费：最大限度消费者往往会借助信贷而追求提前消费；有限消费者更多是根据自有现金多少考虑消费。

3) 5W2H 法

5W2H 法比较适合用来分析个体消费者的购买行为，如图 4-19 所示。

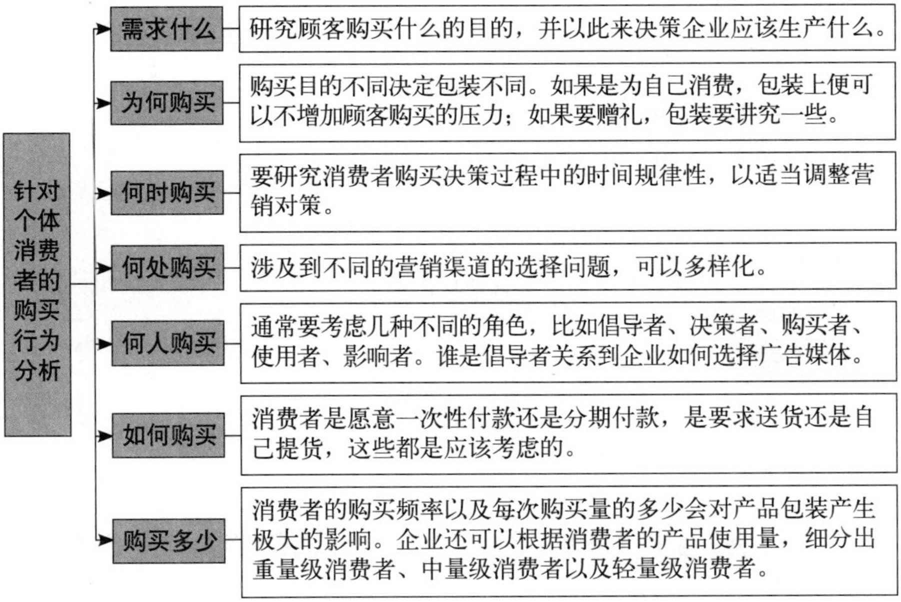


图4-19　5W2H法

## 5.市场状况分析方法

(1) 市场潜力分析方法

“市场潜力”表示在所有的竞争者（市场潜力）或产品（销售潜力）能全面地开展分销、广告和促销活动，并吸引到可能购买产品的所有顾客的情况下，整个行业最终实现的销售。企业在选择是否进入某一市场时，要首先掂量掂量市场潜力有多大。市场潜力不足就需要思量是否进入。一般说来，市场潜力分析的主要作用有五点：

- 市场进入或退出的辅助决策
- 资源配置辅助决策
- 选址辅助决策和其他资源配置辅助决策：生产商、零售商的选址往往根据市场潜力预测进行。同样，企业的重点销售区域和广告投放重点区域也会根据市场潜力来分配。
- 目标设定和绩效评估
- 作为销售预测的依据

市场潜力预测的过程模型如图 4-20 所示。

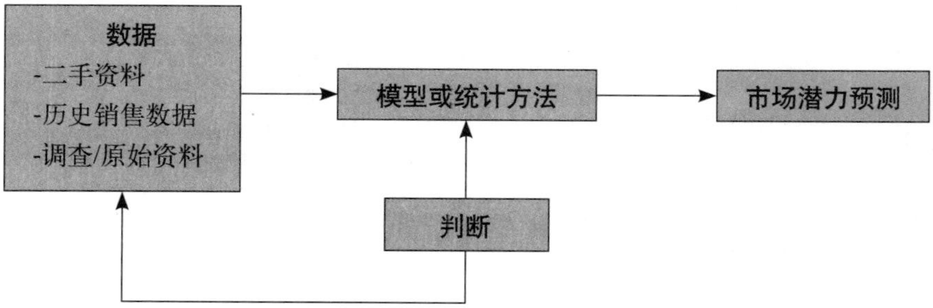


图4-20 市场潜力预测过程模型

市场潜力分析方法有很多，比如分析预测法、市场因素组合法（适合于工业品销售企业）和多因素指数法等。至于具体选择什么方法则取决于特定的行业和产品。

1) 分析预测法

分析预测法通过向产品的潜在使用者或购买者提问来进行预测，流程如图 4-21 所示。

**步骤一：确定产品的潜在购买者和使用者**

这里的购买者应该全面地解释为有需求、有使用产品的必要资源和有支付能力的顾客。这往往需要管理者评估潜在市场中的所有顾客。另一种可供选择的方法就是排除不合格的潜在客户。

↓

**步骤二：确定第一步界定的每个潜在购买群体中有多少人**

第一步和第二步通常是同步进行，可能有用的数据来源是调查数据、商业数据。

↓

**步骤三：估计购买率或使用率**

购买率或使用率可以根据调查或其他研究所获得的平均购买率来确定，或根据假设前提潜在使用率等于重度使用者的使用率来确定。后者表明企业相信所有的购买者都以高购买率购买产品。

**图4-21　分析预测法使用流程**

市场潜力就等于步骤二和步骤三的乘积，即潜在顾客数乘以潜在使用率。这样就得到了市场潜力的销售量数据，我们还可以进一步得到市场潜力的销售额数据：用上述得到的销售量数据乘以平均价格。我们还可以用下列公式来计算市场规模：

$$Q=n\times q\times p$$

其中，$Q$ 为总市场潜量；$n$ 为在一定的假设下，特定产品（市场）的购买者数量；$q$ 为一个购买者的平均购买数量；$p$ 为每一平均单位的价格。

总市场潜量就是在一定时期内，在一定的行业营销努力水平和一定的环境条件下，一个行业中所有公司所能获得的最大销售额。

2) 市场因素组合法

市场因素组合法要求辨别在每一市场上的所有潜在购买者，并且对具潜在的购买量进行估计。如果公司有一张全部潜在购买者的清单和他们将购买什么的可靠估计，则可直接应用该法。可惜这些条件往往不是很容易就能获得的。该方法适合于工业品行业。

一家机床公司想估计在A地区木料车床的地区市场潜量。第一步是辨认A地区木料车床的全部潜在购买者。这个市场主要由制造业组成，特别是需将其所经营的木料刨平或钻孔的制造厂商。公司应该编辑一张A地区的所有制造企业的地址录。然后，它可以以各行业中每一千名员工或每一百万销售额所需车床比率为基础，估计各行业可能购买的车床数字。

估计地区市场潜量的一个有效方法是，利用标准产业分类体系，然后确定一个适当的基础，以估计每个行业将会使用车床的数目。假设客户行业的销售额是最适当的估计基础。例如，在标准产业分类体系2511中，每100万元的销售额可能需要10台车床。一旦公司估计出车床拥有率对客户行业的销售额比率，它就能计算出市场潜量。

下表显示了A地区关于两项标准产业分类体系代码对车床市场潜量的计算。

公司可以用同样的方法，估计国内其他地区的市场潜量。假设全部市场的潜量是2000台车床，那么，A市场占总市场潜量的10%。这

| 标准产业分类体系代码 | 年销售额（百万） | 厂家数 | 每百万元的顾客销售额可能需要的车床数 | 市场潜量 1×2×3 |
|---|---|---|---|---|
| | 1 | 2 | 3 | |
| 2511 | 1 | 6 | 10 | 60 |
| | 5 | 2 | 10 | 100 |
| 2521 | 1 | 3 | 5 | 15 |
| | 5 | 1 | 5 | 25 |
| | | | | 200 |

就说明，公司可以把营销费用的10%用于A市场。事实上，车床制造商对各个市场还需考虑其他信息，例如市场饱和度、竞争者的数目、市场成长率和现有设备的平均年龄。

3) 多因素指数法

对于消费品公司，由于顾客数量众多，不太适合用市场因素组合法，但可采用指数法。例如，一家药品制造商可以假设药品的市场潜量直接与人口有关。如果A城市占全国人口的2.28%，则该公司就可以假设A市场占全国药品销售市场的2.28%。

但是，一个单一因素是很难成为评价销售机会的唯一指标的。一个地区的药品销售数量还受到个人收入所得和每万人中的医生数量的影响。因此，需要发展一个多因素指数法，而且应对每个因素赋予一个特定的权数。一个著名的多因素指数是《销售和营销管理》杂志公布的“购买力年度调查”，方程式为

$$B_i = 0.5Y_i + 0.3R_i + 0.2P_i$$

其中：$B_i$表示地区$i$的购买力占全国总购买力的百分比；$Y_i$表示地区$i$的个人可支配收入占全国的百分比；$R_i$表示地区$i$的零售销货额占全国的百分比；$P_i$表示地区$i$的居住人口占全国的百分比。

权数要加到每一个变量之上，例如，假设A城市的个人可支配收入占全国的2.00%，零售销货额占全国的1.96%，人口占全国的2.28%，则A城市的购买力指数为：0.5 (2.00) + 0.3 (1.96) + 0.2 (2.28) = 2.04，这就是说，全国药品销售量的2.04%可期望在A城市完成。

购买力指数所使用的权数带有某些片面性。如果想更适用一些，则还需要指定一些其他权数。再说，制造商还应该为一些额外因素调整市

场潜量，如竞争者在该市场上的存在、地方促销成本、季节因素和地方市场特性等。

（2）销售预测分析方法

销售预测是企业对未来产品营销情况的期望，就是说，企业认为企业未来的业绩如何。企业最应该关心的内容是销售额、市场份额和利润的预测结果。销售预测方法有很多，具体见表 4-12。

**表 4-12 销售预测分析方法**

| | | | | |
|---|---|---|---|---|
| 人们所言 | 购买者意图调查法 | 这种方法建议对购买者愿意买什么以及购买可能性进行调查。调查还包括询问消费者目前和未来的个人财务状况以及经济前景 | | |
| | 销售人员意见综合法 | 当公司不能访问购买者时，则可要求它的销售代表进行估计。每个销售代表估计，每位现行的和潜在的顾客会买多少公司的产品。公司要对销售代表的估计进行调整 | | |
| | 专家意见法 | 专家包括经销商、分销商、供应商、营销顾问和贸易协会 | | |
| 人们所做 | 试销法：<br>在购买者不准备仔细地作购买计划，或在实现他们购买意图时呈现非常无规则性，或专家们并非是可靠的猜测者的情况下，直接的市场测试是必要的。直接的市场测试特别适用于对新产品的销售预测，或为产品建立新的分销渠道或地区的情况 | | | |
| 人们曾做 | 销售外推法 | ● 移动平均法 | ● 指数平滑法 | ● 线性回归分析 |
| | 模型预测法 | ● 回归分析 | ● 计量经济学模型 | |

（3）市场占有率分析

市场占有率（Share of Market，SOM）又称市场份额 (Market Share，MS)，是指在一定时期内，企业所生产的产品在其市场上的销售量或销售额，占同类产品销售总量或销售总额的比重。

市场占有率的计算会涉及到三个概念。首先，市场占有率有个时间概念，或者说计算的是某个时间跨度内的市场占有率。其次，市场占有率会涉及销售区域的概念，通常所说的市场占有率是指国别概念。最后，市场占有率计算还会涉及到产品类别这个概念，即不同产品或品牌的市场占有率。市场占有率可以分时间段、分市场区域、分产品或品牌进行计算。

市场占有率是评估企业市场地位的重要指标。市场占有率越大，相应的销售额就越大，企业就越容易形成规模经济，相应企业盈利能力就会提升，企业利润就会越丰厚。于是，不少企业通过扩大市场占有率，提高产品的市场覆盖率和占有率，使企业销售额大幅度增长，经济效益好转。

市场占有率分析是企业战略环境分析的一个非常重要的因素。市场占有率一般有上限、中限和下限。不同市场占有率的战略意义以下几点：

- 如果企业的市场占有率达到上限 74%，不论其他企业的势力如何，你的企业都处于绝对的安全范围之内。达到该目标的企业一般应不会争夺这个范围以外的市场，因为剩下的市场中的顾客一般是其他企业的忠实顾客，通常难以争取到他们。

- 如果企业的市场占有率达到 42%，即市场占有率的中限，那么企业就可以从竞争中脱颖而出并处于优势地位。因此，该值表示企业处于相对安全的状态，而且处于业界的领先者。

- 如果企业的市场占有率达到 26%，则说明企业有从势均力敌的竞争中脱颖而出的可能性。处于 26% 以下的企业则很容易受到攻击。

- 如果企业与另一家企业在局部区域内进行一对一的竞争时，只要企业的市场占有率是对手的 3 倍，那么对手就很难对你形成威胁。如果竞争发生在一个较大的局部区域内，有超过 3 家以上的企业一同竞争，那么只要有一家企业的市场占有率是其余企业的 1.7 倍，那么这家企业就处于绝对安全的范围内。

6.SWOT分析方法

SWOT分析法，在20世纪80年代初由美国旧金山大学的管理学教授韦里克提出，经常被用于企业战略制定、竞争对手分析等场合。

SWOT是对企业的外部环境和内部条件进行综合分析，即把企业内外环境所形成的机会（Opportunities）、威胁（Threats）、优势（Strength）、劣势（Weakness）四个方面的情况结合起来进行分析，从而寻找二者最佳可行组合，以制定适合本企业实际情况的经营战略和策略的方法。SWOT分析的主要目的在于对企业的综合情况进行客观公正的评价，以识别各种优势、劣势、机会和威胁因素，有利于开拓思路，正确地制定战略。

（1）机会和威胁

机会和威胁主要是对企业外部环境的变化及其对企业的影响进行分析。随着经济、社会、科技等诸多方面的迅速发展，特别是世界经济全球化、一体化过程的加快，全球信息网络的建立和消费需求的多样化，企业所处的环境更为开放和动荡。这种变化几乎对所有企业都产生了深刻的影响。正因为如此，环境分析成为一种日益重要的企业职能。

环境发展趋势分为两大类：一类表示环境威胁，另一类表示环境机会。环境威胁指的是环境中一种不利的发展趋势所形成的挑战，如果不采取果断的战略行为，这种不利趋势将导致公司的竞争地位受到削弱。环境机会就是对公司行为富有吸引力的领域，在这一领域中，该公司将拥有竞争优势。

环境分析的具体方法可以采用前面讲到宏观环境分析、PEST模型以及五力模型等。

| Strengths 优势 | 弱势 Weakness |
| --- | --- |
| ● 资源强大，有关键技术和专门技术的持<br>● 财务状况良好，有充足的资金支持新业务发展<br>● 品牌认知度、企业声誉都很高<br>● 被公认为市场领导者，有忠诚的客户<br>● 规模经济和学习经验曲线效应显著<br>● 拥有专用技术、卓越的技术技能、重要的专利<br>● 成本优势明显<br>● 强大的广告和促销能力<br>● 产品革新技术<br>● 改善产品生产工艺的卓越技术<br>● 拥有良好的客户服务声誉<br>● 产品质量比主要竞争对手要好<br>● 产品销售覆盖面广，分销能力强 | ● 没有明确的战略方向<br>● 生产设施陈旧过时<br>● 资产负债状况很差，债务负担过重<br>● 同竞争对手相比，整体单位成本很高<br>● 一些关键的技能或能力正在削弱<br>● 为内部的经营问题所困扰<br>● 研究与开发方面落后于行业水平<br>● 同竞争对手相比，产品线有局限性<br>● 品牌或声誉不高<br>● 经销网络比竞争对手要差<br>● 缺乏财务资金来为支持更大的发展<br>● 生产能力利用不足<br>● 产品质量有待改善 |

| Opportunities 机会 | 威胁 Threats |
| --- | --- |
| ● 出台了有利于发展的新政策<br>● 有机会充分利用新技术<br>● 客户群将会扩大，或者业务扩张进入新的区域市场或产品细分市场<br>● 前后或后向一体化<br>● 有吸引力的细分市场的进入壁垒降低<br>● 出现了从竞争对手那里获得市场份额的机会<br>● 市场需求增长势头强劲，可以快速扩张<br>● 购并竞争对手<br>● 所建立的有关联盟或合资企业扩大了本企业的覆盖和竞争能力<br>● 市场上出现了向其他地理区域扩展公司的品牌或声誉的机会 | ● 强大的新竞争对手可能会进入市场，或者有众多小竞争对手可能会扰乱市场<br>● 替代品很受顾客欢迎，迅速抢占市场<br>● 市场增长率下降<br>● 汇率和外国政府贸易政策的不利变动<br>● 有关部门所采取的措施会使企业付出很大的代价<br>● 容易受到经济萧条和业务周期的冲击<br>● 客户或供应商的讨价能力提高<br>● 购买者需求和品位朝偏离行业的方向发展<br>● 不利的人口特征变动 |

**图4-22 SWOT分析框架图**

图 4-22 可以为制定战略提供清晰的指导，如图 4-23 所示。

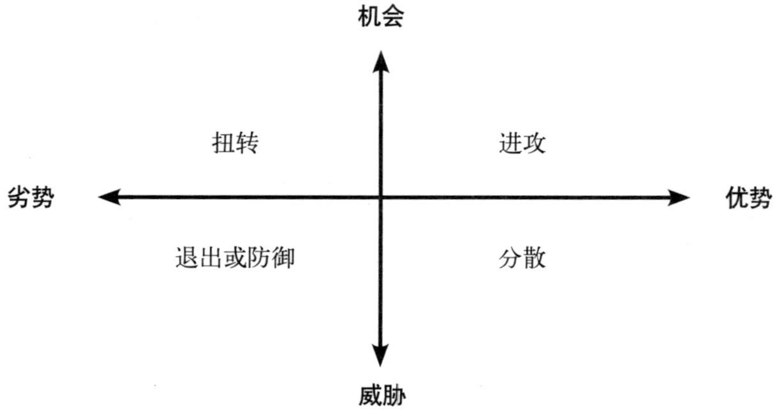


图4-23 运用SWOT分析制定战略

（2）优势和劣势

优势和劣势主要是对企业自身的实力及与竞争对手的比较进行分析。识别了环境中的机会与威胁之后，企业自身要有竞争能力才能利用机会。企业在进行优势劣势分析时可以从价值链出发，分析价值链的各个环节，对企业自身进行全方位的分析。同时，要与竞争对手进行比较，考虑优势能够维持多长时间、竞争对手会采取什么行动进行赶超等问题。优劣势分析一方面是为了找到优势利用优势，另一方面是为了找出劣势，从而进行改进，变劣势为优势。

可以说 SWOT 分析将前面讲到的内外部分析综合在了一起，从而能够为制定战略提供更加清晰的基础。但 SWOT 分析并不是要把前面分析的内容简单的列举出来，而是要在前面分析的基础上找出什么是显著的机会与威胁，什么是关键的优势和劣势。SWOT 分析法的框架如图所示。

# 第二节 市场营销战略制定方法

## 一、市场细分

所谓市场细分，就是指按照消费者欲望与需求把一个总体市场（总体市场通常太大以至企业很难为之服务）划分成若干个具有共同特征的子市场的过程。因此，分属于同一细分市场的消费者，他们的需要和欲望极为相似；分属于不同细分市场的消费者对同一产品的需要和欲望存在着明显的差别。通过市场细分，企业可以针对不同的购买群体，采取独特的产品或市场营销组合，以求获得最佳收益。

需要指出的是，细分市场是有一定客观条件的。只有商品经济发展到一定阶段，市场上商品供过于求，消费者需求多种多样，企业无法用大批量生产产品的方式或差异化产品策略，有效地满足所有消费者需要的时候，细分市场的客观条件才具备。

### 1.市场细分流程

美国市场学家麦卡锡提出细分市场的一整套程序，这一程序包括以下七个步骤（表 4-13）。

表 4-13 市场细分流程表

| | |
|---|---|
| **选定产品市场范围** | 选定产品市场范围，即确定进入什么行业，生产什么产品。产品市场范围应以顾客的需求，而不是产品本身特性来确定。例如，某一房地产公司打算在乡间建造一幢简朴的住宅，若只考虑产品特征，该公司可能认为这幢住宅的出租对象是低收入顾客，但从市场需求角度看，高收入者也可能是这幢住宅的潜在顾客。因为高收入者在住腻了高楼大厦之后，恰恰可能向往乡间的清静，从而可能成为这种住宅的顾客 |

（续表）

| | |
|---|---|
| 列举潜在顾客的基本需求 | 比如，公司可以通过调查，了解潜在消费者对前述住宅的基本需求。这些需求可能包括：遮风蔽雨，安全、方便、宁静，设计合理，室内陈设完备，工程质量好等。 |
| 了解不同顾客的不同需求 | 对于列举出来的基本需求，不同顾客强调的侧重点可能会存在差异。比如，经济、安全、遮风蔽雨是所有顾客共同强调的，但有的用户可能特别重视生活的方便，另外一类用户则对环境的安静、内部装修等有很高的要求。通过这种差异比较，不同的顾客群体即可初步被识别出来。 |
| 选取重要的差异需求为细分标准 | 抽掉潜在顾客的共同要求，而以特殊需求作为细分标准。上述所列购房的共同要求固然重要，但不能作为市场细分的基础。如遮风蔽雨、安全是每位用户的要求，就不能作为细分市场的标准，因而应该剔出。 |
| 根据所选标准细分市场 | 根据潜在顾客基本需求上的差异方面，将其划分为不同的群体或子市场，并赋予每一子市场一定的名称。例如，西方房地产公司常把购房的顾客分为好动者、老成者、新婚者、度假者等多个子市场，并据此采用不同的营销策略。 |
| 分析各个细分市场的购买行为 | 进一步分析每一细分市场需求与购买行为特点，并分析其原因，以便在此基础上决定是否可以对这些细分出来的市场进行合并，或作进一步细分。 |
| 评估各细分市场的规模 | 估计每一细分市场的规模，即在调查基础上，估计每一细分市场的顾客数量、购买频率、平均每次的购买数量等，并对细分市场上产品竞争状况及发展趋势作出分析。 |

### 2.消费者市场细分的八大维度

实际当中，企业可以通过八大维度对消费者市场进行细分（如表 4-14 所示）。

表4-14　八维市场细分模型

| 细分标准 | | 说明 |
| --- | --- | --- |
| 地理位置 | 一线城市 | 地区：华北、华中、华东、西北、西南、华南等；<br>不同地理位置的消费者需求与偏好以及他们对企业采取的营销策略与措施的反应会存在差别。地理变量易于识别，是细分市场应予考虑的重要因素，但处于同一地理位置的消费者需求仍会有很大差异，因此还需要按照其他因素进一步细分，而不仅仅是按照地理位置细分。 |
| | 二三线城市 | |
| | 农村市场 | |
| 人口特征 | 性别 | 男性与女性消费者对产品需求与偏好差别较大。 |
| | 年龄 | 不同年龄的消费者有不同的需求特点。 |
| | 收入 | 高收入消费者与低收入消费者在产品选择、休闲时间的安排、社会交际与交往等方面都会有所不同。 |
| | 职业与教育 | 按消费者职业的不同、所受教育的不同引起的需求差别来细分市场。 |
| | 家庭生命周期 | 在不同阶段，家庭购买力、人员对商品的兴趣与偏好会有较大差别。 |
| | 社会阶层 | 社会阶层是指在某一社会中具有相对同质性和持久性的群体，处于同一阶层的成员具有类似的价值观、兴趣爱好和行为方式。 |
| 行为 | 使用量 | 按照使用量可以分为非使用者、低度使用者、高度使用者。 |
| | 购买渠道 | 消费者对于购买商品的渠道会有不同的偏好，比如有的喜欢去卖场，有的喜欢去便利店等。 |
| | 品牌忠诚 | 按照消费者品牌选择情况可分为：待开发客户、游离客户和忠诚客户。 |
| 利润潜力 | 高端客户 | 单位利润高，但数量有限，因此维持高端客户比较重要。 |
| | 中端客户 | 介于中间。 |
| | 低端客户 | 单位利润贡献少，但数量众多，不可忽视。 |

（续表）

<table>
<tr><td rowspan="3">心理</td><td>个性</td><td>个性是指一个人比较稳定的心理倾向与心理特征，它会导致一个人对其所处环境作出相对一致和持续不断的反应，每个人的个性都会有所不同。通常，个性会通过自信、自主、支配、顺从、保守、适应等性格特征表现出来。因此，个性可以按这些性格特征进行分类，从而为企业细分市场提供依据。</td></tr>
<tr><td>价值观</td><td>价值观取向影响着消费方式。比如，年轻人习惯提前消费，银行就提供相应的信贷业务；老年人观念保守，习惯储蓄，银行就针对老年人推出专门的储蓄业务。</td></tr>
<tr><td>生活方式</td><td>生活方式是指一个人怎样生活。人们追求的生活方式各不相同，比如有的追求新潮时髦，有的追求恬静、简朴；有的追求刺激、冒险，有的追求稳定、安逸。对此，西方的一些服装生产企业，为“简朴的妇女”、“时髦的妇女”和“有男子气的妇女”分别设计不同服装。</td></tr>
<tr><td>需求动机购买因素</td><td colspan="2">不同类型的客户对产品（或服务）的需求是不同的。比如，成功人士需要高档汽车，用来提升个人档次和进行商务活动；而普通人群更需要实用的家庭用车。根据不同的需求动机，可以辨别客户在价格、品牌、服务、质量、功能、设计等的不同要求。</td></tr>
<tr><td>态度</td><td colspan="2">企业还可根据市场上顾客对产品的热心程度来细分市场。不同消费者对同一产品的态度可能有很大差异，比如有的很喜欢持肯定态度，有的持否定态度，还有的则持既不肯定也不否定的无所谓态度。针对持不同态度的消费群体进行市场细分，并在广告、促销等方面应当有所不同。</td></tr>
<tr><td rowspan="3">产品服务使用场合</td><td>什么地方</td><td rowspan="3">时间、地点等也是市场细分中应考虑的因素。比如商务人士经常乘坐飞机，他们对价格不敏感，但对方便快捷的服务很看重，因此航空公司就针对这类人群推出专门的出行计划等一系列服务。但如果在旅游季节，航空公司就会推出针对家庭的经济舱飞机票套票。</td></tr>
<tr><td>什么时间</td></tr>
<tr><td>如何使用</td></tr>
</table>

需要说明的是在实际操作中，企业不能仅仅按照某一维度进行细分。单一变量很难有效地细分市场，通常采用综合的变量来细分市场。综合变量的使用，可使细分市场更为准确，并适用于不同时机、不同地区、不同文化的复杂而又相关的市场变量。例如，将“年龄”、“使用行为”、“社

会阶层”三个变量分别放在一个三维坐标中来细分市场，或者进行更多维的细分。

## 汇源市场细分之分析

### 1.初期告捷

在碳酸饮料横行的20世纪90年代初期，汇源公司就开始专注于各种果蔬汁饮料市场的开发。汇源是国内第一家大规模进入果汁饮料行业的企业，其先进的生产设备和工艺是其他小作坊式的果汁饮料厂所无法比拟的。“汇源”果汁充分满足了人们当时对于营养健康的需求，凭借其100%纯果汁专业化的“大品牌”战略和令人眼花缭乱的“新产品”开发速度，在短短几年时间就跃升为中国饮料工业十强企业，其销售收入、市场占有率、利润率等均在同行业中名列前茅，从而成为果汁饮料市场当之无愧的引领者。应该说，这种对果汁饮料行业进行广度市场细分的做法，是汇源公司取得领导地位的关键成功要素。

### 2.疲于应付

1999年统一集团涉足橙汁产品后，一切就发生了变化，在2001年统一仅“鲜橙多”一项产品销售收入就近10亿，在第四季度，其销量已超过“汇源”。巨大的潜力和统一“鲜橙多”的成功先例，吸引了众多国际和国内饮料企业的加入，可口可乐、百事可乐、康师傅、娃哈哈、农夫山泉、健力宝等纷纷杀入果汁饮料市场，一时间群雄并起、硝烟弥漫。根据中华全国商业信息中心2002年第一季度的最新统计显示，“汇源”的销量同样排在“鲜橙多”之后，除了西北区外，华东、华南、华中等六大区都被“鲜橙多”和“康师傅”的“每日C”抢得领先地位，可口可乐的“酷儿”也表现优异。

**3.病因分析：市场细分静止僵化**

在市场的导入初期，由于客户的需求较为简单直接，市场细分一般是围绕着市场的地理分布、人口及经济因素等广度范围展开的。例如，当企业把市场分割为中老年人、青年人以及儿童等几个目标细分市场，这种细分方法只适用于市场启动和成长期阶段。此时品牌竞争往往表现不够明显，竞争一般会表现在产品、质量、价格、渠道等方面。“汇源果汁”就是在此期间脱颖而出的一个专业品牌。但当客户的需求呈多元化和复杂化，特别是情感性因素在购买中越来越具有影响力的时候，此时市场竞争已经由地域及经济层次的广度覆盖向需求结构的纵深发展了，市场也就从有形细分向无形细分(目标市场抽象化)转化。

以统一“鲜橙多”为例，其通过深度市场细分的方法，选择了追求健康、美丽、个性的年轻时尚女性作为目标市场，首先选择的是500毫升、300毫升等外观精制适合随身携带的PET瓶，而卖点则直接指向消费者的心理需求：“统一鲜橙多，多喝多漂亮”。其所有的广告、公关活动及推广宣传也都围绕这一主题展开，如在一些城市开展的“统一鲜橙多TV-GIRL选拔赛”、“统一鲜橙多阳光女孩”及“阳光频率统一鲜橙多闪亮DJ大挑战”等，无一不是直接针对以上群体，从而极大地提高了产品在主要消费人群中的知名度与美誉度。再看可口可乐专门针对儿童市场推出的果汁饮料“酷儿”，“酷儿”卡通形象的打造再次验证了可口可乐公司对品牌运作的专业性。

而“汇源”果汁饮料从市场初期的“营养、健康”诉求到现在仍然沿袭原有的功能性诉求，其包装也仍以家庭装为主，根本没有具有明显个性特征的目标群体市场。只是运用广度（也是浅度）市场细分的方法切出“喝木瓜汁的人群”、“喝野酸枣汁的人群”、“喝野山楂汁的人群”、“喝果肉型鲜桃汁的人群”等一大堆在果汁市场竞争中后期对企业而言已不再具有细分价值的市场。即使其在后期推出了500毫升的PET瓶装的“真”系列橙汁和卡通造型瓶装系列，但也仅是简单的包装模仿，形似而神不似。

“汇源”与统一、可口可乐公司比较，他们间的经营出发点、市场细分方法的差异，是导致市场格局发生变化的关键因素。“汇源”是从企业自身的角度出发，以静态的广度市场细分方法来看待和经营果汁饮料市场；而统一、可口可乐等公司却是从消费者的角度出发，以动态市场细分的原则（随着市场竞争结构的变化而调整其市场细分的重心）来切入经营市场。同样是“细分”，但在市场的导入期、成长期、成熟期和衰退期，不同的生命周期却有不同的表现和结果。

### 3. 组织市场细分依据

虽然组织市场的购买者数量比消费者市场要少得多，但细分市场仍然非常重要。原因很简单，如果针对有特定需求的客户群制定不同的营销策略和营销计划，不仅可以提升营销效率，而且成功率也很高。

组织市场的主要细分依据有三类：客户地点、客户类型和交易情况，具体见表4-15。

**表4-15 组织市场细分变量表**

| 细分标准 | 可能的细分变量 |
| --- | --- |
| 客户地点 | 区域：华北、华中、华东、西北、西南、华南等<br>地点：单一采购地点、多采购地点 |

（续表）

| | |
|---|---|
| 客户类型 | 客户所处的行业：标准行业编码等<br>客户需求规模：需求量、员工数等<br>客户内部采购组织架构：集中或分组或个人决策方式等<br>客户的采购要求：质量、价格、耐用性、交货期等 |
| 交易情况 | 采购类型：直接重复采购、修正重复采购、新产品采购<br>使用频率：非使用者、低度使用者、高度使用者<br>采购流程：招标、租赁、服务契约等<br>订单大小：小、中、大<br>服务要求：少许、中等、高 |

**4.利益细分**

利益细分的基本思路是：人们在消费某一特定产品时寻求的利益（效用）是细分市场存在的真正原因。鉴于利益细分研究过程所发现的细分市场类型，往往因产品类别不同而错综复杂，难以对其进行准确概括。但一些针对消费者所寻求的利益不同的细分类型已被研究人员总结出来，这些利益细分对企业的营销活动颇具指导意义：

- 地位寻求者：非常关注品牌声望的消费者群体，专门购买名牌产品以显示地位。如梅赛德斯 - 奔驰轿车的购买者。
- 时髦者：在各方面都寻求时髦与现代感觉，品牌选择以时代潮流为导向。
- 保守者：愿意固守在成功大公司或大众化品牌上的群体。
- 理性者：寻求经济、价值或耐久性的群体。
- 内向者：特别注重自我观念，认为自己有幽默感，独立而诚实的群体。
- 享乐主义者：凭感觉行事、寻求享乐的群体。

上述利益细分的类型中，某些群体出现在几乎所有产品和服务的消费者中。然而，并不能保证他们中的大多数一定会出现在特定的产品中。找出上述细分类型是否存在，如果存在的话，如何针对他们制定有效的营销策略，才是利益细分研究的目的。

研究表明，消费者寻求的利益对其购买行为所起的决定性作用，比从人口特征或其他细分变量对其行为所起的决定性作用要更直接、更精确和更具可预测性。但是这并不意味着为传统的细分方法所收集的数据已无用处。一旦根据消费者寻求的利益将他们划分为不同的细分部分，每一细分部分都会在人口特征、消费量、品牌感知、媒体习惯、性格和生活方式等方面与其他细分部分形成对比。这样一来，便可获得对构成每个细分市场的人们更深层次的理解。这种理解所带来的益处便是更有效地接近顾客，用他们所使用的语言与之沟通，进而向他们提供其所喜爱的产品。表 4-16 以牙膏市场为例对消费者进行的利益细分。

**表4-16　牙膏市场消费者利益细分**

| 利益细分市场（主要寻求利益） | 人口统计特征 | 行为特征 | 心理特征 | 偏好的主要品牌 |
| --- | --- | --- | --- | --- |
| 经济（低价） | 低收入成年人 | 大量使用者 | 高度自主、注重价值 | 促销降价中的低价品牌 |
| 防蛀 | 有儿童的家庭、龋齿高发人群 | 用量较大 | 疑病症、焦虑者、保守 | 佳洁士、洁诺、高露洁双氟等含氟牙膏 |
| 医疗效果 | 中老年牙病者 | 大量使用 | 独立自主倾向保守 | 冷酸灵、两面针中药牙膏、洁龈、蓝天六必治 |

（续表）

| | | | | |
|---|---|---|---|---|
| 化妆（洁白牙齿） | 青少年、年轻人、新婚夫妇、成年人 | 吸烟者多 | 爱好交际行为积极 | 中华超洁、黑人牙膏等 |
| 味觉及外观 | 儿童为多 | 清凉薄荷、哈密瓜香型等果味喜爱者 | 高度自我享乐主义 | 两面针儿童、小白兔彩条、LG喜乐儿童等 |

### 5.细分市场的原则

有效市场细分通常具备以下七个特征：

● 市场细分必须足够大，以保证其有利可图；

● 细分市场必须是可以识别的。具体表现为可以用人口统计学、情感价值数据、行为方式数据等来描述；

● 细分市场必须是媒体能够接触到的；

● 不同的细分市场对营销组合应该有不同的反应，否则就没必要去做区分；

● 细分市场应该具有合理的一致性，即其中的成员应该有尽可能相似的行为方式；

● 就其大小而言，各细分市场应该是稳定的；

● 细分市场不应该主要被竞争者占领，以免自身产品遭到失败。

## 二、目标市场选择

当企业进行市场细分之后，就需要在诸多细分市场中进行选择。进入哪些市场，不进入哪些市场关系到企业营销的目标锁定。

### 1.评估细分市场

评估细分市场是指确定细分市场的有效性之后，对于各个有效的细分市场实施进一步的评估，以确定哪个或者哪几个细分市场值得企业进入。评估细分市场是目标市场选择的基础。对细分市场的评估应该从以下两个方面着手，具体见表4-17。

表4-17　细分市场评估内容表

| 评估项目 | 评估的内容 | |
|---|---|---|
| 细分市场的规模和成长性 | 规模 | 这里的规模是指购买能力，也就是将某个细分市场内部的购买能力加总得到该细分市场的规模。选择何种规模的细分市场要看公司自身的大小。为了保持一定的盈利率，一般而言，大公司不愿费力开发过小的细分市场，而小公司不敢涉足过大的细分市场 |
| | 成长性 | 即细分市场的待开发潜力。一般而言，儿童和年轻人的细分市场的成长可能性较高 |
| 细分市场的市场结构吸引力 | 任何一个细分市场的结构吸引力，取决于该细分市场的五大力量（五力模型）：产业竞争者、潜在进入者、购买者、供应商、产品的替代品 | |

### 2.选择目标市场

选择目标市场是指在评估细分市场之后，在有吸引力的细分市场中选择公司应该进入的具体目标市场。此时，不仅应该考虑到细分市场本身的规模和成长性，以及细分市场本身的结构吸引力，还要结合公司和产品的情形，来制定目标市场覆盖策略。

（1）产品—市场交叉矩阵

产品—市场交叉矩阵是以企业所提供的产品种类及其所面对的细分市场种类所绘制的图形，其形状类似于数学中的矩阵，故称为产品—市场交叉矩阵。如图4-24所示。

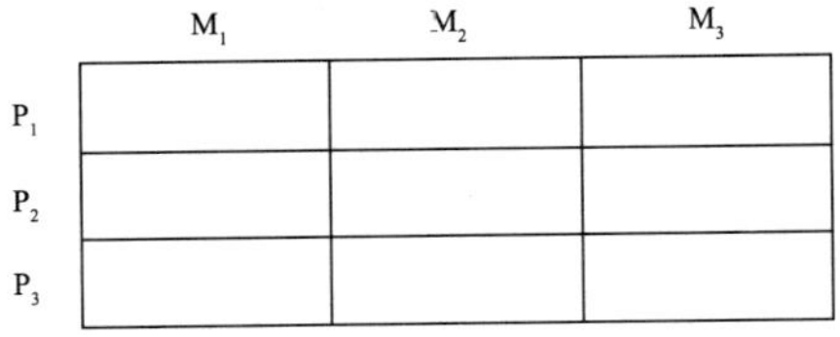


图4-24　产品市场交叉矩阵

图 4-24 中，$P_1$、$P_2$、$P_3$……$P_n$ 表示不同的产品，$M_1$、$M_2$、$M_3$……$M_n$ 表示不同的细分市场。如果找到合适的规则，就可以把整个市场进行细分，只要把所拥有的产品相应标注在对应的位置上，整个市场和产品的对应情况就一目了然了。

产品—市场交叉矩阵的基本意义在于：

- 对于已有产品，明晰其定位。在其定位基础上才能考虑营销策略等后继问题。
- 发现空缺的细分市场。很可能有的细分市场中尚没有产品，这很可能意味着市场机会。

（2）目标市场选择的五种模式

企业在选择目标市场时要考虑几个方面的因素：首先是细分市场的吸引力；其次，考虑细分市场与公司战略目标是否一致；最后，必须考虑自身资源是否能够支持进入该市场。通常，有以下五种目标市场选择模式（见表 4-18）。

表4-18　细分市场评估内容表

| 可选模式 | 交叉矩阵图 | 说明 |
| --- | --- | --- |
| 密集单一市场 | 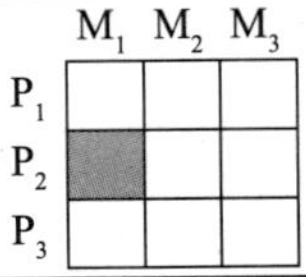 | 最简单的方式就是针对一个细分市场开发一种产品。如果补缺得当，公司可以建立稳固的地位。但存在把鸡蛋放在一个篮子里的风险 |

（续表）

| | | |
|---|---|---|
| 有选择的专门化 | 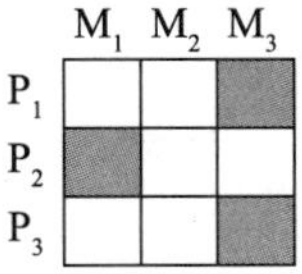 | 选择若干个市场，不同市场之间联系不大，但都能盈利。这样可以分散风险，即使一个市场不景气，公司仍然可以在其他市场盈利 |
| 产品专门化 | 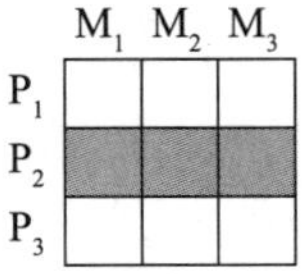 | 集中生产一种产品，并向不同顾客销售。这样可以专注于某个产品树立很高的声誉。但一旦这种产品被一种全新的技术代替，就会发生危机 |
| 市场专门化 | 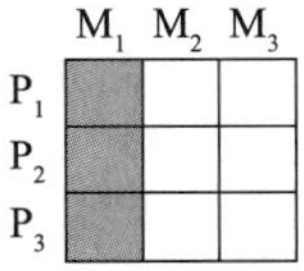 | 专门为某个顾客群体提供各种所需的产品。这样可以在该群体中建立声誉。但一旦该群体发生转向，就会出现危机 |
| 完全覆盖市场 | 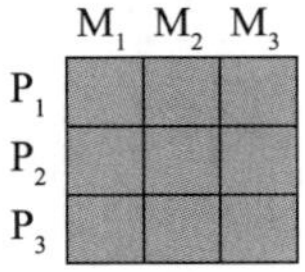 | 用各种产品满足各个顾客群体的需求。只有实力雄厚的大公司才会采用这种战略 |

（3）三类目标市场营销策略

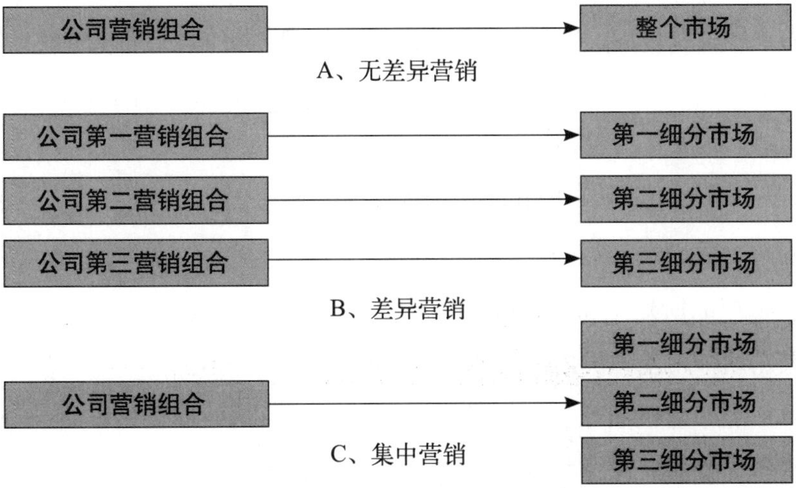


**图4-25　目标市场营销策略对应图**

表4-19 目标市场营销策略说明表

| 营销策略 | 说明 |
| --- | --- |
| 无差异营销 | 单一组合面对整个市场。成本低，适合需求广泛、市场同质性高的产品。但在目前竞争激烈、消费者需求多样化的市场中并不一定合适。 |
| 差异营销 | 不同营销组合面对不同细分市场，依然是覆盖整个市场。成本高，资源不能集中。但可以更好地满足消费者需要，并且可以减少经营风险，因为在不同市场上经营。 |
| 集中营销 | 集中力量进入一个或少数细分市场。适合于资源有限的中小企业。或初次进入新市场的大企业。思想是：与其四处出击而收效甚微，不如突破一点取得成功。缺点是市场区域相对较小，企业发展会受到限制，且存在经营风险，一旦该市场发生变化企业就会陷入困境。 |

（4）影响目标市场选择的因素

前述三种目标市场策略各有利弊，企业到底应采取哪一种目标市场选择策略，应综合考虑以下因素予以决定：

- 企业资源或实力。生产、技术、营销、财务等方面实力强的企业采用无差异或差异营销；对于资源有限的企业采用集中营销效果可能更好。
- 产品的同质性。产品同质性高采用无差异营销；同质性低更适合采用差异或集中营销。
- 市场同质性。市场同质性高采用无差异营销。反之，适合采用差异或集中营销。
- 产品所处生命周期的不同阶段。投入期可采用无差异策略；成长或成熟期采用差异营销策略；衰退期采用集中营销策略。
- 竞争者的市场营销策略。如果竞争者采用差异营销策略，企业应采用差异或集中与之抗衡；如果竞争者采用无差异策略，企业可采用无差异或差异策略与之抗衡。

● 竞争者的数目。竞争者少时可采用无差异营销。竞争者多时适合差异或集中营销。

## 三、定位

企业选择目标市场之后就要进行定位。定位简单地说就是企业希望自己提供的产品、服务和形象在消费者心中占据什么独特位置。定位主要是为了使目标市场能够识别出企业独特的产品和形象。大家都知道某些产品的定位，如“梅赛德斯奔驰”代表着高地位，“宝马”象征着尊贵与优雅，“沃尔沃”代表着安全等。

如果没有进行定位，那么企业的营销活动就会像“无头苍蝇”盲目进行。企业营销的 4Ps 策略制定可以说就是在定位的基础上进行，是为了达到这种定位目标而进行的。例如，如果企业选择定位高端，那么价格就应该是较高，渠道建设时就应该选择素质较高的、档次较高的中间商及终端，促销活动就要考虑产品的高端形象，广告发布就应该是在高端媒体。

纵观定位理论的发展历程，大致经历了三个阶段：

● 瑞夫斯的 USP 理论：USP 即独特销售主张。USP 理论强调产品的独特卖点，以及这些卖点给消费者带来的利益，如“日丰管，管用五十年”;

● 奥格威的品牌形象理论：品牌形象理论认为除理性价值之外，消费者在购买时还非常注重感性价值，如力士香皂诉求“当红女星容光焕发”的感受；

● 特劳特的定位理论：定位理论强调应该在消费者心目中抢占某种“心智资源”，在消费者心中确立一个位置。海飞丝“去头屑”就是如此。

“定位”一词就是在阿尔·里斯和杰克·特劳特提出后流行的。他们认为定位就是对产品的创造性实践，只是定位并不是对产品本身采取什么行动，而是对消费者的心理采取行动。

### 1.特劳特定位四步骤

在如今的社会，消费者面临着太多的同类商品，企业想象生存下去就要将自己的产品和品牌与竞争对手区隔开来，在某一方面占据主导地位。可以按照以下四步骤理清自己的区隔，建立定位。

表4-20 特劳特定位四步骤

| 步骤 | 说明 |
| --- | --- |
| 分析行业环境 | 首先，从市场上的竞争者开始，弄清他们在消费者心中的大概位置，以及他们的优势和弱点。可以就某个品类的基本属性，让消费者从1到10给竞争品牌打分，这样可以弄清不同品牌在人们心中的位置，也就是建立区隔的行业环境。同时需要考虑的是市场上正在发生的情况，以判断推出区隔概念的时机是否合适。时机把握不好可能也会失败，如在所有的人都在关注健康饮食时推出“非油炸”方便面就恰到好处，如果过早提出可能会导致不被接受。 |
| 寻找区隔定位概念 | 分析行业环境之后，你要寻找一个概念，使自己与竞争者区别开来。例如，美国有3600间大学，比世界上任何地方都要多，但他们在很多方面都很相似，尤其是愿意接受政府援助作为奖学金和贷学金方面。位于底特律西90英里的某个学院，就此提出了一个区隔概念：拒绝政府资金，甚至包括联邦背景的贷款。几乎没有竞争者敢这样做。它的口号是“我们脱离政府影响”，将学校定位为“保守思想的乐园（a mecca for conservative thought）”，使自己的区隔概念深入人心。 |
| 找到支持点 | 有了区隔概念，你还要找到支持点，让它真实可信。任何一个区隔概念，都必须有据可依。比如英国航空（British Air）作为“世界上最受欢迎的航空公司”，乘客自然要比其他航空公司为多；可口可乐说“正宗的可乐”，是因为它就是可乐的发明者。区隔不是空中楼阁，消费者需要你证明给他看，你必须能支撑起自己的概念。 |

（续表）

| | |
|---|---|
| 传播与应用定位 | 并不是说有了区隔概念，就可以等着顾客上门。最终，企业要靠传播才能将概念植入消费者心智，并在应用中建立起自己的定位。定位的传播体现在各个方面，而不仅仅是通过广告手段。营销的4Ps组合都需要与定位相符，方方面面都要能够体现定位。 |

### 2.定位时需要考虑的因素

在定位时，需要综合考虑公司、竞争对手和顾客相互之间的感觉。如图 4-26 所示。

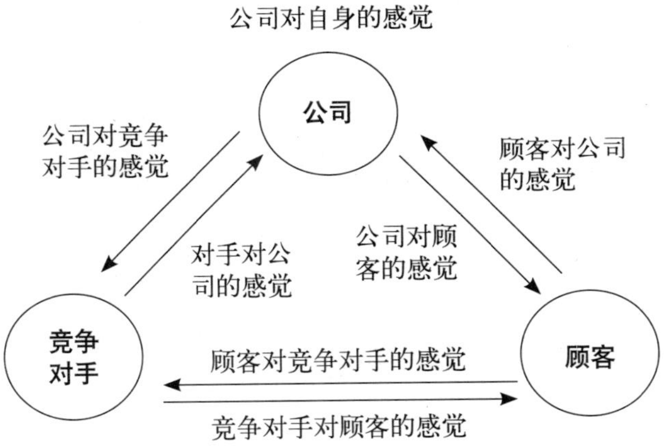


图4-26　定位考虑的参考因素

**几种供参考的定位**

- 特质定位：如“最老牌”“最高”。这种定位通常不是很好的选择。
- 利益定位：指产品所承诺的利益。比如沃尔沃宣传的是“最安全”。
- 使用定位：指产品的应用。比如最适合打篮球的运动鞋。
- 使用者定位：以目标使用群来定位。比如苹果将自己的产品描述为图像设计师的最佳伴侣。

● 竞争者定位：暗示自己的产品比竞争者优异或不同。比如七喜的"非可乐"。

● 类别定位：公司将自己形容为该产业类别的领导者。

● 品质和价格定位：将产品定位于某一品质与价格阶层。如 LV 的奢华。

### 3.定位的原则

任何一个有效的定位都要满足一下原则：

● 重要性：定位要与顾客利益密切相关。

● 独特性：定位与众不同。

● 优越性：该定位明显优于通过其他途径获得相同的利益。

● 专利性：定位具有难模仿性。

● 可承担性：该定位公司现有资源可以承担而且顾客有能力购买。

● 可赢利性：定位可以使公司获利。

● 可信性：某些公司的定位根本不具有可信性，如有些咨询公司宣称可以提供各种管理咨询，这是不可能的。

## 四、竞争战略制定

### 1.整体竞争战略

美国学者波特认为，有三种通用的竞争战略可供参考。

一是成本领先战略。这种战略的核心是争取到达生产、销售等各种成本最低化，这样就能以低于竞争对手的价格赢得较大的市场份额。采用该战略的公司必须善于管理采购、研发、生产、销售、物流等各个环节。

二是差异化战略。实施这种战略主要依靠企业在产品（设计、工艺、品牌、特征、款式）、渠道、物流、客户服务等方面与竞争对手相比有独到之处。

**差异化来源**

● 产品差别化：形式、特色、性能、一致性、耐用性、可靠性、可维修性、风格、设计。

● 服务差异化：订货方便、交货及时准确、安装便捷、客户培训、客户咨询、维修保养。

● 人员差异化：通过培训训练有素的人员来获得竞争优势。

● 渠道差异化：通过不同的渠道以及高素质的中间商来获得竞争优势。

● 形象差异化：购买者能从公司或品牌形象得到一种与众不同的感觉。

三是聚焦战略。该战略不是把目标放在整体市场上，二是集中于某个或几个细分市场上，在这个狭小的领域内争取成本领先或差异化，从而建立相对的竞争优势。一般来说，中小企业大多采用这种战略，虽然无法在整体市场中取得优势，但可以在一个小的领域内取得相对优势。只是一旦该领域发生变化，例如需求发生变化或大的竞争对手进入，企业将面临较大的风险。

### 2.不同市场地位的企业的竞争战略

营销大师菲利普·科特勒根据企业在行业中所占的市场份额，将企业分为市场领先者、市场挑战者、市场追随者和市场补缺者四种不同的类型（见表 4-21 所示）。

表4-21 不同企业类型所占份额

| 市场领先者 | 市场挑战者 | 市场追随者 | 市场补缺者 |
|---|---|---|---|
| 40.0% | 30.0% | 20.0% | 10.0% |

表 4-21 中，市场领先者掌握了 40% 的市场，该公司拥有最大的市场份额。另外 30% 的市场掌握在市场挑战者手中，这家名列第二位的公司正为获得更多市场份额而努力奋斗。另外还有 20% 的市场被市场追随者所掌握，这家公司只希望维持它的市场份额，并不希望扰乱市场局面。剩余的 10% 掌握在一些市场补缺者手中，这些公司为大公司不感兴趣的小细分市场服务。

四种市场类型到底具体市场份额为多少并没有一个统一的标准。例如，在 BCG 的市场结构尺度模型如表 4-22 所示。

表4-22 BCG市场结构尺度模型中四种市场类型所占份额

| 市场领导者 | 市场挑战者 | 市场追随者 | 市场利基者 |
|---|---|---|---|
| 50.0% | 25.0% | 15.0% | 10.0% |

具体所占市场份额为多少没有必要深究，这两种模型只是给我们指明一个方向。企业大致可以判断自己所处的位置。而处于不同市场地位的企业其战略目标不同，营销战略选择也会有所不同，如表 4-23 所示。

**表4-23　不同企业类型所占份额**

<table>
<tr><th>地位</th><th>目标</th><th colspan="2">战略</th></tr>
<tr><td rowspan="3">市场领导者</td><td>扩大整个市场</td><td colspan="2">● 开发新顾客<br>● 增加产品新的使用功能<br>● 增加现有消费者的使用量</td></tr>
<tr><td>保护市场份额</td><td colspan="2">保护市场份额主要通过不断地创新，不断开发新产品和服务，不断地改善分销效率并且减少成本。可选择的战略有以下几种：<br>● 定位防御：建立强大的品牌威力，使定位坚不可摧；<br>● 侧翼防御：建立前哨阵地以保护一条薄弱的前线或作为必要时反击的基地。如，一个高端品牌企业推出一个新的低端品牌<br>● 先发制人的防御：在竞争对手进攻之前，先向对手发动进攻<br>● 反击式防御：在收到竞争对手攻击之后进行针对性的打击。如，升级产品、降价等<br>● 运动防御：将经营范围拓展到新的领域去，包括市场拓宽，如“方便面公司”将自己改为“食品公司”，市场多样化，即进入不相关的行业<br>● 收缩防御：大公司有时也不能防御所有的领域，最好的行动就是有计划的收缩，放弃较弱的领域，将力量重新分配到较强的领域</td></tr>
<tr><td>扩大市场份额</td><td colspan="2">从各个方面努力进一步扩大市场份额</td></tr>
<tr><td rowspan="5">市场挑战者</td><td rowspan="5">夺取市场份额</td><td>正面进攻</td><td>以侵略性的价格、广告、类似产品攻击竞争对手</td></tr>
<tr><td>侧翼进攻</td><td>集中优势攻击对手劣势；占领领导者没有进入的市场</td></tr>
<tr><td>迂回进攻</td><td>绕过敌方攻击较容易进入的市场，以扩大自己的资源基础<br>● 多样化经营无关联产品 ● 进入新的地区市场<br>● 引入新技术取代现有产品</td></tr>
<tr><td>游击战</td><td>对竞争对手的不同领域进行小的断断续续的攻击，骚扰对方</td></tr>
<tr><td colspan="2">可行的选择有价格折扣战略、廉价品战略、声望商品战略、产品扩散战略、产品创新战略、改进服务战略、渠道创新战略、降低制造成本战略、密集广告促销战略等</td></tr>
</table>

（续表）

| | | | |
|---|---|---|---|
| 市场追随者 | 不进攻市场领先者的情况下实现盈利 | 紧随其后 | 在各个细分市场及营销组合策略上模仿领导者，但无意成为挑战者，只是希望分享领导者的投资 |
| | | 保持距离地跟随 | 与领导者在主要市场、价格、渠道、创新方面维持一些差异 |
| | | 选择式追随 | 既模仿领导者又自行其是，具有一定的创新。为了可能成为挑战者 |
| 市场补缺者 | 把握机会维持生存 | 市场补缺者通常是规模很小的公司，他们的目标是小市场或大公司不感兴趣的市场。由于补缺者往往是弱小者，他们必须不断创造新的补缺市场，增加生存机会。补缺的关键是在小领域内做成专家，做出特色 | |

## 蒙牛挑战伊利

**交战双方**：蒙牛乳业—市场挑战者；伊利乳业—市场领先者

**挑战途径**：攻击市场领先者

**挑战策略**：一开始以“追随者”的模糊面目进入市场，发展同类产品中的低端产品、进入伊利忽略的低端市场，但实际可以看作是迂回进攻的手段；一个时期后，在产品、价格、市场、传播等全方位上，蒙牛开始正面进攻。

**挑战结果**：4 岁的蒙牛与 10 岁的伊利站在了势均力敌的位置：同属中国奶业四强，2003 年蒙牛向三甲进军。在液态奶市场，蒙牛占有率第一，伊利第二；冰淇淋市场，伊利第一，蒙牛第二。蒙牛在短短的四年内奇迹般地长大，从进入市场时在同行业排行第 1116 位，到 2002 年以 1947.31%的成长速度被商界誉为“成长冠军”，站到了可以与伊利的位置。

牛根生是一个非常讲究策略的人。在蒙牛羽翼未丰的时候，他暂

（续表）

时收起了自己的野心。

从品牌上，甘当老二，依附于伊利，借势于伊利。蒙牛巧妙地通过“甘当内蒙第二品牌”的品牌宣传和“中国乳都”等概念的推出，叫响了蒙牛自己的品牌。

创内蒙古乳业第二品牌的创意是这样诞生的：内蒙古乳业第一品牌是伊利，这是世人皆知的。可是，内蒙古乳业第二品牌是谁？没人知道。如果蒙牛一出世就提出“创第二品牌”，这就等于把所有其他竞争对手都甩到了后边，一起步就“加塞”到了第二名的位置。这个创意加上蒙牛的实力，蒙牛一下子就占到了巨人的肩膀上，这光沾大了，势借巧了。

蒙牛在宣传上一开始就与伊利联系在一起，他们的第一块广告牌子上写的是“做内蒙古第二品牌”；在冰淇淋的包装上，他们打出了“为民族工业争气，向伊利学习”的字样。把蒙牛与伊利绑在了一起，既借伊利之名，提高了蒙牛品牌，使双方利益具备了一定的共同点，又使伊利这个行业老大投鼠忌器，避免了其可能的报复性市场手段，因为此时伊利任何报复性的市场手段都可能造成一荣俱荣，一损俱损。由于牛根生与蒙牛骨干力量全是从伊利出来的，所以提起伊利原董事长郑俊怀，牛根生至今仍言必称“我们领导”，显示了对伊利极大的尊重。

在产品上，一开始蒙牛采取了避实就虚的策略，伊利的主力产品是高端的利乐纸盒包装（利乐包），蒙牛就生产低一个档次的利乐枕塑料袋包装；伊利的主战场在一线大市场，蒙牛就从二三线市场做起，俨然一个跟随者的角色。

蒙牛在积蓄自己的力量，等待着“牛气冲天”的那一天。

2003 年，蒙牛已成为不仅包括利乐枕，还包括利乐包的液态奶全

（续表）

球产销量第一的品牌；其产品在国内许多城市已坐上“领头羊”位子；在今天的冷饮和乳品市场上，蒙牛已是伊利的强劲对手，两家企业的产品形式、价格、市场定位都有很大的趋同性，你推“四个圈”、我就来个“随便”，彼此之间展开了正面的竞争。

## 五、业务增长战略制定

如果预期的销售量和实际达到的销售量之间存在差距，那么就必须制定能够带来业务增长的战略。安索夫（Ansoff）的产品—市场矩阵为我们提供了几种增长战略。如图 4-27 所示。

| | 现有产品 | 新产品 |
|---|---|---|
| 现有市场 | 1.市场渗透战略 | 3.产品开发战略 |
| 新市场 | 2.市场开发战略 | 4.多样化战略 |

图4-27 产品—市场矩阵

通过图 4-27，可以看出为了实现业务增长企业可以选择四种战略：首先应该考虑市场渗透战略，即考虑在现有市场上通过一些手段来提高现有产品的市场份额。其次要考虑市场开发战略，即为现有产品寻找新的市场。然后可以考虑为现有市场开发新的产品。最后，应该考虑多样化战略，即在新市场开发新产品。多样化战略又可分为两种：一种是开发与现有产品和技术相关联的新产品，另外一种是进入与现有业务毫无关联的新业务。

作为营销经理，可以参考前三种业务增长战略，而多样化战略的制定需要由企业高层制定。

## 第三节 市场营销策略制定方法

企业的营销策略其实就是 4Ps 策略，即产品、价格、渠道和促销（广告、销售促进、人员推销、公关等）。企业要想更好地满足消费者的需要，获得最大的利润，就需要对 4Ps 要素进行合理的组合。

### 一、产品策略制定方法

产品作为满足消费者需要的直接手段，是企业经营的基础与核心。企业的产品策略从大的方面可以划分为新产品开发策略和现有产品组合管理策略。

#### 1.新产品开发

市场营销意义上的新产品涵义很广，除因科学技术在某一领域的重大发现所产生的新产品外，还包括：在生产销售方面，只要产品在功能或形态上发生改变，与原来的产品产生差异，甚至只是产品从原有市场进入新的市场，都可视为新产品；在消费者方面，则是指能进入市场给消费者提供新的利益或新的效用而被消费者认可的产品。按产品研究开发过程，新产品可分为全新产品、模仿型新产品、改进型新产品、形成系列型新产品、降低成本型新产品和重新定位型新产品（老产品进入新市场）。

（1）新产品开发流程

一个完整的新产品开发过程要经历八个阶段：构思产生、构思筛选、新产品概念发展和测试、制定营销战略计划、商业分析、产品实体开发、新产品试销和商品化，具体见表 4-24。

**表4-24　新产品开发流程**

| 阶段 | 内容以及说明 |
|---|---|
| 构思产生 | ● 内部来源：研究开发人员、市场营销人员、高层管理者及其他部门人员。这些人员与产品的直接接触程度各不相同，但他们总的共同点便是都熟悉公司业务的某一或某几方面。对公司提供的产品较外人有更多的了解与关注，因而往往能针对产品的优缺点提出改进或创新产品的构思。<br>● 外部来源：顾客（顾客意见、顾客不满）、中间商、竞争对手、企业外的研究和发明人员、咨询公司、营销调研公司等。 |
| 构思筛选 | 在这个过程中，力争做到除去亏损最大和必定亏损的新产品构思，选出潜在盈利大的新产品构思。构思筛选的主要方法是建立一系列评价模型。 |
| 新产品概念的发展和测试 | ● 新产品概念是企业从消费者的角度对产品构思进行的详尽描述。即将新产品构思具体化，描述出产品的性能、具体用途、形状、优点、外形、价格、名称、提供给消费者的利益等。一般通过对以下三个问题回答，可形成不同的新产品概念。即：谁使用该产品？该产品提供的主要利益是什么？该产品适用于什么场合？<br>● 产品概念测试是新产品开发过程中的重要环节，是了解消费者对新产品概念各方面的反应继而进行相应修改。面对许多可供研发、投产的产品概念，企业需要进行测试、评估，以确定满意的产品概念，并进行生产和市场投入，从而降低市场风险。 |
| 制定营销战略计划 | 此阶段非常重要，该计划将在以后的开发阶段要不断完善。营销战略计划包括三个部分：第一部分是描述目标市场的规模、结构和消费者行为，新产品在目标市场上的定位，市场占有率及前几年的销售额和利润目标等。第二部分是对新产品的价格策略、渠道策略和第一年的营销预算进行规划。第三部分则描述预期的长期销售量和利润目标以及不同时期的营销组合。 |

（续表）

| | |
|---|---|
| 商业分析 | 首先，对新产品概念进行财务方面的分析，即估计销售量、成本、费用和利润，判断它是否满足企业开发新产品的目标。其次，对市场推广的可行性分析。销售新品要求有相应的渠道、销售政策与之匹配。企业的销售网络和销售能力往往是造成新品上市后滞销、继而占用大量资金甚至拖垮一个企业的主要原因之一。 |
| 产品实体开发 | 具有挑战性的阶段，需要时间、资金和技术。 |
| 新产品试销 | 通过市场试销将新产品投放到有代表性地区的小范围的目标市场进行测试，企业才能真正了解该新产品的市场前景。市场试销是对新产品的全面检验，可为新产品是否全面上市提供全面、系统的决策依据，也为新产品的改进和市场营销策略的完善提供启示，有许多新产品是通过试销改进后才取得成功的。此过程要注意收集消费者对新产品各方面的反应以及竞争对手的反应，为后续改进提供参考。 |
| 商品化 | ● 何时推出● 何地推出● 如何推出：详细的新产品上市营销计划 |

（2）新产品开发策划书

新产品开发是一项复杂的工程，涉及到的因素较多，因此新产品开发策划案内容很多，制作难度也比较大。新产品开发策划书的考虑因素如表 4-25 所示。

**表4-25 新产品开发策划书考虑因素**

| | | |
|---|---|---|
| 内在因素 | 选择新产品 | -市场情报 -新产品性能 -估计潜在市场<br>-消费者接受的可能性 -获利多少 |
| | 新产品再研究 | -同类产品的竞争情况 -预计新产品的成长曲线 -产品定位 -包装与式样 -产品促销 -制作过程的情报 -产品成本<br>-法律因素 |

（续表）

| | | |
|---|---|---|
| 内在因素 | 市场计划 | -产品计划：产品定位、确立目标市场、品质与成分、销售区域、销售数量、新产品销售的进度表。<br>-名称：产品命名、商标与专利<br>-包装：与产品价值相符的外貌、安装式样、成本<br>-推销人员<br>-销售促进：新品发布会、各种展示活动、各类赠奖活动<br>-广告<br>-公共关系：与政府机构的公关、中间商供应商的公关、消费者公关、公司内部公关、与各传播媒体的公关<br>-价格：新品定价、企业与经销商的利润分配、研究合理的价格政策<br>-销售渠道<br>-商品陈列<br>-服务：售前、售中、售后服务<br>-物流 -信用管理 -损益表 |
| 外在因素 | 消费者研究 | -谁是购买者 -购买者的社会地位与收入状况<br>-购买者的需要、动机、习惯与倾向<br>-购买的时间、地点、数量、频率<br>-产品特点与消费者的利益 |
| | 与竞争者比较 | -公司规模与组织结构 -公司形象与品牌形象 -营销人员素质<br>-产品特色、成本、价格 -财务能力与生产能力 |
| | 政府、社会环境与文化背景 | -经济现状及发展趋势 -社会结构 -人口状况 -教育水平<br>-文化水平 -人均收入与生活水平 -社会风俗与时尚 |

（3）新产品成功上市方法

1) 新产品可行性评估

发现了潜在的市场机会，初步确定了产品概念，接下来把这一产品概念落实到具体上市行为之前，一定要做严格的可行性评估。缺少这一环节，产品仓促上马，一旦因为企业在生产、销售、财务等方面的具体条件限制，造成新品根本无法成功上市，半途而废就会使大量企业资源流失。新产品上市前可行性评估包括四层含义：

①组织的可行性

如果说“发现市场机会”还只是企业营销部门的职责，那在整个可行性评估阶段，营销部门、研发部门、生产部门及财务部门就必须通力合作才可以顺利完成。不是每一个企业都可以顺利地开发出新产品的。营销、研发、生产、财务，任何一个环节出问题都会使新品变成“怪胎”，甚至“胎死腹中”。具体分工如下：

- 市场部产品经理负责新产品可行性研究、开发、上市准备、价格制定、上市推广活动追踪和检查；
- 研发部门负责新产品开发研制、成本核算基本资料提供及制造过程工艺制定等；
- 生产部门负责生产设备评估及采购、试产及批量生产等；
- 财务部门负责提供费用成本核算、企业资金实力与产品上市资源匹配程度等资料；
- 销售部门负责评估新产品上市与现有销售团队、销售渠道的匹配程度，并实际展开新产品销售。

②生产的可行性

对开发能力、生产设备及工艺水平进行评估，不是所有的“伟大创意”都可以变成现实。

③财务的可行性

新产品上市通常会占用巨额的行销和研发费用，财务部门、研发部门必须对市场部门的销售预测进行仔细的损益分析，“赚钱"的产品才能上市。具体内容如下：

- 销售部要参照市场竞品的价格，对产品提出建议出厂价。因“成本 + 毛利 = 价格”的计算方式已不再适用，产品价格设定要倒推，零售价格定多少才有竞争力？渠道利润留多少才更有优势？最后定出产品的生产成本上限不能超过多少，这个产品才可能成功。生产研发部门要做出回应，按这个成本上限可否研发出符合要求的产品。

● 研发部、营销部要有该产品的销量、利润初步预估和营销、研发费用初步预算。

● 财务部衡量目前企业资金实力是否足够新品开发费用，按照销量预估费用预算，企业在这个新品上多长时间才能实现损益平衡，产品最终可否盈利。

④销售的可行性

销售新产品往往要求有新的渠道、销售政策与之匹配。而企业现有的销售能力、现有的销售网络往往也会成为产品上市不可行（或暂时不可行）的原因。最后，造成产品大量生产上市之后又滞销，占用巨额资金，甚至拖跨一个企业。

2) 新产品上市前的准备

新产品上市准备涉及企业内外多个部门，是一个典型的合作工作链，需要产品经理和新品委员会对每项工作细致排期、落实责任、内联外动，确保各项工作按时完成。具体工作如表4-26所示。

**表4-26 新产品开发准备期工作掌控表**

| 项目编号 | 工作项目 | 负责部门 | 负责人 | 完成日期 | 实际工作进度 | | | |
|---|---|---|---|---|---|---|---|---|
| | | | | | 1月 | 2月 | 3月 | 4月 |
| 1 | 包装设计 | 营销部门/广告公司 | | | | | | |
| 2 | 广促品设计 | 营销部门/广告公司 | | | | | | |
| 3 | 广告创意 | 营销部门/广告公司 | | | | | | |
| 4 | 条码申请 | 研发部门 | | | | | | |

（续表）

| | | | | | | | | |
|---|---|---|---|---|---|---|---|---|
| 5 | 包材制版 | 制版公司 | | | | | | |
| 6 | 样品研究/援供 | 研发 | | | | | | |
| 7 | 新产品测试 | 营销部 | | | | | | |
| 8 | 标准毛利计算 | 财务部 | | | | | | |
| 9 | 包装印刷 | 印刷公司 | | | | | | |
| 10 | 进入新品上市计划及执行流程 | 营销部 | | | | | | |

上述工作事项中，包装设计、产品测试、预估毛利是几个最重要，也是最容易出问题的环节。相关人员应该予以重视。

①包装设计要科学、严谨

包装是产品的脸面，是产品与消费者沟通最直接的工具。包装的材质及外观设计要符合产品的价格定位，避免优质产品劣质包装或过分夸大产品价值感，华而不实的现象。包装的色调、图案、文字设计和整体风格要符合目标消费群的心理特征，使之产生情感共鸣。

包装是推销工具，吸引顾客购买不是靠包装的艺术性，而是看能否从卖场货架上成千上百的同类产品中凸现出来。所以包装测试最简单的方法就是货架模拟测试，看你的包装能否“跳出来"抓住消费者的眼球！

包装设计力求风格统一，不同产品的包装从外观、形式、色调必须有统一的视觉效果，你的十几种产品摆在货架上，消费者一眼看过去就知道这是同一厂家的产品——这种陈列效果才有视觉冲击力。

包装设计力不可过分复杂。一般来讲，产品包装上需要突显的要素不应超过 3 个：品牌、规格或产品利益点。产品利益点的突显尤其重要，消费者就是根据这些广告语本识别不同产品，而且厂家也可以借此最大限度地突显其产品特色。例如：康师傅绿茶的“绿色好心情”、统一鲜橙多的“多C多漂亮”、佳洁士防蛀牙膏的“氟泰配方、防蛀健齿”等等。

②产品测试是整个产品开发乃至新产品上市成败的关键

成熟的企业会在产品成型之前反复测试、改良，直至确认产品在功能、包装等方面较竞争对手的产品有明显优势，而且消费者乐于接受。这一阶段，企业必须投入必要的人力、物力，并且做好在投入巨大研发费用之后进行测试，发现产品口味不成功，然后推翻以前的研发成果，做好暂缓上市重头来过的思想准备。

新品测试做得客观、精确，产品上市就更“安全”。新品测试主要包括以下内容：

- 产品品名测试；
- 产品价格测试；
- 产品包装测试；
- 产品功能测试。

### 具体测试的过程中要注意的问题

1. 测试样本广泛性。比如，全国区域销售食品，新品口味测试要规定全国10个以上目标城市，每个城市测两场以上，每场测试不少于100人。

2. 测试样本的代表性。在测试过程中要排除在收入、年龄、性别等方面与目标消费群差异太大的人群，要排除广告界及同类企业之业内人士。

3. 真正做到盲测。要教育市场调研人员明确现场纪律，在与竞争品进行功能测试时，完全做到盲测。比如，将本品与对比的竞争品的外包装去掉，让消费者在完全不知道这些产品是哪个品牌的前提下进行对比等。

4. 市场调研问题不能开放式询问。比如：你觉得这个产品好吃吗？如果让它更咸一点你能接受吗？这种问题会让消费者无所适从，影响市调结果的客观性。正确的方法是让消费者选择填空。即：你觉得这个产品的口味：非常好、很好、好、一般、较差；你觉得这两个产品（本品与竞品）相比那一个你更喜欢。

5. 产品测试不是例行公事，更不是假设自己产品非常好，然后去找论据。要客观公正地进行产品测试结果的数据分析、设定本品优势指标，达不到指标就重新研发改良。比如，顶新集团的产品测试优势指标：消费者对新品喜好度必须达到 7 分以上（满分 10 分，7 分意味着 70% 以上的消费者认可该产品）；本品与竞争品比较优势 70 分以上（70% 以上的消费者赞同本品比竞争品更好）。

③毛利试算必不可少

新产品设计得再“漂亮”，最终是想让它创造利润或提高市场占有率，产品毛利试算会让你明确将来产品一旦上市能不能赚钱。

● 由产品经理向研发部门、生产部门收集新产品配方资料、采购单价、人工编制、生产效率及生产损耗等成本核算资料提供给财务部门，并由其进行新产品成本核算。

● 由营销部门根据产品标准定价及成本核算预估新产品毛利水平，有重大异常必须对价格体系进行合理地修正，或者要求研发部门降低生产成本。否则，一旦产品上市很容易出现“卖的越多，赔的越多”的尴尬局面。

3) 新产品上市计划

新品开发及准备工作完成，意味着产品已经定型，接下来要做的就是进行新产品上市计划和准备工作。新产品上市计划的作用有以下两个方面：

①向销售人员介绍清楚，这个新产品的诞生思路、它的优势和利益点在那里，具体的包装口味、价格描述是怎样的，使业务部对此新品的上市做到心中有数，增强信心。

②具体产品在上市销售的过程中，会有广告投放、铺货、经销商进货奖励、二批及零店促销、超市进店、商家促销、消费者促销等一系列动作，新产品上市计划要对每一项工作做出具体规划和安排，确保上市各项活动有条不紊地进行。

新产品上市计划不同企业各有特色，但从常规上看，具体内容见表4-27。

**表4-27 新产品上市计划的具体内容**

| | | |
|---|---|---|
| 新产品上市的合理性、可行性评估 | 市场背景分析及上市目的 | ● 该品类市场的总体趋势分析<br>● 该品类市场的区格市场占比分析（按功能、价格等要素区格）；<br>● 得出结论：如新品的市场整体趋势看好，产品迎合了市场机会。 |
| | 企业现有产品SWOT分析 | 通过对企业现有产品和竞品及整体市场对比的SWOT分析得出结论。如，目前我们在产品线组合上尚有可改进之处，有必要推出新品，丰富、改良产品线等。 |
| | 新品描述及核心利益分析 | ● 新品的功能、包装、规格、箱容、价格、目标消费群等要素详细描述。<br>● 各要素相对竞品的优势。<br>● 新品相对竞品的诸多好处之中有什么特别优势（即：产品的核心利益），给新产品上市提供有利地支持。 |

（续表）

| | | |
|---|---|---|
| 新产品上市的具体行动计划 | 新产品上市进度计划 | 产品在各区域是同时上市吗？如果不是，那么各区域产品上市时间安排是怎样的？ |
| | 铺货进度计划 | 在各区域的商超、批发、零售渠道进行铺货，要求各地在什么时间达到多少铺货家数和铺货率。 |
| | 渠道和消费者促销 | 各地销售人员在商超、批发、零售、家属区等各渠道，针对店方和消费者做怎样的促销活动？具体的时间、地点、方式等细节的落实。 |
| | 宣传活动 | 针对本次新产品上市工作，企业投入的广告具体播放时间、频率、各种广宣品、POP的样品和投放区域、方式及投放数字。 |
| | 其他 | 新品销量预估、费用预算、产品损益评估等。 |

新产品上市计划撰写要注意以下事项：

企划人员在撰写新品计划时一定要注重实用性，不要把上市计划的重心放在花哨的格式、繁琐的背景数据分析上。有关企划专业的数字分析（如区隔市场详尽的占比分析、各种产品测试结果统计等）可作为附件提交给上级领导参考。

在提交给销售部做指引的上市计划中，不要出现过多的企划专业数据模型，这样的内容销售人员看不懂，也不会用，还容易引起反感。只要通过一些简洁的数据让销售人员知道，新产品设计符合市场机会即可。

4) 新产品上市工作安排

新产品上市计划定稿提交上级审批后，接下来就是确认执行产品上市计划所需要的各项细节工作到位。如表 4-28 所示。

**表4-28 新品上市阶段工作进度掌控表**

| 序号 | 工作项目 | 负责部门 | 负责人 | 时间进度 | | | | | | | | | |
|---|---|---|---|---|---|---|---|---|---|---|---|---|---|
| | | | | 1周 | 2周 | 3周 | 4周 | 5周 | 6周 | 7周 | 8周 | 9周 | 10周 |
| 1 | 上市计划提报核准 | 营销部 | | | | | | | | | | | |
| 2 | 新产品试制 | 生产部 | | | | | | | | | | | |
| 3 | 产品上市最终确认 | 营销部 | | | | | | | | | | | |
| 4 | 广告CF完成 | 营销部 | | | | | | | | | | | |
| 5 | 广促品制作完成 | 营销部 | | | | | | | | | | | |
| 6 | 促销活动确认 | 营销部 | | | | | | | | | | | |
| 7 | A类超市新品进店前期准备 | 销售部 | | | | | | | | | | | |
| 8 | 批量生产所需原材料到位确认 | 采购部 | | | | | | | | | | | |
| 9 | 批量生产 | 生产部 | | | | | | | | | | | |
| 10 | 上市说明会 | 营销部 | | | | | | | | | | | |
| 11 | 大众媒体投放 | 营销部 | | | | | | | | | | | |
| 12 | 广宣品、促销品运送至市场一线 | 营销部 | | | | | | | | | | | |
| 13 | 产品运送到市场一线 | 物流部 | | | | | | | | | | | |
| 14 | 销售部门执行产品上市活动 | 销售部 | | | | | | | | | | | |

新产品上市计划一定要做到可执行性高，计划中涉及到的执行方案（如广告、促销、铺货等）一定要落实到各个具体的细节（如时间、地点、执行人员、活动对象、活动内容、活动方式、报销标准等）。同时市场营销部和销售部要密切配合，不要出现相互推诿、扯皮等现象。新产品上市的计划和策划工作主要由市场营销部进行，销售部负责执行工作。

## 某饮料公司新产品上市作业规范内容

**1.目的**

使新产品上市作业标准化，以便业务人员操作执行，提高工作效率。

**2.作业内容**

(1) 前置作业

①新产品上市说明会

A. 组织：市场部

B. 参加人员：事业部全体

C. 时间：新产品上市前一个月

D. 内容：开发背景、产品特性、营销支援等相关信息告知

E. 新产品试用及意见反馈

②执行人员培训

A. 组织：市场部、销售部

B. 参加人员：科长、组长、业代、编外业代

C. 时间：新产品上市前两周

D. 内容：产品知识、价格、市场竞争状况分析、推销话术归纳、铺市动作演练

③其他相关作业

A. 营管部：产品编号、仓库码放标准、车辆配载量

B. 市场部：价格订定、市场支持（POP 到位）

C. 相关文件办理：准销证、卫生许可证等

④渠道信息告知、预订货

A. 执行：业代

B. 时间：上市前两周

C. 对象：高中档饭店、连锁超市、批发市场、主要客户

D. 内容：新产品上市信息告知、样品试用及信息反馈、价格协议订定、预订货、直营店促销活动接洽

(2) 上市作业

①渠道进货

A. 执行：业代

B. 时间：新产品上市后某一时间

C. 内容：批发市场进货——促销活动造势、POP 张贴
直营店进货——编外业代配合促销活动、产品陈列、
POP 张贴、吊旗悬挂

②零售点铺货

A. 执行：编外业代

B. 时间：新产品上市后某一周内

C. 内容：新品上市信息告知、推销说明、反对意见处理、拿订单、POP 张贴、生动化陈列

③铺货追踪要点

A. 铺货率：铺货追踪表

B. 末端售价和渠道价格掌控

C. 回转率

D. 渠道库存

E. 市场反馈

F. 渠道价格反馈

5) 新产品上市执行主要做的重点工作

新产品的上市执行由销售部完成，在执行过程中销售人员对新品推广的关注程度、对新品必胜的信心以及如何推广新品的方向感，是上市执行成功的前提。

**表4-29 新品上市执行的重点工作**

| | |
|---|---|
| **提高销售队伍对新品推广的关注度** | ● 新产品上市前一定要召回各区销售主管、经理做产品上市说明会；<br>● 对各区业务人员专门订出新品销量任务；<br>● 在日常销售报表、月会报告中，要体现对新品销售业绩的格外关注；<br>● 上市执行期销售例会中新品业绩要成为主要议题，对不能如期完成新品推广任务的区域要求做出“差异说明”，并进行奖罚措施；<br>● 举办销售竞赛，对优胜者予以公开表彰和奖励；<br>● 人员奖金考核制度，要把新品销量达成从总销量达成中提出来，单独考核；<br>● 高层领导对新品推广不力的区域要亲自检查，指出工作漏洞，现场奖罚，并通报。 |
| **扼制负面言论，树立新品必胜的信心** | ● 在新产品上市营销过程中，市场营销部要注意与一线人员定期地沟通，了解他们遇到的阻力、消费者对产品的抱怨，为产品、价格及促销方案的进一步改良提供思路。<br>● 领导亲自督办，在总部附近的区域做出一块样板市场来，月会时请各区销售主管现场参观，一来是学习新品运作的成功经验，二来证明新品好销，完全可以上市成功，给全体人员增强信心。 |
| **扼制负面言论，树立新品必胜的信心** | ● 对新品销售业绩不佳（尤其是发牢骚、散布负面言论）的人，组织所有销售主管去他的区域开现场会，指出他市场上的低级错误（如经销商库存不够、新品铺货率低、新品没进商超等）并现场处罚，让大家引以为戒，帮助他认识自己的错误，使他的所谓牢骚不攻自破。 |

（续表）

| | |
|---|---|
| 增强销售人员对新产品上市具体操作的方向感 | ● 新产品上市计划中对各环节铺货、促销工作做出详细规定，形成销售人员的工作指引。<br>工作中注意检查以下指标：<br>①经销商有无新品的合理库存？<br>②新品终端价格是否符合公司指引？<br>③新品渠道价格是否稳定、是否管理好经销商的出货价格，保证层层有钱赚？<br>④A类商超进店率达标了吗？有没有在超市中占据优势排面？<br>⑤批发市场铺货率达标了吗？有多少POP、条幅、堆箱布置？<br>⑥零售店市场铺货率达标了吗？是否摆在最显眼的位置，有多少POP？<br>⑦各区经理有没有在自己区域的下属员工中掀起推广新品的工作热潮？有没有明确这几个月下属奖金考核重点是新品业绩？公司规定对业代推新品的奖励处罚措施有没有执行到位？<br>● 进一步把上述过程指标概念细分为不可分割的、量化的小问题，形成新产品上市进展自我评估问卷，让销售人员“对镜自检”、自我评估，真正起到行动指引的作用。 |

新产品上市的执行是由销售部来完成，市场营销部应该给予相关指导与帮助。在产品具体上市操作中，销售人员应该做自我工作评估问卷，一方面可以为他们的工作指明方向，另一方面也可以检查他们工作的进展情况。

### 2.现有产品策略制定

（1）现有产品改进方法

企业进行现有产品改进，可参考以下方法见表4-30。

表4-30　现有产品的改进方法

| 改进方法 | 改进的具体内容 |
|---|---|
| 改良旧产品 | 针对消费状况与实际使用分析，对旧产品加以改良。一般改良方法有：<br>-改变功能：功能、设计<br>-改变品质：质料、品质<br>-改变式样：色彩、大小、包装、形式 |

（续表）

<table>
<tr><td>挖掘旧产品的新价值</td><td colspan="2">对旧产品不予以改善或改良，而是挖掘产品的使用价值：<br>-开拓旧产品的新用途，如自行车以运动健身器材角色重新出现市场<br>-增加使用者，如由家庭共用洗发水到每个人专用的洗发水<br>-激励消费者多用，如奶业推出每天一杯牛奶更健康，以此希望扩大销量<br>-开发消费者对产品的暗示意义，如将肥皂的外观造型，由传统式长方形改为圆形或弯曲，其外形上的象征意义，可能超过产品的经济功能性。</td></tr>
<tr><td rowspan="2">剔除旧产品</td><td>有计划的主动剔除旧产品（技术创新所致）<br>-功能性陈旧：技术进步导致新品更佳<br>-延迟性陈旧：考虑现有产品的存货数量及需求仍然存在，所以将新品延迟推出<br>-实体性陈旧：产品生命周期所致<br>-流行的陈旧：因为流行趋势所致</td><td rowspan="2">评估旧产品，应考虑以下因素：<br>-销售状况及市场占有率是否呈下跌趋势<br>-价格有下跌趋势<br>-产品已失去效益<br>-经营边际效益已丧失<br>-利润有下跌趋势<br>-成本升高<br>-市场需求锐减<br>-营销因素：<br>A.企业形象考虑<br>B.产品线完整的考虑<br>C.渠道的考虑<br>D.市场竞争的考虑</td></tr>
<tr><td>被动剔除旧产品<br>销售不畅的产品，不仅破坏公司形象，还会产生过高的促销成本，削弱盈利力，并影响企业资源的有效运用，应将其剔除。</td></tr>
</table>

（2）产品组合策略制定方法

1) 产品组合策略

从风险投资的角度考虑，风险分散要求投资者“将鸡蛋放在不同的篮子里”，从而获取风险规避。同样，很少有企业只依靠一种产品就能够在激烈的市场竞争中立足。除了规避风险外，市场需求的多样化要求企业必须制定灵活多样的组合策略，以适应和满足消费者多样化的需求和激烈竞争的市场。同时，也可以扩大市场，提高企业的实力。多品种、多产品的营销成为现代企业发展的共同趋势。

企业根据市场及企业资源的情况，采取相应的产品组合策略。产品组合策略有以下几种，如表 4-31 所示。

**表4-31 几种产品组合策略**

<table>
<tr><td rowspan="3">扩大产品组合策略</td><td colspan="2">指增加企业生产经营的产品线或产品项目的策略。<br>-产品组合长度和宽度扩大 -产品组合深度和关联度扩展</td></tr>
<tr><td>优点</td><td>-企业能够尽量利用现有设备和资源的潜能，在更大的领域里发挥作用；<br>-分散风险；<br>-产品组合深度的加深，可以满足更大范围的消费者的需求，加强产品组合的关联度，提高企业声誉。</td></tr>
<tr><td>缺点</td><td>-管理难度大 -主业不突出 -项目不盈利且没有发展前途等威胁。</td></tr>
<tr><td>删减产品组合策略</td><td colspan="2">指企业减少生产滞销产品或取消亏损产品项目的策略。当产品线中出现衰退产品且影响到整条产品线的利润额时，或者当企业的某些产品的发展偏离企业主营业务且对主营业务发展带来负面影响，给管理造成相当难度时，企业就应该考虑删减不利于发展的产品组合。<br>优点：<br>-集中精力和技术，对某些能带来较大利润的产品进行改制，降低生产经营成本，突出主营业务，提高企业在某领域的知名度；<br>-减少资金的占用；<br>-便于取得规模效应，有利于专业化批量生产</td></tr>
<tr><td>革新产品组合策略</td><td colspan="2">指维持现有产品组合的长度和宽度，而对产品组合的深度进行改革和发展，其目的是提高产品质量，对落后的产品进行升级换代。它主要通过两种方式实现，即现有基础上的完善革新和完全意义上的革新。</td></tr>
<tr><td>特色产品组合策略</td><td colspan="2">指在产品线中有典型的选择一个或几个产品进行特色化，以吸引消费者，满足市场细分化的需要。</td></tr>
</table>

2) 制定产品组合策略所用的分析方法

企业进行产品组合就是确定产品组合的四个维度，即增减产品线的宽度、长度、深度或产品线的关联度。而要使得企业产品组合达到最佳状态，即各种产品项目之间质的组合和量的比例既能适应市场需要，又能使企业盈利最大，需采用一定的评价方法进行选择。评价和选择最佳产品组合并非易事，评价的标准有许多选择。从市场营销的角度出发，按产品销售增长率、利润率、市场占有率等几个主要指标进行分析，常用的方法有 ABC 分析法和波士顿四象限分析法。

① ABC 分析法

ABC 分析法最早应用于库存管理，在产品优化组合中也可以运用。ABC 分析法核心思路就是对企业产品按照一定标准进行分类，然后对不同产品予以不同的管理。在实践中可以从市场份额和顾客角度划分。

表4-32 某企业三类产品所占市场比例

| 产品类别 | 占全部品种的百分比 | 对企业市场份额、主要利润、成本等影响百分比 |
|---|---|---|
| A | 10~20 % | 75~80% |
| B | 20~25% | 10~15% |
| C | 60~65% | 5~10% |

表 4-35 中，A 类品，是作为形成企业核心竞争力的产品，对其相应各项资源投入要最大，并时刻关注该类品市场的发展方向，做到能够领导市场，从而始终保持其所带来的市场份额和利润；C 类品，通常是企业的基础产品，占据企业产品的大部分，有助于企业功能的完整，尽管其不是能够为企业带来巨额利润的产品，但如果缺乏此类产品，企业的形象、功能、市场份额等就会大幅下跌。B 类品的管理方法则介于两者之间。

从顾客角度划分需要更多的数据，将各种产品和顾客按相对重要性进行分类。利润率最高的顾客产品组合是管理的重点。

②波士顿四象限法

波士顿四象限法最初以销售增长率和市场占有率两个指标作为横纵

坐标，并确定两个高低分界点，将产品分为四大类。后来营销工作者在此基础上提出用相对于其他企业产品的销售增长率和市场占有率来代替原有的绝对值。如图 4-28 所示。

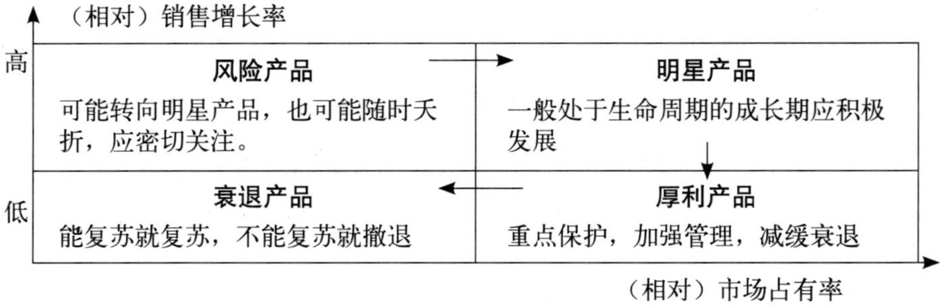


**图4-28　波士顿四象限法**

3) 制定产品组合策略的考虑因素

除了运用上述方法进行分析外，企业在优化产品组合时也要考虑以下因素：

| | |
|---|---|
| **企业战略目标** | 以扩大市场份额从而获取长期利益为目标时，可能会有很多生产线；以利润最大化为目标时，可能会保持比较紧凑的产品组合，以利用现有资源迅速获利。 |
| **企业目标市场** | 以全国市场为目标的企业需要相当丰富的产品组合，以应对差异化的需求；以某区域市场为目标的企业可简化产品组合，创造独特优势。 |
| **市场成熟度** | 市场愈成熟，需求愈分化，企业需提供较大的产品类型和产品类别，除非采用聚焦市场战略；刚启动的市场只要简单的组合就可获利。 |
| **企业竞争地位** | 领导者要保持较宽产品线来加强侧翼防御；挑战者选择一两条产品线强攻领导者；小企业选择领导者忽视的小细分市场，提供简单市场组合，打造优势。 |

### 3. 品牌策略制定

国际广告公司奥美认为，品牌是一种错综复杂的象征，是品牌属性、名称、包装、价格、历史、信誉，广告方式的无形总称。品牌同时也是消费者对其使用者的印象，以其自身的经验而有所界定。相对而言，产品是工厂生产的东西；品牌是消费者所购买的东西。产品可以被竞争者模仿，但品牌则是独一无二的，产品极易迅速过时落伍，但成功的品牌却能持久不衰。因此，消费者拥有品牌，而工厂拥有产品。

每个品牌中必有相应的产品对应，但不是每一个产品都会成为品牌，或者说，产品是躯体，品牌是灵魂。

（1）品牌决策的基础要素

品牌是产品策划的灵魂。品牌管理也是一项战略性系统工程。品牌策划首先要考虑以下内容。

| 品牌决策的基础要素 | | |
|---|---|---|
| 品牌化决策 | 品牌化决策就是决定是否为产品起名。在目前的市场条件下，很少有企业不使用品牌。品牌资产可以为公司带来很多竞争优势。具有高客户忠诚度的品牌可以让企业制定更高的价格，从而可以对抗价格战。 | |
| 品牌使用者决策 | •制造商使用自己的品牌<br>•制造商可以将产品大量卖给中间商，中间商使用自己的品牌销售产品<br>•制造商也可以既使用自己品牌又使用中间商品牌 | |
| 品牌名称战略 | 个别品牌名称 | 将公司品牌与产品品牌分开。为每个新产品建立自己的品牌。即使产品在市场中失败也不会影响公司声誉。但因为要为每个品牌进行推广所以成本会比较高。 |
| | 通用家族品牌名称 | 所有产品都使用同一家族品牌。好处在于费用较低，坏处在于一旦某一产品出现问题，会影响所有产品在市场中的形象，发生连带效应。 |
| | 个别家庭品牌名称 | 当企业生产截然不同的产品时，为每一不同类别的产品建立自己统一的家庭品牌。 |
| | 公司品牌名称 | 当公司在市场中享有很高的声誉，消费者非常认同公司行为时，可以采取公司品牌。 |

（2）品牌策划的内容

● 品牌定位。即品牌在消费者头脑中的情感凝结点或者说是消费者对品牌的感知。如，七喜的“非可乐”。

● 品牌推广。通过营销手段达到品牌与消费者之间的沟通，从而强化品牌在消费者心目中的地位和形象。

● 品牌形象加强。品牌已拥有相当的活力，但还未取得消费者的品牌地位认同。这通常是因为缺乏适当的建立品牌形象的活动所造成的。因此，应加强提高形象宣传活动。

● 品牌延伸。在品牌慢慢得到消费者认同之后，使用现有品牌有计划地导入其他类别的产品，以求活化品牌。

● 品牌更新。也许品牌在市场中最初定位是合适的，但随着市场环境和顾客偏好的改变，公司不得不进行品牌更新，以注入新的血液，激发品牌活力，防止老化。

● 品牌危机处理。一旦品牌在市场中发生危机，一定要迅速及时恰当处理。历史中有太多的危机事件导致品牌死掉的教训。

● 品牌全球化。随着世界一体化进程的加快，很多企业纷纷走出国门。品牌全球化是企业在世界市场中竞争的必然选择。

● 品牌撤退。因市场环境的变化，既有品牌已经不适合新市场环境，厂商即以新品牌来取代原有品牌，重新开始新品牌的资产创造工作。

（3）品牌战略选择

企业可采取的品牌战略有多品牌战略、组合品牌战略以及单品牌战略，如下所示。

| | 多品牌战略 | 组合品牌战略 | 单品牌战略 |
|---|---|---|---|
| 含义 | 每个产品使用各自特有的品牌 | 强势品牌引领次级品牌 | 企业各种产品使用同一品牌形象 |
| 特点 | -产品目标市场广阔，顾客对产品需要各异且变化快<br>-产品更新快，产品线调整快<br>-产品需要不断变化的个性特征，以吸引顾客<br>-竞争品、替代品多，顾客选择余地大 | -以强势品牌为主品牌，以次级品牌拓展不同市场<br>-主品牌给人以固定品牌形象，对次级品牌给予托权<br>-次级品牌可以吸引主流品牌顾客以外的顾客，占据不同市场<br>-主品牌、次品牌可以选择不同的定价 | -产品目标市场定位明确，企业品牌形象强大，在市场上享有高声誉<br>-品牌档次固定，吸引固定消费群，忠诚度较高<br>-产品生产技术上可延伸性<br>-产品线延伸适度，产品涉及领域相近 |
| 优点 | -方便产品命名和定位<br>-方便占据更多的零售面积<br>-给低品牌忠诚度者提供更多选择<br>-尊重市场差异性<br>-提高整个企业产品市场占有率<br>-覆盖不同价格段市场<br>-分散风险 | -借助企业强势形象推广不同产品<br>-有利于顾客区分同一企业的不同产品<br>-降低品牌开发、推广成本<br>-风险分散<br>-用不同品牌覆盖不同价位市场<br>-避免多品牌引起的品牌相互影响 | -整合运用企业优势和资源<br>-生产中做到集中投入、规模经济<br>-新产品推广比较容易<br>-可以通过企业形象强化单个产品的形象<br>-企业形象可以被强化<br>-有效利用企业技术的延伸性 |
| 缺点 | -分割了企业整体优势和历史资源<br>-单个品牌推广成本加大<br>-新产品推广初期比较困难<br>-不利于建立稳定的顾客忠诚度 | -系列中一个产品的缺点会影响整个系列品牌的形象<br>-有造成品牌混淆的危险 | -容易忽略市场的差异性<br>-风险太大，一种产品失败容易影响其他产品<br>-不利于跨行业拓展<br>-不便于覆盖不同价格段的市场 |

（续表）

| | | | |
|---|---|---|---|
| 适用企业 | -企业采取多元化发展战略，市场定位比较广阔，目标消费群广<br>-产品线广，产品种类多，且针对不同市场、产品定价水平各异<br>-需要通过品牌数量挤占销售渠道<br>-对品牌有充分的资源投入及恰当的管理制度和政策<br>-多为快速消费品企业 | -企业形象已经树立，在顾客心目中形象较固定<br>-产品准备进入不同档次市场，或吸引偏好差异较大的消费群<br>-在基本功能以外，如“使用者形象”等个性化特征也容易给消费偏好带来影响<br>-主品牌以外，另一些功能、特征需要用副品牌诠释<br>-多为开发不同档次产品的汽车、家电等企业 | -市场定位明确，有固定目标消费群的企业<br>-企业技术稳定、产品品质优良，在行业中处于领先地位的成熟企业<br>-产品在市场上有一定占有率，品牌属于强势品牌，可以左右行情及价格<br>-多是针对确定市场，机械、电子及耐用消费品中的知名企业 |

（4）品牌管理

品牌就像是一个人从诞生开始，需要不断地呵护才能茁壮、健康成长。

1）品牌价值构成

要想塑造出高价值的品牌，首先必须了品牌的价值构成。了解了品牌价值构成之后品牌的塑造工作就是可以按照价值构成的方面开展。品牌价值由内涵和外延两部分构成。如表4-33所示。

**表4-33　品牌价值构成**

| | | |
|---|---|---|
| 内涵 | 情感层面 | -历史传承：品牌历史、起源、特色<br>-人格特征：与品牌相关的重要的人格特点和性格特征，是品牌形象的重要依据<br>-社会文化特征：超越于产品之外的品牌属性，如有的企业关注环保<br>-个人联系度：品牌与消费者的联系<br>-可感知的价值：品牌带给消费者独特的价值感，如物有所值、档次 |
| | 功能层面 | -可感知的质量：产品性能、外观等硬性质量以及配套的服务等软性质量。<br>-功能利益：消费者通过产品性能和质量获得的好处，是构成满意的重要要素。 |

（续表）

| | |
|---|---|
| 外延 | 品牌价值外延是品牌价值的拓展部分。主要通过品牌名称、标志、广告语、形象使者、经营理念等来体现。外延的实力现实了其对品牌价值内涵的拓展和强化作用。 |

2) 品牌资产

企业追求品牌的真正动因是，因为品牌是一种资产，能够为企业带来额外的溢价收益。品牌资产构成包括五个方面，见图 4-29。

图4-29 品牌资产构成图

具体而言，品牌资产来源于六个方面，见图 4-29。

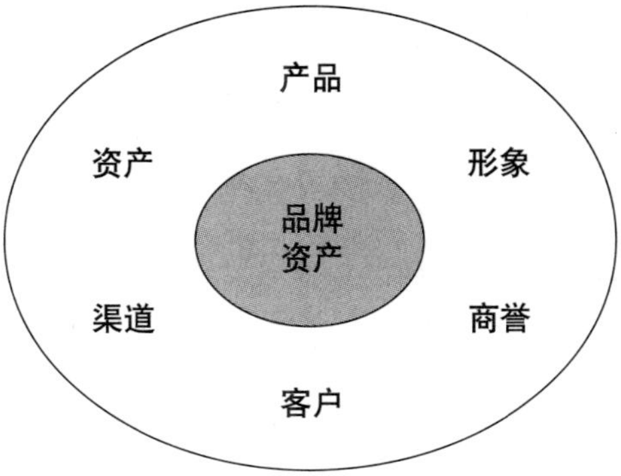


图4-30 品牌资产来源说明图

品牌资产是一项长期的投资。由图 4-30 可知，企业需要从产品、形象、商誉、客户、渠道、视觉等六个方面对品牌进行评估：

- 产品，即产品功能能否足以支持品牌；
- 形象，即品牌形象是否够强，能否与消费者引起共鸣；
- 顾客，即品牌是否拥有一批忠诚的顾客或消费者；
- 渠道，即品牌与渠道是否有整体优势配合；
- 视觉，即品牌是否拥有良好的视觉展示；
- 商誉，即品牌是否有足够的影响力。

通过上述六个方面的评估，可以分析得到品牌在哪些方面具备优势，在哪些方面存在弱势，明晰品牌在发展过程中存在哪些挑战，以便确定如何改善可以提升品牌。

3) 360 度品牌管理

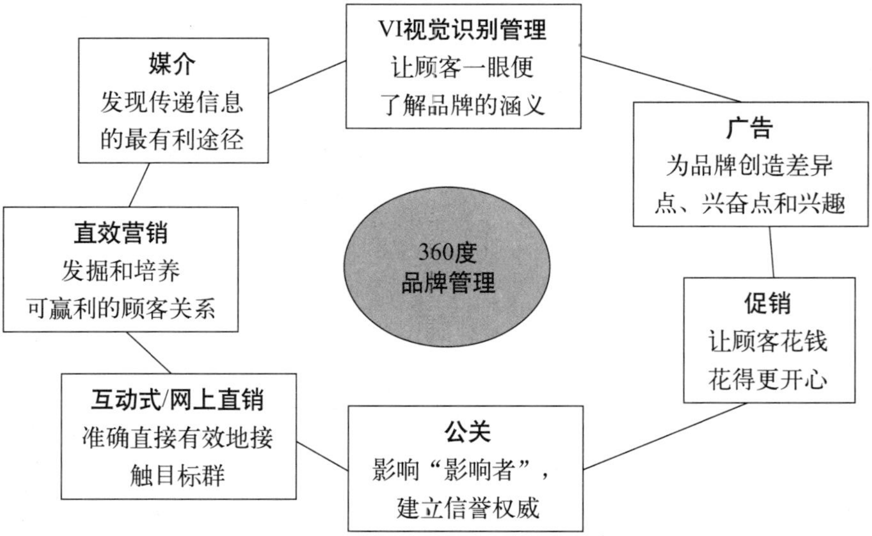


图4-31　360度品牌管理

360度品牌管理是由奥美提出的。所谓360度品牌管理，就是将VI规划、广告、公共关系、媒介、顾客关系、互动等手段加以整合，运用专业方法打造及呵护品牌，并在品牌与消费者之间建立有效的沟通。

要想使品牌蓬勃发展，必须做到：对品牌付出爱心、情感和关怀，要真正了解并重视目标对象的生活，保持与使用者或潜在对象亲密且定期的对话，利用每一次以及每一个与消费者的接触机会。

## 二、价格策略制定方法

在营销组合里，价格直接关系到销售收入和利润。如何在消费者可接受的价格范围内制定出对公司最有利、最吻合公司目标与战略的价格是一门艺术，也是一大挑战。

### 1.价格制定流程

产品定价过低容易被消费者定位为廉价品，定价过高又无法占领市场。正确的定价应遵循的流程如表4-34所示。

表4-34 定价流程

| | | |
|---|---|---|
| 1.设定定价目标 | ● 获得市场份额 | 低价可以用来获得更大销售额及市场份额，特别是需求价格弹性大的产品，如彩电业、微波炉。其局限是可能引发价格战及利润的下降。 |
| | ● 获取资金 | 定价是为了获得资金和达成利润目标，但价格太高可能购买者不能接受。 |
| | ● 产品定位 | 价格可增加产品的声望，提高产品的效用，增加消费者对产品的认知，以及达到其他定位目标。比如，高价通常被认为是高档，低价则是低档。 |

（续表）

| | | |
|---|---|---|
| | ● 刺激需求 | 低价格可吸引购买新产品，当价格下降时，会增加购买该产品。潜在的问题是，当价格回到原有水平时，购买者可能停止购买，持币观望。 |
| | ● 影响竞争 | 针对已有的或潜竞争者的定价目标会影响整个竞争格局，这在各行各业都频频发生。 |
| 2.需求分析 | 首先需要确定目标市场。谁是我们的客户？谁是潜在客户？可通过细分市场的方法来确定目标市场，然后对客户需求进行分析（从客户的行为、心理、地理、消费方式、消费频率、价格弹性、潜在客户规模等）分析需求。 | |
| 3.成本分析 | -确定产品成本构成。可采用ABC成本分析方法或者利用价值链方法。<br>-评估产量、销量对成本的影响。看是否存在规模效应。<br>-分析产品的成本优势。和竞争对手相比，成本优势在何处？<br>-分析经验曲线对生产成本的影响。经验曲线显示了在一定时期、一定范围内，平均成本随着生产经验的积累而以一定的比例下降。<br>-考虑公司对成本的控制能力。公司对研发能力、节省成本的能力、供应商的侃价能力等的控制程度有多大？ | |
| 4.竞争评估 | 分析竞争对手的价格定位、价格战略、竞争对手对本方价格策略的反应以及本方的应对等。可采取博弈论方法来分析价格对彼此的影响。 | |
| 5.确定价格区域 | 需求与成本限定了价格弹性的延伸。在最高和最低界限之间，竞争、法律及伦理因素也将影响某一具体价格的选择。 | |
| 6.选择定价方法 | 定价方法可分为成本导向、竞争导向和顾客导向三种类型。 | |
| 7.确定最终价格 | 根据以上分析确定最终价格 | |

### 2.传统定价方法

定价方法，是企业在特定的定价目标指导下，依据对成本、需求及竞争等状况的研究，运用价格决策理论，对产品价格进行计算的具体方法。定价方法主要包括成本导向、竞争导向和顾客导向等三种类型，具体见

表 4-35。

表4-35 不同的定价方法分析

<table>
<tr><td rowspan="4">成本导向</td><td rowspan="4">以产品单位成本为基本依据，再加上预期利润来确定价格的成本导向定价法，是中外企业最常用、最基本的定价方法</td><td>总成本加成定价法</td></tr>
<tr><td>目标收益定价法</td></tr>
<tr><td>边际成本定价法</td></tr>
<tr><td>盈亏平衡定价法</td></tr>
<tr><td rowspan="3">竞争导向</td><td rowspan="3">在竞争十分激烈的市场上，企业通过研究竞争对手的生产条件、服务状况、价格水平等因素，依据自身的竞争实力，参考成本和供求状况来确定商品价格。这种定价方法就是通常所说的竞争导向定价法。</td><td>随行就市定价法</td></tr>
<tr><td>产品差别定价法</td></tr>
<tr><td>密封投标定价法</td></tr>
<tr><td rowspan="3">顾客导向</td><td rowspan="3">现代市场营销观念要求企业的一切生产经营必须以消费者需求为中心，并在产品、价格、分销渠道和促销等方面予以充分体现。根据市场需求状况和消费者对产品的感觉差异来确定价格的方法叫做顾客导向定价法，又称“市场导向定价法”、“需求导向定价法”。</td><td>认知价值定价法</td></tr>
<tr><td>逆向定价法</td></tr>
<tr><td>动态定价法</td></tr>
</table>

### 3.价格调整策略

在一种产品的生命周期中，大多数的价格决策都是价格调整策略。基础价格的改变，可能是产品生命周期中企业目标变化的结果，也可能是竞争对手价格变动的反应，或者是为了创造不同的客户价格区隔。此外，短期内价格的变化可能是价格促销的结果。下面总结了影响价格调整的因素。

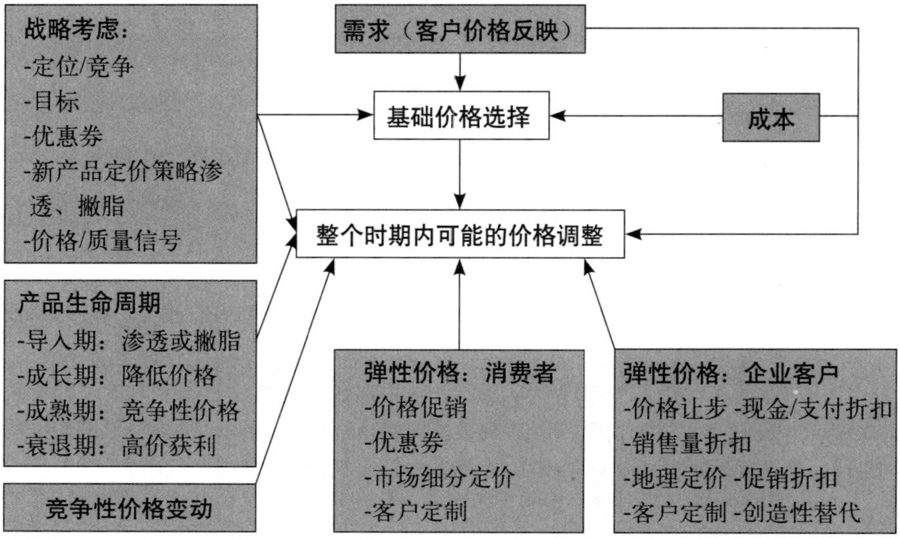


图4-32 影响价格调整的因素

表4-36 价格调整策略

| 策略 | 原因 |
| --- | --- |
| 削价策略 | -企业急需回笼大量现金<br>-企业通过削价来开拓新市场<br>-企业决策者决定排斥现有市场的边际生产者<br>-企业生产能力过剩，产品供过于求，但是企业又无法通过产品改进和加强促销等工作来扩大销售<br>-企业决策者预期削价会扩大销售，由此可望获得更大的生产规模，尤其在成熟期<br>-由于成本降低，费用减少，使企业削价成为可能<br>-企业决策者出于对中间商要求的考虑<br>-政治、法律环境及经济形势的变化 |
| 提价策略 | -应付产品成本增加，减少成本压力<br>-为了适应通货膨胀，减少企业损失<br>-产品供不应求，遏制过度消费<br>-利用顾客心理，创造优质效应 |

企业为某种产品制定出价格以后，并不意味着大功告成。随着市场营销环境的变化，企业必须对现行价格予以适当的调整。企业常采用的价格调整策略有削价和提价两种。

企业在进行价格调整时，一定要考虑消费者和竞争对手对价格变动的反应。

（1）消费者对价格变动的反应

● 在一定范围内的价格变动是可以被消费者接受的。提价幅度超过可接受价格的上限，则会引起消费者不满，产生抵触情绪，而不愿购买企业产品；降价幅度低于下限，会导致消费者的种种疑虑，也对实际购买行为产生抑制作用。

● 在产品知名度因广告而提高、收入增加、通货膨胀等条件下，消费者可接受价格上限会提高；在消费者对产品质量有明确认识、收入减少、价格连续下跌等条件下，下限会降低。

● 消费者对某种产品削价的可能反应是：产品将马上因式样陈旧、质量低劣而被淘汰；企业遇到财务困难，很快将会停产或转产；价格还要进一步下降；产品成本降低了。而对于某种产品的提价则可能这样理解：很多人购买这种产品，我也应赶快购买，以免价格继续上涨；提价意味着产品质量的改进；企业将高价作为一种策略，以树立名牌形象；卖主想尽量取得更多利润；各种商品价格都在上涨，提价很正常。

（2）竞争者对价格变动的反应

虽然透彻地了解竞争者对价格变动的反应几乎不可能，但为了保证调价策略的成功，主动调价的企业又必须考虑竞争者的价格反应。没有估计竞争者反应的调价，往往难以成功，至少不会取得预期效果。

如果所有的竞争者行为相似，只要对一个典型竞争者作出分析就可以了。如果竞争者在规模、市场份额或政策及经营风格方面有关键性的差异，则各个竞争者将会作出不同的反应，这时，就应该对各个竞争者分别予以分析。分析的方法是尽可能地获得竞争者的决策程序及反应形式等重要情报，模仿竞争者的立场、观点、方法思考问题。最关键的问题是要弄清楚竞争者的营销目标：如果竞争者的目标是实现企业的长期最大利润，那么，本企业降低价格，它往往不会在价格上作出相应的反应，而在其他方面作出努力，如加强广告宣传、提高产品质量和服务水平等；如果竞争者的目标是提高市场占有率，它就可能跟随本企业的价格变动，而相应调整价格。

在实践中，为了减少因无法确定竞争者对价格变化的反应而带来的风险，企业在主动调价之前必须明确回答以下问题：

- 本行业产品有何特点？本企业在行业中处于何种地位？
- 主要竞争者是谁？竞争对手会怎样理解我方的价格调整？
- 针对本企业的价格调整，竞争者会采取什么对策？这些对策是价格性的还是非价格性的？它们是否会联合作出反应？
- 针对竞争者可能的反应，企业的对策又是什么？有无几种可行的应对方案？

在细致分析的基础上，企业方可确定价格调整的幅度和时机。

（3）应对价格战的方法

竞争对手在实施价格调整策略之前，一般都要经过长时间的深思熟虑，仔细权衡调价的利害，但是，一旦调价成为现实，则这个过程相当迅速，并且在调价之前大多要采取保密措施以保证发动价格竞争的突然性。企业在这种情况下，贸然跟进或无动于衷都是不对的，正确的做法是尽快迅速地对以下问题进行调查研究：

● 竞争者调价的目的是什么？是为了夺取更多的市场份额，为了利用剩余的生产能力，是为了适应不断变化的成本条件，还是为了导致全行业的调价？

● 竞争者调价是长期的还是短期的？

● 竞争者调价将对本企业的市场占有率、销售量、利润、声誉等方面有何影响？

● 同行业的其他企业对竞争者调价行动有何反应？

● 企业有几种反应方案？竞争者对企业每一个可能的反应又会有何反应？

在回答以上问题的基础上，企业还必须结合所经营的产品特性确定对策。

| | |
|---|---|
| **同质品市场** | -竞争者削价，企业必须随之削价，否则大部分顾客将转向竞争者；<br>-竞争者提价，本企业既可以跟进，也可以暂且观望。如果大多数企业都维持原价，最终迫使竞争者把价格降低，使竞争者涨价失败。 |
| **异质品市场** | 面对竞争者的调价策略，企业有较大选择余地：<br>-价格不变，任其自然<br>-价格不变，加强非价格竞争。如广告、服务、质量、功能、销售网点等<br>-部分或完全跟随竞争者的价格变动，巩固市场地位<br>-以优越于竞争者的价格跟进，并结合非价格手段进行反击 |

但是在价格变动的时候，企业并不总是能够对这些选择做出广泛的分析，竞争者可能用了很多时间来做出调价的决定，但是企业可能不得不在几个小时或者几天内做出反应。关于减少反应时间的惟一方法是，提前做好可能的竞争者调价以及可能的反应计划。图 4-33 表示企业预计竞争对手减价并对此做出反应的方法。

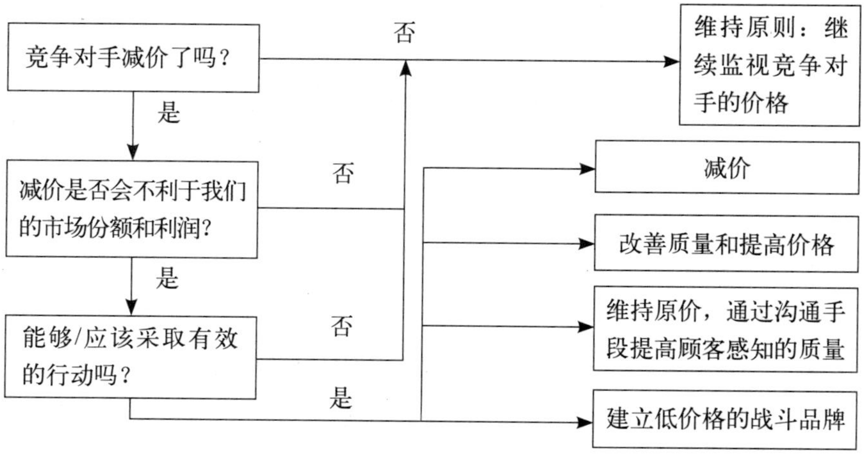


**图4-33　竞争对手反应制动图**

### 4.产品生命周期的定价策略

影响产品定价策略的一个重要因素就是产品的生命周期（详见本节最后一部分），在导入期、成长期、成熟期和衰退期应采用不同的定价策略，如表4-37所示。

**表4-37　价格调整策略**

| 生命周期 | 定价策略 | 说　明 |
|---|---|---|
| 导入期 | 撇脂定价 | 撇脂定价指给产品定高价以快速取得投资回报，获取高额利润，适合于有特色的、基本没有竞争的新产品 |
| | 渗透定价 | 渗透定价指以较低的价格快速占领市场，适用于需求的价格弹性高、竞争激烈的产品 |
| 成长期 | 降低价格、渗透定价 | 随着竞争的加剧，采用撇脂定价的企业应该逐渐减低价格，对价格敏感的市场降低价格可以更快速的收回成本 |
| 成熟期 | 竞争性定价 | 成熟期的产品定价主要是根据竞争者价格采取相应定价 |
| 衰退期 | 撇脂定价、渗透定价 | 衰退期企业如果要撤出市场可以采用撇脂定价以榨取最后更多的利润，或者可以采用渗透定价进一步稳固自己的市场份额 |

## 三、渠道策略制定方法

分销渠道，也称为销售渠道，是产品从生产经营者转移到消费者和用户所经过的通道和途径。生产经营者的产品，必须经由或长或短的分销渠道到达消费者和用户手中，产品的市场营销过程才得以完成。一个好的渠道战略能够为企业带来竞争优势，这是因为它是公司核心能力的重要来源，表现在以下几个方面。

**渠道的价值性**。中间商通过积极有效的营销推广，可为企业带来丰厚的收益。

**渠道的难替代性**。渠道作为价值链的必不可少的一环，对于核心能力的产生和维系都将发生重要的作用，这就使得由于营销渠道所带来的核心能力将很难被替代。

**渠道的难模仿性**。每个公司的营销渠道都具有异质性、独特性，故较难被竞争对手模仿。例如，P&G 在营销渠道中的专业知识、品牌忠诚度、沟通能力、市场控制力等方面的独特能力，是其他企业所熟知和公认的，但又是在短时间内无法模仿的。

在企业的实践中，渠道的管理工作是由销售部或专门的渠道经理负责，而渠道的设计则由市场营销部进行。对营销经理来说，分销渠道方面的策划具有特别的重要性。因为渠道策略承担着对整体营销战略以及其他营销策略的重要支持功能，甚至可以说渠道直接决定了营销战略与策略的实施。

### 1.渠道与营销组合

分销渠道也是市场营销组合中的一个重要要素，它直接影响着其他营销组合要素策略的实施效果，以及生产经营者产品的成功销售，并且最终影响生产经营者整个营销战略目标的实现。

**渠道与产品**。产品的具体特点决定了企业选择渠道的类型。消费者对不同产品的质量、购买数量、频率、以及便利性的要求都不同，而这些就影响了渠道的选择。而且在产品生命周期的不同阶段也需要不同的渠道策略。导入期，渠道应该具有高覆盖特点，一般选择直销或有经验的中间商；成长期，为了占领更多的市场份额，多渠道组合是理想选择；成熟期，企业应减少间接渠道，选用低成本渠道；衰退期，企业适宜选择低成本的自有渠道。

**渠道与定价**。渠道对价格的影响是巨大的。一方面，渠道决定了销售数量和资金周转，因此，渠道能力的提高可降低产品的总成本；另一方面，渠道中涉及到的物流成本，如运输、仓储、存货控制、搬运装卸、包装、订单处理等成本已经占到了全部营销成本的50%。好的渠道可以降低销售员的事务性活动和物流活动的总成本，从而可为定价提高更大的自由度。

**渠道与促销**。企业的促销是配合渠道进行的，或者说是在渠道的基础上制定促销策略的，针对批发商、零售商等不同的渠道成员需要制定不同的促销活动。而促销活动的执行也是由渠道成员来完成。如果企业只是针对消费者进行“拉”的策略，而没有实施对渠道成员的“推”的策略，那么效果也将会大打折扣。要想“推”、“拉”配合成功就必须有正确的渠道配合。

### 2.渠道设计的内容

分销渠道设计是分销渠道决策的重要内容。渠道设计主要包括渠道的层级、长度、宽度、广度几个方面的内容，具体如表4-38所示。

表4-38 渠道设计的内容

| | | |
|---|---|---|
| 渠道层级 | 在产品从制造商转移到消费者的过程中，任何一个对产品拥有所有权或负有经销责任的机构，就叫做一个渠道层级。零级渠道通常叫做直接分销渠道，也就是产品从制造商流向最终消费者的过程中不经过任何中间商转手的分销渠道。直接分销渠道主要用于分销工业用品。一层渠道包括一个中间商。在消费品市场，这个中间商通常是零售商；而在工业品市场，它通常是一个销售代理商或佣金商。二层渠道包括两个中间商。在消费品市场上，通常是批发商和零售商；在工业品市场上，它们可能是工业品批发商和销售代理。三层渠道包括三个中介机构。例如，在批发商和零售商之间通常还有中间商或专业批发商，服务于一些小型零售商，而这些小零售商一般不是大型批发商的服务对象。级数更高的分销渠道极其少见。一般来讲，渠道层级越高，渠道控制和管理所需解决的问题就越多。 | |
| 渠道长度 | 渠道长度是指企业分销渠道中中间环节的数目。在现实操作中主要有：零层渠道、一层渠道、二层渠道、三层渠道。更长的分销渠道极其少见。一般来讲，渠道越长就越难控制，离消费者也就越远。 | |
| 渠道宽度 | 所谓渠道的宽度，是指渠道的每一层次中使用同种类型中间商的数目。 | |
| | 密集分销 | 所谓密集分销，是指制造商尽可能地通过许多负责任的、适当的批发商、零售商推销其产品。消费品中的便利品和产业用品中的供应品，通常采取密集分销，使广大消费者和用户能随时随地买到这些日用品。<br>密集分销可以使企业的产品有很高的市场覆盖率，但不足之处在于分销商之间的竞争加剧造成销售努力的浪费。他们对制造商的忠诚度会降低，价格竞争将更激烈。 |
| | 独家分销 | 所谓独家分销，是指制造商在某一地区仅选择一家中间商销售其产品，通常双方协商签订独家经销合同，规定经销商不得经营竞争者的产品，以便控制经销商的业务经营，调动其经营积极性，占领市场。这种方式更适合于分销某些特制品。一般说来，汽车、家用电器、名牌自行车、服装常采用独家分销方式，这些产品一般具有价值大、独特性强的特点。<br>独家分销的特点是竞争程度低、市场覆盖率低。竞争缺乏会导致经销商力量减弱，市场覆盖率低对顾客购买也不方便。 |

（续表）

| | | |
|---|---|---|
| 渠道宽度 | 选择分销 | 所谓选择分销，是指制造商在某一地区仅仅通过少数几个精心挑选的、最合适的中间商推销其产品。选择分销适用于所有产品。但相对而言，消费品中的选购品和特殊品最宜于采取选择分销。<br>选择分销比密集分销能取得经销商更大的支持，同时又比独家分销能够给顾客带来更大的方便。但问题是如何处理销售区域重叠问题。高重叠会方便顾客，但会造成经销商之间的冲突；低重叠率会增加经销商的忠诚度，但降低了顾客的方便性。 |
| 渠道广度 | 分销渠道的广度是宽度的一种扩展和延伸，指厂商选择几条渠道进行某产品的分销活动，而非几个批发商或几个零售商的问题。包括以下三种：<br>-集中型：在单一产品市场组合多条分销渠道，这些渠道彼此竞争，相互重叠。<br>-选择型：对产品市场进行细分，对不同的市场选择不同的分销渠道，这些渠道互不重叠，彼此不竞争。<br>-混合型：综合运用集中型和选择型两种组合方式。<br>在实际的分销渠道建立过程中，厂商多建立多渠道系统，因为它可以为企业带来如下好处：<br>-增加市场覆盖面，如增加乡村代理商开拓农村市场；<br>-降低渠道成本，如增加新渠道节省了费用。 | |

### 3. 渠道设计应考虑的因素

通常，市场选择与渠道选择是相互依存的。有利的市场加上有利的渠道，才可能使企业获得利润。选择渠道，就是确定到达目标市场的最佳途径。而影响渠道选择的主要因素有五个（见表4-39）。

表4-39 影响渠道选择的主要因素

| | |
|---|---|
| 顾客特性 | 渠道选择受顾客人数、地理分布、购买频率、平均购买数量以及对不同促销方式的敏感性等因素的影响。当顾客人数多时，倾向于利用每一层次都有许多中间商的长宽渠道。如果顾客经常小批量购买，则需采用较长的分销渠道为其供货。 |
| 产品特性 | -定制化、技术复杂、客户订单频率低且客户行业和地理位置都集中的产品，适合采用代理商或企业自己的销售人员进行。<br>-标准化、技术不复杂、客户订单频率高而且客户比较分散的产品适合采用分销商销售。 |

（续表）

| | |
|---|---|
| 产品特性 | -易腐烂的产品通常需要直接营销。<br>-那些与其价值相比体积较大的产品（如建筑材料、软件材料等），需要通过生产者到最终用户搬运距离最短、搬运次数量最少的渠道来分销。<br>-需要安装、维修的产品经常由企业自己或授权独家专售的特许商来负责。<br>-单位价值高的产品则应由企业推销人员而不通过中间商销售。 |
| 中间商特性 | 选择渠道时，还必须考虑执行不同任务的市场营销中间机构的优缺点。例如，由制造商代表与顾客接触，花在每一位顾客身上的成本比较低，因为总成本由若干个顾客共同分摊。但制造商代表对顾客所付出的努力则不如中间商的推销员。一般来讲，中间商在执行运输、广告、储存及接纳顾客等职能方面，以及在信用条件、退货特权、人员训练和送货频率方面，都有不同的特点和要求。 |
| 竞争特性 | 生产者的渠道选择还受到竞争者所使用的渠道的影响，因为某些行业的生产者希望在与竞争者相同或相近的经销处与竞争者的产品抗衡。 |
| 企业特性 | -企业的总体规模决定了其市场范围、较大客户的规模以及强制中间商合作的能力。<br>-企业的财务能力决定了哪些市场营销职能可由自己执行，哪些应交给中间商执行。 |
| | -企业的产品组合会影响其渠道类型。企业产品组合的宽度越大，则与顾客直接交易的能力越大；产品组合的深度越大，则使用独家专售或选择性代理商就越有利；产品组合的关联性越强，则越应使用性质相同或相似的市场营销渠道。<br>-企业过去的渠道经验会影响渠道的设计。<br>-现行的市场营销政策会影响渠道的设计。例如，对最后购买者提供快速交货服务的政策，会影响到生产者对中间商所执行的职能、最终经销商的数目与存货水平以及所采用的运输系统的要求。<br>-渠道设计还要受到环境因素的影响。例如，当经济萧条时，生产者都希望采用能使最后顾客以廉价购买的方式将其产品送到市场。这也意味着使用较短的渠道，并免除那些会提高产品最终售价但并不必要的服务。 |

### 4.渠道关系模型

| 渠道关系模型 | | |
|---|---|---|
| 按照合作紧密程度划分 | 合作关系 | 这是一种常见的生产商和分销商的合作方式。生产商只和经销商发生一般性的接触。生产商通过推动和拉动两种策略来促使经销商努力销售产品。生产商是这种关系中的主体。生产商只考虑自身的利益，不考虑分销商的生存状态。当生产商在行业中处于强势地位时，且分销商分散、规模较小时，这种合作关系更加常见。 |
| | 合伙关系 | 分销商和生产商达成了一定程度上的互助关系。在市场份额、库存水平、市场信息、客户资源、技术支持等方面双方密切合作，以期达到共赢。生产商和分销商地位平等，生产商和经销商形成联盟。如果生产商与若干家经销商长期合作，彼此信任，就容易达成这种合伙关系。 |
| | 分销规划 | 分销商和生产商紧密合作，高层主管交流甚密，通过联盟甚至互持股权的方式增加对对方的影响力。双方的经营目标趋于一致：最大化双方的共同利益，在此前提下，可保证自身利益最大化。在实现团体理性的同时也实现了个体理性，只有当双方非常信任、长期合作的前提下才可能结成这种关系。 |
| 按照合作方式划分 | 公司型 | 公司型系统是指一家公司拥有并统一管理若干生产企业、批发机构和零售机构，综合经营生产、批发和零售业务，以此控制分销渠道的若干层次甚至控制整体分销渠道的垂直渠道系统。尽管建立公司型系统需要较大的投资，但由于公司型系统将有不同所有权的各类企业的松散合作变为同一所有权企业的内部分工，因而可以使渠道内部各种职能的协调性和管理工作得到改善，减少工商之间、批零之间的利益冲突，节约经营费用，大大提高整体运作效率和经营效益，最重要的是公司型系统可以有效地增强企业的环境适应力、竞争力和控制市场的能力。 |
| | 管理型 | 在西方国家采用公司型系统的企业只是少数，因为大多数企业没有财力这样做，而且在一些情况下也没有必要这样做。为了获得纵向联合销售系统的好处，一些享有声誉的大制造商往往采用在管理上处于支配地位而不改变渠道内成员所有权关系的方式，建立管理型的垂直渠道系统。<br>在管理型系统的运行中，通常都有一个由制造商与批发商、零售商共同商定的全面的商品交易计划；制造商需要建立一个统一的管理中心，通过这个中心与分销渠道上的有关成员在促销策略、库存管理、定价与成本控制、商品展示、购销活动等方面协调关系或给予帮助和指导；为了加强分销渠道内各成员之间的联系，建立长期稳定的合作关系，在资金融通、技术咨询、管理协助等方面，制造商通常给渠道上的 |

（续表）

| | | |
|---|---|---|
| 按照合作方式划分 | 管理型 | 成员提供一定的优惠条件。由于管理型系统不是通过所有权和合同，而是在有关成员自愿加入、互利合作的基础上，通过相互尊重、相互支持来协调与维持系统运行，因而在制造商拥有深受广大消费者或用户欢迎、赢得顾客依赖的产品或品牌，各方面利益都有所保障的情况下管理型系统才易于成功。 |
| | 合同型 | 合同型系统是指不同层次的生产企业的销售企业，以契约为基础建立的一种关系较为紧密的联营分销系统。合同型系统一般有三种形式：<br>-特许经营。一些大的生产企业或服务公司，为了控制其产品在某一地区的销售，与一些批发商和零售商签订合同，授予他们对其产品的经销特许权。采用这种形式，批发商或零售商可以依靠生产企业较高的商业信誉以较少的资金投入迅速发展起来，企业也可以迅速打开市场，同时又可以保持对产品经销商的控制和监督。<br>-自愿连锁。自愿连锁是一种由批发商倡办，若干独立的中小零售商为了竞争和生存自愿加入，以合同为基础的联营组织。在自愿连锁的形式下，联营各方仍是独立的经济实体，但都承担着合同规定的权利和义务，在共同的批发采购中心的统一管理下实行“联购分销”制。<br>-零售店合作社。一些独立经营的中小零售企业，为了同大零售商竞争，经常采用零售店合作社的形式联合起来。参加零售店合作社的企业要缴纳一定的股金，成立联合经营的批发机构，形成联营组织。零售店合作社将以共同名义为各零售商统一采购货物、统一进行广告宣传、统一培训职工。 |

### 5.渠道方案评估的标准

每一个分销渠道选择方案都是企业特定产品送达目标顾客的可能路线，为了从已经拟定的方案中选择出能够满足企业长期目标的最好方案，企业就必须对各种可供选择的方案进行评估。分销渠道方案的评估标准有三个方面。

| | |
|---|---|
| **经济性标准** | 每一渠道体系或模式都会产生不同的销售额和成本。如果能够测算出在不同渠道体系下销售额和成本的相关曲线，就可以做出适当的选择。 |
| **控制性标准** | 在选择采用何种销售渠道时，还必须进一步考虑渠道的控制问题。因为产品的流通过程是企业营销过程的延续，从生产企业出发建立的分销渠道，如果生产企业不能对其运行有一定的主导性和控制 |

（续表）

| | |
|---|---|
| 控制性标准 | 性，分销渠道中的物流、货币流、促销流、信息流就不能顺畅有效地进行。对渠道的控制在一定程度上也表现为对最终客户的控制，比如，渠道越长就越不容易控制自己的目标顾客，听不到顾客的声音。 |
| 适应性标准 | 一方面表现为每一种渠道本身所附带的契约和协定，在一定时间内和一定区域内使企业失去某些弹性。比如，一份有期限的合约会在一定时间内对其他合作对象、其他分销方式有排他性，从而限制潜在更有效的方式的采用。另一方面表现为多种渠道体系之间的适应性问题，也就是冲突问题。<br>生产者在选择和设计分销渠道时必须考虑分销渠道的环境适应性和可调整性。 |

总之，一个分销渠道方案只有在经济性、控制性和适应性等方面都较为优越时才可予以考虑。

### 6.渠道策划流程

渠道策划要解决以下问题：渠道的长度、宽度如何，中间机构的类型怎样，每一渠道成员的任务各是什么。渠道策划流程如图 4-34 所示。

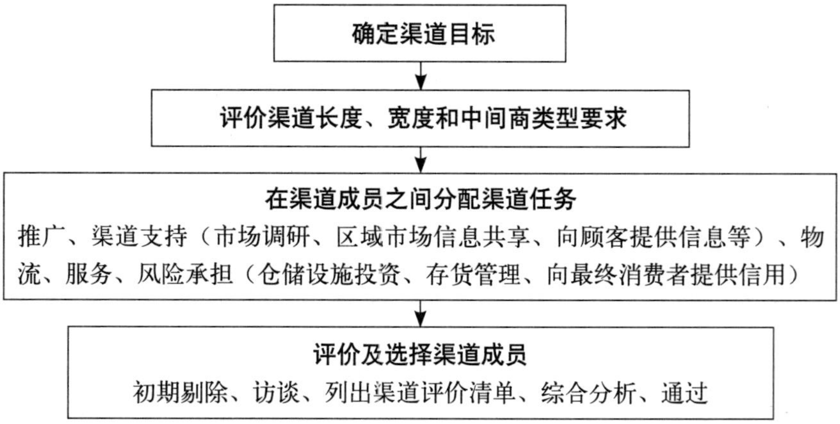


图4-34 渠道策划流程图

### 7.渠道发展的趋势——渠道整合

随着市场竞争的加剧，越来越多的企业开始从渠道着手打造自己的竞争力。渠道整合就是一大趋势。渠道整合是一个互动联盟，能通过优势互补，营造集成增势的效果，从而在纵深两方面强化渠道竞争力。

渠道整合的原因在于国内目前渠道网络脆弱，存在的大量隐患：分销商素质低，经营意识落后；窜货问题；分销商忠诚度下降；厂商之间的信用度恶化；分销商不具备对品牌的运作能力和市场的控盘能力；分销渠道的经营模式复杂、混乱。

通过渠道整合可以达到渠道的整体优化，消除渠道冲突，最终实现企业目标与渠道成员目标共同实现。渠道整合的几种方法见表4-40。

表4-40 渠道整合方法

| | |
|---|---|
| 渠道扁平化 | 市场的日益成熟和竞争的日益激烈不允许企业用更多的资源支持原有的中间商，这就要求厂商把更多的精力用在最终客户端，降低价格、做好服务。渠道扁平化是一种趋势，但绝对不是简单地减少哪一个层次，而是要优化供应链，真正减少的是供应链中不增值的环节和增值很少的环节。从实际操作层面来看，不同的产品有不同的用户和市场，应该有不同的渠道策略和渠道架构，扁平化程度也就不尽相同。 |
| 渠道品牌化 | 品牌已渗透到各个领域，产品需要品牌，服务需要品牌，分销渠道同样也需要品牌。专卖店作为渠道品牌化的一种重要方式正在迅速扩张到各个行业。它的精髓就是渠道建设的品牌化、一体化和专业化。这样，企业就不再把销售仅仅视为一种商品的买卖，而是把销售行为上升为一种渠道品牌的经营，使企业有能力让利于消费者。 |
| 渠道集成化 | 传统渠道（大商场、中小商场以及专营店）和新兴渠道（综合性连锁、品牌专卖店、集团采购、网上订购等）的矛盾越来越突出。解决这种渠道冲突的最好办法就是渠道集成，即将两者完整地结合起来，充分利用各自的优势，共同创造一种全新的经营模式。但这种方法要求供应商能够对传统渠道施以足够的控制，所以，操作难度较大。不过，有些激进的企业在集成上已不单单是并用互补，而是采取外包、联盟的战略，大大突破了企业能够自主控制的边界，这或许是未来主导的解决方案。 |

（续表）

| | |
|---|---|
| 渠道关系伙伴化 | 通过渠道整合建立伙伴型渠道关系，各个代理商不仅是利益共同体，而且是命运共同体，使渠道本身成为一个战略联盟，从而使企业、渠道商和用户之间的亲合度大大增强。厂家与经销商初级的伙伴关系从来就有：①联合促销；②专门产品；③信息共享；④培训。而真正的伙伴关系，则要求双方共同致力于提高销售网络的运行效率、降低费用、管控市场。 |
| 渠道重心下沉和决胜终端 | 在厂商矛盾、市场不稳、渠道无序、分销成本过高等压力下，厂商越来越以终端市场为中心来运作市场，从而提高产品对消费者的最终到达率。另外，随着越来越多的企业从重视中心城市市场向注重地区、县级市场的重心转移所形成的市场重心下沉是一个细化市场、深度营销的过程，这就决定要在不同级别的市场分别选择经销商，缩短与消费者的距离。相应地，企业对经销商的政策也由重点扶持大客户转移到重点扶持二三级经销商。这些都促进了厂家终端最大化和最优化的趋势，并将此视为终端制胜的关键。“决胜终端”的根本思路就是实现营销组合从4Ps向4Cs的转化，真正实现“产品向需求”、“价格向价值”、“渠道向方便”、“促销向沟通”的转变，并有效地控制货物的“流向”、“流速”和“流量”。 |
| 卖场营销 | 随着渠道势力逐渐抬头，身处渠道末端的零售出口，重要性也看涨。于是各厂商纷纷出招，如提供商品陈列know-how与所需道具(如POP、陈列架、陈列垫板等)，举办陈列竞争、店头活动，提供消费者情报与商情分析、产品组合分析等，这些活动的蓬勃发展，逐渐形成一个新的营销领域，称之为卖场营销。以往，卖场活动与卖场经营只是销售业务的一小部分，缺乏全盘的详细规划。如今，由于整个竞争环境与市场态势的改变，卖场营销日益受到国人重视，已成为一种不可忽视的专业营销运作。卖场营销一方面是可以通过卖场观察获取消费者、竞争品牌的信息，另一方面，可以通过提供店外与店头支援来达到提高零售店经营效率，吸引消费者选择自己产品。卖场营销的兴起有以下几个主要原因：<br>-竞争品牌愈来愈多，消费者品牌忠诚度越来越低。因此，厂商必须投入更多精力在卖场运作上，尽量使本品牌能在卖场里显得醒目耀眼，进而诱导消费者购买。<br>-厂商的产品种类繁多，新产品不断问世，而卖场空间有限，厂商的产品种类繁多，因而厂商必须有一套完整的执行计划，才可能赢得更好的陈列位置。<br>-零售店连锁化、大型化后，造成零售渠道势力的扩张，零售商讨价还价能力增强。如何打入连锁体系，维系与重要渠道之间的关系，并强化自己的品牌在该渠道的地位，就成为厂商必须全力以赴的重大课题。 |

## 四、市场推广组合策略

市场推广就是4Ps中的促销（Promotion），可以解释为与说服性沟通有关的所有营销工具的运用。市场推广是企业营销活动的重要一环。

企业的营销活动首先要求选择目标市场，然后开发符合目标市场需要的产品，制定有吸引力的价格，建立方便消费者购买的分销网络。但是，仅仅拥有一流的产品、合理的价格、畅通的渠道是不够的。消费者不会主动上门购买，因为他们面对着太多的竞争产品的选择。因此企业必须进行市场推广，也就是与目标客户进行信息沟通，将品牌（产品、服务）信息传递给目标客户，目标客户将其感受及意见反馈给企业，在企业、产品或服务、品牌与目标顾客之间建立起一种密切的联系，从而推动购买行为。

市场推广工作的作用具体来说包括以下几方面：

- 与产品的目标消费者取得直接沟通，促成消费者购买；
- 与经营产品的各种中间商取得直接沟通，促进他们积极推销本企业的产品；
- 与各种社会公众取得沟通，建立本企业和本企业产品的良好社会形象；
- 与媒体及相关机构沟通，取得这些机构对企业发展的支持。

在目前这样一个信息泛滥的社会，消费者、用户以及经销商，每天都要接触大量信息，如何使本企业和产品的信息从泛滥成灾的信息海洋中脱颖而出，为目标对象所注意和接受，就成为一个棘手的问题。为了解决营销过程中的这些矛盾，营销经理必须认真规划市场推广行动，并确保其得到良好执行。

### 1.市场推广活动的几大类型

推广策略中有广告、公共关系、人员推销、销售促进及直复营销等手段。

表4-41 市场推广活动的类型

| 推广类型 | 特点 | 工具 |
|---|---|---|
| 广告 | 具有公开性、普遍性和表现力，但成本可能高，只能单向沟通 | •报刊/广播•电视广告•包装广告•直邮（DM）•产品目录•电影广告•家庭杂志•小册子•海报和传单•说明书•广告单行本•焦点广告（POP）•路牌广告•售货现场陈列•视听材料•标志与标语 |
| 公共关系 | 具有可信性、戏剧性、覆盖面广以及双向沟通，但见效慢 | •记者报道•参考材料•演讲与咨询•研讨会•年度报告•慈善捐赠•赞助•出版/专栏•社区关系•游说•标识宣传•公司期刊•活动•制造新闻 |
| 人员推销 | 具有针对性、说服力和人情味，但接触面有限，比较昂贵 | •销售介绍•销售研讨会议•电话营销•奖励节目•推销员榜样•交易会/商品展览会•公司承诺 |
| 销售促进 | 活动见效快，具有刺激性，但作用短暂 | •销售竞赛•奖金和礼品•样品试用试尝•交易会/展览会•市场工具支持•产品生动化陈列•表演性展示会•回扣特价优惠券•延期付款•招待会•以旧换新折扣•附赠品/积分票•编配商品•咨询 |
| 直复营销 | 具有针对性，信息更新快，可建立稳定的联系 | •商品目录•邮寄•电话营销•电子购物•电视购物•网络营销 |

实际上，在综合推广活动中几乎不存在上述五种方法分别单独开展的情形，而是运用推广组合，把公共关系、广告、销售促进、人员推销和直复营销有机结合起来，达到优势互补，以便产生更好的整体推广效果。现代推

广策划必须同时解决两个问题：单一推广活动策划和整体推广活动策划。

(1) 单一推广活动策划。这是对公关促销、广告促销、销售促进和人员推销等分别进行策划，这种策划具有相对独立性和完整性，它必须充分体现各自的促销特性和优势，充分应用各自的促销理论与规律，形成自成一体的促销模式。特别说明两点：第一，单一促销策划的独立性是相对的，不是绝对独立，否则谈不上组合。实际上，在单一促销策划中必须同时考虑与其他促销策略的配合关系。第二，单一促销策划是整体促销策划的基础。整体促销策划犹如是一部机器，而单一促销策划是这部机器的零部件。因此，单一促销策划的质量直接影响到整体促销策划的质量。

(2) 整体推广活动策划。这是公关促销、广告促销、销售促进和人员推销如何最佳配合的策划（即推广组合策划）。主要有：主次配合、进程配合、手段（媒介）配合、内容（信息）配合、主题配合、策略（创意）配合、目标配合等。总之，在各自战略、策略的诸方面都要有机结合，相互推动，形成整体合力。切忌各自为阵，相互割裂，甚至相互对立。

### 2. 制定推广组合策略需考虑的八个因素

对企业来说，有许多因素影响到促销形式和手段的选择，依据不同的因素就形成不同的促销组合策略。

表4-42　推广组合策略需考虑的八个因素

| 参考的因素 | 可推广的策略 |
| --- | --- |
| 目标 | -以提高知名度和塑造良好形象为主要目标时，应以公共关系和广告为主；<br>-以销售商品为主要目标时，销售促进是关键，广告是重点，然后配合其他手段。 |

（续表）

| | |
|---|---|
| “推”“拉”策略 | -采取“推”的策略，以人员推销和针对中间商的销售促进为主。推动策略更适宜于产品知名度较低的产品。<br>-采取“拉”的策略，则以公关、广告和针对消费者的销售促进为主。通过大量而具有广泛影响的传播媒介，把产品信息跨过了中间商环节，直接传达给消费者，从而刺激消费者的购买欲望和购买行为。 |
| 产品 | -产品类型。生产资料以人员推销为主，配合公关、销售促进，广告相对较少；消费品常以广告为主，辅以公关和销售促进，人员推销相对将少。<br>-产品生命周期。生命周期的不同阶段推广目标不一样，所采用的手段也不一样。<br>-产品价格。高价商品以公关和人员推销为主，低价商品以广告和销售促进为主。 |
| 市场 | -市场规模与集中性。规模小且相对集中的市场，以人员推销为主；反之则应多采用广告、公关和销售促进。<br>-购买者类型。个人消费者以广告、公关为主，销售促进为辅；组织用户以人员推销为主，公关为辅；中间商以人员推销为主，配合销售促进。<br>-消费购买准备阶段。知晓阶段以广告、公关为主；了解阶段选择广告、公关、人员推销；信任阶段人员推销为主；购买阶段人员推销和销售促进；再次购买阶段以销售促进和人员推销为主，配合广告及公关。<br>-竞争对手的推广攻势。选择针锋相对或避其锋芒的手段。 |
| 投资 | 不同推广手段及推广组合所需资金不同，企业要量力而行，选择最佳组合。 |
| 管理 | 不同推广手段所需管理水平不同。广告、人员推销管理简单，公关、销售促进管理比较复杂。 |
| 时机 | -在销售时机（旺季、流行期、节假日和特别活动等）以广告、销售促进为重点；<br>-在非销售时机，即平时，以公关和人员推销为主。 |
| 渠道 | -企业以中间商为主分销商品，则应以广告、公共关系为主，为中间商创造有利的销售环境，再配合对中间商的促进，充分调动其积极性。<br>-企业以直销、多层传销等非流通渠道的销售方式为主，则重点是公共关系、人员推销和销售促进。 |

### 3.整体市场推广策划流程

从实践的角度看，营销经理在市场推广方面的首要职责是制定整体市场推广方案。整体市场推广方案的策划可遵循如下步骤（见表4-43）。

表4-43 整体市场推广策划流程表

| 流程步骤 | 具体内容 |
| --- | --- |
| 分析现状 | 评价公司、产品和竞争者在受众心目中的形象。形象分析的两个最重要的指标是知名度和美誉度。 |
| 确定目标受众 | 不同的目标受众，其沟通目标和沟通方式是不同。目标受众有以下几类：<br>-潜在购买者 -游离者 -品牌忠诚者 -普通公众 -政府 |
| 确定沟通目标 | 营销人员需要判断消费者处于反应层次的何种阶段，进而确定推广目标：<br>-引起注意 -促使试用 -扩大知名度 -建立美誉度 -提高顾客忠诚度 |
| 设计信息 | 推广中表述的信息结构将直接决定推广效果，信息结构包括以下几方面：<br>-说什么 -如何有逻辑地说 -以何种方式说 -由谁来说 |
| 选择沟通渠道 | -人员（销售人员、终端导购、客户服务人员） -非人员 |
| 制定整体预算 | 在我国，推广预算通常按照销售额的百分比来确定。但这种方法存在不科学之处，因为它将销售额看成是推广的原因而不是结果。其次，推广费用随着销售额的波动而波动会影响长期的计划工作。我们认为最合理的方法为目标任务法，即根据确定的目标、为实现目标所要采取的步骤、完成的任务以及估计完成任务花费的多少来确定预算。 |
| 确定推广组合 | 企业确定市场推广组合时要考虑以下几种因素：<br>-产品市场类型。消费品：广告作用最大，销售促进次之，然后是人员推销、公共关系；工业品：人员推销作用最大，销售促进次之，然后是广告和公共关系。<br>-消费者的准备阶段。在知晓阶段主要靠广告和公关；在了解阶段主要靠广告、公关和人员推销；在购买节的主要靠人员推销和销售促进；在再次购买阶段主要靠销售促进和人员推销，配合广告和公共关。 |

（续表）

| | |
|---|---|
| 确定推广组合 | -产品的生命周期。<br>-企业市场地位。领导品牌适合广告，排名靠后的适合开展人员推销和销售促进。<br>-“推”“拉”策略。针对中间商“推”时，以人员推销和中间商销售促进为主；正对消费者“拉”时，以广告、公关和消费者促进为主。两种策略应综合使用。<br>-竞争者的市场推广组合情况。在制定推广组合时，要考虑竞争者的推广手段，从而更好地参与竞争。 |
| 实施推广策略 | 在实施推广工作时可以参考“整合营销沟通”的思路，达到最高效。 |
| 评估推广效果 | 执行推广工作之后，营销人员要对目标受众进行调查，收集目标对象的行为反应、态度变化等信息。包括询问目标对象是否可识别并回忆起推广信息，看见过多少次信息，能回忆起哪几点，对信息的感觉如何，以前及现在对公司及产品的态度如何。营销人员还需收集到目标对象的行为反应。例如有多少人喜欢该产品，多少人购买，多少人向别人谈及该产品等。 |

## 五、几种常见的市场推广策划方法

### 1.广告策划方法

广告是最具攻击性的空中打击力量，威力巨大，覆盖面广。但其高昂的成本，正如导弹一样，并不是轻易、随便可以使用的。

广告策划是企业营销策划的组成部分，它服务于企业的营销目标，是从特定的产品、特定的市场出发，选择与确定广告目标、主题、媒体、时机、区域、方式、规模、预算等一系列策略性问题；然后拟定具体可行的计划，付诸实施，使广告活动具有针对性、统一性和有效性的一项系统工程。

（1）广告的功能

现代广告是营销与传播相结合的有目标、有计划、有连续性的一种信息沟通活动。它是厂商利用付费的媒体，如电视、杂志、报纸、直接信函等手段，传播有关本公司产品或服务的信息，并说服消费者购买的活动。商品需要沟通，品牌和企业形象更需要沟通，这就需要借助广告策略与广告策划来实现营销利润和市场占有率。

广告的基本功能可分为告知、教育及诱导。具体可分为以下几种：

- 提醒消费者购买；
- 使消费者了解产品优越特性；
- 提醒消费者产品可满足其需要；
- 提高销售的有效性，接触过广告的客户会对企业的销售努力有更高的评价；
- 通过广告提高中间商及企业销售人员的销售效率；
- 帮助销售人员开发新客户（中间商及最终消费者）；
- 创造意识，使广告接受者从对企业及产品无意识转变到有意识，进而形成品牌偏好并最终实施购买行为；
- 塑造品牌和企业形象，促进消费者对品牌和企业形象喜爱，加强熟悉度。

（2）广告策划的内容

<table>
<tr><td rowspan="4">广告的基本策略</td><td>刺激消费者的基本需求</td><td rowspan="3">-改变影响消费者选择商品的特性影响力<br>-增加消费者在选择商品时所考虑商品特性的数目<br>-加强消费者在选择商品时所考虑商品特性的项目<br>-改变消费者对本公司产品特性的评价<br>-改变消费者对竞争品牌产品某特性的评价</td></tr>
<tr><td>扩大选择性需要</td></tr>
<tr><td>促成立即购买行为</td></tr>
<tr><td colspan="2">在规划广告策略时，广告策略必须满足以下四个基本条件：<br>-广告策略必须能提供消费者的利益，解决消费者的问题；<br>-广告策略所提供的利益或所承诺的问题解决方案必须是消费者所需要或期待的；<br>-商品品牌名称必须和所提供的利益、问题的解决方案紧密地结合在一起；<br>-广告策略所提供的利益或问题解决方案必须可以通过媒体，准确有效地传达给消费者；</td></tr>
</table>

（续表）

<table>
<tr><td rowspan="3">广告目标</td><td>改变消费者心理</td><td>信息能改变人的行为，广告在提高知名度和消费者对企业的好感程度，改变对商品的看法，从一种品牌转向另一品牌的消费等方面都可发挥作用。</td></tr>
<tr><td>传播效果</td><td>一个广告到底应对消费者产生什么综合影响，也是应该认真确定的。这种目标制定较难用定量指标描述。比如广告是否在正确的时间传达给了正确的对象，产生了应有的记忆和理解，形成了预期的感觉和联想，激发了应有的心理变化和行为变化。</td></tr>
<tr><td>促进销售</td><td>一般以一定时间内促进销售额增长程度来衡量。</td></tr>
<tr><td>广告战术</td><td colspan="2">广告战术的使用，应配合产品生命周期与公司营销战略：<br>-导入期。以告知广告为主，一般采用密集广告支援，广告投入大。<br>-成长期。以产品利益为诉求、建立产品差异广告为主，费用逐渐减少。<br>-成熟期。市场争夺和市场维护为目标的品牌形象广告，费用再度增加。<br>-衰退期。以促销广告为主，缩小广告投入，准备退离市场。</td></tr>
<tr><td rowspan="2">广告预算</td><td>考虑因素</td><td>-产品生命周期阶段：新产品一般需要大量的广告预算以便建立知晓度和取得消费者的信任。已建立知晓度的品牌需要的预算相对较低。<br>-产品差异化程度：具有高差异化的产品需要较少的广告预算，而低差异化的产品需要较高的广告预算。<br>-市场份额和消费者基础：市场份额高的品牌，只求维持其市场份额，广告预算通常较低。而通过增加销售来提高市场份额的公司，则需要大量的广告费用。<br>-竞争与干扰：在一个有很多竞争者和广告开支很大的市场，一种品牌必须有很大的广告投入来高过市场上的干扰声。</td></tr>
<tr><td>制定方法</td><td>-百分率法：以一定期间内销售额或盈余额的一定比率，计算出广告经费。<br>-销售单位法：以商品的一件或同类商品的一箱等某一数量为单位，以这一单位广告费，再乘以销售数量而算出。例如罐头每箱单位定以10元为广告费，若一年共售1万箱，则一年的广告费为10元×1万箱＝10万元。<br>-邮购法：根据特定的广告而得来的询问价和定货的人数，来算定广告效果，找出广告费和广告效果的合理关系，以归纳的方式来决定广告经费。<br>-目标完成法：先树立一定的销售目标，决定达到这一目标所必需的广告活动和范围，然后可以算定充分的广告经费。<br>-竞争对抗法：企业参照竞争者的市场占有率及广告开支决定本企业的广告预算。</td></tr>
<tr><td>信息</td><td colspan="2">-广告诉求对象　　-广告诉求点<br>-广告诉求内容　　-广告诉求方式</td></tr>
</table>

（续表）

<table>
<tr><td rowspan="6">广告媒体</td><td colspan="2">广告媒体的种类</td><td>电视、报纸、杂志、互联网、电影、广播、直邮、传单、POP、特殊广告、定点广告（户外、招牌、霓虹广告、交通广告）、电话、黄页。</td></tr>
<tr><td rowspan="4">媒体选择考虑因素</td><td>市场方面</td><td>-消费者的属性：人总依其个人品位来选择适合的媒体，不同教育或职业的消费者，对媒体的接触习惯都不相同。要配合消费者的性别、年龄、教育程度、职业及地域性等来决定应用何种媒体。<br>-商品的特性：各种商品的特性不一样，应该按商品特性来考虑媒体。例如消费者（生活）用品广告和工业用品广告的媒体策略完全不同，前者是全体的消费大众，后者是特定的工厂、老板或董事。<br>-商品的销售范围：商品市场究竟是全国性的销售，或是限于地方区域性市场的销售，这关系到广告接触者的范围大小，由此才可决定选择何种较经济有效的媒体，以免使用不适当的广告媒体而毫无效果。</td></tr>
<tr><td>媒体方面</td><td>-媒体量的价值：如报纸杂志的发行量、电视电台的收视/听率。<br>-媒体质的价值：即考虑媒体的接触层次，应仔细分析其类型，以期与产品消费者的类型符合。同时需考虑媒体的特性、优缺点，节目或编辑内容，是否与广告效果有关。还需要考虑不同时段的价值。<br>-媒体的经济价值：要慎重考虑各媒体的成本费用，不仅要考虑“绝对成本”，即媒体的实际支付费用，同时亦应考虑“相对成本”，如用印刷媒体的每天读者数，或电波媒体的每分钟每千人的视听成本。</td></tr>
<tr><td>广告主方面</td><td>-广告主销售方法的特征：销售方式究竟以推销员为主，还是以零售商为主，销售策略不同选择媒体的标准也不同。<br>-广告主的促销策略：如计划一个赠送样品的广告活动，就要用能配合赠送活动的媒体。<br>-广告主活动的基本目的及广告预算的分配额和广告主的经济能力。</td></tr>
<tr><td>竞争者</td><td>对于同行竞争者使用广告媒体的情况与战略也应列入媒体考虑范围，以达“知己知彼”之效。</td></tr>
<tr><td colspan="2">媒体决策步骤</td><td>确认目标、把握媒体特性、决定每一媒体的预算、媒体类别的选择、媒体名称的选择、广告单体的选择、制定媒体计划</td></tr>
</table>

（续表）

| | |
|---|---|
| 广告排期 | -连续型排期：广告在整个活动期间持续发布，没有什么变动，行程涵盖整个购买周期。这是建立持续性的最佳途径。可以加强记忆，但成本高，而且受众可能会厌烦。适用于一年四季都能用、没有时间性的商品。<br>-间歇型排期：有广告期和无广告期交替出现，比较适合于一年中需求波动较大的产品和服务。采用这种排期的主要是季节性商品或者在应对竞争对手的营销活动时。广告空挡过长会影响记忆，增加再认知难度，而且会给竞争对手留下切入空挡的机会。<br>-脉动型排期：连续型排期和间歇型排期的结合体。消费者购买周期越长，越适合采用脉动式排期。采用这种排期时，广告主全年都维持一定的广告水平，在销售高峰期采用一时性脉动增强效果。采用这种方式的产品主要有软饮料等产品。 |
| 广告效果评估 | 广告发布后对效果的追踪研究通常是全面的效果评估，包括广告发布、信息到达、广告诉求认知、产品或品牌知名度、美誉度变化、目标消费者态度改变及购买行为的变化等。虽然单个的广告可能有直接的短期目标，但是必须关注广告的长远目标，因此广告发布后的效果评估，需要将短期的、单项的效果与长期的、综合的效果相结合，既考虑广告的显在效果，也关注广告的潜在效果，对广告的信息传递效果、信息到达效果、消费者态度改变效果及产品销售等各阶段做综合的评估，才能全面完整地评估广告效果。<br>评估不同的广告目标，有不同的评估方法，在此不再一一介绍。 |

（3）广告策划的流程

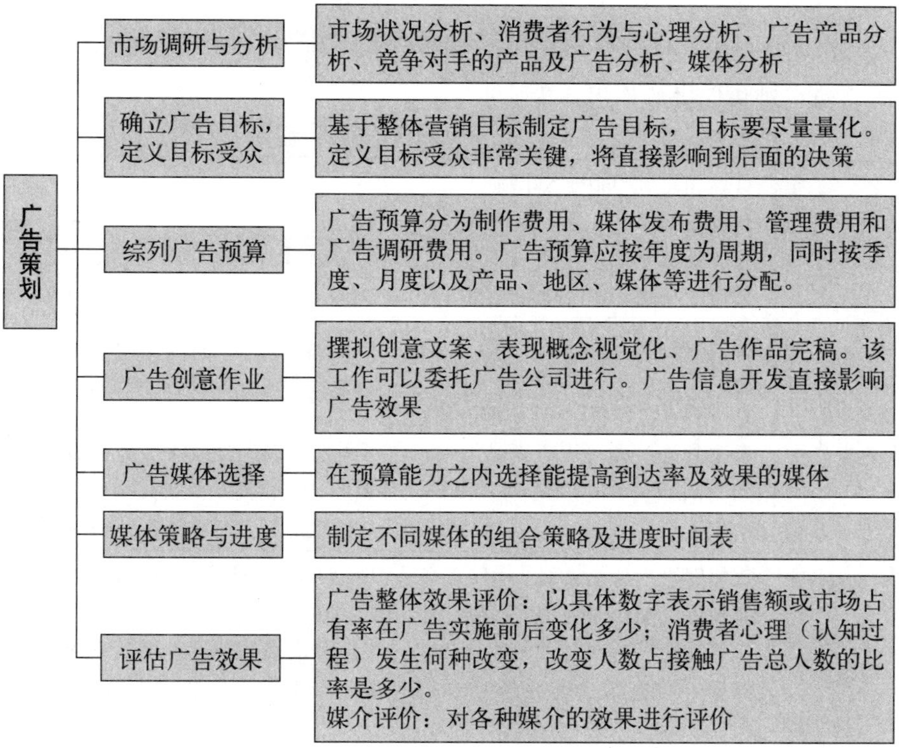


## 2. 销售促进策划方法

这里的销售促进包括了日常生活中大家所熟悉的“促销”活动在内的一些手段。美国市场营销学会对销售促进（Sales Promotion，SP）的定义是：“人员推销、广告和公共关系以外的，用以增进消费者购买和交易效益的那些活动，诸如陈列、展览会、规则的、非周期性发生的销售努力。”菲利普·科特勒认为：“销售促进是刺激消费者或中间商迅速大量购买某一特定产品的手段，包含了各种短期的促销工具。”

在市场推广实践中，广告、公关和人员推销需要较长时间才能显出效果，且总体费用投入庞大，管理难度较大。而销售促进却能在短期内收到明显成效，且费用相对较低，是企业可以灵活掌握的一个非定期性的促销工具，因此被称作企业经营中的“强心剂”。

（1）销售促进的作用及优缺点

| | |
|---|---|
| **销售促进的作用** | -有效加速新产品进入市场<br>-有效抵御和击败竞争者的活动<br>-有效刺激消费者购买，向消费者灌输产品或企业相关信息<br>-影响中间商、零售商来更加积极的销售本企业产品 |
| **销售促进的优点** | -是附加的额外诱因，可使中间商及消费者对产品产生积极态度，刺激购买。<br>-是一种直接诱因，可以立即导致销量增加。<br>-极富弹性，即可用于新品上市，也可用来强调广告或人员推销所诉求的产品信息，还可用来巩固及强化分销商、零售商及公司业务人员的推销能力。 |
| **销售促进的缺点** | -销售促进本身无法单独运作，必须和其他的市场推广工具配合运用。<br>-销售促进能在即时产生利益刺激，但只是暂时性的。<br>-销售促进所提供的附加诱因容易造成产品卖点的转移，可能有损于品牌形象的建立。如果销售促进活动举办过于频繁，会给人以“滞销品”的感觉。 |

（2）销售促进的类型及常用工具

销售促进主要分为针对企业内部员工的销售促进、针对中间商的销售促进以及针对消费者的销售促进。不同的销售促进对象，其目标和工具都是不一样的。

**表4-44　针对企业内部的销售促进**

| | | |
|---|---|---|
| **目标** | -培养竞争气氛，增强工作积极性<br>-提升产品销售业绩，取得更多促销收益 | -提升人员素质，树立良好企业形象<br>-刺激淡季销售 |

（续表）

| | |
|---|---|
| 常用工具 | ● 奖金或佣金 ● 企业内部刊物<br>● 销售竞赛（考核指标：销售量、市场覆盖率、回款状况、销售费用、年度增长率）<br>● 推销员教育<br>-销售研习会。公司定期或不定期地召集销售人员，实施技能培训以及发布新产品、新计划、新活动方案。<br>-销售手册。专门为一线业务人员编写，提供详尽的资料，包括公司及产品知识、工作内容界定和工作流程设计，销售过程中的常用技巧等。属于公司内部机密材料。<br>-销售资料夹。包含销售人员日常所需的销售辅助和管理材料，如产品价格清单、产品图文资料、POP、销售管理表格、广告等。 |

**表4-45　针对中间商的销售促进**

| | | |
|---|---|---|
| 目标 | -推进新产品的销售 -鼓励淡季购买 -提高中间商的进货意愿与数量，增加并改善陈列位与陈列面，提高市场占有率，提高铺货率以打击竞争对手 -密切与中间商的沟通和关系调整，建立中间商的品牌忠诚度。 | |
| 常用工具 | 合作广告 | 合作广告常常是由企业出钱，通过合作或协助的方式与中间商合作广告：向中间商提供详细的产品技术宣传资料；帮助中间商培训销售技术人员；帮助中间商建立有效的管理制度；协助中间商进行店面的装潢设计。简单说来就是企业免费向进货商提供设备，用来做各种宣传活动。<br>合作广告的适用范围如下：<br>-适用于新产品上市<br>-特别适用于高科技产品在市场导入期的活动<br>-需缓解和消除销售竞争<br>-促销费用不足而又想展开较大的促销活动时。 |
| | 销售竞赛 | 销售竞赛是企业鼓励经销商在规定的期限内完成规定的销售业绩，同时也是为增加产品品种而开展的促销活动。<br>-购买量竞赛 -总销量竞赛 -新产品竞赛 -销售额竞赛 |

（续表）

| | | |
|---|---|---|
| 常用工具 | 培训教育 | 中间商（尤其是经销商）应对其所经营的产品非常了解，当推出新产品和改进产品的型号、功能时，有必要请经销商参加培训。当新产品问世、企业寻求经销商合作时，为了让经销商了解产品，有兴趣和信心经营该产品，也应经常对其进行产品教育工作。 |
| | 商业折扣 | 企业为了促进产品销售，在规定期限内给予中间商一定的特价折扣，使中间商能增加购买，或购买更多品种，并促进对消费者的吸引力。因此，商业折扣可以划分为不同类型。各类商业折扣有其独特之处。<br>-添购折扣：短期内减价，刺激中间商购买新产品<br>-清货折扣：提供一定的折扣率，鼓励中间商清理积货<br>-批量折扣：按购买数量多少给予一定折扣率<br>-随购折扣：经销商购买一定产品，赠送相应的免费产品或礼品<br>-季节折扣：鼓励中间商提前储存商品<br>-促销折扣：短期内鼓励中间商自行做广告 |
| | 企业刊物发行 | 企业对中间商定期发行内部刊物，以此传递企业信息，保持与中间商的联系，了解企业的经营理念、产品动态和经营状况。 |
| | 业务会议 | 邀请中间商参加定期举办的行业年会、订货会、产品上市发布会、新闻发布会、技术交流会、产品展销会等，以此传递、展示产品信息，加强企业与中间商的双向沟通。这是最为普通和广泛的促销方式。 |
| | 采购支持 | -自动订购系统 -库存支持采购 -采购费用报销 |
| | 终端生动化 | 指透过最佳的陈列地点、醒目的POP、宣传辅助物等吸引消费者的注意，并刺激消费者的购买欲望。除此之外，产品陈列还必须有创意。 |

**表4-46　针对消费者的销售促进**

<table>
<tr><td>目标</td><td colspan="2">-增加新的消费者<br>-其他品牌消费者的转移购买<br>-配合广告活动，传播品牌形象<br>-本品牌现有消费者的某种程度提高，购买量与次数增加<br>-引导消费，达成高品质产品使用习惯</td></tr>
<tr><td rowspan="8">常用工具</td><td rowspan="3">免费样品派送</td><td>免费样品派送是将产品直接送到消费者手中的一种促销方式，主要是指针对潜在消费者。当一种新的产品或新开发、改良的产品推向市场时，为了鼓励消费者试用，提高产品的知名度和美誉度，可以采取这种方法。</td></tr>
<tr><td>免费样品派送的适用情况及目标：<br>-当品牌差异性或特点凌驾于竞争品牌之上时，运用样品派送效果最佳。<br>-当广告难以详尽表达产品的特质时。<br>-新产品上市、样品派送活动与广告应同时开展，或提前2～3周。<br>-提高原有产品的销售业绩，促进消费者购买。</td></tr>
<tr><td>常用样品派送的方式：直接样品邮寄、逐户派送、中心定点派送、学校派送、办公楼派送、联合派送、媒体派送。</td></tr>
<tr><td rowspan="5">优惠促销</td><td>有奖促销：通过给予奖励的刺激和诱导来引起消费者的注意，促进消费者参与，最终达到购买产品的目的。</td></tr>
<tr><td>优惠券：作为一种购物凭证，以便消费者在下次购买时可以享受一定的折扣，同时也是一种联合促销的方式。</td></tr>
<tr><td>退费优惠：指企业在消费者单独购买某种产品或同时购买几种商品时，给与几种定额的退费。退费优惠的具体方法有：单个商品购买退；单一商品重复购买退；同一厂商多种产品购买退；相关性商品的购买退。</td></tr>
<tr><td>集点优惠：它直接把商品的销售数量与得奖联系起来。集点优惠通常是在一段时间内积极地与竞争对手抗衡。</td></tr>
<tr><td>会员制促销：在某一消费场所以俱乐部形式提供特殊的优惠待遇。会员制促销是最能体现长期效果的一种促销方式。</td></tr>
</table>

（续表）

| | | |
|---|---|---|
| 常用工具 | 赠品促销 | 赠品一般以消费者为对象，以免费诱因来缩短或拉近品牌与消费者的距离。赠品的形式多种多样，按付费与否分为付费赠品和免费赠品两种。 |
| | 价格折扣 | 价格折扣是一种比较普遍的促销工具，是企业开拓市场、获得合理利润的常用工具。 |
| | 产品展示 | -现场演示 -店内展示 -展览会、展销会 -咨询服务 -讲座 |
| | 服务促销 | -售前服务 -订购服务 -加工服务 -送货服务 -维修服务<br>-培训服务 -代办托运服务 -分期付款 -包退包换 |
| | 免费品尝/试用 | 主要用于新产品上市或进入新市场时，可以给消费者提供试用机会。 |

（3）产品生命周期不同阶段的销售促进方法

在规划销售促进活动时，应充分考虑产品生命周期的因素。如表4-47所示。

**表4-47 不同生命周期的销售促进**

| | 对促销人员 | 对中间商 | 对消费者 |
|---|---|---|---|
| 导入期 | -教育培训-制作促销手册-准备促销用具等辅助设施-销售竞赛 | -从业人员教育 -公司内刊<br>-POP广告 -店内展示 -派遣店员<br>-销售竞赛 -合作广告 -市场工具支持 | -广告 -店内展示 -发布会 -样品派发 -宣传册派发 -试吃/用 -DM -消费者教育等 |
| 成长期 | -培训<br>-销售竞赛<br>-促销用具制作等 | 确保店头空间及排除其他竞争对手，竞赛方法要确保店头占有率、产品陈列、店内堆头等。加强零售店意识，促进产品采购量及优先订货。<br>-折扣 -竞赛 -公司刊物 -合作广告-派遣店员 -POP -市场工具等 | 大规模的广告宣传，教育消费者并提升企业及品牌形象，利用附赠品等方法刺激消费者购买。<br>-广告 -会员俱乐部 -奖品/奖金 -展示会 -店内展示 -DM -教育 |

（续表）

| | | | |
|---|---|---|---|
| 成熟期 | -竞赛<br>-教育<br>-销售用具及资料等 | -销售竞赛<br>-教育培训<br>-折扣<br>-公司刊物<br>-POP<br>-市场工具支持 | 产品本身的魅力与其他竞争对手已相差无几，为继续吸引消费者购买，则必须给予更大的诱惑力，增进消费者对产品的忠诚度。开展大规模的宣传活动。<br>-奖品价值高的抽奖活动<br>-会员俱乐部等 |
| 衰退期 | -销售竞赛 | -折扣　-竞赛<br>-派遣店员　-合作广告 | -赠品广告<br>-奖品、奖金 |

（4）销售促进策划流程

营销人员在规划销售促进时，必须先根据整体营销计划确定销售促进目标，进而制定销售促进策略，方能运筹帷幄，决胜千里。销售促进的策划工作流程如表4-48所示。

表4-48　销售促进策划流程

| 流程步骤 | 具体内容 |
|---|---|
| 市场研究 | -产品状况分析（生命周期、销量、定位）<br>-消费者分析（心理、行为）<br>-渠道状况分析 -竞争对手分析（产品、促销策略、渠道等） |
| 明确目标 | 根据营销计划目标和整体市场推广目标，来制定销售促进目标：<br>-对消费者的目标 -对中间商的目标 -对销售员的目标<br>制定目标时要尽量量化。 |
| 销售促进策略和执行方法 | -促销对象 -商品范围 -促销时机与期限 -促销力度 -促销工具 -促销地点 -促销主题 -执行人员 -行动时间计划 -拟定工作标准：分销标准（覆盖率/买进量）、陈列标准（货架陈列位/面，货架外陈列） |

（续表）

| | |
|---|---|
| 费用测算 | -礼品/赠品费用 -促销折扣费用 -广告宣传费用<br>-助销/陈列费用 -储运费用 -人员劳务费用等 |
| 过程控制 | -明确人员分工及配合运作流程 -广告支援 -良好的渠道管理水平<br>-陈列辅助 |
| 效果评估 | -事前评估（根据以往经验分析、经销商/消费者评价）<br>-执行中评估（销量增长情况、优惠券反馈数等）<br>-事后评估（成本、订单数、优惠券兑换数等） |

（5）销售促进策划书的编制方法

销售促进的策划工作需要由销售部人员给出建议，市场营销部相关人员承担完成。而实施工作则需要由销售部及渠道中间商完成。为了达到销售促进目标的实现，公司内外人员必须相互配合。因此必须将主题或目标说清楚，在所有人明确了解后，再具体安排如何行动。在实际操作中，应该编制书面的“销售促进策划书”并举办发表会。

一般策划书根据对象可分为“公司内部策划书”及“公司外部策划书”两种。

公司内部策划书又分为以管理层及相关部门为对象和以推销员为对象两种。

对公司内管理层和相关部门的策划书，首先要求内容正确，并附详细的现状分析及预测。给推销员的策划书需要就策划背景的市场状况作详细说明，虽然可能比给高层主管的计划简单些，但仍需要有更多具体的行动内容的指示，此类策划书通常又称为“促销手册”。手册包涵内容，应极具实务性。

公司外部策划书指针对中间商（批发、零售）使用的策划书，此类策划书的内容包括以下几个项目：

1）市场形势分析。就计划中整体背景之“市场状况”说明，并摘要说明为何需要此计划，不必过分详细，只要用简明扼要方式使读者了解清楚即可。

2) 主题提示。明确表示计划的整体目标，根据前项状况说明，展开对应策略，此部分通常采用促销活动手册方式，将主题用简短文章以醒目字句表示。计划的宗旨或目标，也必须要用易于明白理解的方式表达。

3) 策划内容。通常很少以单一的销售促进计划来设计，一般是与新产品的上市或广告的促销活动同时展开。

此部分内容包括其他的具体营销活动计划，并以图表方式明确表示。公司内部使用的策划书在此部分叙述较详细，而对中间商等公司外部使用者则仅以概略方式表示。其所涉及的产品或广告、销售促进用器材等则用较具体的相片或图片配合参照，较易于理解。

4) 广告图片表现。承接前项计划内容，明确表示各相关单位人员应负的任务。如对象为零售店时，则应将陈列方法，陈列玻璃窗的 POP 广告或广告图案的使用方法，都用相片具体表示。

5) 执行与追踪。实施销售促进时发生的琐细手续以及其他资料部分。所谓资料，包括 POP 广告或宣传单费用在内。POP 广告或宣传单，若以零售店为对象时，是零售店代替厂商实施的，应免费供应，但在实务上，若酌情划定一定比率让零售店负担，则可防止送出的 POP 或传单被滥用滥发甚至任意丢掉，同时也会增加零售店的使用动机。因此应当酌量收取一定的费用。而针对中间商使用的策划书如何让其仔细阅读，以及如何让其清楚了解是重点。因而多使用图书或彩色印刷图片而减少文字，较易使对方了解。

### 3.公共关系策划方法

公共关系 (Public Relation) 是指某一组织为改善与社会公众的关系，促进公众对组织的认识、理解及支持，达到树立良好组织形象，促进商品销售目的的一系列活动。它本意是工商企业必须与其周围的各种内部、外部公众建立良好的关系。它是一种状态，任何一个企业或个人都处于某种公共关系状态之中。它又是一种活动，当一个工商企业或个人有意识地、自觉地采取措施去改善自己的公共关系状态时，就是在从事公共关系活动。

公共关系作为一种新型的沟通工具，近年来被越来越多的企业广泛应用，原因在于其具有成本低甚至免费、可信度高、渗透力强、公众参与度高等优点。

（1）公关对象及其期望

| | |
|---|---|
| 员工 | 提供员工期望的合理薪资、良好的工作环境、安定的工作机会、升迁的机会以及完善的退休计划。这些期望若获得满足，管理者即可获得更高的生产力，忠实与稳定的工作欲望，以及良好的员工关系。 |
| 消费者 | 消费者们所期望的是可靠地供应品质优良的产品，合理的价格，以及良好的服务，消费者也会以更多的购买、支持公司政策等来作为报答。 |
| 股东 | 股东们希望分配股利、增加业主权益，以及合理的投资回报率。股东们也以准备新的资金来源，支持公司本身及其行动等方式作为报答。 |
| 上下游厂商（供应商/经销商） | -供应商：合理的交易条件、适当的利润以及连续不断的关系，获取供应商乐于准时交货、帐期优惠以及良好口碑。<br>-经销商：合理的交易条件、适当的利润保障、有效的渠道控制、销售援助措施，可以获取经销商的忠诚度、更多的资金占用、及时付款保证、积极推销产品，以及更好的陈列。 |

（续表）

| | |
|---|---|
| 政府机构 | 主动、自觉遵守中央及地方政府法令，按时缴税，积极响应、参与政府号召的各项活动，争取政府扶植、放松管制条件，以及亲切的服务。 |
| 地方社团 | 参加地方社团，积极参与各种公益活动（如慈善、环保、提供就业机会等），以增强亲和力，获取良好经营氛围和社团支持。 |
| 金融机构 | 金融团体期望获知企业的有用情报，以便向投资人提供公司的资料与能力，向公众展示公司的投资价值。作为回报，金融团体可在债务安全方面提供低廉利率，并在权益安全方面提供积极的市场。 |
| 新闻界 | 在公平、诚实的基础上与新闻界维持良好的沟通关系，争取媒体予以公司正面、积极的报道。 |

（2）公共关系的作用

作为整体推广组合中的公共关系，其任务应主要有下列三点：

1) 树立可信性，建立知晓度并说服顾客接受本企业的产品或服务。作为整体的公共关系，包含旨在推广或保持一个公司的形象或其产品的各种方案。而且营销公关的主要目的之一就是，运用宣传推广来向公众提供有关一个公司的产品、政策或人员的信息，这样做的一个直接效果，就是要引起公众对企业产品或服务的广泛注意，并受该企业各种宣传推广的影响，相信该产品或服务是自己所喜欢的或必备的，且质量、价格均是可接受的。

2) 塑造企业良好的形象。这可说是营销公关的中心任务。因为公共关系的最一般定义已明确指出，公共关系包括所有旨在塑造和维持企业良好公众形象的活动。企业之所以要通过各种公关活动来塑造良好的公众形象，归根到底还是企图通过各种活动，特别是各种赞助和社会公益活动来显示本企业是个“社会好公民”，从而间接提高销售量。

3) 平息企业或产品危机。作为企业本身及其产品来看，尤其是国际营销企业，由于其市场广阔，面临的内外营销环境更复杂，内忧外患的情况更多。从内忧方面看，一个企业在经营过程中出现差错，酿成危机的情况时有发生；外患方面，由于沟通不良，信息阻塞或失真引起公众误解，或由于他人故意中伤诽谤，导致企业和产品销售发生危机的情况也时有发生。尤其是一些有名气的企业，更易招来他人的中伤，对此，企业必须十分重视，大力开展公关及其他相应工作，防范或平息因此而引起的风波。

（3）企业常用的公关与宣传形式

| | |
|---|---|
| **公关宣传** | -新闻稿、专栏报道、社会性报道，密切与新闻界的关系，吸引公众对某人、某产品或某服务的注意。<br>-口语传播、会议、演讲 -企业内刊 |
| **公共活动** | -记者招待会 -展览会 -企业联谊活动 -典礼或仪式 -制造新闻 -赞助活动 -公益活动 |
| **企业形象广告** | -赞助性企业广告 -公益性企业广告 |

（4）公关策划流程及主要内容

| 流程 | 具体内容 |
|---|---|
| 调查研究 | 企业通过调研，对企业形象现状及原因进行分析，从而为选择公关活动目标和方法提供依据。 |
| 确定目标 | 一般说来，企业公关目标是促使公众了解企业形象，改变公众对企业的态度。具体地说，公关目标是通过企业传播信息，转变公众态度，即唤起企业需求。必须注意，不同企业或企业在不同发展时期，其公关具体目标是不同的，且要具体、可行。 |
| 设计主题 | 公关活动的主题是对公关活动内容的高度概括，它对整个公关活动起着指导作用。主题设计得是否精采、恰当，对公众活动成效影响很大。公关活动主题的表现方式是多种多样的。它可以是一个口号，也可以是一句陈述或一个表白。如日本精工计时公司，为使精工表走向世界，利用在东京举办奥运会的机会，进行了以“让世界的人都了解：精工计时是世界第一流技术与产品”为目标的公关活动，活动的主题是：“世界的计时——精工表”。 |

（续表）

| | |
|---|---|
| 设计主题 | 公关活动的主题看似简单，实非易事。设计一个好的活动主题一般要考虑三个因素：公关活动目标，即公关活动的主题必须与公关活动目标相一致，并能充分表现目标；信息特性，即公关活动主题的信息要独特新颖，有鲜明的个性，突出本次活动的特色；公众心理，即公关活动主题要适应公众心理的需要，主题要形象，辞句能打动人心，使之具有强烈的感召力。 |
| 分析公众 | 公关活动是以不同的方案针对不同的公众展开的，而不是像广告那样通过媒介把各种信息传播给大众。因此，只有确定了公众，才能选定哪些公关活动方案最为有效。不同的公众群体有着不同的要求。 |
| 活动方式选择 | 公关活动方式的选择是策划的主要内容。通过什么方式开展公关活动关系到公关工作的成效。选择活动方式是创造性的工作。公关活动是否新颖、有个性，关键取决于策划人员的创造性思维是否活跃。因此，在选择活动方式时，要充分发挥策划人员的独创能力和潜在能力。 |
| 工作量估计 | 对一项公关活动所需人力和时间等因素的综合测算，它分为定期与专项公关工作量估计，日常事物型公关工作量估计和年度公关工作量的估计。 |
| 经费预算 | 为使公关活动能顺利进行且开支不超过预算，达到低收入高效益，因此，必须对公关预算进行控制。公关预算包括经营性控制、定期控制和单项控制三部分。对单项公关活动的预算控制，按公关实施程序可分为三个方面：<br>-调查和策划阶段的预算控制；<br>-传播阶段的预算控制；<br>-评估阶段的预算控制。 |
| 交流信息 | 企业通过大众传播媒体及交流信息的方式传播信息。公关过程就是信息交流过程。与广告不同的是公关活动是双向的沟通，在实施过程中要保证公众高的参与度。 |
| 评估公共关系结果 | 通过对公关效果的分析评估，在肯定成绩的同时，找出实施效果与公关目标的差距，测估和控制公关工作量与预算，适当地调整公关目标、计划和传播实施方案，保持公关实务活动的协调性与连续性。评估可以分为以下三个方面：<br>-计划设计的评估：目标是否合适？方案与目标是否一致？预算费用是否足够？<br>-方案实施的评估：是否达到目标？是否超出了原计划？是否合理利用了各种资源？对社会产生了什么影响？<br>-效果评估：评价的指标可以包括曝光频率、曝光次数、反响。<br>评估方法可以采用：民意测验、专家评估、访问面谈、观察法、企业经营及销售资料分析等方法。 |

（5）危机公关

实际上，危机与我们的日常生活息息相关。我们每天打开报纸、电视和网络都可能看到各种各样的危机。

危机有四个特征。第一，公众和媒体强烈关注。如果这个事情还没有引起公众和媒体关注，虽然发生了，但不是危机，只是一个事件。第二，危机一旦爆发了之后，公众非常情绪化。因为公众的消息往往是从媒体处获得，而公众对于媒体的信任度远比对于企业信任度高。第三，有罪推定。第四，若处理不当，危机对于信誉和品牌有强烈和深远的破坏性，不管多大的危机都会过去的，但是它会在公司或政府的历史上留下永远抹不掉的污点。

一般来讲，企业面对危机会有下列几种错误反应：第一，侥幸心理，对危机不重视，以为不会落到自己头上，舍不得把钱花在危机管理上，在这方面不做任何准备；第二是理直气壮，认为人正不怕影斜，对于媒体的采访和公众的咨询一概否认，没有意识到应当给大家一个更加正面的印象和看法；第三是“鸵鸟”政策，不愿或不敢直面现实，遇到大的危机一下子被打昏了，就赶紧躲起来；第四是推卸责任，指责他人，可能使本来可能化解的危机不断地升温，加大损失；第五是用纸包火，极力遮掩，想通过各种运作，隐瞒媒体不要报道，结果大家肯定是都知道了；第六是自我疗法，找律师，找媒体的朋友，或者找政府关系。

从事危机管理的专业人士都清楚地知道，没有人能保证化解每一个危机，但有一点是肯定的，时刻提高警惕，肯定会在一旦发生危机时把危害的程度降到最低。对于一个企业、机构和政府来说，建立一套危机管理系统，制定一套危机管理流程和方案是至关重要的，否则将会猝不及防，只有招架之功，毫无还手之力。

危机管理系统包括：第一，预警系统，其中有市场风险评估、问题报告制度等；第二是沟通系统，建立新闻发言人制度、核心媒体队伍、政府关系、内部员工沟通；第三是反击系统，主要是调研、法律、后勤和“弹药库”。危机发生以后，怎么安排人手、哪些人做哪些事情、在什么场地安排新闻发布会等，这些是非常必要的事；第四是建立信任银行，银行里存的不是钱，存的是信用；第五是危机管理流程及演练。

危机管理的十个原则：

- 从受众的角度看问题，自我定位为解铃人；
- 绝不允许受众被误导；
- 要把问题和潜在的危机消灭在萌芽状态；
- 要诚实、认真和勇敢；
- 平时要投资信任银行，危机时更要信守承诺；
- 给一个积极正面的态度；
- 反应要果断迅速，摒除零风险危机管理观念；
- 绝不能指责消费者和他人；
- 绝不能逃避，要勇于面对批评最猛烈的媒体；
- 不要放弃常识。

**危机处理的“3W+4R+8F”**

福莱灵克公关咨询公司有一个危机处理的公式：3W+4R+8F。

3W 是指在一场危机中，沟通者需要尽快知道三件事：

- 我们知道了什么（What did we know）？
- 我们什么时候知道的（When did we know about it）？
- 我们对此做了什么（What did we do about it）？

4R是指在收集到正确的信息之后，要把危机处理当作一个过程来执行。企业要表达遗憾（Regret），保证解决措施到位，防止未来相同事件发生（Reform），并且提供赔偿（Restitution），直到安全解决危机（Recovery）。

8F则是执行3W与4R中应该遵循的八大原则：

- 事实（Factual）：向公众说明事实的真相；
- 第一（First）：率先对问题做出反应；
- 迅速（Fast）：处理危机时要迅速果断；
- 坦率（Frank）：沟通情况时不要躲躲闪闪；
- 感觉（Feeling）：与公众分享你的感受；
- 论坛（Forum）；
- 灵活性（Flexibility）；
- 反馈（Feedback）。

**表4-49 人员推销的优缺点介绍**

| | |
|---|---|
| **优点** | 可正确诉求消费者需要<br>形成双向沟通<br>有效进行商品展示<br>及时情报回馈<br>有效执行公司市场计划（广告/促销/陈列等）<br>与达成销售关系直接 |
| **缺点** | 需要高额费用（培训/人事/其他销售费用）<br>缺乏优秀推销员<br>管理困难（人事/业务管理） |

**4.人员推销策划方法**

（1）人员推销的特性

在实际操作中，人员推销工作通常由销售部完成。在此，我们简单介绍人员推销的优缺点（具体见表4-49）。

（2）人员推销战略的制定程序

制定人员推销战略时，可参照如下程序，见图4-35。

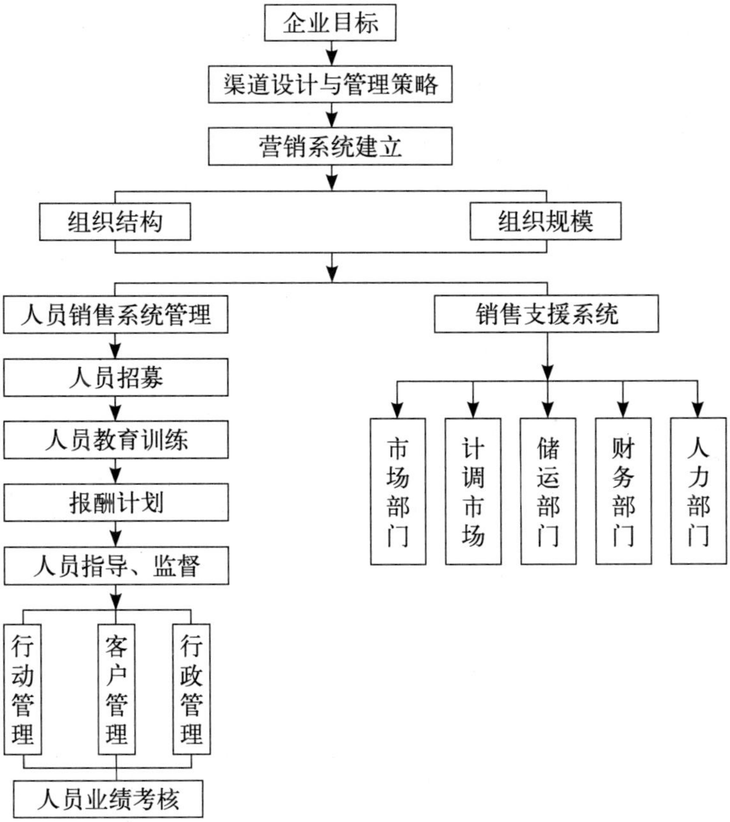


**图4-35 人员推销战略策划程序**

### 5、零售终端活化的方法

零售终端活化就是通过有效的环境规划、气氛营造、商品陈列等手段使零售卖场具有一种冲击力的活性，以吸引消费者并刺激消费者的购买欲望，最终促使消费者购买。在当今市场竞争白热化的情况下，越来越多的企业开始注重对终端的活化管理。在消费者面临很多选择机会时，品牌忠诚度正在逐渐降低。如果企业只注重通过广告来建立知名度，吸引消费者而忽视了终端工作，来到终端的消费者会很容易地被那些终端活化做的好的竞争对手所吸引。而且终端活化可以帮助一个全新的品牌较快地建立市场基础。即使消费者对新品牌没有什么认知，只要终端活化做的好就可以吸引消费者，取得不错的销售业绩。

零售终端活化主要通过 POP 广告与商品陈列来实现。下面我们来具体介绍这两种手段。

（1）POP 广告

POP 广告是“Point of Purchase Advertising”的缩写，也称为“购买点广告”，即在消费者购买商品的时点（零售店店头）使用的广告物。POP 广告包含店内的一切陈示用品。

POP 与其他广告媒体或销售促进的方法相比，有其特殊的功能：

- 吸引注意力：对混杂在大量商品中的本公司产品，制造吸引顾客视线的魅力。
- 提高商品说明的理解度：告知商品特性、使用方法。尤其在超级市场等从业人员不多的销售点，更可以发挥很大威力。
- 创造气氛：制造店头气氛与商品吸引力。
- 使媒体广告与商品相联系：无论厂商做多少广告，若不能让消费者在销售场所有所联想，则对销售的促进并无实际的好处，因此唤起消费者对广告的认知相当重要。

● 诱发顾客行动：销售现场的商品，最能诱发消费者立刻采取购买行动，这是 POP 广告以外其他广告媒体所没有的优点。

表4-50 POP广告的种类和运用

| POP的种类 | POP的运用 | 注意事项 |
| --- | --- | --- |
| 海报 | 消费者最常走的路线（动线），像入口处的玻璃，产品陈列处，店外 | 保持整齐，定期更换，不要被其他海报遮挡，取得店主或摊主人的同意 |
| 货架标签、标志 | 正常货架或堆箱上的辅助 | 保持整齐，清洁，不要档着商品陈列 |
| 柜台展示卡 | 柜台或堆箱时放置于产品上 | 定期更换，如果堆箱位置很小，应避免影响到顾客拿取产品 |
| 挂旗及挂幅 | 堆箱围衬及上方、店内走道上方、店头内口、售货亭外悬挂 | 定期更换，取得店内同意，亦可单独使用 |
| 窗贴 | 入口处的门窗或面临道路的窗户 | 保持整洁，不变形，足够的货量，容易拿取，可配合其他POP广告一起使用 |
| 柜台陈列盒 | 百货公司柜台或收银台或小店柜台 | 保持整洁，足够的货量，容易拿取，可配合产品介绍手册或宣传单 |
| 人工绘制的POP | 自己动手组做或请店内人员协助制作，各种规格或图样的POP | 整齐、清洁是最基本的要求，不可影响到产品的形象。<br>若无公司印制的POP广告，应立即人工制作。<br>透过店内制作，通常可取得较高的配合。<br>随时均应准备好制作的工具。 |

（2）商品陈列

在竞争日益激烈的环境里，商品本身固然重要，但商品的陈列却有不容忽视的地位。营销人员应该认识到，在今天白热化竞争下，即使其他营销活动都搞得有声有色、轰轰烈烈，但如果缺少临门一脚——在店头做好陈列工作——一切的努力就会被大打折扣。“胜负决定在店头”已经成为厂商的共识了。

商品陈列具有如下作用：

● 陈列可以提高货架占有率，争取空间。

● 陈列具有美化效果，使产品显眼突出，吸引消费者的注意。

● 陈列可以刺激消费者的购买欲。

● 陈列可以保护品牌，树立良好的企业形象。

● 陈列可以塑造零售店的形象，提高竞争力。商品陈列具有丰富的表现力和强大的吸引力，哪家店商品陈列得好，那它就能获得经营上的有利地位。

● 陈列有信息功能。量多、巧妙的陈列，可以传递给顾客更多的商品信息，减少顾客询问，缩短交易时间。

1) 陈列的几大要点

商店里商品琳琅满目，陈列着上千种不同品牌、不同包装的商品，消费者进入商店，一分钟内至少要经过一百多种商品。如何让他们停下脚步，对你的商品发生兴趣，进而购买商品，这是商品陈列所面临的考验。要做好商品陈列，必须遵循以下几大要点（见表 4-51）。

表4-51 商品陈列应遵循的要点

| 要点 | 说　明 |
| --- | --- |
| 充分利用现有的陈列空间 | 要充分利用现有的陈列空间，使它发挥最大的效用与魅力，切忌产生中空或货源不足的现象，以免竞争者乘虚而入。当然，如果行有余力，我们也可以（也应该）往外拓展，积极争取更大的陈列空间。 |
| 好的陈列点 | 好的陈列点与差的陈列点相比，销量会有成倍的差异，在一些大型的超市或商场，对一些好的陈列点，一些国际性公司就算出大价钱也要抢占。<br>陈列时要争取人潮较多的陈列位置。在卖场里，一定要掌握消费者的移动路线，并将产品尽量摆在消费者经常走动的地方，如端架、靠近入口的转角处、商店中人流最多的走道中央、墙壁货架的转角处、出纳出口处等。 |
| 具有吸引力 | 商品陈列只有吸引消费者的视觉注意力，才能有效传达商品的讯息。一般把握以下技巧：<br>● 充分利用现有商品数量，堆放在一起显示气势；<br>● 完成陈列工作后，故意拿掉几个商品，一来可以留空隙方便消费者拿取，二来借此显示商品良好的销售状况；<br>● 陈列时把自己的商品与其他品牌的商品划分清楚；<br>● 配合陈列空间的大小，充分利用广告宣传品来吸引消费者注意，也可运用整堆不规则的排列法，节省时间，并创造特价优待的意义。 |
| 方便性 | 好的陈列一定要方便消费者拿取。陈列时要注意几个方面：<br>● 依照主要消费者的身高，摆在他们视线水平、唾手可得的地方；<br>● 争取好的陈列点，让消费者能从不同的方向取得商品；<br>● 记住货架的正确位置，不要把不同类型的商品混放。 |
| 陈列产品的所有规格 | 陈列产品的所有规格，以便消费者视自己的需要选购，否则，消费者可能会因为找不到使用的规格，而购买竞争品牌的产品。<br>但如果货架陈列面有限，则我们应该陈列流转最快的规格，而不要让流转慢的产品滥竽充数，浪费空间。 |

（续表）

| | |
|---|---|
| 系列产品集中陈列 | 系列产品集中陈列，其目的在于增加系列产品的陈列效果，使系列产品能一目了然地呈现在消费者面前，让他们看到并了解公司的所有产品，进而吸引消费者的注意，刺激他们做出冲动性购买和相关产品的购买。此外，系列产品中比较强势的产品，也可以通过集中陈列的效果，带动系列中比较弱势的产品，以便培养明日之星。 |
| 价格醒目 | 价格对消费者的购买具有极大的影响力，价格本身具有销售力。要注意几个方面：<br>● 价格要标示清楚，没有清楚的价格，即使消费者有兴趣，也会影响其购买决心；<br>● 价格标示必须陈列在醒目的位置上，数字的大小也会影响吸引力；<br>● 直接写出特价的数字比告诉消费者折扣数更有吸引力。 |
| 保持商品最好面貌 | 在陈列的过程中，出了要保持产品本身的清洁外，还必须随时更换商店中损坏品、瑕疵品和到期品。如果有滞销品，应想办法处理，不能任其蒙尘，有损品牌形象。将产品的正面朝向消费者、排列整齐、避免缺货、随时保持货架干净，也是维持商品价值的基本方法。总而言之，就是要让商品以最好的面貌面对消费者，以维持商品的价值。 |
| 新鲜感 | 对于一成不变的事物，看多了容易使人产生反感，商品陈列也是如此。因此，要不断地改变商品的摆放形式。即使没有新商品出售，也会使顾客耳目一新。 |
| 季节性 | 季节对于商品陈列的影响很大。因为即使是再好的商品，如果与季节所需不同，也必然会导致滞销。季节性商品陈列应在季节前开始着手，商店应了解顾客的潜在需要，根据天气的变化来改变商品陈列。 |
| 稳固性 | 商品陈列在于帮助销售而不是特技表演：在做整箱(件)展示时，既要考虑适当高度的吸引力，更要顾及它的稳固性。整箱展示应注意，把打开的箱子摆在一个平稳的位置上，更换空箱，从最上层开始，确保安全。 |

2) 有效商品陈列的黄金定律

| 黄金定律 | 说 明 |
|---|---|
| 计划及准备 | 好的计划及充分准备是成功的开始。要确定你需要的陈列器材及工具等，包括：陈列辅助物、大头针、笔、浆糊、订书机（针）、剪子、铁钉、梯子、胶带、货架吊绳、旗帜、价格标贴等，并做好相应的计划与准备。如果你的计划在竞争者之前，你就赢得了一半的胜利。 |
| 客情关系 | 具有良好的客情关系，才能获得终端卖场支持，创造好的陈列表现。让终端卖场成为您的好朋友，说服他接受陈列的好处，努力引起零售商的注意与兴趣，尊重他的反对意见，谅解他的感受，从他的角度看问题，要有耐心不断去争取。 |
| 客户的机会点 | 在终端商店争取机会占领最好的陈列位置，做最好的陈列，一般要考虑以下问题：<br>了解你需要在哪一个终端卖点做陈列，了解哪一个品牌需要陈列，决定所需陈列商品的大小及种类，找寻适当的陈列位置(交通要道谨记在心)，解释陈列的概念，强调陈列的利益点，回应终端卖场的反对意见，并取得同意，让终端卖场同意陈列的时间等。 |
| 熟悉你自己的陈列辅助器材 | 海报、货架吊绳、空的货箱、箱子、柜台陈列物品、悬挂物、样品、简册、传单说明书、标识标贴等，要特别了解与熟悉。 |
| 充分利用你的想象力做好陈列 | 尽量有效运用一切可用的空间，考虑有没有另外不同的方式来使用你的陈列辅助器材，使得陈列能更突出；同时弄清楚你的竞争对手在做什么，并采取相应对抗措施；使用相关的器材，以强化你的陈列，使它突出显眼；最后确定你的陈列与自己的产品定位是否相符。 |
| 陈列的小密诀 | 以下小秘诀，可能会让你受益匪浅：<br>-不要让你的顾客不容易取得你的商品，这会影响顾客购买。<br>-不要让你的海报或陈列被其他商品或东西掩盖住，这会让你的对手抢走你的销售机会。<br>-不要让零售商觉得不容易堆放补货，零售商觉得麻烦，会拒绝按你的要求陈列。<br>-不要将不同类别的商品堆放在一起，那样会引起顾客的不愉快感受与联想，如洗衣粉跟食品放在一起，顾客心中会产生顾虑与不安全感。<br>-尽量抢占好的陈列位置，顾客经常或必须经过的交通要道是第一选择。 |

（续表）

| | |
|---|---|
| 陈列的小密诀 | -安置你的陈列可以从外面看得到，这样才会吸引顾客的注意力。<br>-在顾客还未到堆放商品的陈列前让他（她）知道你的陈列位置。比如运用指示牌等，否则很可能让堆放的陈列失去意义。<br>-安放你的陈列使之接近收银台或就收银台的边墙安放，顾客经过时或当他们等待被服务时即可看到。<br>-试试运用一些小的“指示、提醒”式的陈列，摆放少数的商品在柜台上，而主要商品就陈列在顾客站着面对方向的货架上。<br>-弱势品牌最好尽量争取陈列在第一品牌的旁边。 |
| 上货架的技巧 | 注意几个方面：<br>-上货架的商品，最少的与市场占有率相符；<br>-最大的，占同一类货物位置的70%；<br>-所有商品的陈列，应按照贡献度安排，建立好的陈列计划。 |
| 陈列的检验与评估 | 为了确保你的陈列有效，最后应对你的商品陈列情况进行检验与评估，考虑以下因素：<br>-陈列是否位于热点?<br>-它是否真的在此店中占优势?<br>-陈列大小合适吗?<br>-是否有清楚、简单的销售信息?<br>-价格折扣是否突出、醒目易于阅读?<br>-商品是否易于拿取?<br>-陈列是否稳固?<br>-是否容易被迅速补货?<br>-所有陈列的商品是否干净且整洁?<br>-终端卖场是否同意在一特定期间保持陈列?<br>-是否妥善运用陈列辅助器材? |

3) 陈列的常见方式

| 方法 | 说　明 |
| --- | --- |
| 水平陈列 | 把商品沿着货架拍成横排，以便消费者来回左右浏览。在这种方式下，应该把周转最快的畅销品摆在中间，比较滞销的商品放在两旁，如此一来，可以诱使消费者在搜索热门商品的同时，也浏览其他滞销商品，以增加后者的曝光度，提高消费者试用的机会。 |
| 垂直陈列 | 把同类商品沿着货架由上往下摆。畅销品最好摆在下层，滞销品最好摆在上层。这样消费者在由上往下看时，能对滞销品留下印象，进而加以尝试。在这种方式下，商品最好靠货架旁陈列以便拥有一个天然屏障。此外，垂直陈列还要考虑陈列的宽度。过窄的话消费者的眼睛很容易转移到其他商品上，每列的宽度至少要九十厘米。 |
| 端架陈列 | 人潮流动频繁之处，是兵家必争的陈列重镇。端架身处于每排货架垂直交叉之处，既醒目又突出。如果能将产品陈列在上面，效果会非常好，而且可以成为引人注目的“展示架”，具有一定的广告作用。 |
| 割箱落地陈列 | 在超级市场里，我们常会看到有些产品把纸箱割掉一部分，露出品牌名称与商标，从地上一箱箱堆起来，这就是割箱落地陈列。目的是希望在正常的货架陈列外，凭借独立的堆箱陈列，突出自己的品牌，扩大陈列面以及与消费者的接触面，吸引消费者的注意，进而吸引他们前来购买。这种特殊陈列在超市也是要收费的，不过，以其醒目的陈列效果而言，付出代价绝对值得。从“广告”的角度来看，端架陈列与割箱陈列应该是值得投资的。<br>割箱陈列的位置选择非常重要，它会直接影响到陈列效果的好坏。下列几个地点可以当做参考：<br>-特价区（激发冲动性购买）　-收银台附近（激发冲动性购买）<br>-相关产品类别的货架附近（扩大陈列面吸引注意）-人潮流动频繁处，如端架 |
| 交叉陈列 | 交叉陈列就是在相关货架上，帮产品找寻更多露脸空间，以争取更多的销售机会。比如婴儿洗发水不仅要摆在婴儿用品货架上，也应该放在一般洗发水的货架上；湿巾可以放在家庭用品、清洁用品、卫生用品等货架上。简而言之，交叉陈列就是从消费者的使用时机、产品的用途等角度，规划商品的陈列位置，使商品陈列与消费者的“生活”紧密结合。如此，一方面可简化消费者的购买行动，一方面可扩散商品的陈列点，使它可在不同的货架上与消费者见面，进而提醒、刺激消费者购买。 |

4) 正常货架陈列的要点

**表4-52 正常货架陈列的建议做法**

| 商店形态 \ 成功课表 | 杂货店、百货店 | 超市自选商店 |
| --- | --- | --- |
| 陈列位 | -靠消费者常走的路线<br>-靠消费者视线水平的位置<br>-靠主要市场领导品牌或同类商品<br>-靠玻璃柜台上层 | 靠近消费者常走的路线，视线水平的位置，临近领导品牌及同类商品，水平陈列或垂直陈列 |
| 陈列面 | 比竞争者多，愈多愈好 | 每种规格至少2个排面，比竞争者多，愈多愈好 |
| 产品线 | 保质期长，无需进行严格冷冻或冷藏管理的所有品类产品 | 每一种规格均需陈列 |
| 库存 | 货架、柜内库存需补满，店内至少有比购买周期多一周的库存 | 货架上应常补满货，库存区均至少有比购买周期多一周的库存 |
| POP | 店口的挂旗、挂幅，海报，柜台展示卡、陈列盒，货架卡，玻璃柜贴纸，摇摇卡 | 货架卡，店门口的挂旗，横幅，海报，窗贴 |
| 维护 | 第一线人员巡点时应随时维护，更换POP，增加陈列面及调整位置，对配合度高的商店予以奖励 | 销售人员应于拜访时更换POP，维持整洁，补货，并请店内人员平时协助上述工作之维护 |

5) 几种特殊陈列的要点

特殊陈列，又称第二陈列位，排除正常货架陈列，另外在适当的位置的陈列，如堆箱陈列、前端陈列、大位陈列、试用品、样品规格陈列等。

表4-53 几种特殊陈列的建议做法

| 成功要素 \ 陈列形态 | 堆箱陈列 | 大位陈列 | 前端架陈列 |
| --- | --- | --- | --- |
| 陈列位 | 消费者最常走的路线上 | 通常在堆箱区内，或足够大的空间，并应在消费者常走的路线上。 | 通常是租用的，故应选择消费者最先经过的地段。 |
| 陈列面 | 尽量将所堆的产品全面开箱，并将产品正面对着消费者。 | 应将所陈列的产品全部开箱并堆箱，最大限度内占用陈列空间，产品正面需面对消费者。 | 应将所陈列的产品全部开箱/割箱陈列，陈列面愈多愈好，产品正面需面对消费者。 |
| POP | 挂旗、横幅（可围衬），货架卡，海报、柜台展示卡，价格标示卡 | 应将可能使用的POP全用上，设计主题POP。 | 横幅、挂旗，货架卡，价格卡，试用包吊牌，海报。 |
| 维护 | 经常补货，更换或补充POP，注意价格是否维持计划价格，作库存翻转及割箱陈列 | 经常补货，更换或补充POP，补货时应作库存之翻转及割箱。 | 经常补货，更换或补充POP，注意库存翻转及货架的整齐清洁。 |

### 6.产品生命周期各阶段的营销策略

前面我们讲到了营销策略的各个方面。而每个策略都不是孤立存在的，它们可以说是相辅相成。不管制定何种营销策略，有一个因素是必须考虑的，那就是产品生命周期。产品生命周期是现代市场营销理论的一个重要概念。企业对自己产品生命周期发展变化的研究有助于掌握其市场地位和竞争动态，为制定产品策略提供依据，对增强企业的竞争力和应变能力也有重要意义。

需要注意的是这里的产品生命周期并不是指由于产品在使用过程中由于物理属性方面的损耗而造成的报废。现代市场营销里的产品生命周期指的是市场寿命或者说经济寿命，也就是产品从引入市场到被市场淘汰所经历的几个阶段。一般而言，产品生命周期包括四个阶段，即导入期、成长期、成熟期以及衰退期。而各个阶段所具有的特点是完全不同的。

产品在不同生命周期阶段具有不同的市场特点，也就需要制定相应的营销目标和营销策略。前面很多地方我们也提到了产品生命周期，但都是在不同的内容中出现，也许不会给你一个整体性感觉。下面我们就将前面讲到的各种策略聚集在此，介绍产品不同生命周期的各个阶段，各种策略应如何组合。

（1）产品生命周期各阶段特点

产品在不同生命周期阶段具有不同的市场特点，如表 4-54 所示。

**表4-54 正常货架陈列的建议做法**

| | 导入期 | 成长期 | 成熟期 | 衰退期 |
|---|---|---|---|---|
| 销售量 | 最低 | 快速上升 | 最大 | 衰减 |
| 成本 | 单位顾客成本高 | 单位顾客成本一般 | 单位顾客成本低 | 单位顾客成本低 |
| 利润 | 亏损 | 利润增长 | 利润最高 | 利润下降 |
| 顾客 | 创新者 | 早期使用者 | 中间大众 | 落后者 |
| 竞争者 | 极少 | 增多 | 稳中有降 | 减少 |

（2）不同阶段的营销目标及营销策略

营销经理应该针对不同阶段的特点制定相应的营销目标及营销策略。如表 4-55 所示。

表4-55 不同阶段的营销目标及营销策略

| | |
|---|---|
| 导入期 | 在这个阶段，为了建立新产品的知名度，企业需要大力促销，广泛宣传，引导和吸引潜在用户，争取打通渠道，并占领市场。常用的营销策略有如下四种:<br>● 高价格低促销策略。以高价和少量的促销支出推出新产品，目的是以尽可能低的促销费用取得最大限度的收益。这种策略的适用条件是：①市场规模有限；②产品已有一定的知名度；③目标用户愿支付高价；④潜在的竞争并不紧迫。<br>●高价格高促销策略。这一策略以高价和大量的促销支出推出新产品，以期尽快收回投资。它的适用条件是：①产品确有特点，有吸引力，但知名度还不高；②市场潜力很大，并且目标用户有较强的支付能力。 |
| | ●缓慢渗透策略。以低价和少量促销支出推出新产品。低价可扩大销售，少量促销支出可降低营销成本，增加利润。这种策略的适用条件是：①市场规模很大且消费者熟悉该产品；②市场对价格敏感。<br>●快速渗透策略。以低价和大量的促销支出推出新产品，以争取迅速占领市场，然后再随着销量和产量的扩大，使产品成本降低，取得规模效益。这种策略的适用条件是：①市场规模很大，但用户对该产品还不了解；②多数购买者对价格十分敏感；③潜在竞争的威胁严重；④单位成本可能随生产规模扩大和生产经验的积累而大幅度下降。 |
| 成长期 | 此阶段，销量迅速增长，营销策略的重点应放在保持良好的产品质量和服务质量上，切忌因产品销售形势好就急功近利，粗制滥造，片面追求产量和利润。企业为了促进市场的成长，应做好如下工作：<br>●努力提高产品质量，增加新的功能、特色；<br>●积极开拓新细分市场和增加新的分销渠道；<br>●在适当时间降低售价，吸引对价格敏感的用户，并抑制竞争；<br>●广告宣传的重点，应从建立产品知名度转向促进用户购买。 |
| 成熟期 | 此阶段竞争日益激烈，名牌逐渐形成，营销策略的目的应该是争取稳定的市场份额，延长产品的市场寿命。措施主要有：<br>●努力增加产品用户数量；●努力增加现有用户的使用量和使用频率；<br>●开拓新市场，寻找新顾客；●改良产品；<br>●寻找新途径，拓宽销售渠道，增加销售网点；●加大促销力度等。 |

（续表）

| | |
|---|---|
| 衰退期 | 企业对处于衰退期的产品，如果仅仅采取维持策略，其代价常常是十分巨大的，对大多数企业来说，应该当机立断，弃旧图新，及时实现产品的更新换代。在这个阶段，营销策略应突出一个“转”字，即有计划、有步骤地转产新产品。<br>当决定放弃某种“超龄”产品时，还要进一步做出以下决策：是彻底停产放弃，还是把该品牌出卖给其他企业；是快速舍弃，还是渐进式淘汰。需注意的是，企业的老产品停产后，应继续安排好其配件供应，以保证在用老产品的顾客使用需要。否则，企业形象仍会受到损害。<br>在一项关于衰退行业的公司战略的研究中，哈里根区别出五种可行的衰退战略：<br>●增加公司的投资（使自己处于支配地位或得到有利的竞争地位）；<br>●保持公司原有的投资水平，直到解决行业不确定因素；<br>●公司有选择地降低投资水平，放弃无前景的顾客群，同时加强对有利可图的顾客需求领域的投资；<br>●为快速回收现金，从公司的投资中获取（或榨取）巨额利润；<br>●尽可能用有利的方式处理资产，以便迅速放弃该业务。 |

产品生命周期各阶段的营销目标和营销策略可简单归纳如下。

| | 导入期 | 成长期 | 成熟期 | 衰退期 |
|---|---|---|---|---|
| 营销目标 | 创造产品知名度和试用 | 最大限度占有市场份额 | 保卫市场份额获取最大利润 | 对该品牌削减支出和榨取利润 |
| 产品策略 | 提供一个基本产品 | 提供产品的扩展品、服务 | 品牌和样式的多样化 | 逐步淘汰疲软项目 |
| 价格策略 | 撇脂、渗透定价 | 市场渗透价格 | 竞争较量价格 | 高价获利或低价 |
| 分销策略 | 选择性分销 | 密集广泛分销 | 更广泛的分销 | 逐步淘汰无力网点 |
| 广告策略 | 在早期使用者和经销商中建立产品的知名度 | 在大量市场中建立知名度和兴趣 | 强调品牌的区别和利益 | 减少到保持坚定忠诚者需求的水平 |
| 促销策略 | 大力加强销售促进以吸引试用 | 有大量消费需求，适当减少促销 | 增加对品牌转换的鼓励 | 减少到最低水平 |

# 第四节　年度营销计划制定方法

为每一个产品层次（产品线、品牌）制定一个年度营销计划是产品经理及营销经理的主要工作之一。

对几乎所有的大企业来说，制定年度营销计划是一项非常重要的活动，但小企业也不例外。哈尔伯特（Hulbert）、雷哈曼恩（Lehmann）和霍尼格（Hoenig）在 1987 年的一项调查中就发现：90% 以上的营销经理都需要定期制定正式的年度营销计划，他们平均每年花在制定计划上的时间约有 45 天左右；他们制定计划所需信息主要来自于销售人员、管理信息系统和市场研究报告。制定年度营销计划是营销经理的一项重要职责，它有利于指导各部门之间的协作和提升企业绩效。需要强调的是，这里所说的年度营销计划是指针对某个产品（产品线）或细分市场的年度营销计划。

## 一、年度营销计划的含义

年度营销计划是指在一定的计划期间内，指导企业战略业务单位的营销活动和资源分配的正式书面文件。

它包含以下几方面的涵义：

第一，年度营销计划不是管理者头脑中的想法，而是一个正式的书面文件。这一特点使我们受益匪浅。首先，年度营销计划在形成正式书面文件的过程中，经过了缜密的思考，是对以往成功和失败经验的梳理与总结。其次，它是企业各职能部门之间沟通的有效工具，比如生产、财务和销售部门对于计划的成功实施都有非常重要的作用，有了书面的计划可以避免口头说明的不准确性，使各部门的工作有章可循。再有，年度营销计划帮助我们把实现目标的具体责任细致地落实到具体日期。最后，书面形式的计划不会因管理人员的变动而受到较大的影响，从而保证了计划实施的连续性。同时，也有助于指导新员工迅速开展工作。

第二，年度营销计划是在业务单位层面上制定的。具体在哪个层面上制定年度营销计划，往往依企业的不同而有所不同。例如，在一个典型以品牌管理为导向的企业里，通常每个品牌为一个利润中心，因此，年度营销计划是针对各个品牌来制定的。而有些企业难以分配单个产品的直接固定成本，他们常常针对品牌或服务群体来制定计划。例如，通用食品公司按照邮政区域划分谷物市场，并为各市场的品牌制定了不同的年度营销计划，如 Raisin Bran 和 Grape Nuts。麦当劳公司则不然，公司只制定了一套完整的快餐服务年度营销计划，当然，不排除在个别地区可能会有差异。

第三，年度营销计划的修订频次，往往因产品的不同而有所不同。零售业要配合季节变化和不同的时尚潮流趋势，修订时间通常较短，比如一个季度修订一次；而汽车业由于产品生产研发或改进的时间通常较长，比如半年一次或一年一次。影响计划修订的因素还有技术改进速度、竞争强度和相关顾客群体偏好的改变频率。

总之，年度营销计划是一个具有很强操作性的文件。尽管它包括了企业业务单位的战略，但比我们所说的战略计划的时间要短得多。年度营销计划是关于如何实现企业短期结果的具体陈述。

一般情况下，企业年度营销计划的目标包括下面几项内容：

- 明晰企业当前的经营状况；
- 分析当前企业所面临的机会与问题；

- 设定战略业务单位目标；
- 制定能够实现目标的策略（如目标市场）和实施计划；
- 分解目标，明确责任；
- 制定时间进度表；
- 采取有效的激励措施；
- 以外部为导向，即以竞争对手或顾客为导向。

## 二、年度营销计划组成

几乎每个企业都有自己的计划格式，绝大多数年度营销计划都有一些通用要素。下面我们就给出一个完整的年度营销计划提纲。制定年度营销计划所用到的方法其实就是本章前面几节介绍的所有营销常用方法，因此该部分就只简单列出年度营销计划的组成部分。

年度营销计划概要是高层管理者经常要批示大量的年度营销计划。在这种情况下，一个集中了目标、战略、财务预算的简短摘要是必不可少的。年度营销计划摘要是对整个计划内容的高度概括，便于高层管理者审阅年度营销计划。一个 1 ～ 3 页的计划摘要，包括产品或服务的描述、独特的优势、需要的资金、预期的目标、战略、原则利润等。

表4-56 年度营销计划组成

| 组成部分 | 具体内容 | |
| --- | --- | --- |
| 营销分析 | 环境分析 | -宏观环境　-中观环境　-企业微观环境 |
| | 行业分析 | 行业分析用于识别整体市场的长期趋势和短期变化。这一部分需要应用过去的资料。用于行业分析的资料主要包括总体市场数据如销售量和市场份额，市场活动信息如广告和价格记录，历史成本和利润数据，以及与技术、规则和环境变化有关的事实等。<br>行业分析还要识别能够用来评估企业所属行业的吸引力的要素，由于竞争对手、顾客、技术和销售增长率的变化，所有的市场都是动态的。作为投资目标的行业所具有的行业吸引力同样会发生变化。<br>1.整体市场<br>-市场大小、范围和市场份额；生产厂商的销售历史（记录）和他们的市场份额<br>-市场潜力，现有产品和相关产品的供给与需求的主要趋势<br>-分销渠道　-销售政策与实践　-广告与促销<br>2.行业吸引力<br>-市场因素：规模、成长、周期性、季节性、所处生命周期阶段<br>-行业因素—五力模型<br>-环境因素—PEST模型 |
| | 目标市场分析 | 这部分的目的在于了解细分市场的大小、机会潜力，勾画出目标细分市场轮廓用于今后实施定向营销计划。对消费者市场和组织市场分别利用不同的细分指标，仔细描述目标市场分布、目标市场的需求类型、目标市场规模、各目标市场的总体潜力 |
| | 销售分析 | 销售分析是对各品牌的销售记录进行深入研究，目的是为了发现隐藏在总体数字背后的趋势。<br>-比较区域市场绩效与公司绩效的平均值<br>-分析销售趋势、成本和产品利润<br>-分析分销商、最终用户和大客户的绩效<br>-比较区域市场、产品和渠道等方面的过去与现在 |

（续表）

<table>
<tr><td rowspan="4">营销分析</td><td>竞争对手分析</td><td>既然所有的市场都是竞争性的，对竞争对手的分析就非常重要。<br>-竞争对手的行为：产品特征、目标、战略、营销组合、利润、价值链<br>-竞争对手的资源：构思和设计新产品的能力、生产或制造能力、市场能力、财务能力、管理能力、对经营成功的意愿<br>-竞争对手未来可能采取的营销策略</td></tr>
<tr><td>顾客分析</td><td>谁是企业的顾客？他们购买什么？他们在哪里购买？<br>他们什么时间购买？他们如何选择？他们为什么选择某一特定产品？<br>他们对年度营销计划有何反应？他们会重复购买吗？（忠诚度）<br>顾客终身价值、顾客细分</td></tr>
<tr><td>市场潜力分析</td><td>市场潜力分析包含大量的定量分析。产品的市场潜力是一个很重要的数字，它影响了可预期的未来的行业增长和资源分配。</td></tr>
<tr><td>销售预测</td><td>销售预测至关重要，它直接影响着管理者的决策和企业的财务预算。</td></tr>
<tr><td>问题和机遇</td><td colspan="2">这部分内容完全是前面各部分的总结。在这里需要回顾整个环境形势，然后重申一下所能预测到的每个问题和机遇。SWOT是进行企业外部环境和内部条件分析，从而寻找二者最佳可行战略组合的一种分析工具。 此部分要解释为什么这是一个机会，企业有何竞争优势，从而确定营销成功因素。</td></tr>
<tr><td>营销目标</td><td colspan="2">-精确的说明整体营销目标，包括销售量、销售收入、市场份额、市场认知（品牌资产、客户获得和流失等）、利润等。<br>-说明营销计划的实施目标，如价格目标、广告促销目标 、销售（分销）目标 、产品目标 、服务目标<br>-按产品、细分市场、客户群、渠道、区域分解目标<br>-同时要说明实现每个目标需要的时间<br>注意，制定营销目标时要考虑产品生命周期问题。</td></tr>
<tr><td>营销战略与策略</td><td colspan="2">-企业如何实现目标？（市场细分、进入新市场、推出新产品、市场渗透等）<br>-企业具体要做什么？（从产品、价格、推广、分销、人员、服务过程、有形展示、其他策略或环境变化等方面来说明你如何实现营销战略）<br>需要注意的是，制定营销策略时，要考虑主要竞争对手将会如何反应，你将采取哪些措施来避免威胁、利用机遇。</td></tr>
</table>

（续表）

| | |
|---|---|
| 营销实施计划 | 营销实施计划里应该详细列出以下信息：<br>怎么做？由谁来做？什么时间做？按照什么顺序做？费用多少？ |
| 财务文件 | 此部分通过销售预测、费用预测和平衡点分析为整个营销计划实施设定财务目标，并且通过对财务目标的执行、统计和分析来控制营销计划的落实情况。<br>-计算收支平衡点，制定收支平衡表，计算年度每个月的销售预测和现金流<br>-确定投入资金数目和月度预算（广告公关费用、促销费用、销售费用、产品开发费用），以及其他的任务。营销经理需要在事先对本年度的营销费用开支情况做出评估，说明费用增加或减少的方面和理由。 |
| 管理控制 | -费用控制　　-进度控制 |
| 应变计划 | 应变计划也是有帮助的，尤其是在动态的市场上，新产品或竞争对手经常在计划期结束前就促使企业调整战略。营销经理需要对未来市场发展变化的可能情况作出预先假设，评估每项变化对公司业绩的影响以及应对措施。 |

## 三、年度营销计划制定方法

### 1.年度营销计划制定的原则

要制定一份全面、翔实、可操作性强的年度营销计划书，我们必须遵循一些基本原则：

**原则一：**前瞻性与预测性。对不可量化的市场指标进行前瞻性的分析与评估，如市场供求关系的变化趋势、市场竞争发展态势、商业业态发展趋势等。同时，对可量化的指标进行预测性的判断，做具体的计划和要求，如销售额（量）、价格、费用等。

**原则二：**挑战性与现实性。良好的业绩来自于实现富有挑战性的目标。营销计划书中的任务与计划指标不是轻而易举就能够实现的。但却是经过努力可以达到的，这样才能鼓舞销售队伍的士气。

**原则三：**全面性与综合性。许多企业的年度营销工作计划只涉及销售目标与计划，缺乏全面性。忽略了其他的配套计划和控制性计划，易于造成执行中的走样和障碍。

**原则四：**指令性与指导性。各项目标与计划指标是指令性的，一旦制定就必须按计划执行。同时策略的安排则是指导性的，是实现目标与计划的措施。

**原则五：**权威性与说服性。营销计划要确保其权威性，才能得到贯彻与执行，要得到绝大多数销售人员的理解与认同，才能调动人的积极性。

### 2.年度营销计划制定的整体流程

年度营销计划的制定过程是从数据收集、分析到战略制定，再到绩效评估的逻辑事件流，大致要经过七个步骤，如图 4-36 所示。

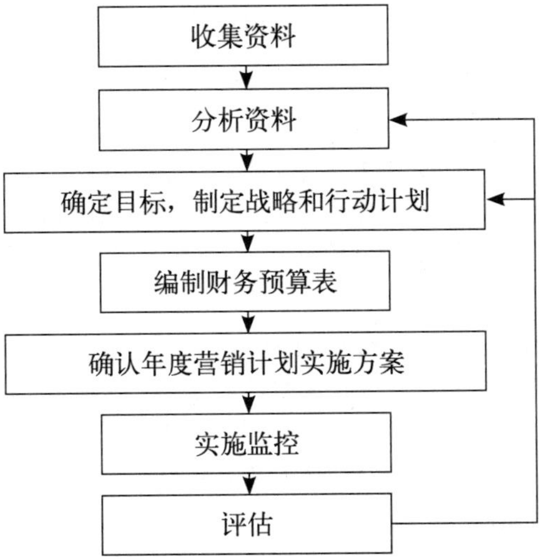


**图4-36 年度营销计划制定流程图**

表4-57 年度营销计划各步骤的具体内容

| 步骤 | 内容 |
| --- | --- |
| 收集资料 | 数据收集在于过去和现在资料的可获得性。为制定年度营销计划而收集的数据往往是临时的或估计的。比如，在制定2005年年度营销计划时，2004年的真实市场数据还不能全部获得。但是我们可以用2003年的数据来推测2004年的数据，然后根据推测的数据来制定2005年的年度营销计划。 |
| 分析资料 | 通过分析收集到的资料来预测竞争对手的活动、顾客行为和经济状况等，称为情势分析。情势分析不一定是量化的，是从非数字的数据中得到的隐含信息。情势分析是对企业经营的主要机会与威胁的概括。 |
| 确定目标并制定战略和行动计划 | 从原始数据中发掘出的隐含信息用于确定产品目标、战略和营销组合策略。这是计划过程中最重要的一个步骤。<br>这一步骤中包括以下几方面内容：<br>-设定目标；<br>-围绕目标规划战略和行动计划；<br>-根据实现目标的能力比较行动计划，比如说利润，同时考虑企业政策和合法性；<br>-选择一个基本的目标、战略和行动计划组合。 |
| 编制财务预算表 | 这个报表要包括预算和盈亏数据。财务预算表是计划能否被采纳的最主要的推销文件。 |
| 确认年度营销计划实施方案 | 企业高层管理者在决定年度营销计划实施方案前，往往要经过几轮讨论。在一个以品牌管理设计的组织结构中，计划本身要符合高管的想法，并为他们争夺感兴趣的资源。在大企业中，这种讨论贯穿前面的几个步骤。 |
| 实施监控 | 在计划实施期间，随着环境的变化，可能需要对计划作必要的修正或调整。这种修正或调整并不是盲目的，它需要企业必须随时随地收集市场调查和其他与衡量目标有关的信息，并围绕已设定的目标做出适当的调整。企业需要对这一过程实施监控，从而保证计划不偏离目标。 |
| 评估 | 执行完计划后，企业按照惯例要检查计划的结果，决定计划与实际结果的差异。计划评估为现在和今后制定计划提供了非常重要的诊断信息，是一种反馈信息的来源。 |

### 3.年度营销计划制定实际操作流程及负责部门

在实际操作中，年度营销计划的制定应在每年的10月开始（各个企业不一样，根据具体情况确定），在营销副总裁的推动下，由市场营销部经理组织市场营销部、销售部、客户服务部、物流部、财务部等相关部门成立年度营销计划制定项目小组共同协商制定。具体程序如表4-58所示。

表4-58 营销计划制定的具体操作流程

| 流程 | 介绍 | 负责部门 |
| --- | --- | --- |
| 成立项目小组 | 10月第二周，在营销副总裁的推动下，由市场营销部经理组织市场营销部、销售部、客户服务部、物流部、财务部等相关部门成立年度营销计划制定项目小组。 | 市场营销部 |
| 制定战略指引 | 10月第三周，由营销副总裁、总裁等高层征询各部门的意见后，制定下年度战略（包括竞争战略、渠道发展战略、客户服务战略、品牌战略等）。 | 营销副总裁 |
| 编制年度营销计划编制指引 | 10月第四周至11月第一周，项目小组编制年度营销计划编制指引，向各部门、大区传达战略方向及具体计划编制时间表。 | 市场营销部 |
| 本年度工作总结及相关材料 | 10月第四周至11月第一周，各职能部门、大区根据指引首先提供部门的本年度工作总结分析报告、准备相关材料并提出下年度工作建议。 | 各职能部门及大区 |
| 收集上述资料综合分析 | 11月第一周至第二周，项目小组收集各职能部门、大区资料并进行综合分析，判断未来发展趋势，预测下年营销目标并形成策略初案。 | 市场营销部 |
| 年度营销计划初稿形成 | 11月第一周至第二周，形成年度营销计划初稿，主要阐述年度营销目标建议及数据支持，配合的4Ps策略及财务预算。 | 市场营销部 |
| 召开平衡会议，讨论初稿 | 11月第二周，由营销副总裁牵头召集各部门主管及大区总监对营销计划初稿进行讨论，对营销目标及策略进行平衡修改。 | 各职能部门及大区 |

（续表）

| | | |
|---|---|---|
| 修改计划，上报审批 | 11月第二周，项目小组根据平衡会议修改年度营销计划，由市场营销部经理审阅，递交高层审批。 | 市场营销部 |
| 高层提出意见 | 11月第二周，营销副总裁及其他高层审核年度营销计划并对目标、策略及财务资源提出修改意见。 | 营销副总裁 |
| 修正并制定各部门行动方案 | 11月第三周至第四周，由市场营销部经理召集各部门、大区经理根据高层的意见进行修正并制定各部门的具体方案，包括目标、具体行动、时间表、负责人、保障手段、评估与考核。 | 各职能部门及大区 |
| 汇总方案，综合分析进行平衡 | 11月第三周至第四周，项目小组汇总各部门的具体行动方案，进行综合分析与修正，以平衡各部门行动协调一致，共同保证营销目标的实现，并送市场营销部经理签字后递交营销副总裁审批。 | 市场营销部 |
| 审批并最终确定 | 11月第三周至第四周，由营销副总裁及总裁进行审批，11月第四周，确定年度营销计划终稿。 | 营销副总裁 |
| 下达计划，开始执行 | 12月初，将年度营销计划下达到各职能部门及大区，开始执行。 | 市场营销部 |

## 四、年度营销计划的成功要点

现在你已经了解如何制订营销计划。营销计划编写完成，并经核准实施，就应善加使用，彻底执行。使用营销计划时，请留意下列各项要点：

- 当作一种指引，为公司的营销计划方案提供发展走向；
- 当作一种参考资料，以回答各种问题；
- 当作一种计量的资料，根据事实做决策，而不是只凭感觉；
- 当考虑到每天的执行细节时，要有远见与重点；
- 作为当年度及未来所要达成的目标的一种提示；
- 作为评估的基础。

营销经理应确保营销各部门所有重要负责人和业务人员都详读了这份营销计划，并且要彻底理解，才能执行他们特定的营销责任，以协调有效果、有效率的方法，一起朝向同一目标。为了确信适时执行营销计划，应事前准备一份短期或事件行动时间表，列出所要执行的每一次营销活动、负责人姓名及完成日期。

营销计划的重要部分（不是营销背景部分），最好是每季度修正一次，以迎合不断变化的市场的需要。经常持有领先12个月的规划，不只是表示你做好目前及未来的计划，当你再次需要完成一个年度的传统计划案时，也可以节省时间。这种正式的年度营销计划，包括缜密的营销策划程序，也就是准备营销背景资料，搜集最新资料，以及评估营销计划所获得的知识等。在执行当年度的计划时，必须整年持续不断地搜集适当的市场、竞争、公司资料等，记下构想，作为下次制定计划的参考。根据最新的经营评估资料，以及新列出的具体问题与机会，营销人员即可制定每季度经过修正、包括12个月份的新年度营销计划。

总而言之，请记得，在竞争激烈的市场上，缜密、切实可行的营销计划将是企业真正的竞争优势。

## 第五节　市场营销执行与控制方法

过去有人说营销是“一招鲜，走遍天”，靠一个好点子可以走遍天下。然而，现在资讯如此发达，人才比比皆是，任何一种营销模式和管理方法，只要出现在市场上，就无秘密可言。但是不同企业和不同人员采用相似的战略和策略做事，效果为什么会大相径庭？原因只有一个，就是营销执行系统和控制系统。再好的战略和策略，如果不能得到有效的执行并对过程进行控制，也只能是“水中月，镜中花”。

## 一、营销组织优化

### 1.我国企业市场营销组织结构的现状

当前我国企业的市场营销组织结构与职责划分的情况，用“五花八门”这个词来形容一点儿都不过分。总的来说，有五种模型，具体见表4-59。

表4-59 我国市场营销组织的五种模型

| 模式 | 特征 |
| --- | --- |
| 销售型 | 在这一类型的企业里，没有市场营销部或相当于市场营销部的部门，只有一个销售部或销售公司。市场营销部的职能被压缩为几个岗位，典型的做法是销售部（公司）设有分管市场信息、市场推广的主管，或是由销售经理和区域销售经理负责市场策划等工作。 |
| 销售主导型 | 在这种类型的企业里，会存在一个市场营销部，但市场营销部隶属于销售部（公司）领导，市场营销部的职能也被定义成“为销售服务”，主要负责市场信息的收集整理以及市场推广的策划工作。 |
| 销售与营销并列型 | 在这种类型的企业里，设有市场营销部，但市场营销部与销售部是并列的两个部门，各有分工，市场营销部与销售部之间没有行政上的隶属关系与业务上的指导关系，两个部门各自独立工作，只在某些交叉职能上存在一定程度的沟通。两个部门各自为政，在总体上缺乏沟通，不能形成一股市场合力。 |
| 分散型 | 在这种类型的企业里，整体营销的职能分散在不同部门中，例如企业成立广告部、促销部、公关部、信息部，当然也有销售部。这种类型的企业常见的问题是各部门之间缺乏协作，而且没有一个部门从整体上考虑营销策略问题，各部门之间很容易在市场策略、费用分配等方面产生矛盾。 |
| 市场营销部主导型 | 在这种类型的企业里，由市场营销部主导公司整体营销工作的进行，其他部门则辅助市场营销部工作。市场营销部的主导作用主要体现在规划公司整体营销战略方面，因为其他方面的职能战略都要根据整体营销战略的要求来规划，从而保证了公司各营销职能部门在行动上的协调一致性。 |

### 2. 营销组织结构调整和设计的基本原则

在设计营销组织结构时应遵照下列建议进行：

第一，根据企业经营战略规划进行营销组织的设置。“战略决定结构”，这是企业组织架构的基本原则。如果企业的战略是寻求更多的创新活动，那么组织结构就应该灵活；而低成本战略则要求组织结构必须有助于提高效率，具有更多的机械性。

第二，根据企业规模设置适当的组织结构。规模是影响组织设计的重要因素。规模越大，越容易采用机械型组织结构，制定详细的规章制度，并通过严格的程序和书面工作实现标准化。

第三，营销组织设置要考虑营销人员素质的情况。人员素质对组织结构设计的影响目前还没有引起足够的重视，但是在组织结构设计中，对人员素质的影响考虑不够会产生较严重的问题。比较典型的例子是麦肯锡为实达做的组织结构设计咨询，将实达由原来各产品线独立经营的事业部改为销售资源共享的产品经理制后，由于产品经理主要由原工程人员调整而来，但他们多数不懂营销，不能承担产品线的策划管理之职，而客户经理主要由原销售人员调整而来，他们对其他相关的产品技术缺乏较深入地了解，无法承担为客户提供整合服务的职能，因此组织结构调整过后，导致经营状况大幅下滑。

第四，营销组织设置要随经营环境的变化而相应地调整。企业的行为必须顺应环境的要求。在现代经营环境快速变化的情况下，能够长寿的企业不一定是能力最强的企业，而是最能适应环境变化的企业。因此，企业组织结构设计必须充分考虑环境因素的影响。

第五，无论部门和岗位如何设置，应确保所有的营销职能都有专人负责。不同的企业其组织设置肯定是不一样的，但不管如何设置都要保证所有的营销职能都能够履行。

第六，根据每项职能在本企业中的重要性、工作量来决定是否单独为其成立一个部门。通常建议最少设立市场营销部和销售部两个部门，市场营销部负责调研、策划、广告、促销、服务等工作，销售部负责销售、回款、客户管理和部分促销及客户服务工作的执行等工作。当然有的企业也会将市场营销部的某些职能划分出来成立单独的部门，如广告部、公关部等。企业应根据自己的实际情况进行合理设置。

第七，从公司的层面，要保证各营销职能部门都在同一位最高管理者（营销副总裁）领导之下，从而在组织体系上保证各营销职能能够协调一致。

第八，在具体业务上，应由市场营销部来指导销售部的工作。因此在组织结构设计上，市场营销部经理的级别比销售部经理稍高一些可能是一种较好的方式。

### 3.常见几种营销组织

由于企业规模差别很大，从年营业额几百万到几十个亿，营销管理水平也参差不齐。营销组织结构与职责划分也是五花八门。但总的来说，常见的营销组织有以下几种类型。

（1）职能型组织

职能型组织是最为常见的一种组织设置形式，由营销副总裁领导各个职能经理，并协调相互之间的关系。

**表4-60 职能型组织**

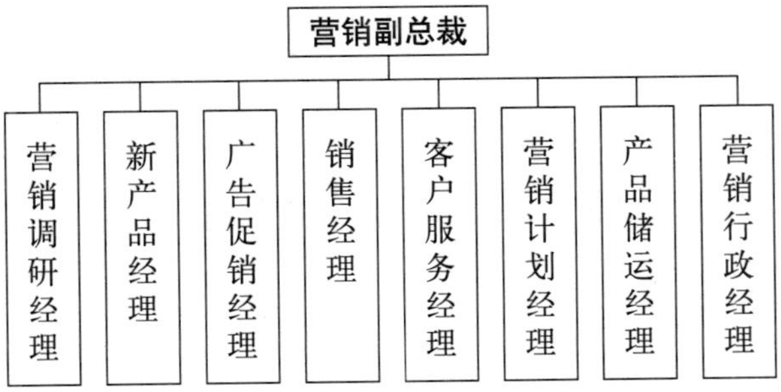


| | |
|---|---|
| 优点 | -综合利用有限的资源为多个产品线提供服务，达到营销资源共享；<br>-可以避免相同的职能重复设置；<br>-有利于同一职能采用统一政策；资源集中利用，可以加强谈判能力，如广告费用；<br>-有利于专业职能的发展及经验的积累；<br>-有利于品牌形象的统一。 |
| 缺点 | -没有专人负责一项产品或一个市场，有些产品或市场容易被忽略；<br>-各部门协调运作工作量大，沟通难度大。当产品生命周期短，开发活动频繁时，运作效率低下；<br>-不易于对各个产品进行销售和利润统计分析，不利于战略性产品的市场开拓；<br>-当产品类别、客户和渠道差别较大时，高层领导会陷于大量的日常活动的协调中。 |
| 需关注的关键问题 | -明确跨部门的流程，以流程为导向开展日常运作；<br>-必须有准确良好的单个产品成本核算体系和工具（如信息系统）；<br>-对战略性产品必须以公司的整体利益为重，并为战略性产品的市场营销工作创造优先的激励机制。 |
| 适用范围 | -产品类别区别不大，销售的目标市场相同；<br>-产品开发和生命周期较长；<br>-专业经验整合在一个部门内可以形成经济规模；<br>-产品/服务相对标准，无需为客户量身定做。 |

（2）地区型组织

在全国范围内营销的企业往往按照地理区域组织其营销队伍。由总部营销经理领导各地区营销经理。部分企业为了支持销量较高、特色市场的营销活动，还在各地区设有“地区市场营销专员”，帮助总部的市场营销经理，调节当地的广告、促销、公关等营销组合力量，以便市场营销活动更适应当地消费者需求。地区营销专员也要制定本地区年度计划，销售公司在当地的产品。

**表4-61　地区型组织**

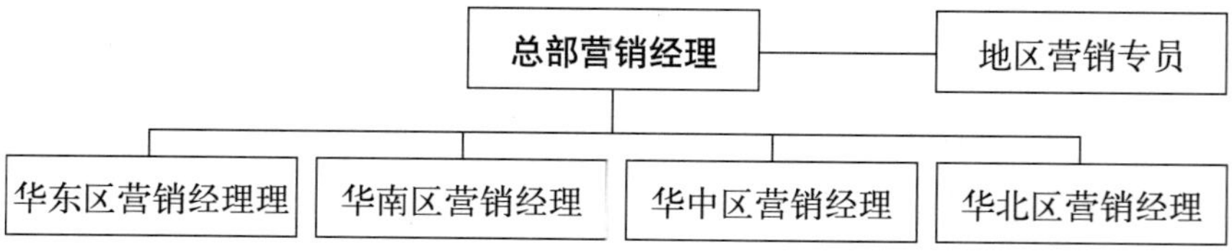


| | |
|---|---|
| 优点 | -有利于发挥当地市场的特点，满足当地客户的需求；<br>-有利于产品在当地市场的拓展；　-有利于及时送货并降低运输成本；<br>-各地区的销售有利于根据市场情况作出调整；　-有利于捕获更多的客户；<br>-有利于积累当地客户的知识。 |
| 缺点 | -整个公司集中管理性弱；　-公司的战略意图在同一执行上难度大；<br>-各地区可能会有功能重叠，如客户服务功能等，造成资源浪费；<br>-各地区营销工作不利于协调统一，不利于品牌形象的统一。 |
| 需关注的关键问题 | -总部对各地分公司必须有管理和调控机制，以达到执行公司战略意图的目的；<br>-控制资源配置，节约管理成本。 |
| 适用范围 | -产品本身价值和运输成本相对比较低的产品；　-服务必须上门完成；<br>-要求离客户近以便运输和维护（如玻璃制品，冷冻食品）；<br>-必须在当地设立机构（如边境、机场免税店）。 |

（3）产品或品牌管理组织

生产多种产品或多种不同品牌产品的企业，往往按产品或品牌建立管理型的组织，即在一名总产品经理领导下，按每类产品分设一名经理，再按每种具体品种设一名经理，分层管理。

如果一个企业生产经营的各种产品之间差别很大，并且产品的绝对数量又太多，超过了职能组织所能控制的范围，则适于建立产品管理型组织。

产品经理的作用是制定产品计划，监督产品计划实施，检查执行结果，并采取必要的调整措施。此外，还要制定产品竞争策略。产品管理是培训年轻管理人员的最佳场所，因为产品管理涉及到企业业务经营的几乎所有方面。

**表4-62　产品或品牌管理组织**

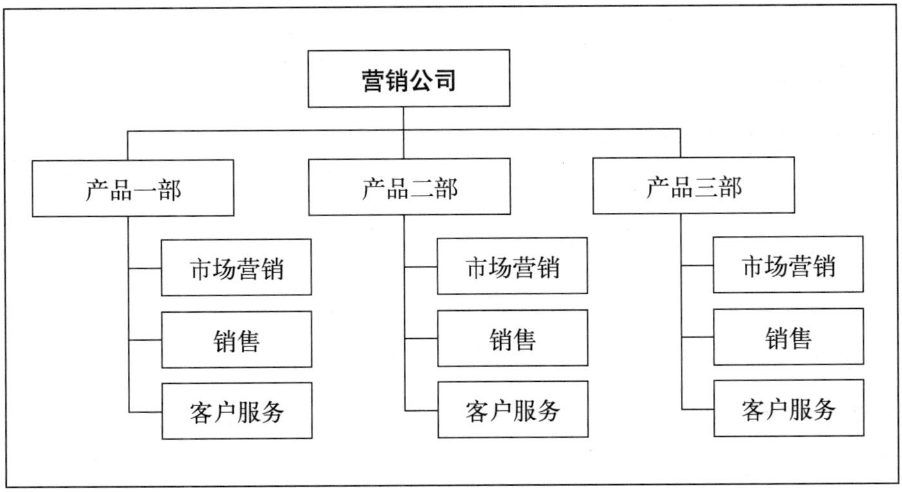

（续表）

| | |
|---|---|
| 优点 | -产品经理协调所负责产品的营销组合策略，针对产品的市场和销售较易沟通和协调；<br>-各个产品专人负责，可以及时发现该产品在市场上的问题，不会忽略某产品；<br>-易于对各个产品进行销售和利润的统计分析，以便进行各个产品的战略性决策；<br>-有利于战略性产品的市场拓展；<br>-有利于新产品的成长，不会被成熟业务挤垮；<br>-在多种经营的集团中有利于权利下放，对不同的业务实施不同的管理模式。 |
| 缺点 | -职能重叠，管理费用高；<br>-产品经理容易成为所负责的产品方面的专家，但不容易熟悉其他业务（广告、促销）；<br>-各产品之间不易协调，各部分建立独立王国，信息、资源分享不畅；<br>-由于产品经理权力有限，他们不得不依赖于同广告、销售、制造部门之间的合作，而各部门往往把他们看作是低层协调者而不予重视。 |
| 需关注的关键问题 | -各产品的市场营销小组之间必须有良好的沟通机制，以达到市场信息共享；<br>-对共同的客户必须以公司的整体利益为重，提供最能满足其需求的产品。 |
| 适用范围 | -企业有不同的产品针对不同的客户；<br>-产品开发和生命周期较短，需专人专注于该产品的开发；<br>-专业经验整合在一个部门内不能形成经济规模（如销售炸鸡和可乐）；<br>-该产品的规模可用利润中心模式运作。 |

（4）客户—市场管理组织

当客户可以按其特有的购买习惯和产品偏好细分和区别对待时，就需要建立市场管理型组织。它同产品管理型组织相类似，由一个总市场经理管辖若干细分市场经理。例如很多公司将客户首先分成个人客户、个人大客户、企业客户三个部门，各部门所采取的营销手段、销售渠道，甚至主要销售的产品都会有所不同。

在以市场经济为主的国家中，越来越多的企业组织都是按照市场型结构建立的。有些营销专家认为，以各主要目标市场为中心，来建立相应的营销部门和分支机构，是确保企业实现“以顾客为中心”的现代营销观念的惟一办法。

**表4-63 客户—市场管理组织**

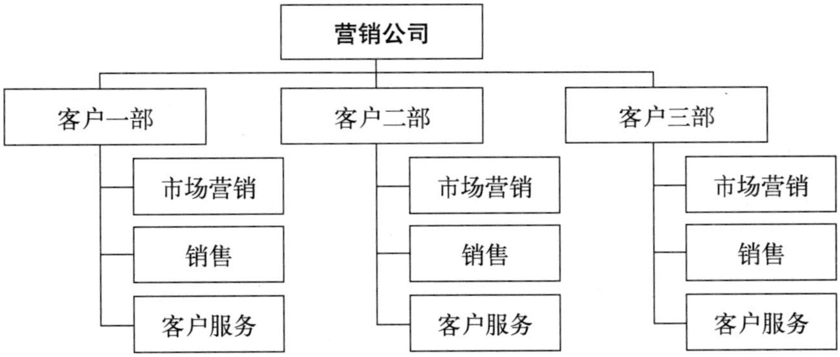


| | |
|---|---|
| 优点 | •有利于从客户需求出发，满足客户要求。目前很多企业将采购进行了整合，这一趋势使大客户的谈判能力更强，对供应商的客户管理、服务等都要求有专职部门服务；<br>•有利于积累行业知识和客户经验。 |
| 缺点 | •职能重叠，存在一定的资源浪费；<br>•各部门负责人建立独立王国，即使可以分享的信息和资源也容易被封锁在部门内部。 |
| 需关注的关键问题 | •客户分类非常重要，不同的分类角度体现了企业管理市场的能力；<br>•对不同类别的客户设计不同的产品或服务政策；<br>•由于客户有很强的谈判实力，因此企业对客户的了解将构成明显的竞争优势，需要专人从事相关工作。如麦当劳、家乐福的供应商有专门的销售人员服务于此，对其质量、供货和库存要求了如指掌。 |
| 适用范围 | •客户要求变化大，产品周期短。 |

（5）产品—市场管理型组织

面向不同市场、生产多种不同产品的企业，在确定营销组织结构时，面临着两难抉择：是采用产品管理型，还是采用市场管理型？为了解决这个难题，企业可建立一种既有产品经理，又有市场经理的矩阵组织。然而，这样的组织结构管理费用太高，而且极易产生内部冲突。矩阵组织结构面临新的抉择：如何组织销售人员？究竟是应该按每一类产品组织销售队伍，还是按各类客户组织销售队伍？销售队伍是否要实行专业化？在各个产品市场上由谁定价？

绝大多数经理认为，只有对那些相当重要的产品和市场才需要同时分设产品经理和市场经理。但也有些经理认为，这种组织结构的管理费用高和潜在的矛盾并不可怕，它所能带来的效益远在为它付出的代价之上。

**表4-64 产品—市场管理型组织**

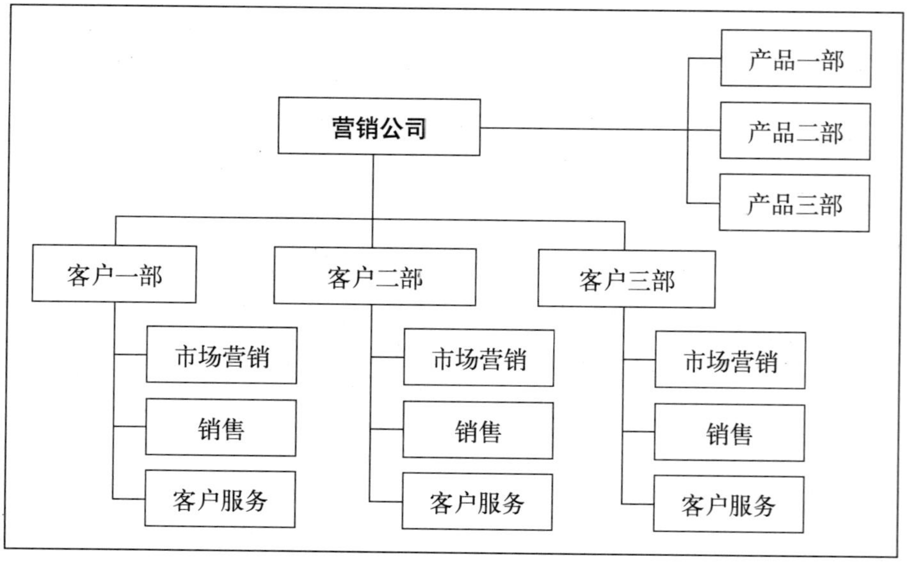

（续表）

| | |
|---|---|
| 优点 | -同时利用专业和产品经验　　-鼓励创新<br>-通过协调满足客户需求　　-促进复杂的决策 |
| 缺点 | -双向的汇报关系，复杂的信息流；　-费用大；<br>-责任难以划分，因为责任是由产品经理、市场经理以及营销专家共同分担的；<br>-战略的制定和协调比较困难，因为负责此项任务的一般是较低层的管理人员，他们很难确定各项任务的优先级并与市场营销以外的职能部门进行协商平衡。 |
| 需关注的关键问题 | -优秀的信息技术支持；<br>-多采用跨部门小组等工作方式，对团队合作、员工素质要求较高；<br>-产品部门的内部营销工作；<br>-销售队伍应该如何组织，按产品还是按市场；<br>-由谁负责制定各个产品在各个市场上的价格；<br>-关键的市场营销业务流程。 |
| 适用范围 | -多品种、多市场的公司，产品的技术复杂程度较高，并且客户化要求较高；<br>-客户对创新有较多要求。 |

（6）多产品、多品牌的营销组织设计——公司与事业部组织

通常，随着多产品、多市场公司规模的扩大，公司常将其产品——市场管理集群转变为独立事业部，它们再分设自己的职能部门和服务部门，但不同的产品事业部有着近乎一致的组织结构会造成资源的浪费。哪些营销活动应留存在公司总部从而可以达到不同事业部资源共享是需要思考的问题，一些已经实行事业部制度的公司对此问题的回答也不尽相同，一般公司的营销人员组织有三个模式：

| | |
|---|---|
| 不设公司营销部门 | 一些公司不设公司一级的营销人员，他们觉得在公司一级设营销人员没有什么用，因为各事业部都有自己的营销组织。 |
| 保持适度的营销组织 | 一些公司保持适度营销组织来执行一些职能，如：<br>-帮助最高层进行整体市场机会评价<br>-应事业部要求提供咨询帮助<br>-帮助没有或只有少数营销人员的事业部<br>-向公司的其他部门推广营销观念 |
| 公司保留强大的营销部门 | 另一些公司则在公司一级保留强大的营销部门，除提供上述服务，还为各事业部提供下列专业化的服务：<br>-广告服务：包括协调广告媒介的使用时间和品种，从广告品位和创意的角度审察部门的广告计划，对广告经费进行审计等<br>-促销服务：公司进行全面的促销，统一购买促销用品<br>-市场研究服务：运用先进的数理分析，从公司角度研究整体市场<br>-销售管理服务：对销售组织，销售政策提供咨询，发展现存的销售报告系统，对销售人员进行管理等<br>-其他各种服务：营销计划咨询，营销人员的雇用和培训等 |

但究竟哪些公司适合用哪种模式，目前尚无定论，有的公司从开始就在公司设立强大的营销部门，而有的公司则致力于发展各事业部的营销部门；有的则减小公司级营销部门的规模和权限，有的干脆就不设公司级营销部门。

在公司演变的不同阶段，公司营销部门的贡献也是不同的，一般在公司创建初期由于各事业部自身营销能力不强，大多数公司都设有强大的公司级营销部门，对各事业部提供各种服务和人员培训，而一些公司营销人员则会被聘到事业部担任营销部门经理，随着各事业部营销能力的不断增强，公司营销部门对它们所能提供的帮助也越来越小，以至于发展到最后，有的公司干脆取消了公司营销部门。

公司营销人员有三个大作用，第一是可以充当全公司营销活动的中心人士，第二是可以为各部门提供集中的中心化服务，这些活动比单纯由各部门来做要更为经济，第三是负责各事业部营销经理的培训及公司营销新观念的推广和实施。

### 4.中小企业如何逐步完善营销组织

中小企业，尤其是民营企业，在创业初期往往是一种松散结构（如作坊式的经营），没有规范管理，靠着老板拼命和随机处理，也取得了成功，甚至是不小的成功。管理基础薄弱几乎是所有中小企业的通病。随着企业的发展，它首先会遇到领导危机和秩序危机。正是由于意识到管理薄弱，或者管理水平低，感觉到强烈的危机，有时又会提出一些不切实际的管理目标和手段，如套模式、套体系，结果是越套越黑，越管越乱。科学的管理体系是在管理创新的过程中逐步形成的，企业管理的能力是在管理实践中锻炼出来的，管理团队和管理人才是在总结管理经验基础上打造出来的。特别需要指出的是管理改进是一个循序渐进的过程。建设适合企业发展战略的组织结构，是克服企业成长过程中危机的惟一办法。

中小企业在发展过程中，往往会遇到三个层次的管理瓶颈：

| 中小企业发展的管理瓶颈 | |
|---|---|
| 最直接、最表象的瓶颈——人力资源短缺 | 中小企业在用人时，往往有股“狠劲”，一般不会出现人浮于事的局面，但却经常在快速的发展过程中，在一次次上台阶、上规模、实现更高数量级的飞跃时，发现人力资源短缺，人力资源成为公司发展的短板，制约了“企业木桶”水平线的提高。这种情况，多半会刺激企业大力招募外部人才，同时也大力培养内部人才。但由于人才，特别是适合于特定 企业使用的人才，其贡献比之其投入，总有相当的滞后性，其需求比之其供给，总有相当的稀缺性，经常流失，致使企业总处于人力资源短缺的现状。 |

（续表）

| | |
|---|---|
| 最根本、最复杂的瓶颈——规范管理体系 | 中小企业的管理体系很不规范，决策随意性极强，企业内家族成员遍布。部门设置缺乏科学制衡，却不乏处处制肘之事。岗位编制比例往往超强度配置，一人当作两个人用，员工根本没有时间学习和上进。管理体系立意不高、气魄不大，不能吸引来人才，不能培养出人才，不能留住人才，也不能任用好人才，实际上这是人力资源短缺的根本原因。随着企业快速发展，必须对原有管理体系作全面更新，以符合新的战略发展需要，不仅从根本上渐进地解决人力资源问题，而且要解决发展机制、分支机构、业务战略等问题。<br>然而要建设规范管理体系，又会遇到两个最大问题：<br>-企业最高决策人员思想观念的障碍，受不得规范管理体系约束<br>-规范管理体系的建设对眼前业务发展的影响，很多企业保守派往往以妨碍业务开展为借口反对管理体系建设，成为规范管理体系不能建立起来的最大障碍。 |
| 最容易忽视且关键的瓶颈——职能管理 | 由于创业的艰辛和多年市场磨炼，中小企业往往“重武轻文”，高度重视业务管理和业务开拓方面的投入，由于职能管理的经济效果很难直接体现，对职能管理——战略、人力资源、资本运作等领域不够重视，致使职能管理成为管理体系的薄弱环节，影响企业进一步开疆拓土、冲锋陷阵，变成“能攻不能守”、“后方空虚”、“支撑乏力”、“粗放式经营”的局面。一些中小企业虽然认识到需要加强职能管理，但一不知道方法，只知道套模式；二不尊重科学规律，一味急功近利。一旦模式套用失败，不能达成近期效果，就怀疑起职能管理的功效，领导减少关注，企业减少投入，使企业的职能管理沦为“打杂”、“装饰”的地位，成为中小企业不能实现管理“质”的飞跃的根本原因。 |

## 二、营销业务流程优化

传统业务流程设置方式将完整的流程分解了，现在越来越多的企业认识到要提高客户价值，必须从“本位主义思考模式”转向“以业务流程为导向进行思考”。即从如何完成顾客订单、如何开发出新产品或者如何实施营销计划的角度考虑问题，而不再局限于各职能部门分工的界限，甚至有的时候需要人为地打破职能部门之间的界限，从而强调整个业务流程的产出。这些都需要业务流程规划的正确方法。

### 1.业务流程的内涵

流程（Process）是产生某一个结果的一系列作业或操作，特别是指连续的操作或处理。它指的是事情的始末，事情发展变化的过程。它更强调目标，在保证实现目标的基础上，追求高效率和低成本。流程与职能不同，职能往往描述的是这个部门和机构是干什么的，是个静态的概念。而流程强调的是为了完成目标任务，部门内部和部门、机构之间是如何进行沟通与配合的，是个动态的概念。

流程中一般包含信息流、物流、资金流的某一个或几个方面。

| | |
|---|---|
| **信息流** | 所有流程都包含信息流，信息流对于流程的周期和成本均有直接影响，因此所有业务流程都可以首先从分析企业的信息流着手，业务流程优化重组的一个重要目标便是加速信息的传递和共享。只要对企业里用来传递指令、报告的单据、文件和报表加以分析，就能很快明了指令、报告产生于何处，谁会利用这些资料，其中的环节有哪些，是否会出现信息盲点。特别是发现可能需要共享这些资料的部门，观察他们利用这些资料的方法，找到那些使企业信息流不通畅的环节，便能很好地规划出进行业务流程重组与优化的目标。 |
| **物流** | 物流过程的完成，才使企业的价值得以实现。物流是满足顾客需求的主要手段，也是业务流程中主要的成本发生领域，对物流的分析和调整是业务流程优化重组中降低成本和提高顾客满意度的直接手段。进行物流分析的一些具体方法包括：<br>● 分析是否能用信息流代替物流，比如接收客户的生产计划信息，为客户直接发货到生产现场。双方从省下来的客户自身的二次运输上分享收益。<br>● 分析是否采用自动补货机制，代替客户订货送货方式。<br>● 分析是否需要就近存放，缩短为客户供货的时间。<br>● 分析现代物流手段的利用价值，比如建立自动货仓及零部件配送体系。 |

（续表）

| | |
|---|---|
| 资金流 | 不是所有的流程都发生资金流，但是，发生资金流的流程常常存在这样那样的问题，资金流分析首先要找出那些出现资金沉淀或阻碍的环节，引起的原因主要包括信息不畅、不全面，或作业效率低下等等。改善资金流是对企业的极大贡献，因为许许多多的破产企业不是因为亏损，而是因为现金流枯竭。 |

### 2.建立基于价值链的流程管理

迈克尔·波特的“价值链”模型是建立以客户为导向的高效服务链的最著名的理论模型（如图 4-37 所示）。在这个模型里，企业的经营活动被看作是一条链，并被分为两类：基础活动和支持性活动。在向顾客提供产品的过程中，价值链上基础活动之间的紧密衔接，有助于物流和信息流在这些活动之间的顺畅通过。每项活动及活动间的衔接都要强调对顾客的增值，确保各项活动所引起的价格增加不高于该活动的费用。

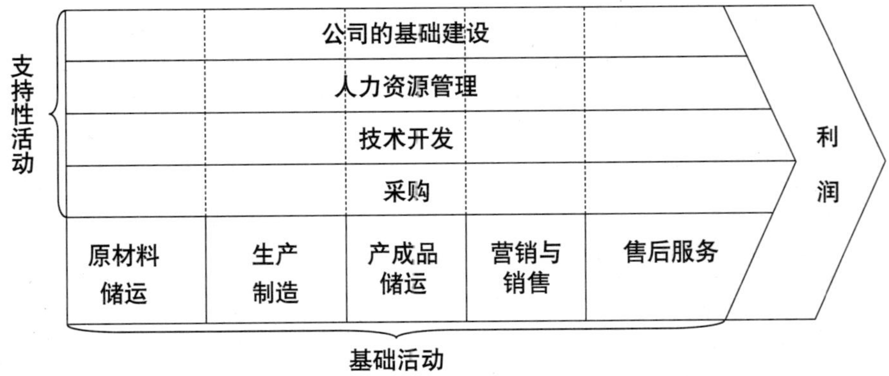


图4-37　波特价值链模型

每个企业除了图 4-37 所示的内部价值链以外，也存在一条外部价值链（如图 4-38 所示），也就是其所在环境下的一条供应链，只有通过这条供应链才能将商品价值最终传递给消费者。

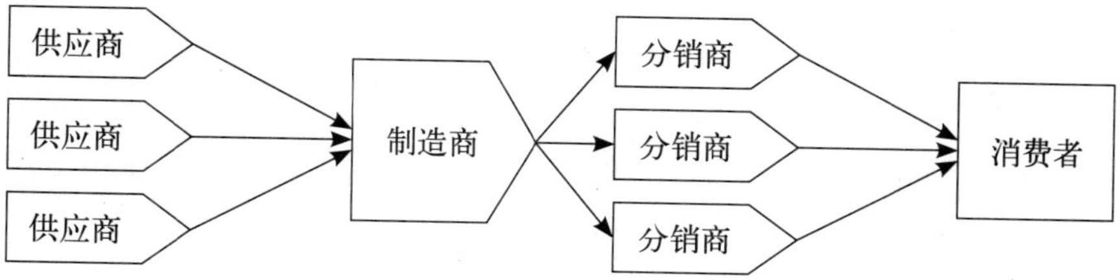


图4-38 外部价值供应链图

流程管理强调的是以首尾相接的、完整连贯的整合性业务流程，来取代过去的被各种职能部门分割的、不易看见也难于管理的破碎流程，每一个流程都有直接的“顾客”（指内部顾客和外部顾客），为顾客提供最直接的服务，随着职能型组织逐渐过渡为流程型组织，职能部门经理逐步被流程管理者 (Process Owner) 所取代。起源于质量运动的流程管理者不再负责部门任务的完成，而是流程目标的实现。

流程化管理模式是一种基于业务流程进行管理、控制的管理模式，对应的是扁平化的横向型组织。它的特点体现在以下几个方面：

- 最重要的特点是突出流程，围绕工作流程而不是部门职能来建立机构，以追求企业组织的简单化和高效化；
- 改变金字塔形的等级机构，取消中间层级，实现纵向层级扁平化；
- 流程管理模式的控制是让顾客和企业外部市场来控制员工的行为，使员工可以从顾客口中了解到顾客对他们的表现和他们回应顾客需求情况的反馈；
- 所有的部门或岗位都是流程的一部分，它需要完成的工作是流程中的一个阶段，它是流程中上一环节的顾客和裁判者，同时又是下一个阶段的供应商，部门之间的绝大多数工作衔接将按照确定的流程及标准进行，不需要一个专门的控制、协调的上一层级；
- 注重过程效率，在对每一个事件、过程的分解过程中，时间是其关注的重要对象；

- 管理的任务委托到更低的层次；
- 强调重新思考流程的目的，使各流程的方向和经营策略方向更密切配合；
- 强调运用信息工具的重要性，以自动化、电子化来体现信息流增加效率。

### 3.以客户服务为核心的营销业务流程

结合上文中介绍的“价值链”模型，可以从流程的角度将企业的营销工作分成以下几大模块，以制造企业为例。

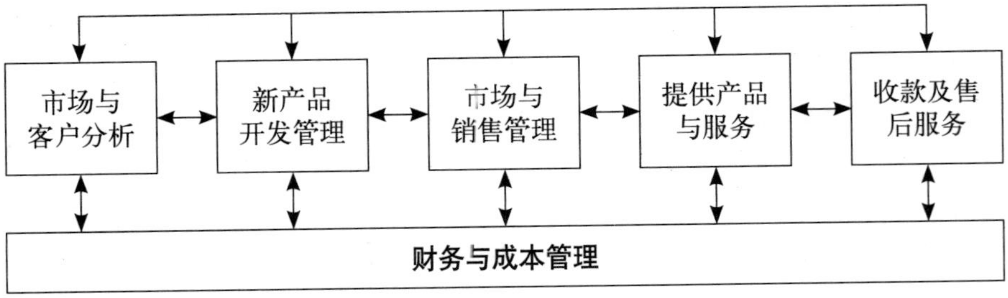


**图4-39 企业营销工作分解图**

每个模块下，又可以细分出不同的业务流程：

| | |
|---|---|
| 理解市场与客户 | ● 日常市场信息收集、处理和共享流程<br>● 市场调研流程 |
| 新产品开发 | ● 新产品需求计划的编制 ● 新产品开发可行性研究<br>● 新产品设计与开发——工业造型设计 ● 新产品开发总体规划<br>● 新产品设计与开发——结构/样机<br>● 新产品验证——小批试制与试制评审<br>● 新产品验证——市场、物流验证评审 ● 新产品开发总结与回顾<br>● 新产品开发项目更改 ● 新产品定价流程 ● 新产品上市流程 |

（续表）

| | |
|---|---|
| 市场与销售管理 | ● 年度营销计划及调整流程 ● 月度营销计划制定与监控流程<br>● 销售预测流程 ● 渠道设计 ● 订单管理<br>● 样品的申领、发放与监控 ● 产品价格调整流程<br>● 销售折扣（返利）政策制定与调整 ● 销售折扣（返利）政策执行<br>● 经销商选择与评估 ● 经销商档案管理<br>● 经销商战略伙伴关系的建立 ● 经销商退货 ● 价格体系维护<br>● 传播计划的制定、修改及跟踪回顾的过程<br>● 分公司传播费用的申请、审批、结算流程<br>● 服务供应商选择与战略伙伴关系建立及维护 (指广告商、公关公司、媒体等） |
| 提供产品与服务 | ● 月度生产计划的编制 ● 采购计划的编制与跟踪<br>● 供应商战略伙伴关系建立 ● 内部订单交付<br>● 仓库管理 ● 运输外包方的选择 |
| 收款与售后服务 | ● 退货处理 ● 服务费用结算<br>● 回访与服务质量监控 ● 服务中心经营计划编制及管理<br>● 投诉处理与咨询流程 ● 客户服务关系管理<br>● 顾客满意度调查 ● 服务网点的设立、监控、评估及撤消 |
| 财务与成本管理 | ● 年度预算编制流程 ● 预算监控与调整流程<br>● 资金管理 ● 服务采购招标审价<br>● 费用监控流程 ● 对账流程（总公司与分公司之间）<br>● 对账流程（分公司与经销商之间）<br>● 应收账款管理—信用额度审批 |

需要说明的是：

● 企业无需把每一个流程都做到尽善尽美，而是要挑选对本企业当前和未来一定时期内发展最关键的流程，针对这些关键的流程进行改善和跟进。

● 制定出科学适用的流程优化方案只是第一步，要注意分层次、分阶段按步推行优化方案；还要成立管理变革团队，制定执行计划与资源要求，制定行动方案。大部分流程变革失败的企业，都是在转变促成的环节出现了问题。

● 竞争环境在不断变化，市场对企业提出的要求也在不断变化。因此对关键业务流程的顺序、要求、考核内容等也需要定期调整，这是个持续改进的过程，不可能做到一劳永逸。

**4.流程设计与优化**

国内大量企业在运作过程中，多是依靠一级一级领导的推动来完成的。公司目标和市场计划制定出来后，通常领导会把目标分解到各个部门，大家分头完成。接下来则是各部门完成自己的任务，部门领导和公司领导进行阶段性的检查，解决问题和矛盾。一项工作如果没有领导过问，就没有人处理，也没有人承担责任；一项工作只能在两个部门领导间“同级别”进行。这种现象产生了众多“企业病”：内部运作效率低下；影响领导者对重要工作的关注和思考；营销人员能力缺乏锻炼，滋生依赖思想；各部门间缺乏顺畅沟通，营销计划难以执行到位。要改变这种现象，企业就必须从“靠领导推动”转向“靠流程推动”，简化工作决策的环节。

（1）靠流程推动的关键在于以下几点：

| | |
|---|---|
| **提炼关键业务流程** | 企业要驾驭庞大的营销业务网，必须建立几个核心支柱——营销关键业务，而这些营销关键业务的提炼，则来自于系统的整体营销计划。关键业务必须充分体现整体战略思路的要求，通过对关键业务的流程进行设计，来保障整体业务的顺畅运作。 |
| **确定流程核心内容** | 业务流程由许多个流程点组成，提炼出关键业务流程只是初步确立了关键业务的流向，要使业务流程流动顺畅，还要明确流程点所包含的内容。事实上，确定流程点和其内容，本质上是在确定业务流程运作的规范。每一个流程点都代表一项具体的业务工作，营销部门在处理这些工作时，都应该按照统一的规范执行，以保证运作效率，而不是你有你的理解、我有我的做法。 |

（续表）

| | |
|---|---|
| 明确流程运作部门 | 每一项业务流程都可能涉及多个部门的共同运作。那么在这个过程中，必须明确各个部门的角色是什么，谁是主导部门、谁是参与部门，谁应该承担什么责任、应该具有什么权限。这些内容都必须在描述关键业务流程时体现出来，这等于给各部门在业务流程中的职能进行定位。定位明确，各部门才能各司其职、各负其责，业务流程才能顺畅运行。 |
| 规定流程运作时间 | 业务流程的时间要求体现在两点：一是每个流程点的内容应该在什么时候完成；二是处理这些内容的时间应该有多长。这样，每项业务流程就具备了结果性，而不是一直处于运作过程中。 |
| 确定流程评估标准 | 在靠流程推动工作的体系中，必须要使业务流程本身具有检核或者信息双向流动的职能，以便对业务流程的结果予以评估和传递，从而保障这项业务流程运作的效率和质量。 |

（2）业务流程的设计要遵循的以下重要原则：

| | |
|---|---|
| 1.从工作的目标而非过程出发，定义岗位职责 | -工作目标是可衡量的；<br>-只有达到预期的工作目标，工作过程才是有意义的；<br>-如果只考虑工作过程中的活动，最多只能简化现有的过程。 |
| 2.识别不增值的工作过程；剔除对内部和外部客户不增值的活动 | -对不增值的工作过程进行判断；<br>-尽可能将企业资源从不增值工作中解放出来；<br>-使企业对内部和外部客户反应速度加快。 |
| 3.在工作的过程当中设置质量检查机制 | -质量控制是工作过程的一个部分，只有工作的成果符合质量标准，工作才告完成；在工作过程中发现质量问题比在工作完成后的返工成本要低得多。 |
| 4.决策点尽可能靠近需进行决策的地点 | -在决策点和实际工作点之间的时间延迟，会导致工作进程的停止，造成成本增加。 |
| 5.部门之间的沟通、决策和问题的解决应在直接参与作业的层面进行 | -凡事汇报给部门领导，由部门领导进行沟通和解决问题的方式，会导致时间浪费和企业成本增加，而且会带来信息失真；<br>-部门领导应该利用其经验给出适当的建议，而不是替基层人员做出决定，因为部门领导对具体问题的了解也比基层人员少。 |

（续表）

| | |
|---|---|
| 6.尽可能使同一个人完成一项完整工作 | -完整的工作增加员工的工作积极性和成就感，也使得对员工的绩效评价有可衡量的依据。同时减少了交接和重复工作。 |
| 7.在工作过程中尽量减少交接的次数 | -工作过程中的交接对工作的结果不增加价值；<br>-大多数的工作过程中的问题是由交接引起的；<br>-大多数的工作交接引起扯皮的现象，导致时间延迟。 |
| 8.在工作过程中建立绩效考核机制 | -对工作效果的评价和反馈以及必要的纠正是工作的一部分，不是另外的工作。 |
| 9.建立工作过程的内在激励机制 | -不能单纯依赖外在的激励机制，内在的激励机制更有效果；<br>-内在的激励机制可以减少外在的对工作过程的监控。 |
| 10.尽可能将组织的目标分解到基层 | -将工作结果尽可能量化，以增强员工的时间和成本观念；<br>-对基层员工授权，以增强员工的责任感。 |
| 11.减少工作过程中的非工作时间 | -工作过程的等待时间是一种浪费。 |
| 12.明确定义职责和工作的相互协助关系 | -职责以及相互之间的配合关系明确才能保证效率提高。 |

业务流程优化的具体操作需要针对具体企业的实际情况进行，因此不再详细扩展。图 4-40，图 4-41 是派力曾为某企业做的营销业务流程优化片段，供读者参考。

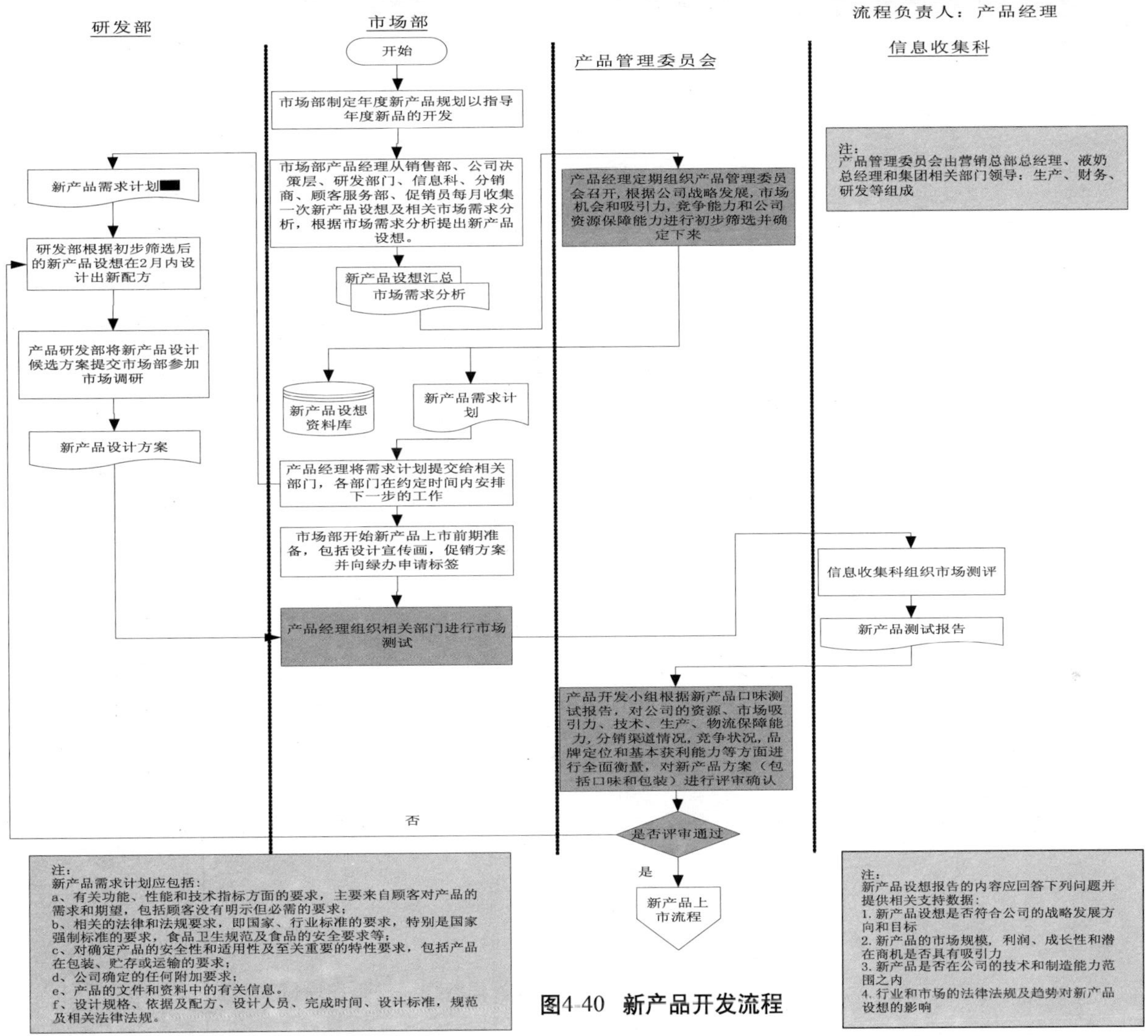


图4-40 新产品开发流程

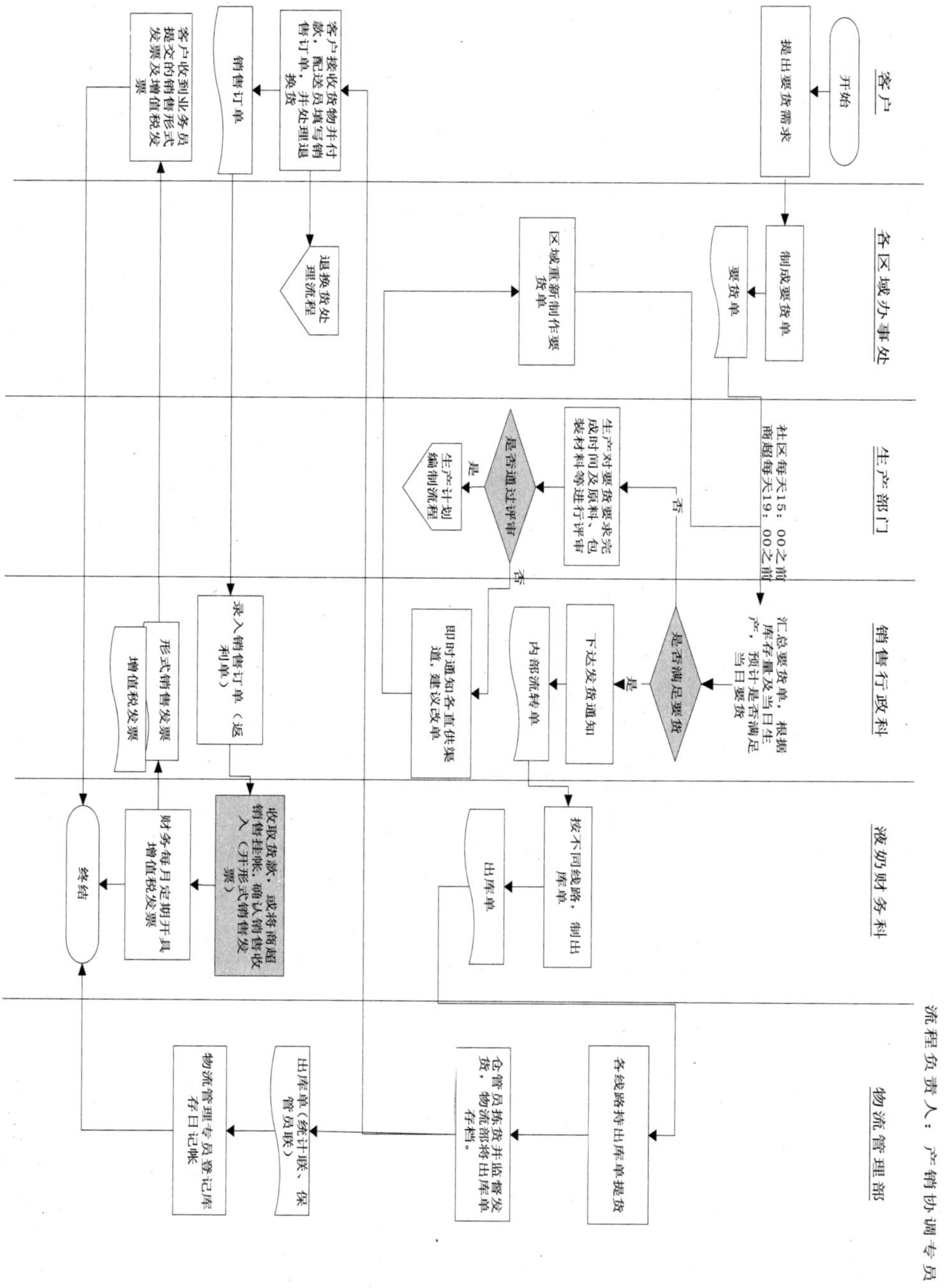


图4-41 订单管理流程（现款和后付款）

## 三、市场营销人员薪酬与绩效考核方法

事在人为，再重要的工作最终都还是要由一定的组织和人员去完成的，因此在企业普遍重视营销工作的情况下，能否做好企业的营销工作、打造企业的营销竞争力，关键还在于能否调动营销部门人员的工作积极性和创造性。而要调动人员的工作积极性，合理并具有激励性的薪资和考核制度又将是重中之重。如果把企业的市场营销部门比作一辆汽车的话，那么薪酬更像是加速器的油门踏板，它的正确运用与否将会影响企业的商业进程和取得成功的速度；而公平的考核则更像是驾驶的方向盘，通常企业注重哪方面的考核，员工就会向那个方向努力。

营销人员的薪酬与考核需要针对不同岗位、不同级别分别来进行，涉及到的内容与方法非常多，本书在此只做简单介绍。详细内容可阅读派力营销图书《营销人员薪酬与考核》。

### 1. 市场营销人员薪酬设计方法

（1）薪酬的构成

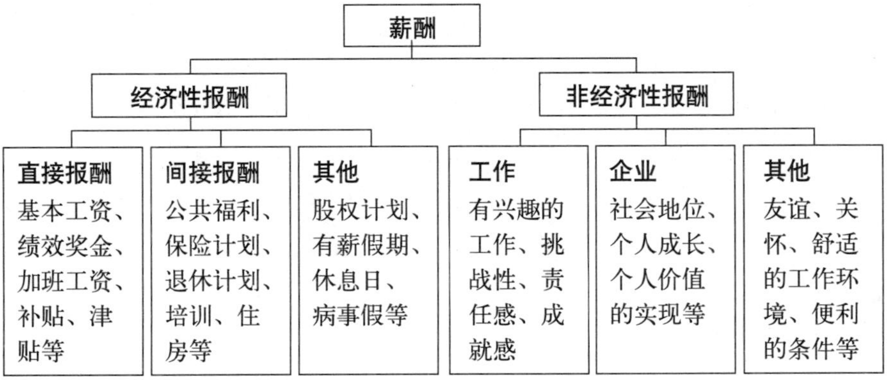


图4-42 营销人员的薪酬构成图

如图 4-42 所示，薪酬包括经济性报酬和非经济性报酬。经济型报酬大家基本都了解，非经济性报酬可能很多人不太熟悉。由于人的需求是多方面的，且随着企业中知识性、智力型的工作不断增加，而想要获得更高的工作效率，除了给予员工合理的基本经济报酬，还要创造能激发员工兴趣、具有挑战性的工作机会，提供舒适、便利、友爱的工作环境，从而让员工拥有更多的责任感和成就感，有利于员工个人的成长和个人价值的实现，这些都构成了薪酬中非经济性的部分。

薪酬构成中，确立合理的经济性薪酬是前提和基础。它是企业与员工所签订的劳动雇用合同中的主体部分，特别是其中能较全面地实现薪资的各项职能，对调动员工积极性，努力完成工作任务及刻苦钻研业务、提高员工的素质具有重要作用，基本薪资、奖励薪资更是企业薪酬体系中必须首先处理好的问题。

（2）确立市场营销人员薪资应考虑的因素

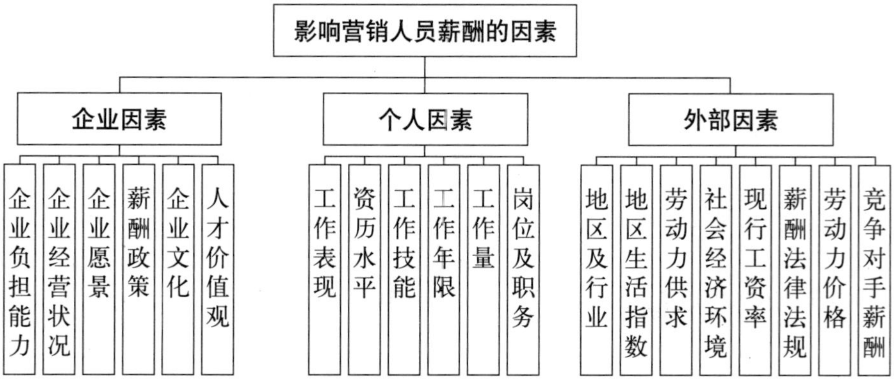


图4-43 影响营销人员薪酬的因素

（3）市场营销人员薪酬管理的目的和原则

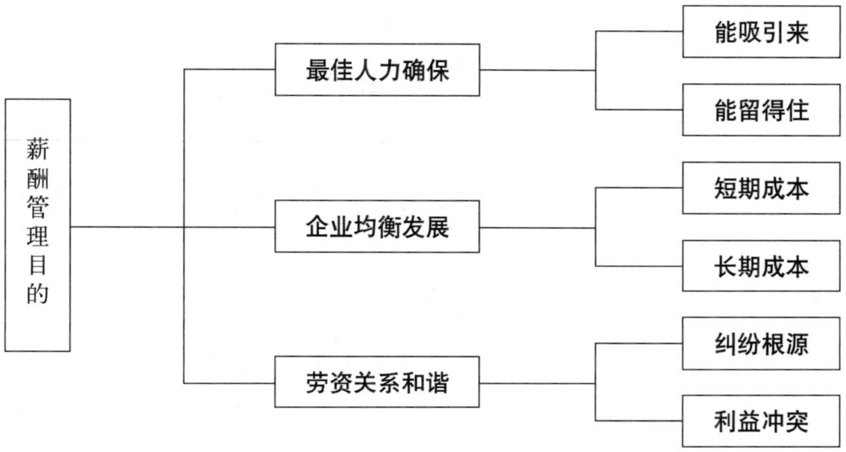


图4-44 营销人员薪资管理目的

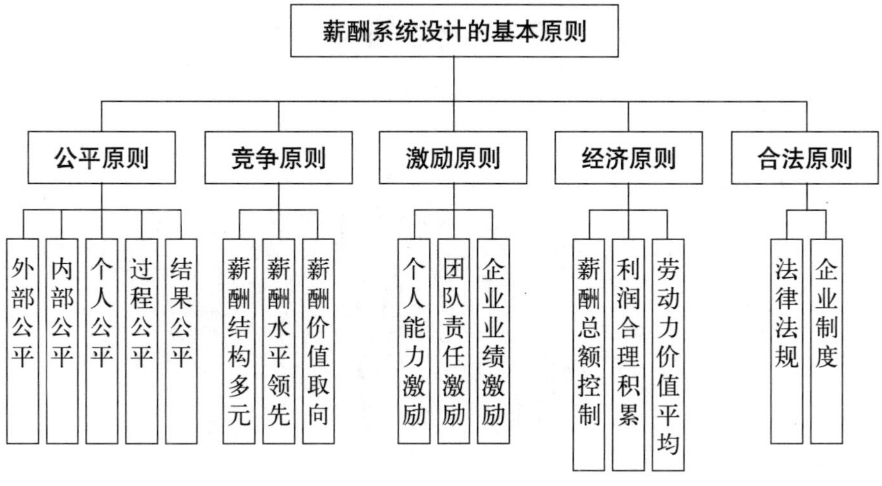


图4-45 薪酬系统设计的基本原则

（4）市场营销人员薪酬结构设计

1) 原则

● 激励对称——员工对股东权益承担的责任与薪酬形式相对称。

● 拴住关键人才——经理人员、优秀销售人员等关键员工的“金手铐”。

● 员工满意——多种激励形式的组合能实现员工满意（激励因素、保健因素都要考虑）。

2) 不同级别、类别人员的一般策略

● 对于一般市场部职员采用：基本工资 + 奖金 + 福利。

● 对于中高级管理人员应加用中长期收入，如股权、股票期权、虚拟股权等 .

● 对于直接从事销售业务的人员可加用佣金制（提成）。

3) 确立薪资结构的模型

诚如上文所述，具有高差异性、低稳定性的绩效薪资，以及具有高差异性、高稳定性的基本薪资，始终是企业薪资体系的主体，图 4-46 的模型为企业确定营销人员的薪资体系提供了选择的模式。

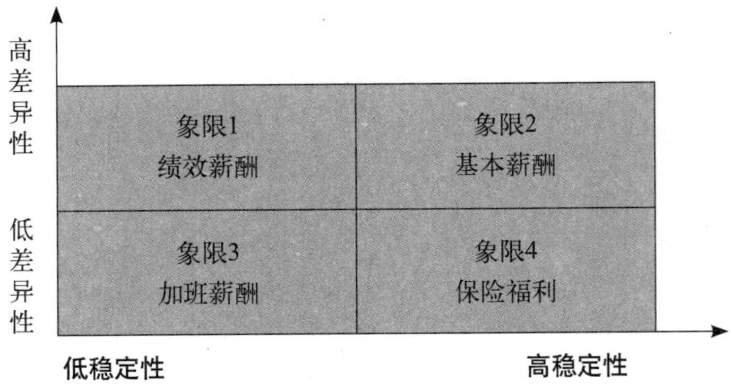


图4-46

企业根据自身情况所设定的基本薪资和绩效薪资的比例决定了其所选择的薪资模式，每种模式都有自身的优缺点，企业可根据自身的现实情况而选择使用。见表 4-65。

**表4-65 不同薪资模式的特点分析**

| 模型 | 特点 | 优点 | 缺点 |
| --- | --- | --- | --- |
| 高弹性薪资模型 | 绩效薪资比例很大，基本薪资比例很小 | 激励性很强，与员工业绩密切联系 | 员工收入波动很大、缺乏安全感及保障 |
| 调和性薪资模型 | 绩效薪资比例适中，基本薪资比例适中 | 对员工有激励性令其有安全感 | 需设计科学合理的薪酬系统 |
| 高稳定性薪资模型 | 绩效薪资比例很小，基本薪资比例很大 | 对员工有激励性令其有安全感 | 缺乏激励功能，容易导致员工懒惰 |

（5）市场营销人员薪酬设计的程序和方法

薪酬设计的程序如表 4-66 所示。

**表4-66 薪酬设计程序**

| | |
| --- | --- |
| 付酬原则与薪酬策略拟定 | -企业员工人性分析　-企业文化价值观<br>-公司战略　-人力资源 |
| 工作设计与分析 | -工作设计　-职位描述与工作说明 |
| 岗位评价 | -应用因素比较法　-确定付酬因素　-确定基准岗位<br>-将其他岗位与基准岗位相比，进行岗位排序 |
| 薪酬水平确定 | -调查分析本行业、本地区、竞争对的薪资状况<br>-公司支付能力　-确立基本工资水平 |
| 薪酬结构设计 | -确定薪酬结构中包含的薪酬形式和比例<br>-对于经历报酬与专业技术人员报酬，应让中长期收入占合理部分 |
| 薪酬制度的管理和控制 | -薪酬的升降与调整-薪酬设计的成本控制-确定付酬方式 |

市场营销人员薪酬设计的具体方法有：

- 计件工资
- 计时工资
- 技能挂钩工资（Skill-Based Pay, SBP）
- 业绩挂钩工资（Performance-Related Pay, PRP）
- 小组业绩挂钩工资
- 利润挂钩工资
- 岗位工资
- 职能工资
- 年薪制工资

（6）市场营销人员薪资设计的基本形式

尽管上面列举了很多种薪酬设计方法，但现实中，在设计营销人员薪酬时并没有哪家企业只单独使用其中某一种工资形式，更多的是将其中的几种结合起来使用，企业的现实情况和我们的咨询经验表明，目前在营销人员的薪资设计中多实行的是结构工资制，其中又以职能工资和业绩工资为主体。

1) 职能等级划分

基于职位族，按工作岗位的职务履行能力与知识技能进行工作分类；如一个公司的营销部门可将所有岗位按以下职位划分：经理系列、市场运营系列、行政文员系列等；

每个职位族进行工作岗位分等（职等）。如经理职位族：有总监、部门经理、主管等；

每个职等中分若干级（职级）；

最后形成职能等级工资。

2) 职能等级工资设计的步骤

**表4-67 职能等级工资设计步骤**

| | |
|---|---|
| **职位调查** | 通过工作职位调查表或访谈等进行职位摸底调查 |
| **职位分析** | 建立工作职位说明与描述<br>确定任职资格，主要是SKAs |
| **职位分类** | 依据工作性质及特征的相近确定职位族，进行分类 |
| **确定职等** | 确定职等主要按岗位的价值以及岗位对人员能力的要求 |
| **确定职级** | 同一职等中参照职位人员不同绩效特征确定职级 |
| **设计管理规则** | 职等、职级晋退、升降规则<br>考评规则<br>调整规则 |

3) 职级的升降

根据绩效考核（主要是业绩因素），可半年评定一次。（考察次数越频繁，激励效果越佳；但过于频繁，则会导致工作量繁重，而且如果没有有效操作，可能还会引起考核形式化和员工内心抵触）。

企业要调控升降比例，保证大部分不升不降，小部分升，小部分降。

4) 职等晋退

根据综合考核评定，是对能力、贡献、态度、企业使命感等的全面评估（能力是决定因素），可一年评定一次。

职等要严格控制，要重视能力因素的评价，适当引入心理测评技术。防止管理学中的“彼德效应”（即在层级组织里，每个人都会由原本能胜任的职位，晋升到他无法胜任的职位，无论任何阶层中的任何人，或迟或早都将有同样的遭遇）。

5) 职能工资的优点

激励性强。与考核直接挂钩，能升能降，激励效果显著；将职级与职等的晋退分开，充分考虑了多重激励因素。

更人性化。综合了多种工资形式的优点，充分考虑了岗位、技能、能力、业绩的因素，避免了一些工资制度的不足，充分考虑了员工个体。

操作性好。操作容易，虽然要进行岗位价值分析，但是以职位族作为一个大框架，可以不进行系统完全的岗位评价，减少了工作的复杂性。内部人员经过培训学习，根据专家建议，便可自己操作。

配套性好。能有效地和绩效考核、职业生涯发展、干部选拔、人员去留等人力资源决策联系，有利于强化企业人力资源管理平台。

有利于员工发展。激励了员工关注自己职业生涯的发展，使之关心其职业生涯的发展。为员工职业生涯的纵向发展与横向发展，指明了途径。

适应中国企业的文化背景。符合国内企业的现实状况，等级之间也有重合的部分。

6) 职能工资实施的要点

第一，必须建立高效合理的绩效考核体系，否则不要操作此项工资制度；因为职能等级工资的管理是与绩效考核挂钩的，否则就失去了这套工资体系的意义，企业建立绩效工资体系需要具备下列条件：

为使业绩衡量成为一项有意义的活动，必须使个人之间的业绩有显著差异；

工资范围应该足够大，以便拉开员工工资的距离；

业绩衡量必须有效、可靠，而且必须能将衡量结果与工资结构挂钩；

评估人员应有熟练技能设定业绩标准，并操作评估过程；

组织文化支持业绩挂钩体系；

报酬水平既有竞争性，又不失公平，组织在将工资与业绩挂钩方面富有经验；

经理及下属之间存在相互信任，经理人员应作好充分准备，针对业绩指标进行积极地交流、说明，同时要应对困难决策问题；

为避免因采用个人业绩挂钩工资体系造成的对团队精神的损害，组织可结合采用小组业绩挂钩工资体系为补充。

第二，要注意运用工资总额的管理与调控机制。控制工资成本，防止部门乱涨工资的现象。

激励效果的加大可以选择；

增加职级数，扩大振幅；

增加级差（相邻职级之间的差额）；

增加调整次数。

第三，规范人力资源管理操作流程，提高运作的效率。

### 2. 市场营销人员绩效考核方法

提起考核评估，我们都期望绩效评估能为社会带来更高的生产力和更多的价值，为企业及个人创造更好的业绩和收益。但当我们将目光转向现实中的考核（绩效评估）时，不难发现，考核的实施并不像我们所期待的那样，卷入到考核中的人们往往不喜欢它，因为它是一个容易给人带来焦虑和压力的过程，人们往往会尽可能地回避它。

考核本身并没有错，而问题更多是出现在考核的目的、过程和方法等方面：

首先，对营销人员的考评不是硬性贴标签，其目的是通过对个人的激励，以实现团队、组织绩效的提高。从这个目的出发，有助于使考评成为上下级进行互动交流，及时反馈信息、及时改善绩效的有力工具。

其次，有效的考评必定置于绩效管理循环中，它应该是一个持续改进的过程（如图 4-47）。出现上述问题最主要的原因在于无论是公司的管理者还是普通员工，大家更多地关注了考评的这一环节及其结果。实际上绩效评估只是绩效管理的一个环节，而且在思维方式上有着本质区别：绩效管理是关注未来的绩效，关注的是解决问题，是计划式的，而绩效考核关注的是过去的绩效，是判断式的。

考核的目的，绝不仅仅是为了奖罚，而是为了帮助员工成长。管理层通过考核以及与员工沟通，发现问题，帮助员工分析绩效差距与原因，提供适当的指导与培训，使员工顺利地完成自己的绩效目标，这也就为实现团队和组织的目标奠定了基础。

我们只有将营销人员的考评工作置于绩效管理的循环过程中，才能

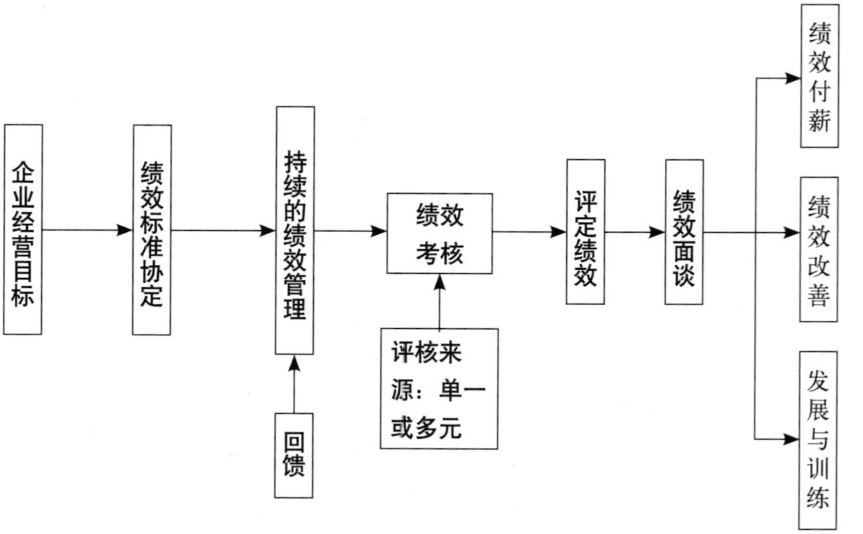


图4-47 绩效考评过程

实施有效的考评，才能最终实现企业整体营销绩效提高的目的。事实上，以上的过程都是围绕着对“人”的有效管理展开的，简单的可以总结为以下三句话，即：

事先要评估，此人擅长什么，能做什么，心态如何；

事中要监督，对照进度检查执行，及时纠偏；

事后要评价，完成情况如何，哪些方面得到了改善，哪些方面需要继续提高等。

当然这三部分具体的运用需要结合公司管理的成熟度、当事人的特点、所负责的层面等来决定轻重程度，但不可偏废任何一个。

（1）平衡计分卡理论简介——市场营销人员绩效考核的指导原则

平衡计分卡是哈佛大学财会学教授罗伯特·卡普兰与复兴方案公司总裁戴维·诺顿在积累了大量实践经验的基础上，建立的一套革命性的衡量和管理组织战略的最佳理论及实践方法。它从财务、客户、内部流程、学习与成长四个相互联系的角度来管理和测评公司的绩效，从而保证企业战略得到切实地执行。这四个方面之间的关系见图 4-48 所示。

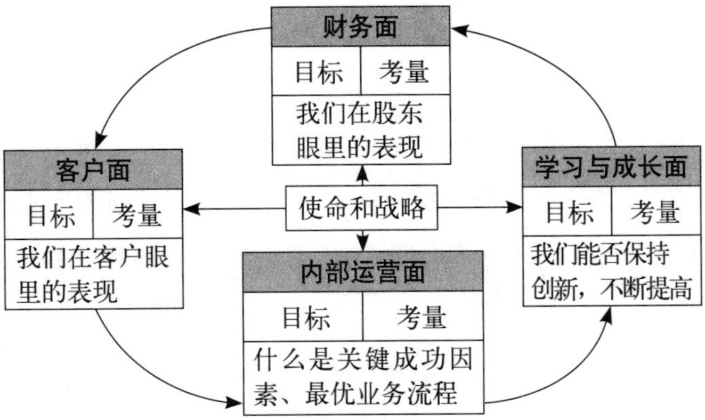


图4-48　平衡计分卡中四个方向的相互联系

更进一步而言，平衡计分卡在发展过程中特别强调描述策略背后的因果关系，强调最终财务目标的实现必须借助客户面、内部营运面、学习与成长面评估指标的完成而达到，如图 4-49 所示。

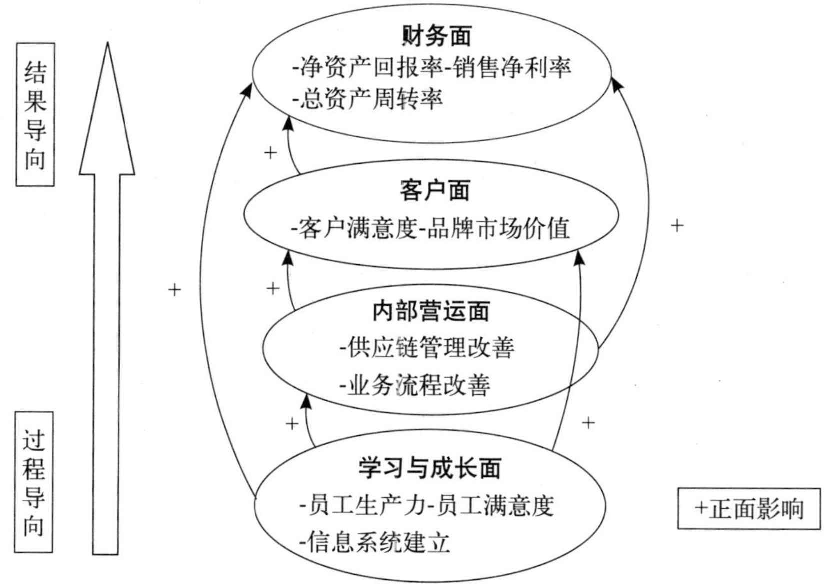


图4-49　平衡计分卡策略背后的联系

（2）平衡计分卡在绩效管理中的运用

由于平衡计分卡能够使企业在其战略指引下，通过有效的沟通，实现企业目标的层层分解和有机结合，并可综合运用传统财务指标和非财务指标来实现对各流程、各部门和各员工工作的指导和监督，保证其行为符合公司战略目标的要求。因此平衡计分卡作为战略化行动的重要管理工具，也就自然成为企业战略性绩效管理系统的指导原则和方法。

1) 利用平衡计分卡建立合理的绩效管理指标体系流程

由于平衡计分卡的运用可以使组织站在整体和全局的角度，全盘考虑所有的关键绩效领域，从而可以在经营重点及其衡量标准明确的基础上，确立合理的绩效管理指标体系，具体的流程如图 4-50 所示。

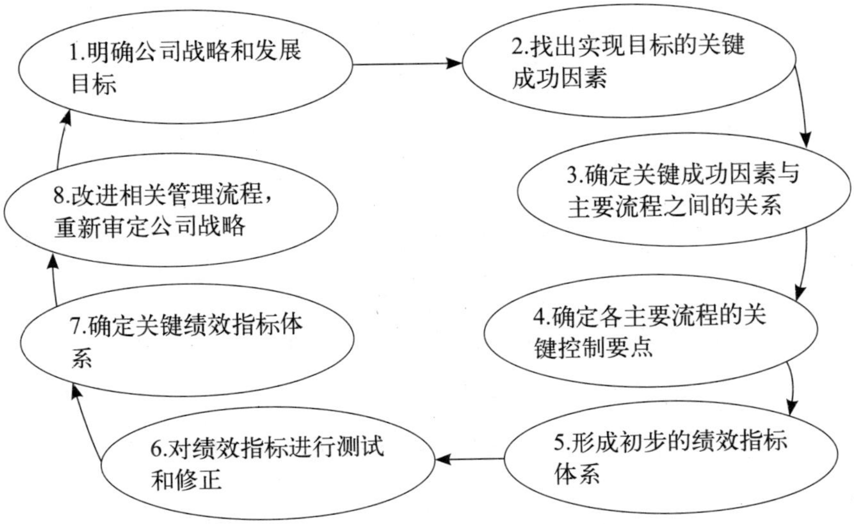


**图4-50　利用平衡计分卡建立合理的绩效管理指标体系流程**

2) 将绩效指标分解到人

在公司战略目标清晰明了，并运用平衡计分卡设定了部门的关键绩效指标体系之后，就需要对各指标进行进一步地分解，落实到各岗位，以保证指标的最终实现。

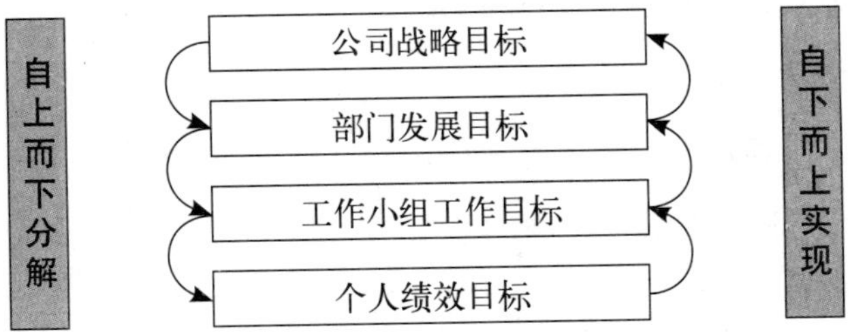


**图4-51　将绩效指标分解到人**

具体各职能、各岗位员工的目标设定和绩效计划的制定过程主要包括如下几个步骤：

| | | | | | | |
|---|---|---|---|---|---|---|
| 1.界定岗位职责 | 2.选择分解或设定关键绩效指标 | 3.设定工作目标 | 4.确定权重 | 5.确定目标值和挑战值 | 6.检查指标目标的内部一致性 | 7.设定能力发展计划 |

平衡计分卡作为一个战略性的绩效管理工具，既可以用于企业整体的业绩管理，同时它也是对公司各业务、职能部门乃至是企业中每一位员工实施绩效管理的指导原则和有效工具，只是需要针对不同的部门、人员各有侧重地确定具体财务、客户、内部运营流程及学习与成长的指标、目标值和行动计划，从而能够在公司整体战略目标的指导下，为所有部门和人员建立起自身的计分卡。

营销部门和人员承担着巨大的市场风险，该部门人员行为可控制程度低、流动性较高。采用平衡计分卡作为对其考核的指导原则和方法，可以有效地实现如下几方面的平衡：

- 所要求的成果和成果的执行动因之间的平衡

成果：利润、市场占有率

动因：新产品开发投资、员工培训等

- 定量衡量和定性衡量之间的平衡

定量：利润、员工流失率

定性：客户满意度、时效性

- 短期目标和长期目标之间的平衡

短期：利润

长期：客户满意度、员工培训成本和次数

这三个平衡对于保持队伍的相对稳定性、开拓进取的积极性以及实现服务企业整体战略目标意义重大。

表4-68 市场营销部门考核指标示例

| 关键业绩指标（KPI） | 考核目的 | 考核期 | 定义 |
| --- | --- | --- | --- |
| 需求预测的准确率 | 提高需求预测的准确程度 | 季、年 | ∑（需求的预测值－需求的实际值）÷∑需求的实际值 |
| 销售目标完成率 | 提高市场部人员对销售完成情况的重视度 | 月、季、年 | 实际销售额÷销售任务额×100% |
| 费用的使用 | 为达到一定的品牌推广力度 | 月、季、年 | 实际费用÷费用预算×100% |
| 市场占有率 | 为提高公司产品在各市场的占有 | 季、年 | 本品牌所管辖区域市场销量÷所管辖区域市场总销量×100% |
| 新产品市场开发成功率 | 新产品开发能力 | 年 | 新产品市场开发成功数÷新产品市场开发总次数 |
| 费效比 | 市场推广能力 | 季、年 | 品牌第一提及率（品牌第一购买率、品牌忠诚度）÷市场推广费用 |
| 新产品创意 | 新产品创意的被接受程度 | 年 | 被接受的新产品创意数÷新产品创意总数 |
| 产品利润率控制 | 为了合理的使用有限的资源 | 季、年 | 重点产品的利润率=其销售毛利润总额÷其总销售收入×100% |
| 产品结构控制 | 调整产品结构 | 月、季、年 | 销量比率= $\frac{\text{高档}}{\text{总销量}}:\frac{\text{中档}}{\text{总销量}}:\frac{\text{低档}}{\text{总销量}}$ |
| 促销前、后销量的变动程度 | 市场推广、促销效力 | 季、年 | 促销后的3个月销量÷促销前3个月的销量 |

（续表）

| | | | |
|---|---|---|---|
| 信息提供 | 在特定时间内满足其他部门信息需求的准确程度 | 月、季、年 | 分析的准确性、及时性 |
| 信息的收集 | 提高对信息收集的意识 | 月、季、年 | 回收率=实际收回数÷应交回数×100%<br>完整率=完整报告的数量÷实际交回的数量×100%<br>准确率=准确的报告数量÷完整报告数量×100%<br>及时率=及时交回的报告数量÷实际交回的数量×100% |
| 对媒介的影响力 | 产品在各种媒介中的影响程度 | 月 | 被报道的频率 |
| 促销礼品的提供与管理 | 提高礼品的质量和促销的效果 | 月、季、年 | 1.新产品上市前的准备：以到货时间为考核标准；<br>2.正常工作期间的促销礼品以消费者喜爱程度为考核标准。 |
| 公关能力 | 扩大产品的公众影响 | 年 | 对政府、行业协会和消费者的公关活动的组织 |
| 按时出具管理报告集 | 总结，归纳 | 季、年 | 管理报告集产生的及时性 |

（3）市场营销绩效考核指标评估的方法

通常，人们对业绩好坏的评判是通过比较形成的，常用的比较形式有：

- 与过去比较，如果现在取得的成绩或成果比过去大，表明业绩向好的方向转变；
- 与预期目标（计划）比较，如果所取得的成绩达到了预期目标，则表明业绩较好；
- 与特定参照群体比较，如果某企业以同行业平均水平为参照物，只要达到同行业平均水平则说明业绩好；如果超过同行业平均水平，则说明业绩显著；

● 与所花费的代价比较，任何成绩或成果的获取（所得）都需要一定时间、精力、财力或物力（所费），如果所得小于所费，就不合算；如果所得大于所费则有业绩，所得大于所费的数额较大，成绩也就越显著。

营销人员绩效指标的评估也属于业绩评估的范畴，因此，其评估形式及评估方法可以引用业绩评估方法。绩效评估的方法有很多，如表 4-69 所示。

**表4-69 绩效评估的方法**

| | | |
|---|---|---|
| **比较性评估方法** | ● 直评法<br>● 配对比较法 | ● 交替排序法<br>● 强制分布法等 |
| **绝对标准式评估方法** | ● 图尺度评价法<br>● 行为观察法等 | ● 行为锚定等级评价法 |
| **基于结果的评估方法** | ● 目标管理法（MBO）<br>● 直接指标法 | ● 绩效标准法<br>● 成就记录法等 |

在此我们只简单介绍配对比较法、图尺度评价法、关键事件法和 360 度绩效考核。

1) 配对比较法

配对比较法（Paired Comparison Method）使得排序型的营销人员绩效指标评估法变得更为有效。基本做法是将每一位人员按照所有的评估要素与所有其他员工进行比较。

假定需要对七位人员进行工作绩效评价，那么，在运用配对比较法时，首先需要列出一张表格来（见表 4-70），其中要标明所有需要被评估的人员姓名以及需要评估的所有工作要素。然后，将所有人员根据某一类要素进行配对比较，然后用“+”（好）和“–”（差）标明，谁好一些，谁差一些。最后，将每一位员工得到的“好”的次数相加。

**表4-70 工作人员工作绩效评价表**

| | 赵一 | 郑二 | 张三 | 李四 | 王五 | 冯六 | 牛七 |
|---|---|---|---|---|---|---|---|
| 赵一 | | + | + | – | – | – | – |
| 郑二 | – | | + | + | + | + | – |
| 张三 | – | – | | – | – | – | + |
| 李四 | + | – | + | | – | – | – |
| 王五 | + | – | + | + | | + | + |
| 冯六 | + | – | + | + | – | | – |
| 牛七 | + | + | – | + | – | + | |

从表 4-70 可以看出，王五的能力在七位人员当中是最强的。配对比较法在实际应用中不太复杂，有较为普遍的应用。

2) 图尺度评价法

图尺度评价法（Graphic Rating Scale）是目前最简单和运用最普遍的工作绩效评价方法之一，可引入营销人员绩效评估当中。它一般是根据工作任务、职责列举出一些绩效构成要素（如质量、数量），还列举出了跨越范围很宽的工作绩效等级（从“不令人满意”到“非常优异”）。在进行工作绩效评价时，首先针对每一个工作人员，从每一项评价要素中找出最符合其绩效状况的分数，然后将每一位工作人员所得到的所有分值进行加总，即得到最终工作绩效评价结果。表 4-71 是对销售人员的评估表，可供参考。

**表4-71 评估表**

| 销售人员姓名： | | |
|---|---|---|
| **评估等级说明**<br>O：杰出（Outstanding）。在所有方面的绩效都十分突出，并且明显地比其他销售人员的绩效优异得多。<br>V：很好（Very Good）。在大多数方面明显超过职位的要求，销售绩效和销售工作绩效是高质量的并且在考核期间一贯如此。<br>G：好（Good）。是一种称职的可信赖的销售工作绩效水平，达到了销售工作绩效标准的要求。<br>I：需要改进（Improvement Needed）。在销售工作绩效的某些方面存在不足，需要予以改善和提高。<br>U：不太满意（Unsatisfactory）。销售工作绩效总的来说无法令人满意，必须迅速加以改善和提高。<br>N：不作评估（Not Rated）。信息不够，或是无法利用现有标准或因时间仓促而无法得出结论。 | | |
| **销售工作绩效评价要素** | **评价尺度** | **评价依据或评语** |
| 1.营销人员绩效指标完成情况 | O<br>V<br>G<br>I<br>U | 100-90<br>89-80<br>79-70<br>69-60<br>60以下 |
| 2.销售报表和汇报完成情况 | O<br>V<br>G<br>I<br>U | 100-90<br>89-80<br>79-70<br>69-60<br>60以下 |
| 3.客户反映情况 | O<br>V<br>G<br>I<br>U | 100-90<br>89-80<br>79-70<br>69-60<br>60以下 |
| 4.团队精神 | O<br>V<br>G<br>I<br>U | 100-90<br>89-80<br>79-70<br>69-60<br>60以下 |

营销人员绩效指标评估的图尺度评价法的优点有：易于理解；尺度的建立比较容易；可以通过对分值的详细表述，减少一些评分时的发散误差；可以对同一层次的被评估对象进行比较。

营销人员绩效指标评估的图尺度评价法的不足有：主要涉及到一些定性因素，对打分者在心理学和人类行为学方面知识的要求较高；不能完全消除主观成分。

3) 关键事件法

关键事件法（Critical Incident Method）是由 J.C.Flannagan 在 1954 年发展起来的，其主要原则是认定员工与职务有关的行为，并选择其中最重要、最关键的部分来评定其结果。它首先从领导、员工或其他熟悉职务的人那里，收集一系列职务行为的事件，然后，描述“特别好”或“特别坏”的职务绩效。关键事件法的具体使用方法如下：首先将下属雇员在平时工作中表现出来的特别不寻常的优秀绩效，或者特别突出的恶劣绩效记录下来，然后再在一个预先确定下来的时间与雇员进行讨论和审查。

关键事件法考虑了职务的动态特点和静态特点。对每一事件的描述内容，包括：导致事件发生的原因和背景；员工的特别有效或多余的行为；关键行为的后果；员工自己能否支配或控制上述后果。在大量收集这些关键以后，可以对他们做出分类，并总结出职务的关键特征和行为要求。关键事件法既能获得有关职务的静态信息，也可以了解职务的动态特点。

在营销人员绩效指标管理中，最好将关键事件法与每年年初制定的营销人员绩效指标结合在一起，如表 4-72 所示，TT 公司销售人员的关键职责就是不断开发新的客户。

表4-72 TT公司销售人员职责记录表

| 职责 | 目标 | 关键事件 |
| --- | --- | --- |
| 开发更多的客户 | 2010年把现有客户从100名增加到300名 | -建立了一套客户访问标准流程;<br>-客户访问成功率从30%提高到50%;<br>-平均每月的客户访问次数从30次提高到50次。 |
| 维系客户，争取原有客户更多订货 | 原有客户的订货量增加50% | -原有客户的订单规模扩大一倍;<br>-客户满意度提升20个百分点。 |

关键事件法的主要优点是，研究的焦点集中在职务行为上，因为行为是可观察的、可测量的。同时，通过这种职务分析可以确定行为的任何可能的利益和作用。但这个方法也有两个主要的缺点：一是费时，需要花大量的时间去搜集那些关键事件，并加以概括和分类；二是关键事件的定义是显著的对工作绩效有效或无效的事件，但是，这就遗漏了平均绩效水平。而对工作来说，最重要的一点就是要描述“平均”的职务绩效。利用关键事件法，对中等绩效的员工就难以涉及，因而全面的职务分析工作就不能完成。

4) 360 度绩效考核

传统的绩效评价系统往往是基于目标管理思想的。目标管理有许多优点，但缺少对组织内其他人员的考虑。上级真正观察到下属工作的时间其实是很少的，有的管理人员认为只有 10% 左右。在很多情况下，除了一些具体指标的完成情况之外，上级往往不能给下属提供足够的反馈。上下级之间的私人情感，往往对下级的绩效评价有重大的影响。重结果而轻行为，易导致员工不惜代价去追求短期硬指标的实现，而忽视了许多有利于长远目标实现的行为。

360 度绩效评价反馈系统就是，由被考评人的上级、同事、下级和（或）内部客户、外部客户以及本人担任考评者，对被评者进行全方位的评价，再通过反馈程序，达到改变行为、提高绩效等目的，也称为多评估者评价系统或多源反馈系统。与传统的一些考评方法相比，360 度绩效评价反馈方法从多个角度来反映员工的工作，使结果更加客观、全面和可靠，特别是对反馈过程的重视，使考评起到“镜子”的作用，并提供了相互交流和学习的机会。与此同时，该方法也对企业人力资源管理工作者的能力提出了更高的要求。一是收集和整理的信息数量将大大增加；二是人力资源管理人员的反馈能力，直接关系到绩效评价反馈系统的效能；三是绩效评价的内容和形式设计要复杂得多。

360 度绩效评价反馈方法建立在管理学、心理学和行为科学理论基础之上，如测量理论、印象管理理论和控制论理论等。从信息加工过程的角度，可以勾画出一个 360 度绩效评估反馈过程模型，如图 4-52 所示。

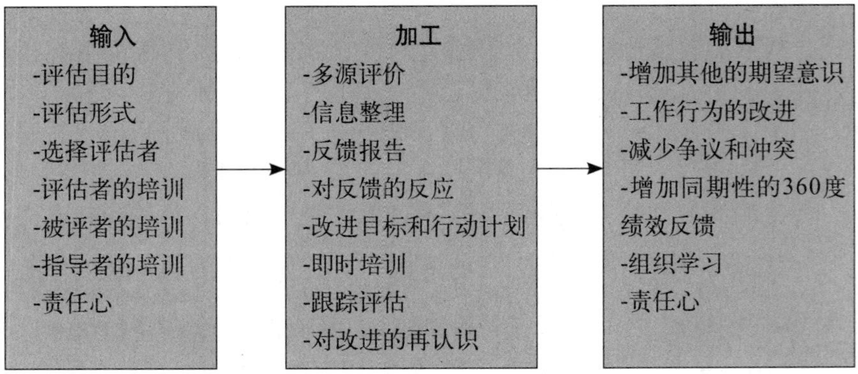


图4-52　360度绩效评估反馈过程模型

360 度绩效考核考虑到信息时代企业的动态特性，在国际上首次系统化地将企业的愿景、战略和绩效测评相联系，将外部期望与内部能力相均衡，将当前利润和未来绩效相均衡。同时它虽然保留了财务指标，但瞄准的是超前指标。其理由是如果超前指标选择得好，则会在将来的财务指标中反映出来。因此，360 度绩效考核是注重对未来利润的推动，而不是过去利润的统计。

在开展 360 度绩效考核时，大体上可以遵循几个步骤（详见图 4-53）。

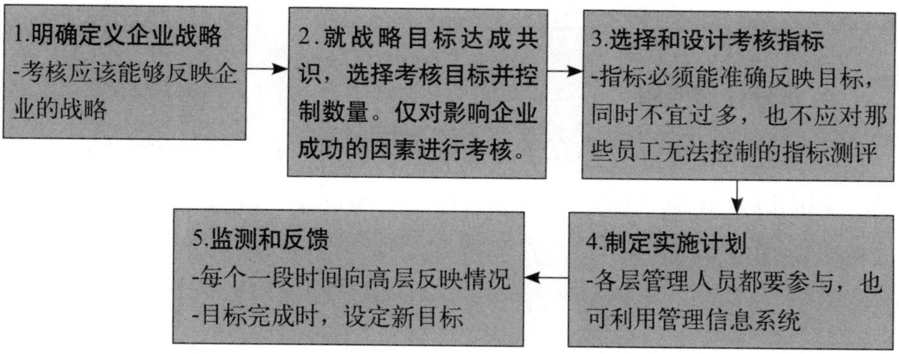


**图4-53 360度绩效考核的遵循步骤**

## 四、市场营销控制方法

有效执行的背后不可或缺的是强有力的控制。在执行市场营销计划的过程中可能会出现许多意外情况，企业必须行使控制职能以确保营销目标的实现。即使没有意外情况，为防患于未然，保证执行在正确方向上不会偏离目标，或为了改进现有的营销计划，企业也要在计划执行过程中加强控制。营销控制可以分为四种类型：年度计划控制、盈利能力控制、效率控制、战略控制，具体内容见表 4-73。

表4-73　营销控制类型

| 控制类型 | 主要负责人 | 控制目的 |
|---|---|---|
| 年度计划控制 | 高层、中层管理人员 | 检查计划目标是否实现 |
| 盈利能力控制 | 营销审计人员 | 检查公司在哪些地方赚钱，哪些地方亏损 |
| 效率控制 | 部门管理层、营销审计人员 | 评价和提高经费开支效率及营销开支效果 |
| 战略控制 | 高层管理者<br>营销审计人员 | 检查公司是否在市场、产品和渠道等方面正在寻求最佳机会 |

### 1. 年度计划控制

年度计划控制的目的在于，保证公司实现它在年度计划中制定的销售、利润以及其他目标。年度计划控制的中心是目标管理，它包括四个步骤，如图4-54所示。

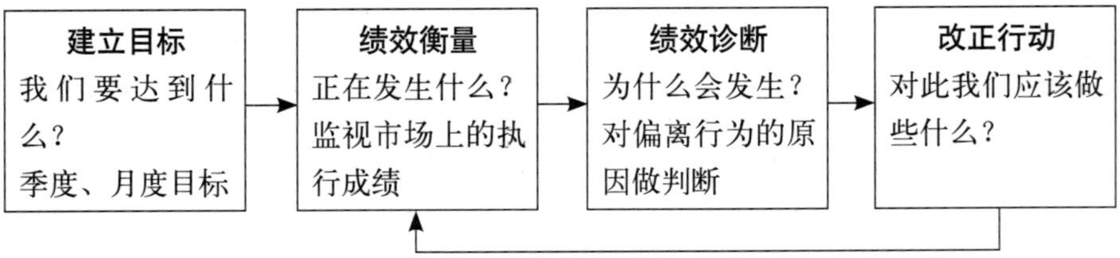


图4-54　360度绩效评估反馈过程模型

这一控制模式适用于组织的所有层次。企业最高管理层建立一年的销售目标和利润目标，这些目标被分解成每个较低层次的管理层的具体目标。于是，每个产品经理就要达到某个销售水平和成本水平，每个地区经理和每个销售代表也被责成完成若干目标。最高管理层定期检查和分析结果。

常用的检查计划执行绩效的五种方法是：销售分析、市场份额分析、营销费用—销售额分析、财务分析和以市场为基础的评分卡分析，详细内容见表4-74。

**表4-74 检查计划执行绩效的五种方法**

| | | |
|---|---|---|
| **销售分析** | 销售差异分析 | 用以衡量在销售目标执行中形成缺口的不同要素所起的相应作用。如，销售目标未完成，价格变化和销量下降的影响各占多少，各自的原因是什么，公司应该加以仔细地调查研究。 |
| | 微观销售分析 | 分别从产品、销售地区以及其他有关方面考察其未能完成预定销售份额的原因。如某地区未完成比例较大是因为销售经理问题还是销售代表问题，是因为有强有力的竞争者进入，还是该地区国民生产总值下降，等等。 |
| **市场份额分析** | 公司的销售额并不能表明公司相对于竞争者的绩效如何。因此，管理层需要追踪它的市场份额。市场份额的衡量有三种指标：①总市场份额是指公司的销售在行业总销售中所占的比例。②服务市场份额是指其销售额占其所服务市场的总销售额的比例。公司的服务市场是指所有能够和愿意购买它的产品的购买者。服务市场份额总是大于其总的市场份额。③相对市场份额是指和最大竞争者相比占的市场份额。相对市场份额超过100%的公司就是市场领导者。相对市场份额正好100%，则说明该公司和市场头号公司不相上下。某公司的相对市场份额上升，意味着该公司的市场成长速度快于最大竞争对手的速度。<br>分析市场份额变动的一个有效途径是从下面四个要素了解：<br>总市场份额=顾客渗透率×顾客忠诚度×顾客选择性×价格选择性<br>-顾客渗透率是指在该公司购买的顾客占所有顾客的百分比。<br>-顾客忠诚度是指顾客从该公司所购买的商品量，占这些顾客从其他同类产品的供应商那儿所购数量的百分比。<br>-顾客选择性是指该公司的顾客平均购买量与某个一般公司的顾客平均购买量之比。<br>-价格选择性是指该公司的平均价格与所有公司的平均价格之比。 | |

（续表）

<table>
<tr><td>市场份额分析</td><td colspan="2">现在，假设该公司以金额表示的市场份额在这一时期下降了。总市场份额公式提供了四种可能的解释：公司失去了某些顾客(较低的顾客渗透率)，现有顾客从该公司购买减少(较低的顾客忠诚度)，该公司的顾客规模较小(较低的顾客选择性)，公司价格与竞争者相比已向下滑动(较低的价格选择性)。</td></tr>
<tr><td>营销费用—销售额分析</td><td colspan="2">年度计划控制要求保证公司在实现其销售目标时，没有过多的支出。这里关键要看营销费用对销售额之比。例如，在某公司中，此比例为30%，它包括五个费用对销售之比：销售队伍对销售额之比(15%)，广告对销售额之比(5%)，促销对销售额之比(6%)，市场调研对销售额之比(1%)，销售管理费用对销售额之比(3%)。<br>管理层应该监控这些营销开支比率，超过正常范围的波动是引起麻烦的原因。每个比率在各个时期的波动可在控制图表上进行追踪。</td></tr>
<tr><td>财务分析</td><td colspan="2">费用—销售额之比应放在一个总体财务构架中进行分析，以便决定公司如何赚钱，在什么地方赚钱。营销者越来越倾向于利用财务分析来寻找提高利润的战略，而不是仅仅限于扩大销售的战略。<br>管理层利用财务分析来判别影响公司净值报酬率的各种要素。<br>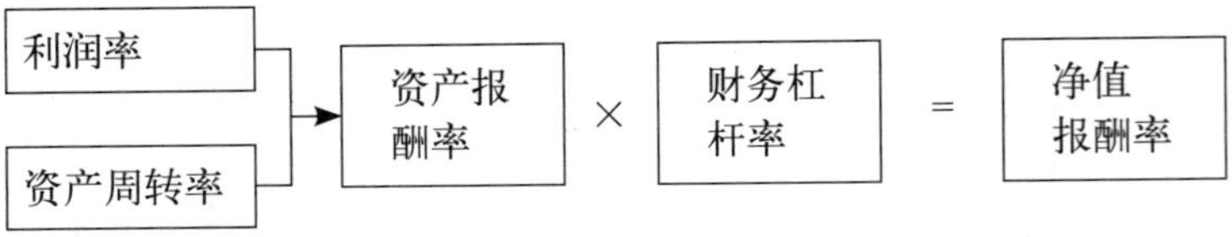<br><br>营销主管可以试用下列两种方法来提高净值报酬率：①通过增加销售额或削减费用提高利润率，②通过增加销售额或减少承担完成一定销售额水平的资产(如存货、应收账款等)来提高资产周转率。</td></tr>
<tr><td>以市场为基础的评分卡分析</td><td>顾客绩效评分卡</td><td>它记录公司历年来以顾客为基础的工作衡量，其内容是：<br>-新增顾客数量占平均顾客数量的百分比。<br>-丧失顾客数量占平均顾客数量的百分比。<br>-赢回数量占平均顾客数量的百分比。<br>-各类顾客中非常失望、失望、中性、满意、非常满意者的比率。<br>-重购顾客数量的百分比。<br>-准备向其他顾客推荐公司产品的顾客的百分比。<br>-目标市场中知晓或记得公司品牌的顾客的百分比。<br>-能正确对本公司产品的品牌定位和区别加以辨认的顾客百分比。<br>-相对于主要竞争者而言，对公司产品质量的一般理解能力。<br>-相对于主要竞争者而言，对公司服务质量的一般理解能力。<br>-对每一个衡量要建立标准，如果当前衡量结果出轨的话，管理层应采取行动。</td></tr>
</table>

（续表）

| | | |
|---|---|---|
| | 利益方绩效评分卡 | 公司要追踪各种对公司业绩有重要利益和影响的组成人员的满意度：员工、供应商、银行、分销商、零售商、股东，并为各群体建立标准，当某一或更多群体的不满增加时，管理层应采取行动。 |

## 2.盈利能力控制

（1）营销盈利率分析的流程

公司必须衡量其不同的产品、地区、顾客群、贸易渠道和订货量的盈利率。这方面的信息将帮助管理层决定哪些产品或者营销活动应该扩大、收缩或者取消。假如一个公司通过三种零售渠道出售产品，那么不同渠道的盈利率可通过图4-55的流程分析。

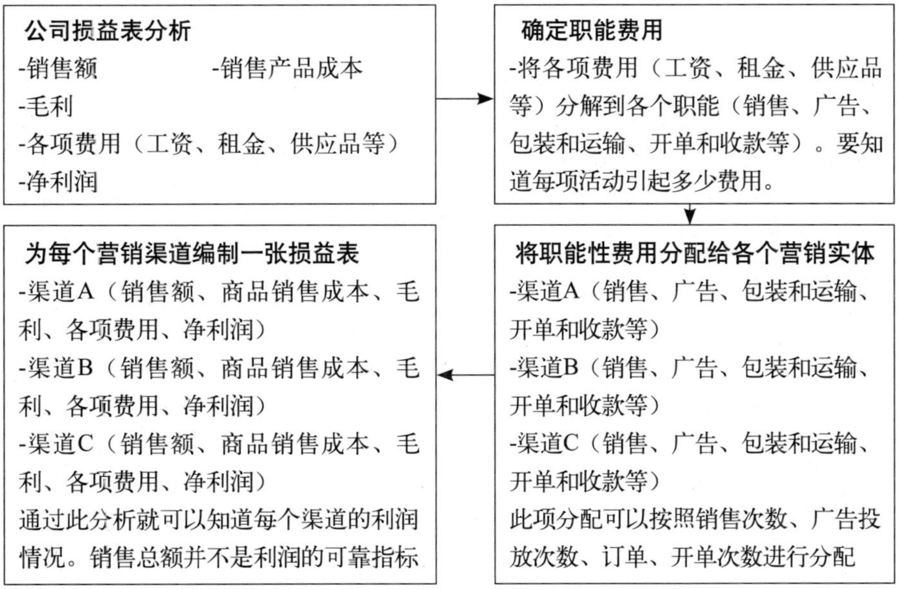


图4-55　营销盈利率分析流程

总之，营销利润率分析表明了不同渠道、产品、地区或其他营销实体的有关利润情况。

据此，营销经理就可以针对各个渠道的问题决定最佳改正行动。

（2）营销利润分析需要注意的事项

和所有的信息工具一样，营销利润分析既可以指导营销经理的行动，也可能会将他们导入歧途，这取决于对这些方法及其局限性的理解程度。在选择向营销实体分配职能性费用时，会存在某种主观上的武断性。例如，在分配销售费用时，以“销售访问的次数”为根据，是因为它只包含较少的记录和计算。

其他的判断因素也会影响盈利能力的分析。在营销成本的实际分析中必须区别三种不同的成本：

| | |
|---|---|
| 直接成本 | 这是指直接分配给那些引进这些费用的营销实体的成本。例如，销售佣金就是销售地区、销售代表或者顾客群的利润分析中的一项直接成本。当公司的每一个广告只针对公司一个产品时，广告支出就是产品利润分析中的一项直接成本。其他一些有具体目的的直接成本是，推销人员工资和差旅费。 |
| 可追溯的共同成本 | 指只能间接地，并且是按照一定基础分配给营销实体的成本，如租金。 |
| 不可追溯的共同成本 | 这是指高度主观地分配给各营销实体的成本。细想一下“企业品牌形象”支出费用，将这笔费用平均地分配给所有的产品是不客观的，因为各种产品从公司形象的建立中所获得的利益并不相同。根据不同产品的销售量按比例分配也是一种武断行为，因为除了公司形象外，产品销售还受到许多其他因素的影响。难以分配共同成本的其他典型例子是，管理层的工资、税金、利息和其他管理费。 |

营销成本包括直接成本是无可争议的，而对于其中包括可追溯的共同成本则略有争议。可追溯的共同成本归并了随营销活动规模的大小而

变动的费用和在最近的将来可能不随之变动的费用。比如，在舍弃渠道B时，由于契约方面的原因，它可能要继续支付同样的租金。

这里的争议在于，不可追溯的共同成本是否应该分摊给营销实体，这类分摊被称为全部成本法。提倡这一方法的人认为，要确定真实的盈利率，必须把所有的成本都分摊进去。但是这一论点把用于财务报告的会计数据同为决策和利润计划提供数量依据的会计数据混为一谈了。

公司对采用作业成本会计的兴趣在日益增加，它可反映各种不同作业的真正盈利能力。为了改进效益，经理们审核后，可以根据情况减少用于招待各种作业的资源，或用较低的成本获得更多的资源。否则，管理层就会对产品提价，以便从顾客处获得支持。作业成本会计的贡献在于，使管理层不只是把注意力集中于以劳动力或材料的标准成本作为全部成本的分配，而是紧紧抓住了供应给各个产品、顾客和其他实体的实际成本。

现在的公司对于分析市场盈利能力有很大的兴趣，并将其与股东价值联系起来。营销人员也积极响应利用财务工具来分析和测量品牌、分销渠道、顾客和公司其他关键的营销资产的价值。

### 3.效率控制

假设利润分析，揭示了公司在若干产品、地区或市场方面的盈利情况不妙，那么接下来要解决的问题就是，是否存在更有效的方法来管理销售队伍、广告、促销和分销等绩效不佳的营销实体活动。这就是效率控制的问题。效率控制主要包括三个方面的内容，如表4-75所示。

表4-75 效率控制的内容

| | |
|---|---|
| 销售队伍效率 | 各级销售经理都应该掌握自己地区的销售队伍效率的几个关键指标：<br>● 每个销售人员平均每天销售访问的次数 ● 平均每次访问所需要的时间<br>● 销售人员每次访问的平均成本 ● 销售人员每次访问的平均收入<br>● 销售人员每次访问的招待费 ● 每100次销售访问的订单百分比<br>● 每一期新的顾客数目 ● 每一期丧失的顾客数目<br>● 销售队伍成本占总销售额成本的百分比<br>当公司开始调查销售队伍效率时，它常常会出现一系列可改进的地方。 |
| 广告效率 | 许多经理认为，要衡量广告给企业带来了多少益处几乎是不可能的，但是，至少要掌握下述统计资料：<br>● 每一种媒介工具触及每千名目标顾客的广告成本<br>● 注意、看到或联想和阅读印刷广告的人，在其受众中所占的百分比<br>● 消费者对于广告内容和有效性的意见<br>● 对于产品态度的事前事后衡量<br>● 由广告所激发的询问次数<br>● 每次调查的成本<br>管理层可以采取一系列步骤来改进广告效率，包括做好产品定位，明确广告目标，预先测试广告信息，利用计算机指导选择广告媒体，购买较好的媒体以及广告事后测验等工作。 |
| 销售促进效率 | 销售促进包括几十种激发消费者购买兴趣和试用产品的方法。为了提高促销效率，管理层应该坚持记录每一次的销售促进活动及其成本和对销售的影响。企业管理层应注意以下统计资料：<br>● 优惠销售所占的百分比 ● 每一元的销售额中所包含的商品陈列成本<br>● 赠券的回收率 ● 一次现场演示所引起的询问次数<br>促销经理可以观察不同促销活动的结果，然后，向产品经理提出最有效的促销措施。 |
| 分销效率 | 管理层应该调查研究分销经济，提高存货控制、仓库位置和运输方式的效率。它衡量的指标有：<br>● 物流成本与销售额的比例 ● 订单错发率<br>● 准时送货的百分比 ● 开票错误的次数<br>管理层应该努力减少存货，同时加速周转。 |

#### 4.战略控制

随着时间的推移，公司必须经常对其整体营销目标和效益做出缜密的评价。每个公司都应该定期对其进入市场和总体方式进行重新评价。这里有两种工具可以利用，即营销效益等级考评和营销审计。

（1）营销效益等级考评

一个公司或一个事业部的营销效益，可以从营销导向的五种主要属性的不同程度上反映出来：顾客哲学，整合营销组织，充分的营销信息，战略导向和工作效率，见表4-76。

**表4-76 营销效益等级考评表**

| |
|---|
| 这一量表可按下述方式运用。对每一个问题选定一个适当的答案。然后，把各题的分数加起来。总分应该在0～30分之间。下列分数分别表示不同水平的营销效益：0～5=无；6～10=差；11～15=普通；16～20=良；21～25=很好；25～30=优秀。每个问题选一个答案。 |
| **顾客哲学**<br>A.企业管理层是否认识到根据其所选市场的需要和欲望设计公司业务的重要性？<br>0 □ 企业管理层主要考虑如何把现有产品或新产品出售给任何愿意购买的人。<br>1 □ 企业管理层考虑为范围广泛的市场和服务提供同等效率的服务。<br>2 □ 企业管理层考虑为其所选市场的需要和欲望服务，这些市场都是在慎重分析市场长期成长率以及公司的潜在利润以后而选定的。<br>B.企业管理层有否为不同的细分市场开发不同的产品和制定不同的营销计划？<br>0 □ 没有。<br>1 □ 做了一些工作。<br>2 □ 做得相当好。<br>C.企业管理层在规划其业务行动时是不是着眼于整个营销系统(供应商、渠道、竞争者、顾客、环境)？<br>0 □ 不是。企业管理层只是致力于向其当前的顾客出售和提供服务。<br>1 □ 有一点。企业管理层尽管将大量的精力集中在向当前的顾客出售商品和提供服务方面，但是也从长远角度考虑了它的渠道。 |

2 □ 是的。企业管理层从整个营销系统观点出发，了解由于系统中某个部分的变化可能给公司带来的各种威胁和机会。

## 整合营销组织

D.对于重要的营销功能是否有高层次的营销整合和控制？

0 □ 没有。销售和其他营销功能没有高层次的整合协调，并有一些非生产性的磨擦。

1 □ 有一点。各个重要的营销职能部门有形式上的整合和控制，但缺乏令人满意的合作和协调。

2 □ 是。各重要营销职能部门被高度有效地整合在一起。

E.营销管理层是否有效地和市场研究、生产、采购、物流以及财务等其他部门的管理层进行合作。

0 □ 否。他们抱怨说营销部门向其他部门提出的要求和费用需要是不合理的。

1 □ 还可以。尽管各部门一般都倾向于维护本部门的利益，但它们之间的关系还是融洽的。

2 □ 是。各部门能有效地进行合作，并且能从全局考虑，从公司的最高利益出发来解决问题。

F.新产品开发过程是如何组织的？

0 □ 这一制度未明确规定，管理不善。

1 □ 这一制度形式上是存在的，但是缺乏有经验的人员。

2 □ 这一制度结构完善，配备专业人员。　充分的营销信息

G.最近一次研究顾客、采购影响、渠道和竞争者的营销调研是何时进行的？

0 □ 若干年以前。

1 □ 一两年前。

2 □ 最近。

H.企业管理层对于不同的细分市场、顾客、地区、产品、渠道和订单的潜在销售量和利润的了解程度如何？

0 □ 一无所知。

1 □ 略有所知。

2 □ 了如指掌。

I.在衡量和改进不同营销支出的成本效益方面采取了什么措施？

0 □ 很少或者没有措施。

1 □ 有一些措施。

2 □ 大量措施。

## 战略导向

J.正规营销计划工作的程度如何？

0 □ 企业管理层很少或者没有正规的营销计划工作。
1 □ 企业管理层制定一个年度营销计划。
2 □ 企业管理层制定一个详细的年度营销计划和一个精心制定的每年更新的长期计划。

K.现有营销战略的质量如何？

0 □ 现有战略不明确。
1 □ 现有战略明确，但只是代表传统战略的延续。
2 □ 现有战略明确，富有创新性，数据充足，合情合理。

L.有关意外事件的考虑和计划做得如何？

0 □ 企业管理层很少或者不考虑意外事件。
1 □ 企业管理层尽管没有正式的意外事件应付计划，但是对于意外事件有一定的考虑。
2 □ 企业管理层正式识别最重要的意外事件，制定了应付意外事件的计划。

## 工作效率

M.在传播和贯彻最高管理层的营销思想方面做得如何？

0 □ 很差。
1 □ 一般。
2 □ 很成功。

N.企业管理层是否有效地利用了各种营销资源？

0 □ 否。相对于所要完成的工作来讲，营销资源是不足的。
1 □ 做了一些。营销资源足够，但是没有得到最充分的利用。
2 □ 是。营销资源充足，并且进行了有效的部署。

O.企业管理层在对眼前变化做出迅速有效的反应方面是否显示出良好的能力？

0 □ 否。销售和市场信息不及时，企业管理层的反应比较迟钝。
1 □ 有一点。企业管理层一般可以获得及时的销售和市场信息，但反应快慢不一。
2 □ 是。企业管理层建立了若干专门制度，用以收集最新信息，并能及时反应。

（2）营销审计

营销审计是对一个公司或一个业务单位的营销环境、目标、战略和活动所作的全面的、系统的、独立的和定期的检查。其目的在于找出问题和机会，提出行动计划，以提高公司的营销业绩。

营销审计由检查公司营销形势的六个主要组成部分构成。

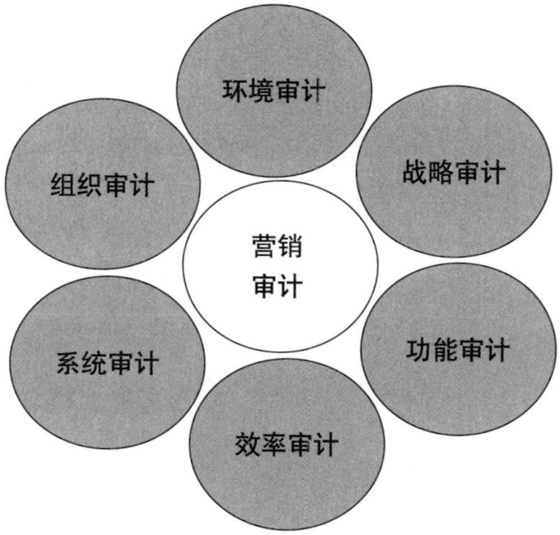


图4-56 营销审计的构成图

表4-77 营销审计的六个主要组成部分

| | |
|---|---|
| 环境审计 | ● 宏观环境<br>-人口统计——哪些主要发展趋势和变化会成为公司的机会和威胁？公司采取哪些行动？<br>-经济——收入、价格、储蓄和信贷哪些变化将影响公司？公司采取哪些行动？<br>-生态——公司所需的自然资源和能源的成本及可获得性如何？公司环保方面是否行动？<br>-技术——技术有什么革新？公司是否采用？是否会出现公司产品的替代品？ |

（续表）

| | |
|---|---|
| 环境审计 | -文化——消费者的生活方式和价值观念发生何种变化？对公司的影响如何？采取行动？<br>● 微观环境<br>-市场——细分市场、市场增长分析和预测、渠道、产品、价格、广告及促销发展趋势<br>-顾客——消费趋势及消费分布、购买决策行为、如何评价本公司及竞争者的各个方面<br>-竞争者——市场表现及4Ps、他们的目标、战略、优势劣势、规模和市场份额等<br>-分销和经销商——渠道类型、各种渠道的效率和成长潜力等<br>-供应商——关键原料的可获得性前景、销售模式变化趋势<br>-辅助机构和销售公司——运输、仓储、财务的成本及可获得性如何？广告代理商、市场调研公司、营销管理咨询公司效率如何？<br>-公众——哪些公众代表机会，哪些代表问题？公司采取什么步骤应对每一类公众？ |
| 战略审计 | ● 企业使命<br>-公司现状评价<br>-企业使命认知（可行性、是否以市场导向的语言清楚阐述处理）<br>-整体经营理念（是否建立了市场导向的经营理念？）<br>● 目标与战略<br>-目标（优先顺序、是否明确阐述、是否符合市场需求及企业资源、竞争地位和机会）<br>-战略（采用何种战略——成本领先、产品差异化、服务差异化、产品或市场集中，是否适应产品生命周期，是否适应竞争者战略，是否适应经济状况）<br>● 营销战略<br>-市场细分（市场细分的依据是否得当、是否选择了最适当的细分市场）<br>-目标市场（是否确定了每个目标市场的轮廓）<br>-市场定位（定位正确与否）<br>-营销组合策略（是否为每个目标市场制定了正确的营销组合、资源与组合的分配是否合理、资源是否足够） |

（续表）

| | | |
|---|---|---|
| 组织审计 | | ● 现在的组织架构分析<br>-组织架构图 -营销主管是否有足够权利<br>-营销活动是否按功能、产品、最终用户和地区进行最理想组织<br>-各部门的职责和管理范围是否合理 -组织架构是否高效和科学<br>● 竞争者的组织架构<br>● 未来组织架构的建议<br>● 组织结构的功能效率<br>-营销部门与销售部门之间的关系是否协调<br>-产品管理系统是否有效运行<br>-营销组织是否需要进一步的培训、激励、监督和评价<br>-产品经理能否计划利润水平<br>● 部门间联系效率<br>-营销部门和制造、研究开发、采购、财务、会计以及法律等部门之间的配合问题 |
| 系统审计 | 营销信息系统 | -是否能产生关于顾客、潜在顾客、分销和经销商、竞争者、供应商、行业以及各种公众的真实、足够和及时的信息<br>-信息共享是否顺畅<br>-市场调研是否充分、调研结果是否利用<br>-是否运用最好的方法进行市场和销售预测<br>-信息使用者是否提前对所需信息进行归类和定义<br>-信息收集者是否对所需信息按时按质收集和上传 |
| | 营销计划系统 | -营销计划（是否有科学的流程、能否按既定的营销计划体系执行）<br>-销售目标和预测（是否有科学的需求计划制定和监督体系、销售预测和市场潜力衡量是否正确地加以实施、销售定额是否适当）<br>-广告和销售促进（规划是否合理、效果是否进行有效评估） |
| | 营销控制系统 | -控制程序是否足以保证年度诸目标的实现？<br>-管理层是否定期分析产品、市场、销售地区和分销渠道的盈利状况？<br>-营销成本是否定期加以检查？ -对促销的有效控制和管理。<br>-对价格体系维护的必要方法。 -科学管理销售团队的管理体系。<br>-对分销商的管理和支持体系。 -销售与生产、研发及财务等接口是否顺畅？ |

（续表）

| | | |
|---|---|---|
| | 新产品开发系统 | -公司是否有科学的新产品开发流程<br>-各部门在产品开发过程中是否协调工作 |
| 功能审计 | 产品审计 | -现有产品分析（目标是什么、是否满足消费者需求、产品结构、包装、产品特性及卖点、产品差异化、产品生命周期）<br>-产品组合分析（是否合理，有无科学的规划和设计）<br>-产品线分析（哪些需淘汰、哪些产品线需延伸）<br>-消费者对本公司和竞争者产品各方面的态度分析<br>-产品战略的需要改进的方面 |
| | 价格审计 | -合理性-竞争性-趋势-定价流程、战略、目标、政策-顾客感知-竞争者价格<br>-价格政策与经销商、分销商和供应商的要求是否相符 |
| | 分销与渠道审计 | -分销目标和战略-有足够的覆盖面-渠道成员的控制与考核评估-渠道竞争问题-零售终端的商品化陈列问题-费用控制与销售业绩平衡问题-销售返利和折扣 |
| | 广告、销售促进及公关审计 | -广告目标是什么？是否合理？ -广告主题及其文稿是否有效？顾客和公众对于本公司广告有哪些想法？ -广告媒体是否经过精心挑选？ -广告计划制定流程检讨。 -广告费用是否适宜？广告预算如何确定？ -广告费用控制状况如何？ -广告与竞争品牌比较。 -广告人员是否足够？ -广告效果评估。 -责任人绩效评估。 -销售促进计划制定过程是否合理？ -销售促进方式评估，是否充分有效地利用了各种销售促进工具？ -终端货架空间的争夺。 -销售促进力度分析。 -销售促进结果评估。 -销售促进费用监控。 -销售促进预算是否足够？ -销售促进与竞争品牌比较如何？ -销售促进人员的确定、激励、培训情况。 -公关流程如何？ -公关预算如何？ -公关部门的人员如何？ |

（续表）

| | | |
|---|---|---|
| 效率审计 | 销售分析 | 销售收入趋势分析、基于不同市场、不同产品、不同渠道的销售收入组成比分析 |
| | 销售利润分析 | 不同产品、不同地区、不同渠道、不同细分市场的市场盈利率分析；是否要进入、扩大、缩小或放弃若干细分市场？其短期和长期利润如何？ |
| | 销售队伍的效率、广告效率、销售促进效率和分销效率 | （1）销售计划完成分析<br>-销售计划完成VS费用发生分析<br>-基于时间的销售计划完成分析<br>-基于不同市场区域的销售计划完成分析<br>-基于不同产品的销售计划完成分析<br>-基于不同销售渠道的销售计划完成分析<br>（2）销售费用构成分析<br>-基于时间的费用分析<br>-基于地点和不同市场的费用分析<br>-基于不同渠道的费用分析<br>-基于不同营销活动的费用分析<br>（3）销售/市场投入产出分析<br>-基于时间的投入产出分析<br>-基于地点和不同市场的投入产出分析<br>-基于不同营销活动的投入产出分析（哪些营销活动花费过多？能否采取一些降低成本的步骤）。 |

# 第五章
# 几个主要行业的营销原理及营销组织设置

市场营销理论最初是基于快速消费品行业而提出，随后虽然出现了行业营销理论，但其核心思想并没有变，只是针对具体情况有所调整。

# 第一节 服务行业

## 一、服务的分类及其营销特征

服务主要分为三个层次：

支持性服务（Support）是满足产品功能的实现。没有这些服务，产品功能就不能得到充分的体现。需要注意的是，消费者购买的主体是实体产品，附加的服务是支撑实体产品功能实现的基础。比较典型的就是海尔空调的服务。空调没有服务，就无法正常使用。

增值性服务（Services）是实体产品功能之外的能够为企业带来盈利的服务。没有这些服务，实体产品功能并不会受到影响；但拥有这些服务，实体产品功能可以得到延续。例如，惠普的打印机维修服务就是如此。没有打印机维修服务，打印机仍能使用，只不过效能会有所降低。

解决性服务（Solution）是纯粹意义上的服务。IBM 就是如此，航空客运也是如此，酒店业更是如此。企业出售的是服务产品，消费者购买的也是服务产品。

### 1.支持性服务的营销特征

支持性服务是产品差异化的一个重要体现，因此，其本质是服务过程的差异性，目的是让消费者感受到满意的服务，感觉到服务的差异性。因此，对于这类支持性服务而言，营销特征主要是：服务人员的亲和性、服务过程的标准化以及服务感受的差异性。

## 海尔的闭环式服务体系

海尔的服务创新的确让人眼花缭乱，在许多企业仍在追赶它缔造了市场奇迹的星级服务的时候，当不少企业自以为达到了星级服务而松一口气的时候，海尔的服务创新已然又以一个加速度开始了新的领跑：海尔最近首推的“神秘顾客”走进用户的家庭为自己的服务“找茬”，它刚刚推出的社区服务站已开始接受附近居民的委托，为人家照顾起了放学后暂时无人照管的孩子。为自己的服务“找茬”是一种难得的自省，而普通消费者竟然会让一个服务点“暂时照顾孩子”，则体现了他们对海尔的“亲情寄托”，这一切的背后，是海尔人20年持之以恒的人性化服务赢得的用户的心。

其实，如果把张瑞敏砸冰箱看成是一种服务意识的自觉忏悔，综观海尔20年的服务发展史，对内有两个字可以概括，那就是“找茬”，海尔人不停地为自己的服务“找茬”，正是其服务创新的原动力；对外两个字概括，则是“找乐”，为用户找回购物后的舒心和踏实，这种舒心和踏实直到今天也仍然属于比较稀缺的信誉资源。海尔的“找茬”和“找乐”都源自“真诚到永远”的那份真诚。海尔20年来在家电领域不断开疆拓土，“卖产品”的成功背后是她无时无刻地“买”，用自己的真诚“买回”越来越多的用户。站在这个角度看，海尔的服务体现的就不仅仅是更多人已感知的售后。

海尔服务的规定之细甚至已经达到了怎么敲用户的门，管理之细从服务规范、服务礼仪、服务用语、岗位衔接、互动制约、动态考核、政策激励、等级排序、星级升降等都一一规范清楚并严格执行。它的背后是一套庞大而高效的信息化组织保障，有管理学家称之为“闭环式服务体系”。

海尔服务是什么？如果我们用一种更轻松的视角来解读这种“闭环式服务体系”的话，不妨引用以下四个比喻：

● 服务是海尔的产品质量监测器。海尔每台产品的重要零部件上都有各自身份证一样不同的喷码，服务中一旦发现质量问题便立刻可以“一追到底”，详细的售后征求意见能及时把用户对质量的投诉传递到设计和生产环节。

● 服务是海尔的市场需求感应器。在海尔科研部门的墙上始终贴着这样一句话：“用户的难题就是海尔的课题”。这实际上是海尔研发部门一直在贯彻“从群众中来，到群众中去”的写照。而“从群众中来”依靠的正是海尔庞大的市场服务体系，是其服务介入产前环节的秘笈。在海尔服务人员眼里，抱怨的背后是需求，通过信息化筛选出的数据足可以物化出最受欢迎的产品。因此，海尔人当然会理所当然地给最终催生出成产品的抱怨人“发奖金”。

● 服务是海尔的人际情感交换器。再回到开头的那个“替居民看孩子”的故事，海尔的服务站不会势利到只为用户看孩子，因为只要创造了感动，今天的求助者就会变成明天的潜在用户。海尔服务最基层创新的小智慧其实也藏着朴素的大道理。因此，诟病海尔最终会被庞大的服务成本拖垮的人不会明白，服务其实也在赚，它赚取的是企业的未来。

● 服务是海尔的品牌传播助推器。通过优秀的服务，卖一件产品可以感动一家人甚至是形成邻里间的民间舆论场，持续提升服务水平其实正是努力做大做强舆论引导力，品牌会因此而声名远扬，并逐渐赋予传奇色彩，客户口中的传奇故事又为公司设立了新的服务标准，用不断创新的服务创造顾客忠诚度，最终将获得令人望尘莫及的竞争优势。

通过服务能让海尔成为更多人的亲情寄托。我们更愿意用以上四个比喻管窥海尔20年服务之精髓。

2.增值性服务的营销特征

消费者需要为增值性服务而支付费用，这是增值性服务和支持性服务的根本性区别所在。

增值性服务是企业谋求利润回报的一种体现。其前提是消费者对服务的认识不同：有的消费者愿意投资享受更好的服务，有的消费者却并不愿如此。因此，对于这类增值性服务而言，营销特征主要是：基于服务差异性需求理解的服务满足。就惠普而言，客户需要购买才能享受金牌服务。

**HP的金牌服务**

服务的创新与个性化是为适应用户需求的多样化而生的，对客户服务体验的满足则是企业服务质量高低的体现。成功完成与康柏的合并，整合了双方在IT服务方面的资源，使得惠普的服务实力更上一层楼。在市场实施方面，惠普打出了“全面客户服务模式(TMC)”概念，推出了“惠普金牌服务”活动。金牌服务的主要职责是为HP的商用微机、服务器、激光打印机、存储设备、网络产品提供完善、全面的服务，包括产品维修、软硬件安装、咨询服务、培训服务等。为提高服务人员素质，每年惠普都通过惠普商学院、经销商大学、在线培训等多种方式，对经销商进行人员、技术、技能等方面的专业培训。除了“金牌服务”之外，2003年声名鹊起的惠普打印及成像系统集团(IPG)也在服务方面大做文章，去年年末的IPG产品巡展便可被看成是惠普一直以来“以用户为中心”的经营理念的直接反应。而令其他厂商只能望其项背的是，惠普IPG集团旗下各类产品的服务标准普遍高于行业标准，例如多功能一体机的服务为一年上门维修，激光打印机全面提供上门服务等。惠普将服务体验的发展分为三个阶段，而其努力塑造“服务专家”的形象，无疑是想带给用户完美的服务体验感觉。

● 服务特点

惠普IPG服务最大的特点就是，全面深入地了解并最大限度地满足用户的需求，力求为用户提供快速专业、周到细致、热情完善的服务体验。在这一方面惠普IPG集团进行了深入而细致的探索和尝试。打印机等成像产品不同于一般的日用消费品，用户在使用过程中除了要求产品自身有很高的性能品质之外，对完善的服务也有较大的依赖性，例如更换耗材、驱动程序的升级和下载、对产品的调试与维修等。这就要求厂商在服务的响应速度、专业程度以及服务个性化等方面有所突破。而在这些方面，惠普IPG服务的特点被很明显地凸显出来，IPG为产品用户提供免费电话咨询、专业维修人员技术支持、专家在线解答、电子邮件回复等诸多服务方式，使用户的问题都能得到及时有效的解决。

● 服务精髓

首先，惠普IPG认为服务是一种态度，想做好服务，就要调整企业文化。只有当整个企业都感受到用户代表的价值，并把这种态度贯彻到每个惠普IPG工作人员和渠道，用户才能清楚地感受到惠普IPG服务的不同价值观。这种态度决定了惠普IPG服务的与众不同。对于惠普IPG产品用户来说，惠普服务人员热情负责的服务态度和认真专业的工作精神一直给人深刻的印象，而这些，无不是惠普IPG“态度决定一切”的服务理念的体现。

其次，惠普 IPG 将服务视为一种管理。惠普认为服务的增值并不是通过增加服务项目体现的，而是在于能不能把现有的服务项目水平做到极致。显然这不是通过单兵作战式的个人能力能够实现的，此时，服务需要科学的管理。为此IPG成立了独立的服务部门和专业的服务团队，目的就是通过直接有效的管理模式塑造精品服务。

最后，服务是一种价值，这样的理念使得惠普 IPG 对自身服务体系的建立和完善不断精益求精。惠普 IPG 看得很清楚，IPG 的优质服务为其建立了良好的市场口碑，同时在商业上也带动了相关产品线的快速发展。另外，惠普 IPG 还带来了无形的价值观念，为国内 IT 业界提供一种服务理念的升级，同时也为用户带来新的服务体验。

惠普 IPG 的“金牌服务”是其服务理念特点与精髓的集中体现。这是一种面对不同用户的不同产品服务需求而为用户量身定做的服务方案，用户可以购买不同的服务产品去满足需求。2002 年惠普 IPG 集团成立之后，“金牌服务”随之进一步升级，其覆盖范围更广泛，响应时间更迅速，新增加的“金牌服务”产品为用户提供更快捷的服务响应，更长的保修时间和更灵活的服务方式。依靠惠普 IPG 实力雄厚的专家队伍，资深的行业背景，领先的方案技术做支持，使用户获得更长、更灵活的保修期，并对包括喷墨打印机、扫描仪、刻录机等产品在内的 IPG 全线产品提供上门服务，这一切都表明惠普 IPG 服务又迈上了一个新台阶。

### 3.解决性服务的营销特征

解决性服务是纯粹的服务产品，消费者购买的就是服务。其营销特征是：基于全面服务的个性解决方案。解决性服务面对的是所有客户，因此，需要不断完善服务内容、服务过程和服务体系，以期提供全程服务，但是，服务对象需要的服务又是具体而个性的，每个客户接受服务时的心情、感受又不太一样，客户个体本身存在差异性，因此，需要提供个性化服务解决方案予以满足。

**万豪酒店的个性化服务方案**

只需轻点几下鼠标，在您到达酒店时便可为您准备好送餐服务；当地天气预报还能指导您在旅途目的地的着装；或是享受确认机场巴士信息的便利。从即日起，客人可以通过上网，享受到的万豪国际集团旅客到店前为您服务R计划以及万豪在线礼宾部提供的服务。

万豪集团的为您服务R计划贯穿于客人住店体验的全过程，即从开始预定房间到客人结账离店。作为旅客到店前为您服务R计划的一部分，旅客将会在抵达酒店前5天收到一封人性化的电子邮件，在邮件中包含了旅游目的地的交通情况、天气情况、饭馆信息以及方位和地图服务。自2005年起，全球将近2500家万豪旗下酒店将提供这项服务。

随着万豪旗下酒店和度假酒店数量不断增加，这项服务将被扩展为万豪在线礼宾服务。客人可以在到店前预订Spa水疗护理和送餐服务，当客人到店时即可享受送餐上门的服务；客人还可以提前预订各酒店提供的特色服务及设施。同时，也可以预订酒店提供的免费服务，如增加枕头、迷你冰箱以及提前或延后结账服务。万豪计划将不断改进旅客到店前为您服务R计划以及万豪在线礼宾服务，两者都是在客户需求反馈的基础上而开展的，据万豪国际集团市场营销高级副总裁Rita Cuddihy介绍，“为了旅途更安心和获得最新有关旅游目的地的信息，旅客经常询问有关他们在住店期间的个性化服务。根据我们的调查，超过 80% 的旅客曾表示，如果他们能够预订到这样的服务，他们在下次旅行时，很有可能会再次选择万豪”。

旅客到店前为您服务 R 计划以及万豪在线礼宾服务，是来自原先万豪旗下全方位服务酒店中已经提供的为您服务系统。这项服务是为了使客人避免在住宿期间，当需要各种不同的服务时，而拨打各个不同部门的号码。当客人有需求时，只需简单地按一下客房内电话上的“为您服务专线”，便会有宾客服务协调员为其安排。

这些新服务构成了万豪酒店的新面貌和新体验，这项新举措得益于世界最重要的设计创意、技术、烹饪专业知识以及舒适的服务。近几年，旅客将开始通过入住万豪旗下品牌酒店，感受新酒店的设计、体验异国情调的饭店、享受华丽的水疗中心（SPA）和不断增加的新式服务以及新式的豪华床褥，来感受服务的演变。

## 二、服务的特性及对营销活动的影响

服务有以下四个主要特性，对营销活动产生很大影响，他们是不可感知性、不可分离性、差异性和不可存储性。

表5-1 服务的四个主要特性

| | |
|---|---|
| 不可感知性 | 服务同有形产品不同，服务产品必须在消费者购买过程中才能感受到，在消费者购买之前是看不见、摸不着、也感受不到的。因为购买者在做购买决策之前无法通过比较不同企业的服务产品质量来做出选择，因此，为了减少购买风险，他们只能寻找一些支持服务高质量的证据。比如，他们看到的服务场所的环境、人员、设备、传播资料、价格以及口碑影响。实体产品营销者 |

（续表）

| | |
|---|---|
| 不可感知性 | 的工作挑战是要找到实体产品的抽象感念，而服务者正好相反，他们要为无形的服务增加有形的概念，将无形的服务转换成有形的利益，从而帮助消费者做出购买决策。<br>当然，服务的不可感知性也不是绝对的。相反，在现实生活中，大多数服务都具有某种有形的特点。例如，餐饮业的服务中，不仅有厨师的烹饪过程，还有菜肴的物质加工过程。另一方面，随着企业服务水平的日益提高，很多消费品和工业品是与附加的客户服务一起出售的，而且在多数情况下，顾客之所以购买某些有形商品如汽车、录音磁带、录像带等，只不过因为它们是一些有效载体。对顾客来说，重要的是这些载体所承载的服务或效用。萧斯塔克曾提出“可感知性—不可感知性差异序列图”，说明有形产品同无形产品的区别，并强调服务产品越是接近“不可感知性”的一极，越需要营销人员运用“4Ps”之外的技巧，才能有效地在市场竞争中确保顾客获得最大的满足感。 |
| 不可分离性 | 有形商品通过制造、存储、销售到达消费者。而服务的生产与消费是同时进行的。服务人员也是服务的组成部分。服务的这一特性表明，顾客只有而且必须加入到服务的生产过程中，才能最终消费到服务。因此，服务人员与顾客的相互作用是服务营销的一个特征。服务人员和顾客对服务的结果都将产生影响。 |
| 差异性 | 差异性是指服务无法像有形产品那样实现标准化，每次服务带给顾客的效用、顾客感知的服务质量都可能存在差异。这主要体现在三个方面：第一，由于服务人员的原因，如心理状态、服务技能、努力程度等，即使同一服务人员提供的服务在质量上也可能会有差异。第二，由于顾客的原因，如知识水平、爱好等，也直接影响服务的质量和效果。第三， 由于服务人员与顾客间相互作用的原因，在服务的不同次数的购买和消费过程中，即使是同一服务人员向同一顾客提供的服务也可能会存在差异。<br>服务企业对于这一特点可以采取如下步骤实施控制：第一，挑选优秀的服务人员并对其进行培训，保证服务人员的高度熟练专业。第二，服务流程的标准化。制定标准化的服务流程可以保证不同的人员提供的服务质量的一致性。第三，设立顾客投诉系统，调查顾客的满意度。 |
| 不可存储性 | 产品是有形的，因而可以贮存，且有较长的使用寿命，服务则无法贮存。当需求稳定时，服务的不可存储性不成问题，因为服务所需的物品可在事先准备好。但当需求上下波动时，服务企业就会遇到问题，会出现供给与需求的不均衡。当然这种不均衡可以通过营销策略来解决。比如通过差别定价方法来平衡需求的高峰与非高峰时期；在高峰时期提供补充性服务供等候者选择；预定制度也可以很好的管理需求。 |

## 三、服务企业常用的营销方法模型及应用

### 1.服务7Ps模型及应用

从20世纪80年代后期开始，营销学者在服务营销组合上达成了较为一致的意见，即在传统的4Ps基础上，又增加了“人员”（People）、“有形展示”（Physical Evidence）、“服务过程”（Process）三个变量，从而形成了服务营销的7Ps组合。随着7Ps的提出和广泛认同，服务营销理论的研究开始扩展到内部市场营销、服务企业文化、员工满意、顾客满意和顾客忠诚、全面质量管理、服务企业核心能力等领域。这些领域的研究正代表了20世纪90年代以来服务市场营销理论发展的新趋势。

服务营销组合，是服务企业依据其营销战略对营销过程中的七个要素变量进行配置和系统化管理的活动。服务市场营销组合的形成过程，与其他形态的市场大致相似。其过程主要是：一、将产品分解成部分或细节组合；二、将各细节组合调整成为营销组合。

每一公司所采用的独特营销组合应根据条件（如需求水平、服务提供的时代）的变化而变化，营销组合过程也是随着变动的市场状况和需求不断修正和调整其构成要素的。不可避免地，营销组合的各种不同成分之间，会有所重复且相互关联。因此在做决策时，即便考虑组合中的一项内容，也要考虑到它对其他组合项目的牵制和影响。如表5-2所示。

表5-2　服务业的7Ps营销组合

| 要素 | 内　容 | |
|---|---|---|
| 产品 | ①领域；②质量；③水准；④品牌名称；⑤服务项目；⑥保证；⑦售后服务 | 服务产品所必须考虑的是提供服务的范围、服务质量和服务水准，同时应注意的事项还有品牌、保证以及售后服务等。服务产品中，这些要素的组合变化相当大。比如，一家供应家常菜的小餐馆和一家供应各色大餐的五星级大饭店相比，提供的服务相差很大。 |

（续表）

| | | |
|---|---|---|
| 定价 | ①水准；②折扣及佣金；③付款条件；④顾客的认知价值；⑤质量；⑥差异化 | 价格方面要考虑的因素包括：价格水平、折扣、折让和佣金、付款方式和信用。在区别一项服务和另一项服务时，价格是一种识别方式，因此顾客可从一项服务中获得价值观。而价格与质量间的相互关系，在许多服务价格的组合中，是重要的考虑对象。 |
| 地点或渠道 | ①所在地；②可及性；③分销渠道；④分销领域 | 提供服务者的所在地以及其地缘的可达性，在服务营销上都是重要因素，地缘的可达性不仅是指实物上的，还包括传导和接触的其他方式。所以，销售渠道的形式以及其涵盖的地区范围都与服务可达性的问题有密切关系。 |
| 促销 | ①广告；②人员推销；③销售促进；④公关 | 促销包括广告、人员推销、销售促进公关或其他宣传形式的各种市场沟通方式，如DM。 |
| 人 | ①人力配备：训练，选用，投入，激励，外观，人际行为；②态度；③其他顾客：行为，参与程度，顾客/顾客之接触度 | 在服务型公司担任生产或操作性角色的人(如在银行做职员或在餐馆做厨师)，在顾客眼中其实就是服务产品的一部分，其贡献也和其他销售人员相同。大多数服务公司的特色是操作人员可能担任服务表现和服务销售的双重任务。换言之，在服务业中，公司的服务执行者工作得如何，就像一般销售活动中销售能力如何一样重要。<br>此外，对某些服务业而言，顾客与顾客间的关系也应重视。因为，一位顾客对一项服务产品质量的认知，很可能受到其他顾客的影响。例如某个旅行团中的特殊成分结构，或者一家餐厅的其他食客的行为都可能影响顾客所得到的服务产品，在这种情况下，管理者应面对的问题，是在顾客与顾客间相互影响方面的质量控制。 |
| 有形展示 | ①环境：装潢，色彩，陈设，噪音水准；②装备实物；③实体性线索 | 在市场交易上没有有形展示的“纯服务业”极少，因此有形展示的部分会影响消费者和客户对于一家服务营销公司的评价。有形展示包括的要素有：实体环境(装潢、颜色、陈设、声音)以及服务提供时所需用的装备实物(比如汽车租赁公司所需要的汽车)，还有其他的实体性线索，如航空公司所使用的标志或干洗店将洗好衣物加上的“包装”。 |

（续表）

| | | |
|---|---|---|
| 过程 | ①政策；②手续；③器械化；④员工裁量权；⑤顾客参与度；⑥顾客取向；⑦服务流程 | 人的行为在服务业公司很重要，而过程也同样重要，即服务递送过程。表情愉悦、专注和关切的工作人员，可以减轻顾客必须排队等待服务的不耐烦的情绪，或者平息技术上出问题时的怨言或不满。当然工作人员的良好态度，对某些问题是不可能全部补救的。整个体系的运作政策和程序方法的采用、服务供应中机械化程度、雇用人员裁量权、顾客参与服务操作过程的程度、咨询与服务的流程、订约与待候制度等都是经营管理者要特别关注的事情。 |

在许多服务经营上，有形展示、人和过程是密不可分的。营销管理者必须重视服务有形展示和递送的过程顺序，在营销组合中这个重要问题也应包括。对于从事服务业营销活动的公司机构，这方面的事情也是相当重要的。将生产或操作角色分开的传统作风，现在可能已经不适合了。从事服务业经营的管理者们，通常都扮演着综合性的经营角色，即人事、生产、营销和财务等。

**2.服务价值链模型**

如图 5-1 所示的服务价值链模型显示：利润的增长主要由客户忠诚度来驱动，客户忠诚度是客户满意度的直接结果，很大程度上，客户满意度来源于客户获得的服务价值。而服务价值则主要由内部营运策略和服务传递系统决定。

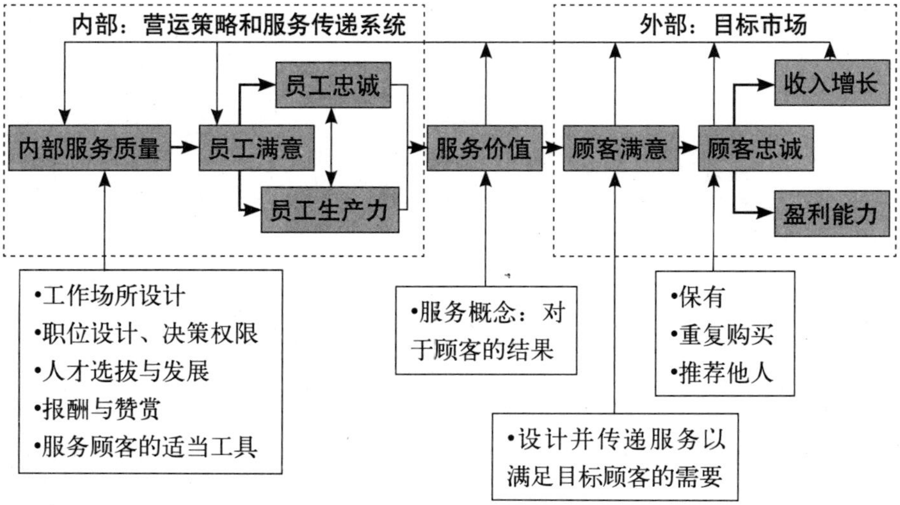


图5-1　服务价值链模型

### 3. 服务营销三角形

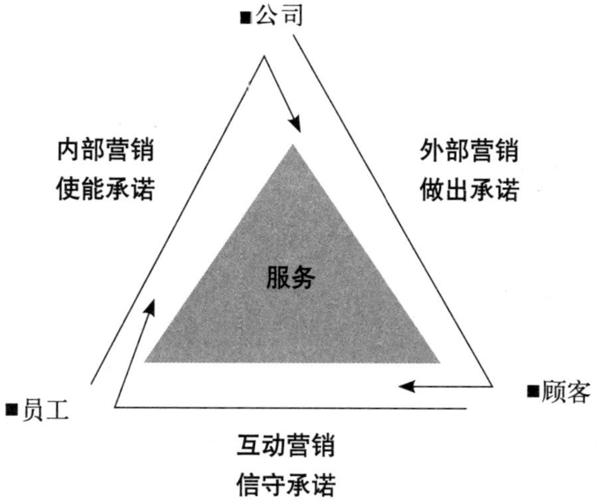


图5-2　服务营销三角模型

● 外部营销：企业对所传递的服务或产品设定顾客期望，并向顾客做出承诺，也就是企业为顾客准备的服务、定价、促销和分销等常规工作。

● 内部营销：企业对员工培养和激励工作，保证员工有履行承诺的能力，并保证员工能够按照外部营销做出的承诺提供服务或产品。

● 互动营销：顾客与组织相互作用。服务被生产和消费的一瞬间，员工必须信守承诺。

服务企业可以通过沟通来实现向顾客提供一系列的承诺，以迎合其目标顾客的需要，然而沟通的目的是为了吸引目标顾客群，至于能否留住顾客则直接取决于互动营销，间接取决于内部营销，这两方面都是服务层面的内容。

### 4.服务质量差距模型

在服务质量差距模型中（图 5-3 所示），存在五种服务质量差距。其中，顾客所期望的服务质量与顾客实际体验到的服务质量之间的差距是最重要的差距，这一差距是由于服务管理过程不完善而造成的。具体是由管理者认识上的差距、服务质量规范的差距、服务交互的差距和市场沟通的差距这四种差距共同作用的结果。

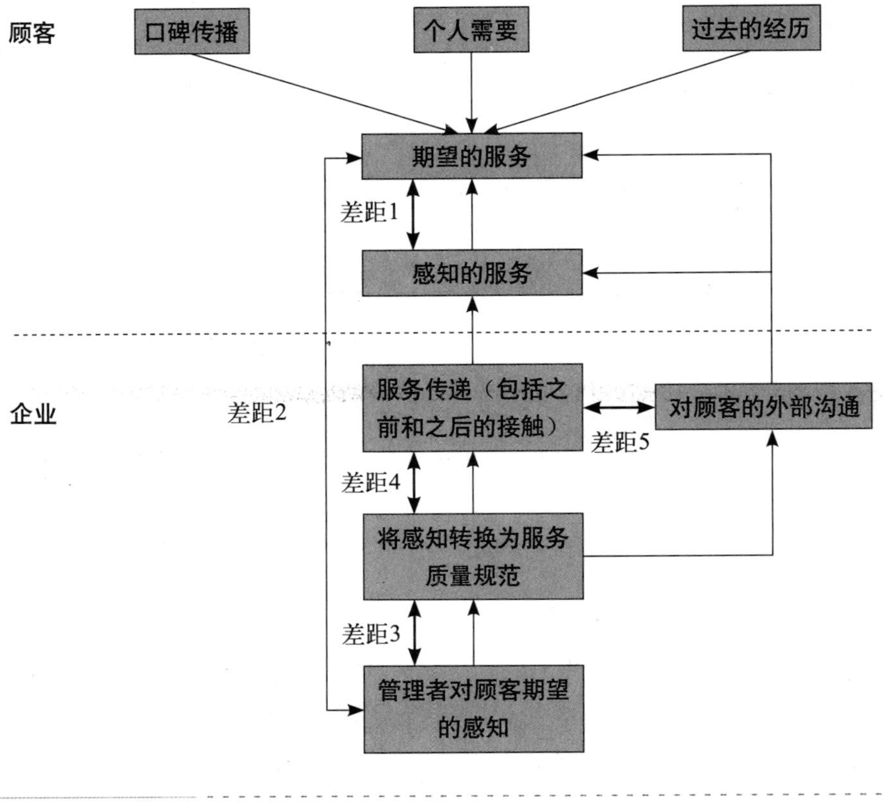


图5-3　服务质量差距模型

（1）差距 1

在图 5-3 中，顾客的服务期望与服务感知间的差距被定义为差距 1，它依赖于与服务传递过程相关的其他四个差距的大小和方向。

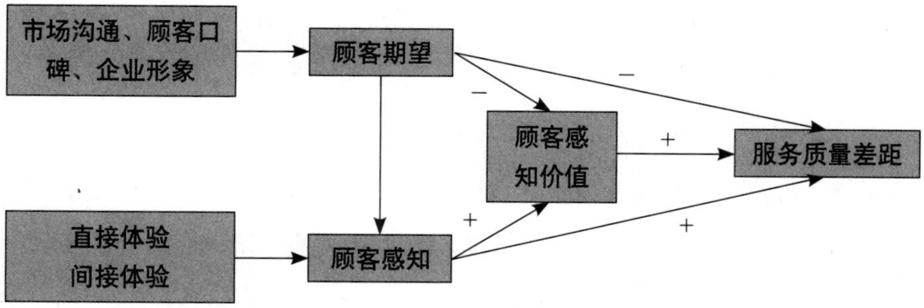


图5-4 差距1的模型

图 5-4 是对差距 1 的进一步解释。差距 1 的模型由四个变量组成，即顾客期望、顾客感知、顾客感知价值和服务质量差距。前三个变量是原因变量，最后个是结果变量。顾客期望主要受顾客需求、顾客口碑、市场沟通和企业形象等因素制约，它是产生服务质量差距的一个必要条件；顾客感知主要受直接体验和间接体验等因素制约，它是产生服务质量差距的又一个必要条件。顾客感知价值可分为质量价格比、价格质量比和比较感知价值。质量价格比是顾客基于特定的价格对服务质量的理性思考和把握，而价格质量比是顾客基于特定的质量对服务价格的理性体验和判断；比较感知价值是顾客将自己的感知价值与自己以往的或其他顾客的感知价值相比较的结果。这是服务质量差距形成的一个重要条件。服务质量差距是上述变量相互影响、相互作用的结果。

图 5-4 中“+”表示正相关，“−”表示负相关。其中，顾客期望服务与服务质量差距成负相关，顾客感知服务、顾客感知价值和服务质量差距成正相关。

顾客期望与顾客感知间的差距有三种主要状态：正差距、零差距和负差距（如图 5-5 所示）。顾客感知服务大于顾客期望服务的状态，称为正差距；顾客感知服务等于顾客期望服务的状态，称为零差距；顾客感知服务小于顾客期望服务的状态，称为负差距。上述三种差距在一定的条件下可以相互转化。比如，正差距可转化为零差距，零差距可转化为负差距，负差距可转化为正差距等。三种差距结果不同，如负差距可能导致顾客抱怨，顾客抱怨可能导致顾客投诉，对顾客投诉处理不当可能导致顾客流失。其最终表现为企业收入减少，利润下降，市场份额缩小。在企业的日常经营活动中，服务质量差距更多地表现为负差距。

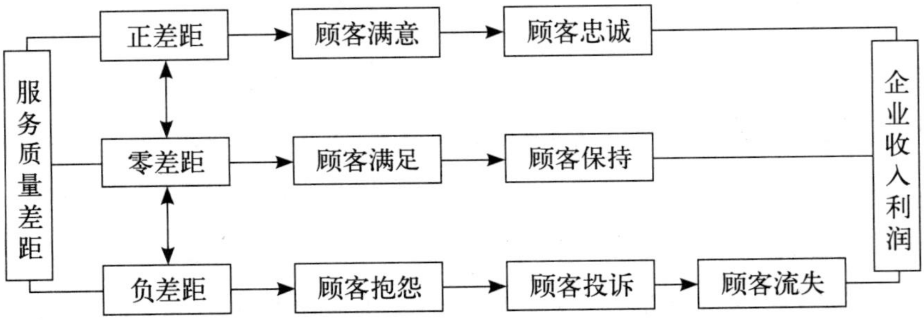


图5-5 “差距1”的三种状态

（2）差距 2

差距 2 是顾客期望与管理者对这些期望的感知之间的差距。导致这一差距的原因是管理者对顾客如何形成他们的期望缺乏了解。顾客期望的形成来源于广告、过去的经历、个人需要和朋友介绍。缩小这一差距的战略包括改进市场调查、增进管理者和员工间的交流，减少管理层次，缩短与顾客的距离。

（3）差距 3

差距 3 是指管理者没有构造一个能满足顾客期望的服务质量目标，并将这些目标转换成切实可行的标准。差距 3 由下面原因造成：管理者缺乏对服务质量的支持，认为满足顾客期望是不可实现的。然而，设定目标和将服务传递工作标准化可弥补这一差距。

（4）差距 4

差距 4 是指服务绩效的差距，因为实际服务过程不一定能达到管理者制定的要求。许多原因会引起这一差距，如缺乏团队合作、员工招聘问题、训练不足和不合理的工作设计等。

（5）差距 5

顾客对服务的期望来自于媒体广告和与组织的各种交互过程。差距 5 是实际传递的服务和对外沟通间的差距。对外沟通中可能提出过度的承诺，而又没有与一线的服务人员很好地沟通。

### 5. 顾客评价服务质量的五维度及其指标

因为许多服务具有无形性特点，因此对服务质量的评价要比对实体商品质量的评价难度大很多。顾客评价服务质量大致会从五个方面进行，如图 5-6 所示。

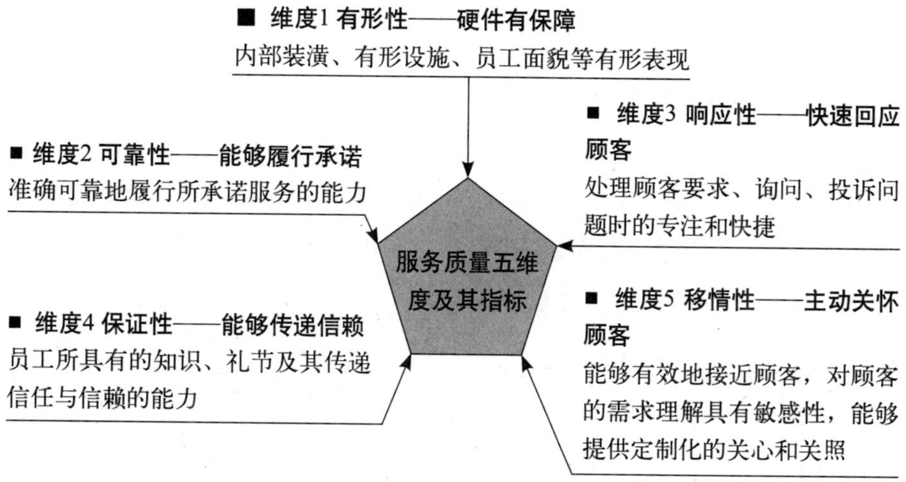


图5-6 服务质量五维度及其指标

6.服务行业成功关键因素

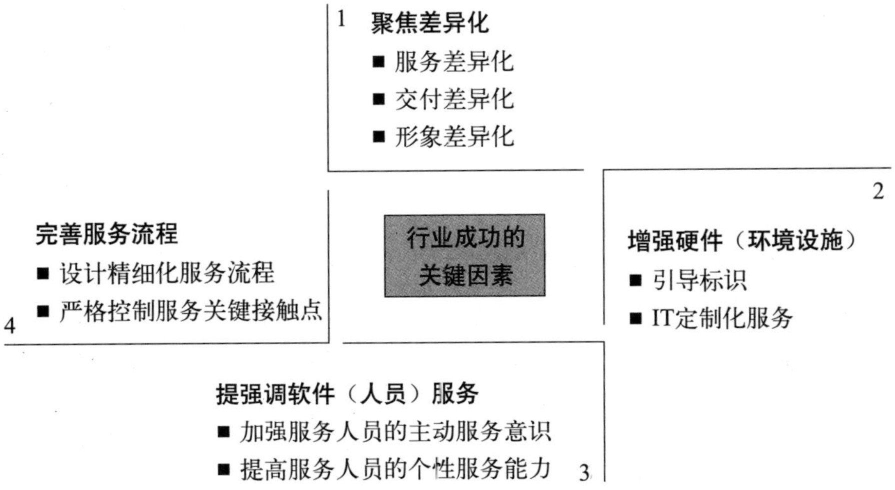


图5-7 行业成功的关键因素

# 第二节 零售行业

## 一、零售业的分类及特点

零售业态是零售企业为满足不同的消费需求进行相应的要素组合而形成的不同经营形态。根据零售经营方式、商品结构、服务功能，以及选址、商圈、规模、店堂设施、目标顾客和有无固定营业场所等因素，可将零售业分为便利店、折扣店、超市、百货店、专卖店、网上商店等业态。

零售业作为大多数人接触外界商业活动最主要的途径，已经成为了人们日常生活的一部分。零售是指将商品和服务直接销售给最终消费者，从而实现商品和服务价值的一种商业活动。其主要特点包括：

- 零售是对最终消费者的活动。
- 零售向最终消费者不仅出售有形的商品同时也出售服务。
- 最终消费者是指购买商品或服务的具体消费者，包括个人及社会团体。
- 零售是商品流通的最后一个环节，商品一旦出售就表明商品离开了流通领域进入了消费领域。

零售营销的本质在于开发产品和服务，满足顾客特殊需求，从而吸引消费者，在日益激烈的消费品市场提高自身地位。因此，本书将从零售业的核心——顾客价值出发，介绍目前活跃在零售市场上的各种业态的特征，以及零售商在营销实践中值得借鉴参考的经典模型。

## 二、制胜零售业的核心——顾客价值

商业交易的核心是交换，交换需要两个参与方都能够提供对方认为有价值的产品，零售业也不例外。零售商必须提供消费者认为有价值并愿意购买的产品和服务。零售商的交换过程如图 5-8 所示。

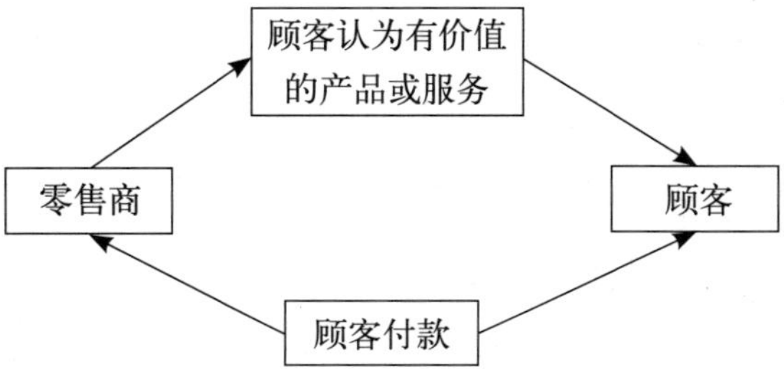


图5-8 零售商的交换过程

零售商为顾客创造的价值由两个因素决定：①顾客对零售商产品和服务效用的感知；②顾客为这些产品和服务必须支付的价格。零售交换过程中消费者所获得的价值如图 5-9 所示：

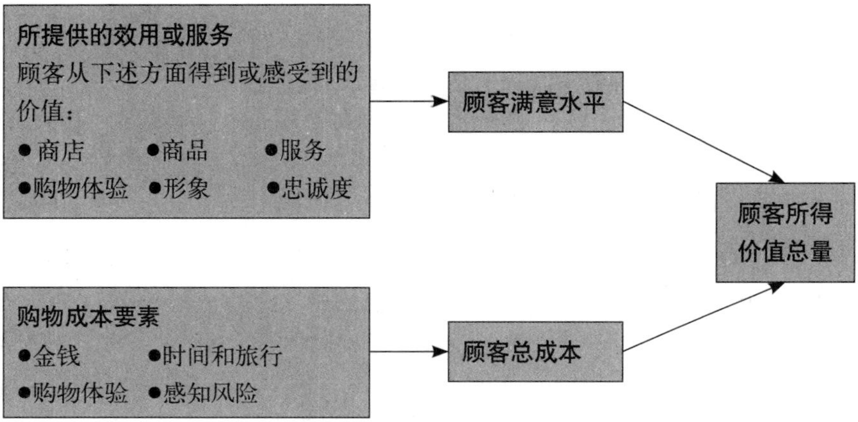


图5-9 零售交换过程中顾客所获得的价值

零售商所提供的效用和价格共同决定了零售商为顾客创造的价值。由于顾客对某一产品或服务所感受到的效用决定了他们是否愿意购买，因此，效用与价格越接近，所提供商品对顾客产生的价值也越大；而价值越大，消费者也就越希望购买，从而完成与零售商的交换过程。

零售商不断寻求为顾客创造价值的途径可以分为以下五类：

- 通过提供恰当的商品创造效用；
- 通过营造良好的购物环境创造效用；
- 通过降低购物风险创造效用；
- 通过提供便利购物条件创造效用；
- 通过控制成本降低价格。

表5-3 为顾客创造价值的五类途径

| 途径 | 内 容 |
| --- | --- |
| 恰当的商品 | 零售商销售的商品（包括产品和服务）是为消费者创造效用最具决定作用的因素。消费者希望零售商提供能够满足他们不同需要和愿望的产品和服务；同时以方便他们购买的数量和包装进行销售。 |
| 购物环境 | 尽管商品本身是消费者确定效用的关键因素，但它并不是惟一的决定因素。科特勒认为，创造支持商品销售的良好购物环境也能够进一步提高效用。在设计过程中，零售商还必须把所要吸引的顾客类型考虑在内。正如商品必须符合顾客需要一样，购物环境也需要与客户的期望保持一致，借以提高顾客对商品的忠诚度和感情。 |
| 降低购物风险 | 零售商可以通过降低购买者信息缺乏的风险，来提高他们对商品所感受到的价值。零售商可以通过向消费者提供商品信息，作为降低商品风险的一种途径。消费者能够从导购人员那里深入了解商品和服务，而通过提供商品信息，导购人员可以显著提高零售商所提供的商品对消费者的价值。 |
| 购物便利 | 为潜在顾客提供更为便利的购物方式，是提高效用和价值的另一种重要手段。当今社会，时间是很宝贵的，这使得购物条件变得至关重要。零售商可以通过采取很多方法提高购物便利水平：<br>● 运用店铺选址技巧提高购物便利水平，降低消费者赶往商店的时间；<br>● 延长商店营业时间，特别是在夜晚；<br>● 很多消费者发现，从自己家里订货要比前往零售商店选购方便很多；<br>● 充分的客户服务也能提高购物便利水平。 |
| 控制成本 | 效用和价格共同决定价值。因此，在增加效用的同时，零售商必须不断控制自身的经营成本，以此提供具有竞争力的商品价格。零售经营主要有四种成本：土地和房屋成本、劳资成本、产品成本和库存成本。对这些成本进行有效地控制，能够使企业提供比竞争对手更低的价格，同时创造足够的利润。 |

## 三、零售业中的营销实践

零售营销分为多个层次，本段主要介绍的是在零售业营销中从选址到终端促销中若干个经典模型。

### 1.市场调查与市场细分

市场调查的目的是对该地区内的各种条件，诸如商圈内的购买者能力和消费者类型，竞争商店的经营状况作出必要的评估，以利用这些资料作为市场细分的依据，规划商店整体的竞争策略、市场定位，经营的收益计划等。

市场细分与定位的观念及其重要性已为大多数商家所接受和采纳，并在零售企业营销实践中发挥了极大作用。本部分将介绍零售商店顾客细分的依据和标准。

市场细分的本质是在市场调研的基础上，把对零售店本身及其所提供的利益有相近评价的顾客集中在一起。这样整个市场可以划分为几个不同的子市场，在每一个子市场中，所有的顾客都对零售店的营销活动有相似的反应。每一个零售商必须选择自己能最大限度地满足目标顾客需求的子市场，并制定相应的营销计划。因此，可以说，市场细分就是将零售店策略与顾客的不同需求相联系。零售店市场细分的标准可以按照地理变量、人口统计变量、生活方式、社会文化特征和顾客反映来进行分类（如图 5-10 所示）。

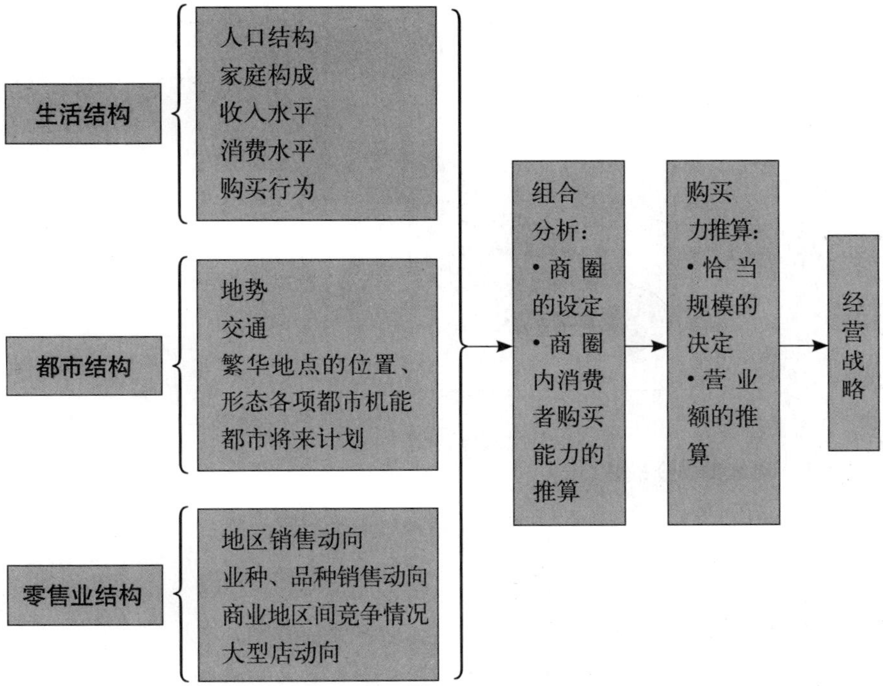


图5-10 市场调查的内容及流程

## 2. 消费者行为分析

理解消费者行为理论和应用能够发展和确保理论的有效性并对实际应用起到指导作用。零售商要提高其市场中的地位，必须理解消费者行为。消费者行为被定义为“个人决定何时，何地，怎样，从谁那里购买什么样的商品和服务的过程”。基于上述市场调查的模型，零售商在对市场进行细分后就要选择其目标客户，根据其定位选择商品和服务的消费者。

以价格和质量为基础可以确定四大类型顾客群体：预算型、价值型、质量型和奢侈型（如图 5-11 所示）。

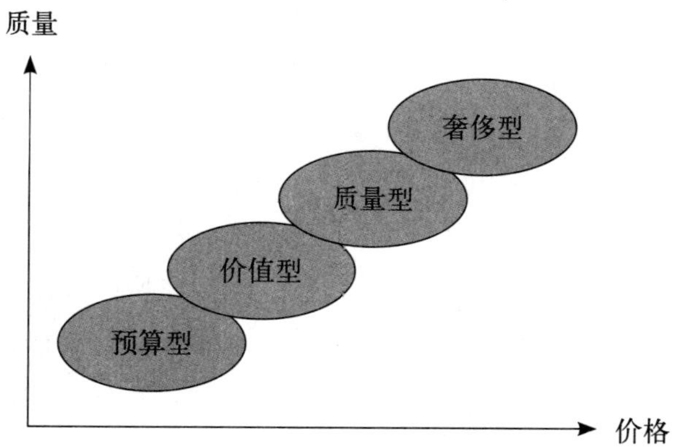


**图5-11 顾客群体分布图**

图 5-11，需要说明的是：

- 预算型顾客关注价格；
- 价值型顾客关注性价比；这意味着零售商要提供不同价格质量的产品供顾客选择。以这些顾客为目标的零售商包括大的日杂商品零售商和普通百货商店；
- 质量型顾客注重高质量的产品和服务，虽然价格对此类顾客不是首要问题，但他们也不愿支付“过高”的价格，以此为目标顾客的零售商需更具特色；
- 奢侈型的顾客关注具有极高质量的产品和服务。

Howard 的消费者决策模型（CDM）与零售管理的关系很大。CDM 被定义为由一些相互关联的成分而组成的模型，这些成分包括信息来源（F）、品牌识别（BR）、态度（A）、信心（C）、意图（I）和购买（P）。在这当中，有三个核心成分——品牌识别、对品牌的态度和判断品牌中的信心——构成了购物者的品牌印象，它们被认为是 ABC 消费者模型。

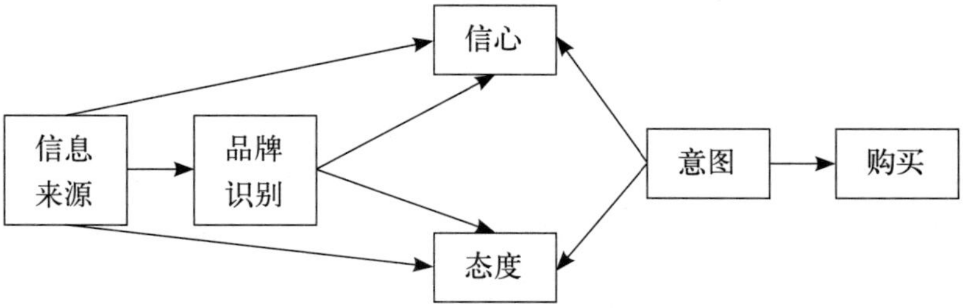


图5-12 消费者决策模型

表 5-4 列举了消费者决策模型的行为分析内容。

表5-4 为顾客创造价值的五类途径

| 术语 | 定义 | 过程和行为 |
| --- | --- | --- |
| 信息来源 | 行为刺激因素或刺激引起的感觉 | 消费者感觉的衡量标准是回忆。不同来源的信息对消费者作出购买决策非常重要。信息促使消费者识别品牌 |
| 品牌识别 | 购买者充分了解分类的标准，而不是对产品进行评价以及在产品目录中与其他品牌商品区别 | 识别帮助购物者在评价某品牌商品的时候建立对该品牌的态度和信任。品牌识别特征是实际的东西：颜色、大小、形状和质地。对象的轮廓足以用几项数据来简单描述 |
| 对品牌的态度 | 购买者对该品牌满足其特殊要求的满意程度 | 购买者喜欢该品牌的程度促使消费者有购买该产品的意图，对品牌不满意会促使购买者放弃购买 |
| 评价品牌的信心 | 购买者对自己估计判断品牌正确性的确信程度 | 经过零售商及相关人员的再三提醒使该购物者知道其他购物者喜欢这种品牌，并觉得它与众不同。这些信息与消费者以前所知道的有关该产品的信息相一致，从而使购物者对该特定产品的信心增加。信心反过来又可以消除由不确定引起的疑虑，增强购买欲望 |

（续表）

| | | |
|---|---|---|
| 购买这种品牌的欲望 | 反映购买者在一个特定时期内购买确定数量的特定品牌的精神状态。 | 这对零售商理解购买者的意图有所帮助，可以估计出典型消费者当前的意图。同时还可以推断出消费者在其他方面考虑。如信息来源、品牌识别、态度和信心。 |
| 品牌购买 | 在某个特定时期，购买者已经购买了某个品牌或已经为购买特定数量的产品作出资金投入 | 体现了对零售管理支出付款或没有付款。这是由购买意图引起的，购买（P）量度相对简单：在某个时期内，购买者买或不买该品牌产品，或作出购买资金投入。 |

### 3.零售业中的营销组合

单个营销战略不能适合所有的零售商。每个商店都不得不规划自己的战略并选择正确的零售组合，以便获得渴望的不同的利益，从而实现自己的战略。既然商店的零售组合元素的整合，将决定它的整体形象和与竞争者相区别的能力，因此这是个很重要的任务。

用 4Ps 建立零售业中的营销组合：

- 产品：产品分类，包括产品的不同类型和数量，品牌和自有商标产品；
- 价格：它的定价策略，包括促销价、折扣价以及零售价格；
- 地点：商店的地址和日益增加的其他分销渠道；
- 促销：公司通过从包装到标签所传递的品牌形象进行宣传的方式。

在零售业中这个 4Ps 可以扩展到其他“P”，包括人（People）、过程 (Process) 和购物环境 (Physical Evidence)。

## 宝岛眼镜店的营销战略

宝岛眼镜的整体营销战略分成店内和店外。店内的营销就是7Ps里的process、people、physical evidence。传统的4Ps营销在对外的使用上仍然是重点。宝岛眼镜对外的营销主题是：专业、服务及时尚。专业及服务的体验是必须在店内才能发挥。因此在这里主要介绍宝岛眼镜店的店内营销。

眼镜的商品类别分为四大类别：镜框，镜片，隐形眼镜和药水。眼镜行业的商品,除了博士伦(隐形眼镜、药水)有拉动消费者的效应外,其他的眼镜品牌，拉动的力量相对薄弱。另外一个有拉动力量的商品，是全球出名的时尚品牌如GUCCI、CD、VERSACE、CHANEL。 此类商品对追求时尚品位的人来说，有一定的吸引力，但是对一般大众消费者而言，品牌的知名度没有达到众人皆知的地步。眼镜业是一个商品比较不透明化的行业，因此，销售人员有相当大的影响力。

员工(People)：眼镜行业的员工需要在专业、服务及销售技能上有相当的培训。视光学是一个非常专业的行业，因此员工技能的培训需要很长的时间。作为服务的供应方，员工的服务态度、服务品质，是零售业成败的关键因素。眼镜业的商品不透明化，使销售员工可以影响消费的意向。 宝岛眼镜在视光学专业领域服务态度及销售技巧上，对员工做全方位的培训，每年每位员工接受最少80个钟头以上的在职训练，维持宝岛员工的素质。

服务流程(Process)：每一个零售业的服务流程有很大的不同。北欧航空公司(SAS)总裁Jim Carlzone认为，员工跟顾客接触的时间，就是“关键时刻”(Moments Of Truth)，员工对顾客的服务流程及相处的时间就是最好的营销手段。眼镜业的服务流程分为销售前与销售后。销售前的服务流程约45分钟，分成两大部分，验光(20～25分钟)及销售推荐(约15～20分钟)。验光流程的20分钟是建立“专业形象”最好的时刻。每一个验光流程的环节，都是与顾客沟通，建立互动感情，使消费者产生“专业”形象的时刻。销售环节是与顾客产生互动，了解顾客需求的重要环节。第二个环节是售后服务，眼镜业通常不是当场完成交易，而是需要顾客再次来取商品。因此，售后环节的服务流程也很重要。服务流程是员工培训的成果检验。如果员工培训到位，服务流程所产生的结果将是满意的顾客，也是最直接最重要的营销。

购物环境(Physical Evidence)：购物环境对零售业而言也是企业差异化的重要因素。宝岛眼镜从1997年开始发展，就把购物环境当成差异化的重要指标之一。宝岛眼镜在全国的店铺装修、LOGO、颜色，基本一致。除了外在的明显企业识别系统(CIS)外，店铺里的规划，也很注重消费者的感受，尽量让消费者能感觉在宝岛眼镜消费时的舒适、安心、满意。

人员、服务流程及购物环境是实践体验营销的基础。消费者在一个良好的购物环境，接受来自素质、态度良好人员的服务，感受到一流的服务流程，是一家成功企业的基本要求。宝岛眼镜的营销理念就是让消费者了解、体验公司的承诺——专业，诚实，服务。

#### 4.零售促销组合

零售促销组合包括所有零售商可用到的沟通方法。沟通是发生在店内并基于店面的促销，而那些发生在店外市场的促销被看做是基于市场的促销。表5-5揭示了零售促销组合的方法和特征。

**表5-5　零售促销合表**

| 促销类型 | 具体方法 | 特征 |
|---|---|---|
| 基于店面的促销 | 售点展示 | 向购物者介绍产品 |
| | 人员销售 | 与店内人员互动 |
| | 店内销售促进 | 店内购物诱因 |
| | 店内广告 | 店内传达给购物者的信息 |
| | 零售特价 | 特别时期的促销价格 |
| 基于市场的促销 | 销售促进 | 购买诱因 |
| | 广告 | 传递给购物者的信息 |
| | 直接销售 | 直接与购物者接触 |
| | 宣传 | 与个人或公司的事件相联系 |
| | 公共关系 | 通过新的来源得到信息 |
| | 外部设计 | 与路边经过者沟通（橱窗展示） |

我们可以将零售战略同促销战略联系在一起，结成促销组合。零售战略可简化为以价格或者形象为导向的战略，而促销战略同样可以简化为以广告或者公共关系为导向的战略。关注广告的价格导向，零售商会通过电视和广播的新闻报道及其他形式传播低价信息。同样，关注公共关系的价格导向，零售商则更愿意在店内做促销，更留意于店面的设计。关注广告的形象导向，零售商会集中力量于广告策略和宣传手段，而关注公共关系的零售商则会关心社论性的报道和口碑，如图 5-13 所示。

| 沟通策略 | | 零售战略 | |
|---|---|---|---|
| | | 价格导向 | 形象导向 |
| 沟通策略 | 媒体广告 | **首要重点**<br>在新闻媒体中有影响力的广告。强调了价格、折扣、可获得性。 | **第二重点**<br>策略性使用广告、人员促销、新店开展宣传 |
| 沟通策略 | 公共关系 | **第二重点**<br>基于店面的促销、简单购物、店面展示 | **首要重点**<br>社会报道、口碑、店内气氛、服务、陈述 |

图5-13　零售促销战略

### 5.服务策略

服务是零售组合中一项重要因素，良好的服务能够加强顾客忠诚度，产生良好的口碑。零售业从本质上说，就是给顾客提供服务的企业，其服务应贯穿于顾客购买活动的全过程，每个零售商都应对提供的服务项目、水准进行考量，对服务进行恰当的定位。营销服务定位的因素如图 5-14 所示。

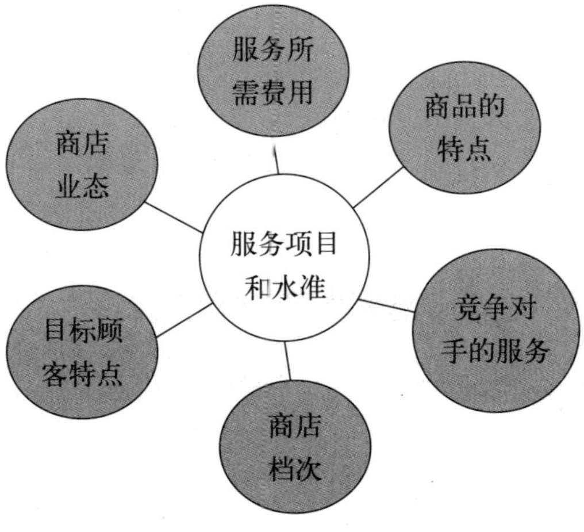


图5-14　营销服务定位因素

服务既然是零售企业重要的经营组合要素，就要对其进行管理，使其发挥特有的作用。

做好服务管理工作，首先是要了解服务与顾客期望之间的差距。

● 认识差距（Knowledge Gap）：顾客期望与零售商认识之间的差距。零售商不能正确认知顾客对服务的需要。

● 标准差距（Standard Gap）：零售商对顾客期望的认知与制定的客户服务标准之间的差距。零售商虽然正确认识到顾客的需要，但却没有建立起符合需要的服务标准。图 5-15 是确定服务质量的影响因素的模型矩阵。

● 传递差距（Delivery Gap）：零售商提供的服务与制定的服务标准之间的差距。

● 沟通差距（Communication Gap）：提供给顾客的实际服务与零售商承诺的服务之间的差距。

● 弹性差距（Elasticity Gap）：消费者所期望的服务与传递的服务之间的差距。

这五个差距汇总起来就构成了服务差距。零售商需要通过缩短每一个方面的差距来减少服务差距。

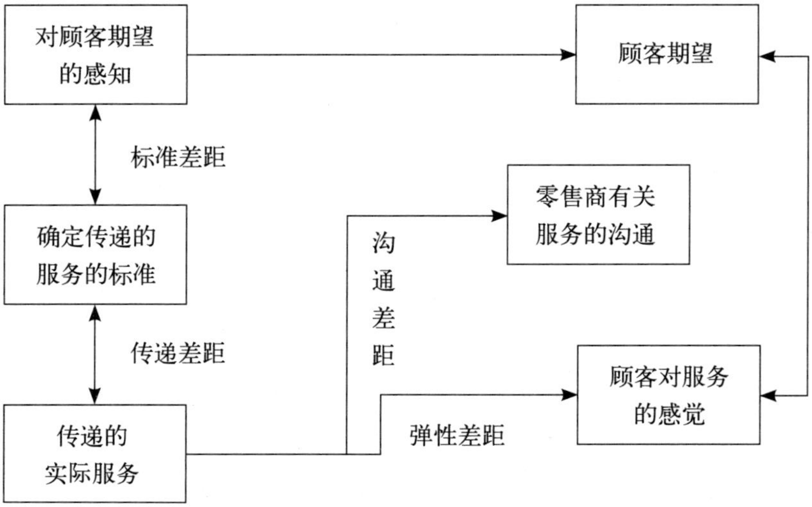


**图5-15 服务质量影响因素模型**

服务质量影响因素模型提供了改善服务质量工作的思路。零售商在服务质量管理上应该做的工作是：①了解顾客的期望；②制定提供给顾客的服务标准；③执行符合标准的服务程序，检查服务质量，对出现的问题进行修正；④做好沟通工作，让顾客了解企业提供的服务内容；⑤创造性地执行标准，让员工根据顾客的特点做好服务。

## 第三节 工业品行业

工业品行业也被称为资本品制造业，主要采购对象是组织（如企业、政府机构、事业单位等），通常会通过招投标形式，或者是一对一的形式予以满足。

## 一、工业品产品与服务分类

工业品的产品及服务大致被分为七种：初级原材料、二级原材料、辅助材料、零部件、设备、系统和客户服务。其中，有些产品被购买者作为资产来购买，如一些大型设备及系统；有些产品被购买者直接过经过加工作为其产品的一部分，如零部件及原材料；有些产品仅仅是用以支持日常工作，如服装原材料。产品特点以及在购买者向最终用户提供的产品及服务中的作用不同，对买卖双方的决策都会有不同的影响。

### 1.初级原材料

初级原材料指自然状态被出售的产品。大多数初始原材料体大量重，这一特点影响着原材料的运输成本和分销渠道。由于运输费用大约占运送费用的 50%，因此，运输成本直接影响着原材料的销售。

### 2.二级原材料

二级原材料是在构成最终产品前被部分加工过的产品。当加工过的产品被进一步加工成其他产品时，它的品牌便很难在制成品中识别出来。二级原材料的同质性及品牌的易逝性影响着买卖双方的关系。通常，买方倾向于集中于一两家供应商，以便获得由于大量采购而得到的数量折扣；卖方则采用生产特制品及消费品或提供更具竞争力的生产线，或利用业界影响者及采购方产品设计者对产品的认可来增加产品的异质性，以提高自己的竞争力。

### 3.辅助原材料

在生产过程中损耗的产品或日常工作中消耗的产品就是辅助原材料。这些产品往往成本相对较低，容易消耗，需经常购买，购买者为各级消费层。这些特点影响着买卖双方的关系。购买者关心价格、折扣等级，产品使用的方便性及供应商提供的无库存购买服务。卖方希望采用长期供货协议，提供数量累计折扣，鼓励采购方长期购买。

### 4.零部件

零部件是指直接组装进入成品内或略作加工进入成品的部件。零部件采购者通常是成品制造商、渠道中间商或需要更换零部件的用户。零部件由于经常使用容易破损，有些设备供应商依据此特点，向用户提供价格较低的设备，而当客户需要服务和零部件时，往往费用较高，获取高额利润。

有些零部件比较昂贵，涉及的技术复杂；有些相对简单。技术复杂的零部件比起成本低、差异性小的零部件更重视营销的整体策略。对于高成本零部件，购买者更注重品牌、产品的信赖度及供应商的技术支持；相反，廉价即用的产品及服务一般的做法是向购买者承诺基本的用途就可以了。

### 5.设备

设备是指用来满足生产或其他的工作需要的资产。设备被分为重型设备和轻型设备。重型设备与轻型设备在营销方式上有显著的区别。轻型设备往往是标准设备，价格相对较低，影响购买的主要因素是价格、运送服务及售后服务。制造商通常利用渠道分销来销售产品。重型设备通常是按照用户要求设计的，成本高，技术复杂；购买决策是集体决策，并且样品、产品保证、安装费用和服务要求都要经过反复谈判。购买者通常采用招标的方式，要求设备供应商提供竞争性的投标价格，以便购买组织认真评估。由于以上原因，重型设备适于直接销售或与渠道分销商共同销售。

#### 6.系统

系统是指复杂的、多功能的资产性商品，如生产制造系统、物资储运和处理系统等。这些产品往往涉及到电子、机械等知识，设计实力至关重要。购买方重视系统的运作性及设计的合理性。

#### 7.客户服务

工业品的客户服务是指为销售而进行的活动，以便使顾客在购买中得到利益及满足。作为一种无形的产品，它不会在购买者的损益表中有所显示，但却是影响购买决策的重要因素。服务在工业品中有很重要的作用，它可以增加产品差异，是树立企业品牌形象的有力支持，同时，也是公司持续性利润来源的重要保障。

## 二、工业品特点及其营销意义

工业品经过提取、加工、精炼和制造成为半成品或成品，每经过一步，其价值就会增加；其中，渠道分销商协助部分商品的转移，另外还需要一些机构提供运输、广告及金融服务。并且，最终消费品市场的需求、需求弹性以及产品的竞争程度都会影响着工业品的供需关系，从而影响工业品的营销策略。

### 1.派生需求

派生需求是指工业品的需求是由需要用工业品组装、生产最终消费品的需求带动的。比如对房地产的需求会带动钢铁、水泥、铝合金等建筑材料的需求。

关于派生需求的特性在营销上有三方面的意义：

- 上游供应商密切关注下游企业市场的趋势，不仅要关心自己顾客的需求，而且要关心顾客的用户的需求。
- 派生需求指导企业进行市场“拉动”。可以通过引导最终消费者的偏好，提高其产品的市场需求量。
- 下游产品需求的波动容易造成上游供应商的波动，上游供应商要密切关注下游动向，及时调整，以免造成产品的积压或产品供应的不及时。

### 2.需求的价格弹性小

通常情况下，工业品的价格弹性较小，即价格变动 1 单位所引起需求的变化小于 1 单位。从长期来看，工业品的价格弹性为正数。所以，除非竞争需要，工业品很少利用降价来提高销量。通常，工业品的价格弹性小于 1，但就某个产品来讲，在短期，其价格弹性可能大于 1。这意味着当一家供应商把价格降到竞争价格以下时，其市场份额增加。如果产品的差异性小，供给丰富，竞争者也会降价，价格战就开始了。这时，有成本优势的企业才可以生存，市场被几家有实力的公司控制。由此可见，价格弹性指导着产品的价格策略制定。

### 3.需求波动较大

虽然大多数工业品的需求不会因价格改变而大幅变化，不过，却会因为其他因素而发生改变。事实上，许多工业品的市场需求比消费品的需求波动还要大，例如，设备（如厂房设备）和附属设备（如办公家具）的市场需求波动性就很大。

### 4.工业品与最终消费品的区别

工业品与最终消费品有很多不同，这些不同使工业品及消费品在制定营销策略上具有很大的区别。下面我们从市场、产品和顾客三方面加以论述（见表5-6）。

表5-6　工业品市场与最终消费品市场区别

| 不同点 | 内容 |
| --- | --- |
| 市场不同 | 主要表现在细分市场的同质性，地理位置的集中性和由于购买力主要集中在大客户手里而形成的分销渠道的不同。<br>与消费品市场相比，工业产品的用户规模大，数量少，用户类型多。这些特点决定了工业品在营销策略上较多采用人员销售，相对来讲，广告应用比较少。消费品的广告预算通常超过销售额的5%，工业品的广告预算大约为销售额的1%~2%。工业品营销者的产品宣传手段多通过非印刷手段，如产品展示，通过典型用户或行业有影响力的用户的宣传等。<br>工业品用户在地理位置上相对集中的特点，是其采用直接销售渠道的原因之一。在工业品营销中，购买力相对集中。20%的用户消费80%的产品量。买卖双方往往就产品的价格、付款条件等各方面的条件进行谈判，达成共识后执行销售协议。买卖双方注重长期稳定的互利关系。有些合作良好的双方采取及时供货服务、无库存购买协议，甚至计算机对计算机直接销售。 |

（续表）

| | |
|---|---|
| 产品不同 | 与消费品相比工业品的技术负责，成本高。如大型组件、设备及系统工程等。甚至有些产品是为特色用户单独设计的。因此，工业品的交易需经过长时间的谈判协商才可以成交。由于这些特点，对于工业品销售人员往往要求较高，既要懂技术，又要能够协调用户与工程师，生产人员及销售经理的工作。<br>另外，在产品开发上，消费品注重市场调查。工业品更注重大的关键客户的需求。这是因为大客户对销售额的影响很大，同时在行业内有影响作用。 |
| 顾客不同 | 组织类顾客购买的动机是为了满足自己的业务或他们的客户的需要。因此，不像消费品购买者那样容易冲动购物，相反采购时比较理性，购买决策通常由专业人员参与，往往考虑的因素较多。由于工业品的购买过程复杂，因此更需要规范化的运作，才可以提高效率。另外，还应注意到，购买者的决策往往是集体决策，生产部门、财务部门、研发部门等都有不同程度的参与，作为营销人员，必须了解参与决策的每个部门参与的程度及主要决策人等，从而制定一定的策略影响组织类顾客的决策，产生对本企业来讲积极的变化，从而赢得顾客。 |

## 三、工业品购买者分类及购买行为分析

### 1.购买者分类

工业品购买者又称组织类顾客。研究组织类顾客的分类及特点主要是为了针对其购买的特点，采取不同的策略，以便提供相对于竞争者来讲更加优良的产品及服务，更好地满足顾客的需要，从而保持与顾客长久的业务关系，实现交易双方长期稳定的发展。

按照组织类顾客基本特性大致可分为三大类：

- 工商企业：以盈利为目的的购买者。
- 政府部门：国家、省市或县以政治为导向的购买者。
- 事业部门：盈利和非盈利机构，如学校，医院等。

以上三类机构，对社会有不同的贡献，其存在的作用和原因也不同，因而它们的购买动机及购买决策也不同。因此，对工业品购买者的细分便于分析不同类型组织的特点，以便采取有针对性的策略，降低营销成本，迅速占据市场份额。

（1）工商企业

工商企业通常分为三大类：设备制造商，使用者和再转售者。这三类工商企业各有特点，这些特点决定了他们的需求和购买策略。

- 设备制造商购买产品是为了组合自己的产品，由于购买的产品占其成本的 50% 或更多，对设备制造商来说，采购是一项很重要的任务。他们需要不断地买进原材料和零部件。因此，他们需要一个稳定的进货来源。另外，设备制造商关心自己的产品信誉和品牌，因此更关心采购产品的质量和规格。由于设备制造商购买量大，购买决策更注重谈判的价格。

- 使用者：与设备制造商相比，使用者购买产品和服务是为了生产其他产品或满足他们的商务需要。当使用者购买贵重的产品时，他们往往会关注所购产品的设计、质量、解决问题的能力、以往的运送情况和价格等。另外，一旦使用者所购的产品出现故障将影响使用者的工作进度，因此他们更注重供应商的售后服务。而对于那些易耗的办公用品，使用者较注重价格和交货速度。

- 再转售者负责工业品的分销。通常经营建筑机械、电子产品以及设备维护、修理和运行的辅助原料等。他们比较关心供应商的品牌形象、交易折扣、交货能力及提供的市场支持如合作广告等。

（2）政府部门

政府部门几乎需要工商企业所需的任何产品，是一个极具诱惑力的市场。它需要营销者充分理解政府部门的需要，才可以争取到市场份额。

政府往往按照年度预算进行。政府购买通常提出详细的要求，通过竞争性的招标，经过反复谈判，考察投标者的实力，经过认真评估才做出选择。

打入政府市场，耗时长、困难大，但回报也大。

（3）事业机构

事业机构的购买决策往往是建立新机构或更换设备及其他用品时集体做出的，常常是管理者、专业人员甚至外部咨询顾问一起参与供应商的评估。这些特点将影响供应商的营销决策，他们通常要了解和区分决策中不同作用的人物，用不同的策略来影响他们的决定。

### 2.购买行为分析

（1）采购的八大阶段

| 购买阶段 | 说明 |
| --- | --- |
| 需求认知 | 推出一种新产品，需要新设备或相关材料；<br>原有设备报废或需要维修，需要新设备或新部件；<br>原采购的设备或材料不合乎要求，转而寻找其他供应商。 |
| 总需求说明 | 一旦认识了某种需求，采购者便着手确定所需要项目的总特征和需要的数量。对于一个新的采购项目来说，需要市场、技术和使用部门等相关部门参加。 |
| 产品规格制定 | 进行产品价值分析，对部件的成本价值进行研究，降低成本，以确定采购方向和要求。 |
| 寻找供应商 | 通过各种渠道和方式，搜寻潜在供应商。 |
| 邀请供应商投标 | 邀请合格的供应商提交相应的建议书。复杂项目的采购，采购方还可能会设置资格预审之类的筛选机制，让供应商提供详细的书面文件，从而完成初选。 |

（续表）

| | |
|---|---|
| 供应商选择 | 根据相关的评价体系进行挑选，比如，有的项目会进行招标，相关供应商的投标文件都会被置于评标程序中。 |
| 完成订购 | 选定供应商后，采购方会就一些常规性细节问题与供应方进行协商确定。 |
| 绩效评价 | 在完成上述工作之后，采购方就对各具体供应商的绩效进行评价。 |

（2）采购类型

| 类型 | 说明 |
|---|---|
| 直接再采购 | 采购部门根据惯例再订购产品。购买者按照“供应商名单”选择供应商。名单内的供应商将尽力保持产品质量和服务质量；名单外的供应商会试图提供新产品或开展某种满意的服务，以便使采购者考虑从它们那里购买产品。名单外的供应商会首先设法以少量订单涉足入门，然后再逐步扩大其“采购份额”。 |
| 修正再采购 | 购买者希望修改产品规格、价格、其他条件或供应商情况。修正再采购通常扩大了决策参与者人数。对名单外的供应商来说，是一次进入机会。 |
| 新产品采购 | 购买者首次购买某种产品或劳务时，就面临新任务采购，成本或风险越大，决策参与者就越多，同时，决策时间也就越长。新产品采购对于名单外供应商来说也是进入的好机会。 |

（3）采购角色

组织购买者通常会有一个采购中心。所谓采购中心（Buying Center）包括了所有参与购买决策过程的个人或小组人员，这些人员包括企业内部与外部影响采购的人员，以及最后的决策人员。一般而言，采购中心的成员并不是正式指定的，也就是说，并不存在真正的采购中心成员名单。对于 B2B 营销来说，最大的挑战在于，确认采购中心的成员以及他们在特定采购活动中所扮演的角色。

研究显示，采购中心成员一般是 3 ~ 5 人。也就是说，影响采购决策的因素有很多个，尤其是在大中型企业中。即使是在小企业里，老板兼主管负责所有决策，在产品采购前有些老板仍会征询较专业人士或员工的意见。采购中心的规模和组成取决于产品成本、决策的复杂程度以及购买过程的阶段。对于办公用品重复采购来说，其采购中心的规模和组成肯定不同于负责采购大型机床设备的采购中心。

通常，采购中心包括的采购角色见表 5-7。

表5-7　采购中心所包括的采购角色

| 角色 | 说明 |
| --- | --- |
| 发起者 | 提出和要求购买的人,他们可能是组织内的使用者或其他人。 |
| 影响者 | 他们常常协助订立产品规格、标准，并提供方案评价的情报信息。可能是因为技术专业或者职位职责要求使他们对购买决策施加影响。 |
| 使用者 | 实际使用组织用品的人，可能是秘书、生产线工人或卡车司机。 |
| 决策者 | 实际购买决策的拍板人，对于重复性采购，采购者可能就是决策者；但对于购买昂贵电脑系统来说，企业高层管理者才是最后的决策者。 |
| 看门人 | 负责控制企业内部及企业与可能供应商采购信息沟通的人员，可能是秘书、接待员或技术人员。 |
| 采购者 | 与供应商互动沟通的人员，负责制定采购条件和处理实际采购订单。通常这些都是采购部门的工作，但如果是采购昂贵、复杂的新产品，采购者的角色可能由企业高层管理人员担任。 |

由于购买决策是由许多不同人员所促成的，加上不同企业有不同的采购文化，对销售人员来说，销售工业品不是一件简单的事情。有时，在了解哪些人员在采购中负责哪种工作时，销售人员经常会拜访错误。即使知道谁是决策者还不够，因为这些人员可能很难接触到，而且在接洽过程中，采购中心的人员组成也有可能发生变化，这就是为什么销售

人员通常只负责几个主要客户的部分原因。

总的来说，对于工业品行业来说，主要营销特征是：基于客户选择的定制化支撑系统。所谓客户选择，往往是运用强大的销售能力去敏锐把握客户的需求，是强大的销售队伍能够充分展现、表现产品 / 系统的功能，而且能够根据客户的个性化需要提供定制化产品 / 系统（参见案例：土狼传奇成就华为）。形成强大的销售能力主要是靠销售队伍的建设，其中的重点就是培训和用人。

### 土狼传奇成就华为

到目前为止，在中国的企业史上，我们还未发现哪一家企业像华为那样的神秘。外人接触到的就是华为的营销人员，而在接触的过程中，外人又深被其所了解的事实所震惊。因为华为的营销人员数量之多、素质之高、分布之广、收入之高，都是中国企业史上前所未有的。华为的销售队伍数量高达 6000 余人，占全部华为员工的 33%。他（她）们大部分是国内名牌大学的毕业生，都是经过华为的魔鬼训练之后投入到市场第一线去的，拿的薪水是诱人的，但这些人一线市场寿命一般只有三年。

“华为的产品也许不是最好的，但那又怎么样？什么是核心竞争力？选择我而没有选择你就是核心竞争力”，华为的老板任正非如是说。在华为，市场就是核心竞争力，而市场是前线冲锋陷阵的战士争夺过来的。在本土，华为用三流的技术卖出了一流的市场，并且华为铁骑已跨过亚非欧，把战火烧到了太平洋彼岸的美国。技术不是华为公司的核心竞争力，营销才是华为公司的核心竞争力，而华为营销的核心就是华为营销铁军。

华为的营销铁军是如何锻造出来的呢？华为打造自己的营销铁军主要有五招：第一招，塑造“狼性”，“做实”企业文化；第二招，选择良才；第三招，魔鬼培训；第四招，制度化用人；第五招，有效激励。

第一招：塑造“狼性”，“做实”企业文化

17年来，华为取得的业绩是骄人的，在中国企业史上可谓是一个独一无二的例子。华为需要依赖一种精神把这样的一个巨大而高素质的团队团结起来，而且使企业充满活力。华为找到的因素就是团队精神——狼性。

华为团队精神的核心就是互助。华为非常崇尚“狼”，而狼有三种特性：其一，有良好的嗅觉；其二，反应敏捷；其三，发现猎物集体攻击。华为认为狼是企业学习的榜样，要向狼学习“狼性”，狼性永远不会过时。

华为接待客户的能力更是让一家国际知名的日本电子企业领袖在参观华为后震惊，认为华为的接待水平是“世界一流”的。华为的客户关系在华为被总结为“151工程”——一支队伍、五个手段、一个资料库，其中五个手段是“参观公司、参观样板店、现场会、技术交流、管理和经营研究”。对客户的服务在华为是一个系统，华为几乎所有部门都会参与进来，假设没有团队精神不可想象一个完整的客户服务流程能够顺利完成。

第二招：选择良才

华为招聘员工的方法主要有两种方法，一种是社会招聘，另外一种就是校园招聘。对于营销人员来说，华为更热衷于用校园招聘的方式进行人才的选拔。华为的校园招聘是很专业的，已经形成了自己的招聘模式：校园推介会、笔试、面试、公司考察和宴会。

第三招：魔鬼培训

进入华为的新员工都要接受华为的培训，对于新员工来说，华为的培训过程就是一次再生经历。华为已经形成了自己的培训体系。在深圳，华为有自己的培训学校和培训基地。华为的所有员工都要经过培训，合格后才可以上岗。华为也有自己的网上学校，通过这个虚拟的学校，华为可以在线为分布在全世界各个地方的华为人进行培训。

第四招：制度化用人

经过魔鬼培训的业务人员，基本上具备了业务人员的基本素质，缺乏的就是实践经验。华为这个时候把通过培训的新销售人员直接派往华为分布在全球各地的分公司或办事处，让他们在市场一线展示自己的才华和接受实践的改造。

有人认为华为这样的行为是盲目的。因为一个刚刚毕业的大学生根本不可能在市场一线杀出一片天地。然而当他们看到华为的市场在不断地扩大，直到把战火烧到美国时，才对华为的胆识产生敬意。在华为的销售人员中，业绩最好的销售人员并不是有丰富经验和经历的人，而是那些刚刚从大学毕业的雄心勃勃的新员工。华为市场一线人员的工作年限一般不会超过三年，因为三年的时间足以让销售人员了解华为产品与其他公司的产品的优势与劣势，一旦对这些了解了，销售人员的士气就会大减，而任正非要保证一线人员永远充满活力。

第五招：有效激励

华为为了保证一线人员永远保持活力，对销售一线人员的激励也是大手笔。在华为，一个优秀的销售人员不单可以得到华为的物质激励，还可以得到精神激励。当然两者在华为是有机地结合的，激励也是华为“做实”作风的体现。

物质和精神上的激励保证了华为的营销团队永远活力充沛，在战场上充满了战斗力。

从培养“狼性”到维护“狼性”，从“讲到”企业文化到“做实”企业文化，华为营销人员用自身的发展经历证实了“狼性”与“做实”的难得。华为的营销团队建设，为中国本土高瞻远瞩企业树立了一个可以学习和借鉴的典范。华为告诉我们，要成功打造营销铁军就得要让营销团队充满“狼性”，而且，也告诉中国的本土企业“狼性”的培养是可能的，但是这个过程是非常艰巨的。成功没有捷径，从招聘人才，到培训人才，再到使用人才，最后激励人才每一个环节都需要企业付出心血。

没有专业的招聘，就不能招到良才；无系统的培训，华为将无法塑造自己的销售铁军；没有办法让整个销售队伍统一思想，没有完善的制度，华为对销售团队的管理将“无法可依”；不严格考核，华为的制度将没有任何的意义；没有公平、有效且完善的激励制度，企业的销售团队将像死水一样毫无动力！

## 第四节 互联网行业

随着经济的迅猛发展和网络技术的日趋完善，在有别于传统市场的现实中出现了一种新的虚拟市场——网络市场。这个市场的发展壮大不仅从时间和空间上大大扩展了传统企业的经营领域，而且还孕育了一个崭新的企业组织形态——网络企业。从而给传统营销领域带来了新的变化。

## 一、网络企业类型

网络企业是指以互联网为平台，从事互联网运行服务、应用服务、信息服务、网络产品和网络信息资源的开发、生产以及其他与互联网有关的科研、教育、服务等活动的企业的总称。

从网络企业业务范围的角度来看，网络企业主要可以分为四大类：企业 / 产品网站，服务类企业，销售类企业和信息提供类企业，如图 5-16 所示。

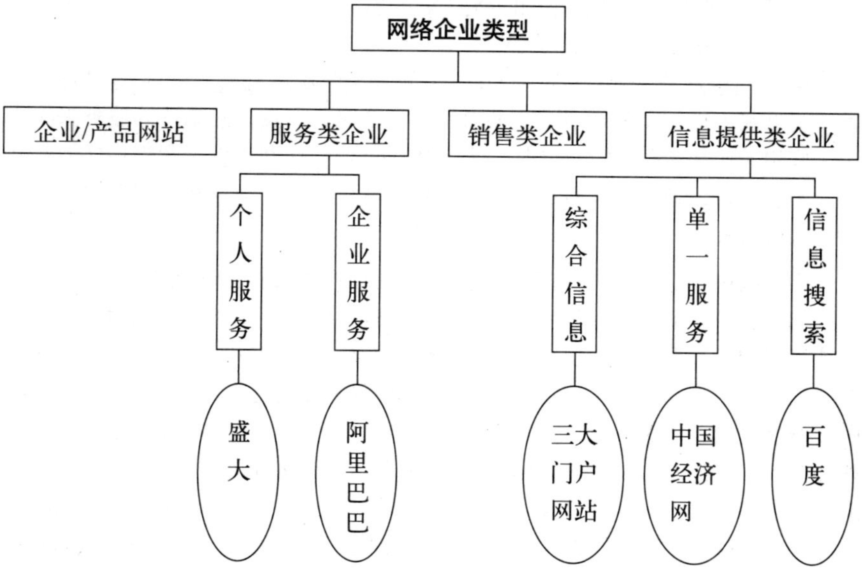


**图5-16 网络企业类型**

**表5-8 四大网络企业类型的特点**

| | |
|---|---|
| 企业/产品网站 | 这些网站并不是要卖他们的产品，而是向网民宣传他们企业的产品和品牌。登录这些网站的访问者会在网上看到这些企业的历史、功能、财务状况、社会关系、新闻、以及他们的股票情况等等。另外，在企业/品牌网站中，访问者还可以看到该公司的产品用途、生产过程以及如何与其他产品配合使用。例如，汰渍洗衣粉网站的目的并不是要从制作商那里直接卖产品，而是增加产品的品牌价值。 |
| 服务类企业 | 因为有自主服务的特点，客户服务类企业的发展很快，这些企业网站的一个特点是不需要人来服务的客户服务界面。服务类企业根据其服务对象的不同可以划分为，针对个人服务型企业和针对企业服务型网站。<br>● 针对个人的服务类企业主要通过向个人提供娱乐、交际、个性服务等方面的服务来获取收入的，比如网络游戏企业盛大，其就是典型的通过向个人提供娱乐服务的服务类网络企业。<br>● 针对企业的服务类企业一般并不从事具体的实物交易活动，但是它通过向交易双方提供交易场所、交易对接、安全保证以及信息筛选等服务来收取费用。比如，阿里巴巴就是一个服务类企业，他并不生产和销售任何产品和服务，但是通过向有交易需求的双方提供交易平台及相关完善地服务而获取收入。 |
| 销售类企业 | 销售类企业的网站是可以让消费者通过网络来进行购物的虚拟商店，他们代表了新型的零售商，大部分建立销售网络的公司以前是通过直接市场来经营的，但是有一部分，例如亚马逊、当当，则是以新型零售商的身份通过网络进行销售服务。亚马逊在1995年建立了网络，它的任务是教育、宣传和激发灵感。目前，它们提供470万种书籍、CD、声像制品、电脑游戏和相关产品。在他们的网站上，网民可以通过作者、书名和关键字来查询他们想要的书籍或CD，而网民在浏览网页的过程中，企业可以收集他们的阅读习惯和信息，以便按照他们的习惯向他们进行推荐。有些网站可以通过链接向用户提供书籍、音乐和其他产品，当然，这是要付费的。 |

（续表）

| | |
|---|---|
| 信息提供类企业 | 信息提供类企业的盈利模式是通过在线广告，或者通过会员缴费的方式实现的。这种类型的企业网站，利用网民的忠诚度和网站的功能来吸引广告商。网民通过向网站缴纳会员费或者填写对广告商有用的用户资料，来成为这些网站的注册用户。信息提供类企业根据其提供的内容不同又可以划分为综合信息提供商，单一信息提供商和信息搜索提供商。<br>综合信息提供商提供包括政治、经济、文化、生活、时尚等一切与传统信息媒介提供信息相似的内容，其主要通过网络的及时性、便利性、经济性等优点来吸引读者，赚取眼球，从而获得广告商的青睐，典型的就是新浪、搜狐和网易这三大门户网站。现在这些门户网站也通过提供邮箱、个性服务等其他服务来获取收入。<br>单一的信息提供商则是指那些只侧重于提供某一方面大量、翔实、深度的信息的企业，比如中国经济网、军事爱好者等。<br>信息搜索提供商则是像雅虎、GOOGLE这样的用来帮助人们在网上查找信息的搜索引擎的提供商，这些搜索引擎就是通过宣传企业产品的条幅广告来产生利润的。 |

## 二、互联网行业的消费者需求特征

网上需求是一种新的消费模式，消费者可以不受时空限制在网络虚拟的市场环境下与企业进行商品交换，虽然与传统企业的面对面营销模式相比，交换的本质没有改变，但在具体的实现过程中网络营销却有许多特别之处。消费者需求有了新的特点。

### 1.网上消费者需求由高层次需求向低层次需求扩展延伸

在传统的营销环境下，企业营销活动的开展必须遵从消费者需求由低层次向高层次需求的逐步延伸发展的规律。而在网络营销条件下，消费者需求变化是由高层次需求逐步向低层次需求延伸扩展。如图 5-17 所示。

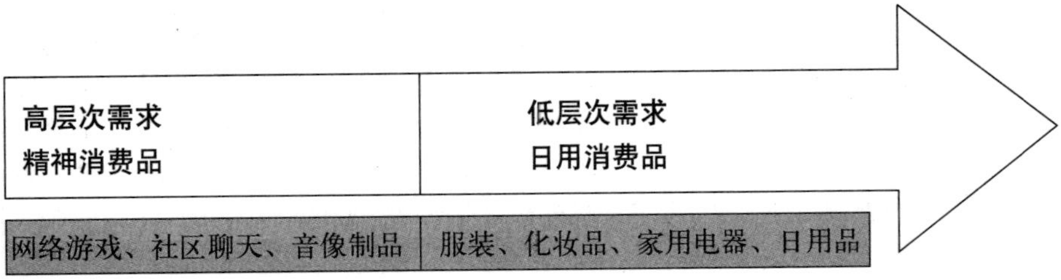


图5-17 网上消费者需求演变

这就要求网络企业在经营之初，必须深刻理解消费者网上购物的动机、倾向和需求点。在产品策略的设计上能够最大限度地吸引和满足消费者网上购物的需求。通过提供不同于网下购物的消费产品和消费经历，来满足网上购物者在精神方面的追求和渴望。

例如，消费者上网的最初目的是为了寻找一些高层次需求的产品或服务，如网络游戏、社区聊天、购买软件、图书资料等，只有当消费者基本熟练并掌握了网上消费的规律和操作流程，并对网上购物有充分的信任，才会从购买满足高层次需求的精神消费品向大量购买日用消费品扩展延伸。

这方面的典型就是从创建网上音像图书销售渠道起家的当当网，其最初的产品经营范围只是限制在各种图书、音像制片、游戏软件等，这些产品的最大特点就是属于能够满足人们精神方面需求的东西，而对这些有很大需求的人群的特点则是其基本的生活需求早已满足，而且有能力购买电脑上网来寻找精神慰藉。随着业务的发展和网上消费群体的增加，那些已经习惯在当当网上购物的忠诚消费者开始希望其能够提供更广泛的物质方面的服务，以方便其日常生活，于是，当当网的产品经营范围逐渐扩大，到现在已经扩大到包括服饰、化妆品、日用品和家用小电器等方面了。

### 2.网上需求呈现较大的超前性和独特性

一般而言，在网上进行消费的群体以年轻人居多，包括在校学生、刚工作的白领以及还没有家庭的年轻人。他们的个性特点是对新生事物反应敏感，接受速度快，特别是更容易做到观念不断更新;渴望与众不同，喜欢通过其新颖的观念、独特的行为模式以及生活方式来体现自己的个性。因此，网络企业要想在竞争中取胜，就必须根据这些年轻消费群体的特点制定营销组合策略。在产品设计上，从产品的差异化和新奇性两个方面入手，向市场提供具有新奇性的产品来迅速获得网上消费者的关注和试购，通过产品的差异化策略来保持网上消费者对企业的满意和忠诚，因为在这个追求个性解放的时代里，越是有差异化的东西就越能够获得消费者的青睐。在产品或服务的价格设定上，也要根据产品或服务的独特性来定价，低价策略并不一定总是最佳策略。

### 3.网上消费者购买行为受较多的理性化因素影响

表5-9 影响消费者的购买因素

| 影响因素<br>消费者类别 | 价格 | 购物便利性 | 购买决策信息 | 诱因 |
|---|---|---|---|---|
| 传统消费者 | 敏感，转换成本较高 | 较高的便利性 | 量少，来源少 | 临时诱因多 |
| 网上消费者 | 敏感，转换成本低 | 跨越空间限制 | 信息多，来源多 | 理性购买决策 |

如表5-9所示，对网上消费者来说，在传统的商业环境下，及时驱动和临时诱惑导致的“冲动购物”情况一般不会出现，因为他们可以选择的生产商和产品范围已不再局限于某个城市、某个专业市场。他们可

以对商品的价格进行广泛的横向比较，然后做出理智的决策。因此对于网络企业来说，要想在众多竞争对手中脱颖而出，只有两条路可以走，一条是走低成本低价策略，通过优化整合供应链来获得比竞争对手更低的价格把产品提供给消费者；另一条就是走差异化策略，通过提供与众不同的产品和服务来获取更高的利润水平。

## 三、网络企业营销的特点

### 1. 网络企业营销是一种以消费者为导向，强调个人化的营销方式

传统营销管理的经济学理论基础是厂商理论，即企业利润最大化，实际的决策过程是“市场调研——营销战略——营销策略——反向营销控制”这样一个单向链，没有把顾客整合到整个营销决策过程中去，它实质是将厂商利润凌驾于满足消费者需求之上，这种理论在大规模工业化大生产的卖方市场上是可行的，但在向买方垄断演变的网络上却注定要失败，在此营销模式下，由于互动性的缺乏，消费者参与度极低，其地位仅仅是一个被动的传输对象。表面看起来消费者被置于一个很高的位置，实际上只不过是商家给予的，是商家让消费者来做上帝，消费者实际的身份并非是从品牌经验中真正感觉到的，而仅仅是一个品牌之外的顾客。

互联网品牌就是要通过网络互动，让消费者在网络体验中形成对某一个产品或企业的总体感觉和认知，进而形成品牌。因此，传统品牌塑造和互联网品牌塑造的本质区别，就在于消费者地位的改变。在互联网时代，品牌回归到它的本质——品牌是消费者的主观总体印象，而不是商家采用各种手段刻意灌输给消费者的某种东西。

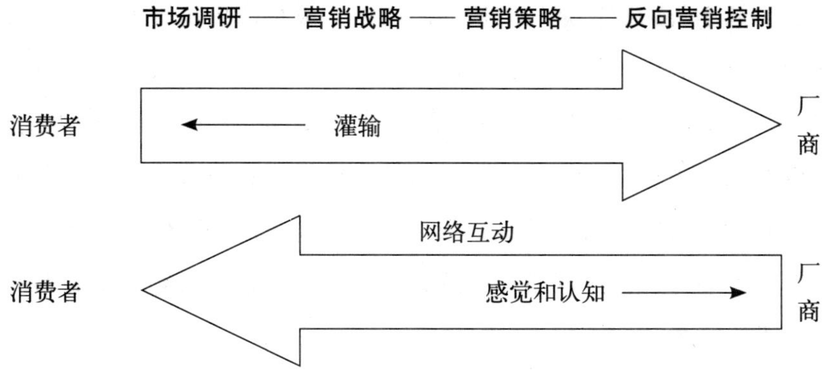


图5-18 个人化的网络企业营销方式

### 2. 网络具有极强的互动性适用窄众式营销传播

网络企业的促销是一对一的、双向的、消费者主导的、非强迫性的、循序渐进的，同时也是一种低成本与人性化的促销，因此符合分级与直销的发展趋势，深化并促进了关系营销与数据库营销的理论和实践。

网络的互动性使进一步增强品牌个性成为可能。一个访问网站的人，通常可以在菜单上选择他感兴趣的话题，避免接触与自己无关的内容。网络为每个访问者创造一个实实在在的品牌，使品牌联想更明确，从而更有力地建立起顾客与品牌的联系。随着技术的进步，消费者在每次互动活动中的行为和心理都能够被网络记录下来，如心理统计特征、购买历史、购买习惯、网络浏览路径、点击后行为等，然后将这些目标消费者的个人信息集成资料库，从而获得大量关于消费者的个人信息，商家就可以根据相应的资料对消费者的购买心理、行为，作准确描述、定位，进而改进产品，形成消费者独享的品牌，让消费者获得更多的满意。这种窄众式的品牌传播策略只有在互联网这种媒介的基础上才可能实现。

与此相比，依托传统媒体平台的品牌塑造，则是一种单向的遵循大众传播“最小公约数原则”的传播。所谓“最小公约数原则”是大众传媒在为拥有不同经验域、认识水平、个人修养、志趣的大众编制讯息时只取其公共重合部分，亦即最小的经验域、最低的认识水平、个人修养，而不再考虑个人更高层级的要求。这种传统的品牌塑造法只能在消费者和品牌间建立起一种总体关系，很难体现品牌塑造的精髓。显然，窄众式甚至是“一对一”的网络传播的效率，远比“最小公约数原则”的传播效率要高得多。

### 3.互联网的实时性和全球性是实现全程营销的理想工具

除了互动，互联网还具有实时性和全球性的特点，所以，互联网品牌塑造是全天候、全方位的，比起传统品牌塑造，网络品牌对于品牌信息的整合有更高的要求。

传统的品牌信息传播是断点式的，消费者对品牌的总体印象是一个不断积累、丰富的过程，网络品牌虽然也离不开品牌印象的积累。但是，比起传统品牌塑造的信息接触，互联网提供的信息要海量得多，形成了动态的信息流，因此，互联网品牌塑造不但是一个全方位的信息整合过程，也是一个动态信息流的控制过程。综合而言，互联网品牌塑造就是一个全方位、适时适地的信息管理过程，因此也是一种全过程的营销渠道，为营销 4P 与 4C 的整合提供了现实的可能性。

## 四、产品策略：从注意力经济到深度业务整合

一般说来，网络企业所提供的产品和服务主要有几个方面：

- 网络广告：互联网企业传统的赢利方式，一直以来都承担着网站

赢利的重任。

● 综合服务：包括娱乐、新闻资讯、信息等服务，比如网络游戏、网上新闻资讯和邮件提醒服务、短信息定制等信息类服务。

● 增值业务：主要包括信息预订、新闻推荐、财经股票、邮件提醒、长途即时语音、语音留言、电子邮箱的增值服务、全球免费漫游等，还能根据客户的特殊要求度身定做。

● 电子商务：不仅是一个简单的购物平台，而是一个把网站内容和商务服务结合在一起的、互动的个性化网上社区。

注意力经济模式在互联网经济发展的初级阶段，即网络普及过程的重要特征是收入转移。为获得浏览量、点击率等支持网站生存的核心数据的飞升，同时培养相对忠诚的消费群体，网络企业通过会员注册免费、电子邮件免费、拍卖交易免费、网站策划等形式，扩大市场规模。比如，8848 的成功在很大程度上是注意力理论应用的成功，世界最高峰珠穆朗玛的高度 8848 米成了网站的名称和域名，在短时间内积累巨大的注意力。

在此模式下，注意力收益以倍数效应转移到客户资源开发等类型的收益，最典型的就是广告收入。但是由于中国网民和网上消费习惯的培育过程相当艰难，而目前国内互联网企业整体的客户资源开发水平还相当低。总体来看，为增加点击率而付出的边际投入，仍然远大于诸如网络广告等客户资源开发带来的边际产出。

随着互联网经济的深度发展，越来越多的互联网企业正在超越单纯的吸引眼球和注意力，开始真正思考并实践如何更好地利用网络技术、信息通信技术、多媒体音视频技术和网络海量资源去为用户创造价值，开始关注用户的感受和体验，为用户提供适用易用的一站式服务，互联网经济的回暖正标志着以用户为中心的服务与体验经济时代的到来。专家预测深度整合将成为互联网企业的一个趋势，深度体现的是程度，代表了互联网产业价值链的延伸。整合体现的是互联网作为媒体平台、沟通平台、交易平台和增值服务平台间的资源共享模式。

从应用层面上来看，互联网产业将呈现传统门户网站与IM、移动或固定终端、网络应用增值服务、电信网、广电网的深度整合趋势；深度整合也将构筑一个以用户需求为导向的，由电信运营商、IT产品制造企业、广大互联网增值服务企业共同参与的合作紧密、资源共享、优势互补的互联网产业价值链。从应用者的角度来看，互联网与传统产业的结合日益紧密，已经逐步渗透到了传统企业开发、生产、经营和售后服务的各个环节。

具体说来，深度整合的趋势体现在不同类型互联网企业的产品和业务模式上：

- 对于门户网站来说，越来越多的门户已经开始尝试B2C、C2C以及逆向拍卖的模式，在线交易已经和电子邮件一样成为了用户需求增长最快的网络服务。此外，越来越多的门户网站开始涉足即时通讯领域。
- 对企业、产品网站来说，网上应用重点已开始由发布产品服务信息、企业新闻、收集客户信息向接收用户订单、网上采购、网上销售等商务活动转移，而且企业间、企业与研究机构间网上联合开发研究、设计、生产的应用也明显增加。
- 对服务性公司来说，凭借对互联网本身和特定消费群体的熟知，互联网企业可以提供以Internet为特征的综合性服务。

## 五、渠道策略：零层分销渠道

从分销渠道上来看，网络企业的分销层次都采用零层分销，也叫做直接分销渠道。产品在从生产者流向最终消费者的过程中，不经过任何中间商转手。这是因为从产品形式看，网络企业的大多属于数字化、信息化的产品，例如，音乐、游戏、电子图书、信息软件、网上资讯、远程教育等，这些产品投资小，消费者购买方便，商品可以直接通过网络实现销售和消费，消费者只要点击鼠标就可以完成全部购物过程；另外从产品性质来看，一般属于质量差异不大的同质产品或非选购品，顾客可以突破时间和空间的限制实现远程购物或远程订购。

网络企业采用零层分销渠道具有很多方面的优势。第一，为顾客节省了最终购买消费支出，消除了中间商对产品利润的要求；第二，大大提高了产品或服务从企业流向最终消费者的速度，在顾客获取产品或服务的便利性方面具有极强的优势；第三，由于没有中间商，网络企业可以避免传统企业必须面对的对中间商的管理和控制，可以避免中间商之间存在的窜货、渠道冲突等给企业带来的管理成本，使企业能集中精力在产品研发和提升消费者的满意度上。

那么面对在地理范围上如此广泛的消费群体，网络企业是如何实现产品或服务从企业直接进入到消费者的手中呢？我们以一家成熟的网上图书音像零售商店的渠道为例，来看网络企业该如何构建自己的销售渠道，参看下面案例。

## 当当网的网络分销系统

当当网完整的网络分销系统包括三个部分：网络前台系统、网络后台系统和外部接口系统。

网络前台系统是指消费者通过网络浏览器可以直接看到的部分，包括以下的内容。

会员注册：网站提供会员注册功能，一方面可收集消费者的个人信息，以便向其提供有针对性的商品及服务信息；会员制方式也被网站用来作为促销的手段，购物时给会员一定比例的优惠。根据会员购物的经历多少，将会员分成普通会员、黄金会员和白金会员，每个级别的会员享受不同比例的商品折扣。

购物区：是网上出售商品的核心区域，一般按商品类别分成不同的区域，当当网上书店的商品分成图书、VCD、DVD、音碟、游戏、软件等主要大类。在购物区采购的一个主要工具就是购物车，可以使网上消费者随时把满意的产品放到里面，消费者可以在购物车里修改商品的数量、删除不想要的商品。

收银台：该功能为消费者提供了付款的方便，目前支持的付款方式一般有货到付款、邮局汇款、银行电汇、支票汇款、网上付款。提供在线支付业务的银行有招商银行、工商银行和建设银行等。

下订单：消费者填写个人联系信息如姓名、地址、邮编、电话后，提交订单，并产生一个订单号，供购物者查询。

送货方式：消费者可供选择的方式有送货到门，但这种方式往往集中在一些大城市或中心城市；邮局平寄、EMS 特快专递，对大件物品或量大的采购可使用公路、铁路等方式。

网络后台系统是指消费者通过网络浏览器不能直接看到的部分，包括：客户管理、网站维护、定单处理、款项查寻、库存管理、售后服务等内容。这些系统可使用一些信息管理系统，如客户关系管理，但更多是使用一些中间件产品做二次开发，从而可做到与Web的集成，如BEA公司的WebLogic Platform平台。

外部接口系统是指在线分销方、消费者之外的独立的第三方，包括网络安全认证中心提供的CA接口，用于提供安全性保证及身份确认；银行提供的支付网关接口，用于满足在线支付的需要；及物流企业提供的物流配送服务，用于实现分销过程的物流配送。

当当网的这三个系统是一个有机的整体，可以实现分销渠道的商流、信息流、物流、资金流等功能的实现。消费者通过网络前台的登陆注册、购物区购物、提交订单、网上支付、选择送货方式等操作，不但传递了信息、支付了货款，也同时实现了商品所有权的转移。企业的后台管理系统在消费者购物的过程中，自动回应，向消费者反馈了信息，接受了订单、资金，销售了产品。同时，消费者与企业在这一交互过程，第三方的参与必不可少，银行的参与使网上支付成为可能，CA认证机构保证了网上交易的安全性和可信赖性，而物流配送组织，如企业自身的配送部门、邮局、快递公司、运输企业则促使商品实体的转移，即最终将商品送到消费者手中，实现分销渠道的物流功能。

## 六、促销方式：专业信息营销和促销同盟

### 1.专业信息营销

利用互联网迅速、方便、丰富的优势，信息营销模式蓬勃发展。专业信息营销实现盈利的关键是，为客户提供的产品、服务要有层次感和足够的价值。

目前最为普及的信息营销模式是信息的简单分类和定期发送，这属于最底层的信息订阅服务。中间层次的特定信息供应服务商，具有固定、可靠和比较丰富的信息来源，因此有能力针对专门性的需求提供专业化的信息。典型的如目前众多财经网站以有偿服务的形式提供证券信息。当前，信息订阅和特定信息供应两种手段的交叉使用也比较普遍。

必须看到的是，专业信息营销模式有它发展的极限。当网络在社会中普及达到一定程度，信息营销的内容将不局限于高科技领域，而是涉及各行各业，其主流演化成一种信息传播工具，类似于第四媒体被各类传统行业充分利用。事实上，当前一些跨国企业，如恩科早就开始利用信息营销模式进行广告宣传和针对专门客户的信息发布，或是通过有效便捷的网上客户需求调查来推销产品，拓展业务。

### 2.促销同盟

网络企业的促销活动，除了借助于传统企业的促销模式进行销售促进、增加收入外，更主要的途径是，通过在网络上进行促销来达到扩大影响和增加收入的目的。但是对于网络企业而言，其能够进行企业营销活动的平台只有一个，那就是网络企业的网站或网页，而这些网站或网页在无边网络中就好像沧海一粟，很难达到扩大影响和销售的目的，那

么对网络企业促销来说，比较省钱省力的方法就是建立促销或广告同盟，通过这个同盟，使得同盟里的网络企业可以相互进行促销宣传，这样就增加了每个企业展露的机会，增强了促销活动的影响力和覆盖面。那么该如何建立一个促销同盟，同盟内成员间都有哪些责任和义务呢？通过当当建立“当当促销同盟”的案例便可知一二。

**当当促销同盟的建立规则**

坚持诚信、可靠、便捷的合作原则，不断完善和提升合作模式，凭借当当网强大的网上购物优势，招纳会员已达4万多。个人或者公司只要拥有任何合法存在的网络资源包括网站、网站频道或版面、BBS、任何形式的网络广告（图片广告、直邮、搜索引擎、文字链接等）以及其他合法资源等，并符合联盟协议的相关规定就可加入当当联盟。

如何盈利：你只要在网络资源上做指向当当的链接（当当联盟提供）或用当当联盟授予的技术工具及政策。

会员服务：享受全方位的咨询指导，当当联盟不断从技术和策略方面推出更多的合作形式和提升销售的方式。

联盟推出当当促销集锦，预告和全景展示当当促销活动，全面、及时，合作伙伴可以通过以下链接进入当当促销集锦：链接至当当嘉宾聊天室；链接到软件、游戏、杂志类等图片规格、内容；链接到图书、音乐、VCD、DVD类图片规格、内容；嵌入当当任意页面标准示例以及代码发布；链接至当当首页、至百货首页等图片规格、内容。

总之，从促销策略上看，网络企业的营销手段和方式更为丰富多彩。而且，因特网双向互动交流的特点更有利于企业和用户间促销沟通的进一步深入。同时，网络沟通还具有即时性和成本低廉的特点。

## 七、品牌塑造方法：线上传播和线下传播结合

互联网品牌的塑造和传统品牌塑造有很大共性，这种共性的基础由品牌的本质决定。无论是互联网品牌还是传统线下品牌，说到根本都是产品与消费者之间的一种关系，消费者通过产品获得使用价值和附加价值。线下品牌塑造和基于互联网交互特色的经验式品牌塑造方法之间不能完全分开，前者在很大程度上也是以后者为基础的，因为产品始终是品牌附加价值的基础，脱离这个基础，附加价值将失去载体。

另一方面，新一代受众对品牌内涵的理解会发生一些变化，而品牌作为一种价值认定的象征，将会随着新一代受众个性化程度的加深而日益重要。为此品牌营销传播的策略必须针对受众的变革而有所变化。利用网络广告进行品牌传播，在广告策划、广告创作诸环节都必须针对新一代受众进行设计。这些问题的解决，一方面有赖于网络广告的实践，同时也必须充分调动传播学、社会学、消费心理学、大众文化理论等资源进行理论上的分析与建构。

互联网企业品牌塑造、推广品牌的手段很多。简而言之，品牌塑造之道有两种渠道，第一是基于互联网交互性特色的经验式品牌体验，第二是线下的品牌塑造和推广。前者是基于实际的产品和服务，后者本质上是对互联网企业品牌内涵的一种价值认同。

### 1.以消费者体验为中心

和传统企业一样，产品或服务是网络品牌的基石。网络企业的产品不是物质实体，而是信息和服务。成功的品牌往往是在情感上打动消费者，通过与顾客的心灵沟通建立一种独特感觉，从而使品牌获得长久的生命

力。对于传统企业和网站在品牌塑造上的差异，参见表 5-10。

表5-10 传统企业和网站在品牌塑造上的差异

| | 传统企业 | 网络企业 |
|---|---|---|
| 传播 | 单向 | 双向互动 |
| 沟通 | 个人与企业 | 一对一，一对多等 |
| 内容 | 重复的 | 累积的 |
| 品牌形成 | 营销部门或广告公司负责 | 随消费者对产品的消费经验而形成 |
| 传播媒介 | 传统媒介 | 网络 |

几乎所有消费者都有十分牢固的传统购物经验，如果存在另外一种能够获得更大价值的方式，那么这种方式就会给消费者带来迥异的体验，这种体验就会成为网络品牌重要的组成部分。建立在深刻体验基础上的品牌塑造，是最有效也是最根本的品牌传播之道。

首先，网络企业需要为购物者提供友好的用户界面，正如实体的购物环境需要为消费者提供优良的购物环境一样，因为消费者惟一依靠的就是用户界面与数字品牌资源进行交互，正是这种交互过程的体验使得消费者形成对品牌的满意。

其次，网络企业还必须解决网上购物关键性的环节：订购、配送、支付以及售后服务。这些程序很普通，不足以构成消费者的特殊体验。消费者的独特品牌体验体现在一些具体的环节上，比如，订购、配送、支付的方式和选择自由度；已经选择的商品突然改变主意怎么办；商品不满意，如何退货；各个环节消费者的成本有多大等。只有将可能出现的每一种因素都考虑周全，并且在界面适时、友好体现，消费者才会尽可能减少挫折感，否则品牌就会受到损害。

### 2.事件营销

事件营销是企业通过策划、组织和利用具有名人效应、新闻价值以及社会影响的人物或事件，吸引媒体、社会团体和消费者的兴趣与关注，以求提高企业或产品的知名度、美誉度，树立良好品牌形象，并最终促成产品或服务的销售目的手段和方式。事件营销是近年来国内外十分流行的一种公关传播与市场推广手段，集新闻效应、广告效应、公共关系、形象传播、客户关系于一体，并为新产品推介、品牌展示创造机会、建立品牌识别和品牌定位，形成一种快速提升品牌知名度与美誉度的营销手段。

**搜狐 CEO 张朝阳作秀带来的启示**

曾被誉为“数字英雄”的张朝阳还有另一个称号——做秀英雄。天安门广场玩滑板、坐出租车上下班、留马尾辫、驾敞篷车玩急停调头、拍杂志封面、爬雪山等，看起来匪夷所思的行为，竟然是一个公司 CEO 的行为。很明显，张朝阳是把自己的“秀”和搜狐的品牌紧密联系的，是品牌建设的需要。按照他的解释，做秀的原因有三个：首先，节约资金；其次，在品牌传播上，实体人比抽象的公司更具亲和力，传播效力更高；再者，利用 CEO 的知名度推动公司品牌。作为公司 CEO，张朝阳的知名度本身也是公司品牌资产的重要组成部分，这在全球知名大企业中也并非罕事。

专家认为，张朝阳的做秀，本质是商业上的“事件行销”。如今各种商业广告泛滥，过量的广告信息导致人们麻木、反感，企业家另择其他途径来宣传自己的品牌，实为创新、明智之举。一个国际知名调查机构在调查中发现：消费者正在对广告持怀疑态度，超过80%的消费者已经开始逐渐忽略广告，只有不到30%的人还能继续接受和信任广告，广告在创建品牌中的绝对威力和优势正在减小。严峻的事实告诉企业经营者，单靠广告来打天下、创品牌的时代已不在，企业家需要新的策略来支持品牌创建任务。市场调研和管理资讯专家迈克尔·穆恩和道格·米利斯在他们的著作中说：“最为有效和持久的品牌塑造活动，是那些在公司总裁直接领导下的品牌塑造活动。”

**3.广告促销**

通过大量投放广告来推销品牌是网站初创期通常采取的方式，这也是和注意力经济时期紧密相连的一种营销模式。网络公司是近几年发展最快也是广告投放增长较快的一个行业，报刊、杂志、电视媒体随处可以看到网络公司的广告。与此同时，网络媒体的品牌广告也迅速渗透到地铁、公益活动、体育比赛、文艺演出中。

**4.公共关系促销**

公共关系是指某一组织为改善与社会公众的关系，促进公众对组织的认识，理解和支持，以达到树立良好组织形象、促进商品销售目的而开展的一系列促销活动，其本意是工商企业必须与其周围的各种内部、外部公众建立良好的关系。

# 第六章
# 如何选育留用市场营销人员

人才，尤其是营销人才决定了企业的竞争力！

# 第一节 市场营销人员的招聘

人为企业之本，现代市场竞争实为人才的竞争。特别是在营销领域，人员的优劣几乎决定了企业的营销能力和特色。作为营销经理，不但要善于识别优秀的营销人员，而且要做到人尽其才。这就需要一个标准化、科学化、有效能的招募体系。

## 一、人员的初选

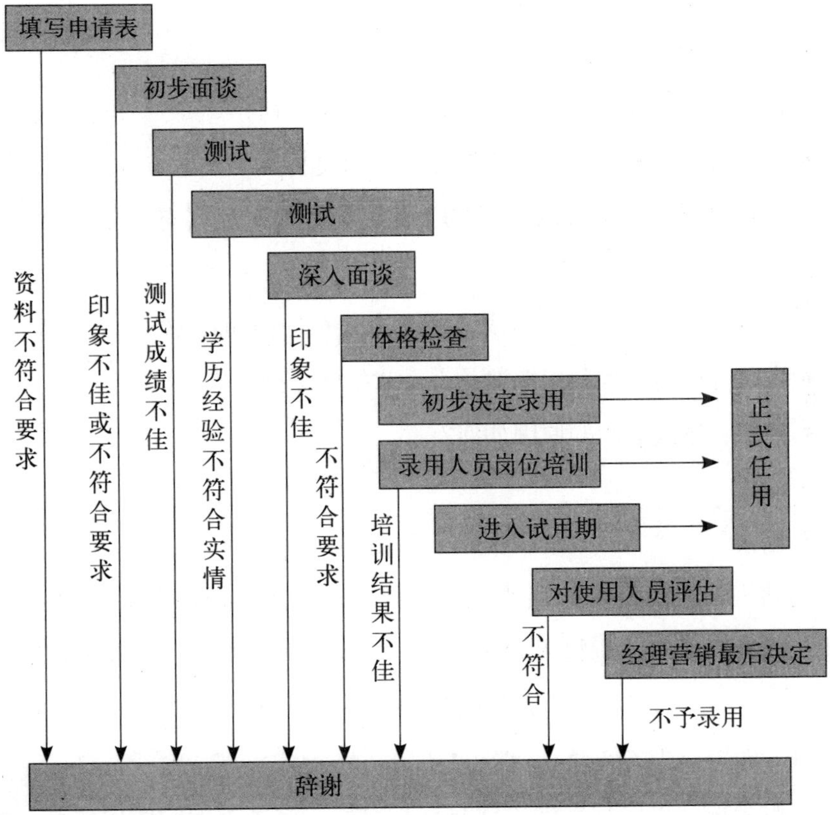


图6-1 人员甄选基本流程

人员的甄选是人力资源管理中重要的一环。这一工作在很多企业中是由人力资源部门负责，但营销经理也应把握这关键的一环，使招募来的人员能各得其所，发挥各自最大的潜能。通常的人员甄选程序如图 6-1 所示。

### 1.应聘表格研究

应聘表格（资料）一般情况下都是由公司的人力资源部门提供的。面谈前研究求职者应聘表，不仅是一种正确的做事方法，也大有道理可言。应聘表格可以在面谈时提供绝佳的指引。阅读应聘表时应注意以下几点：

- 表格是否完全填写而无遗漏？
- 字体是否整齐、清楚？
- 应聘者的工作经历是否连续？有无不明空档？
- 应聘者的收入是否保持稳定及合理的成长？
- 应聘者是否一直从事简单的工作，还是逐渐朝富有挑战性的工作发展？
- 应聘者在以前工作中的技能是否适用于应征的职位？
- 应聘者的稳定性如何？他是否喜欢经常更换工作？
- 应聘者每次离职的原因如何？

### 2.面谈

招聘人员可以利用面谈的机会，判断应聘者是否符合工作的要求，同时应该根据手头的资料来做决定，而不是凭直觉行事。招聘者是在招募人才，而不是推销工作，因此应多听少讲。

（1）面谈形式的选择

一般来说，可以根据面谈的目标和对象，设定不同的面谈形式，如

表 6-1 所示。

**表6-1 面谈的各种形式**

| 形式 | 说明 | 适用 |
|---|---|---|
| 非正式面谈 | 在事先毫无计划及准备的情况下进行，实际上是一种临时讨论。这种方式往往能在不经意间发现应聘者的实际状况。但是，若组织不好，则往往效果不好，特别是面谈人多的时候会出现混乱 | 人少而非正式的甄选工作 |
| 标准式面谈 | 与非正式面谈相对应的另一个极端，也叫记分面谈或组织面谈。就是事先安排一整套结构严谨的面谈问题，并配有记分标准，视申请人的不同回答来记分。这种方法规范、严谨、便于防止个别内部人员的营私舞弊。但标准式面谈的准备工作复杂、缺乏弹性，适应性不强 | 一般用于大规模、批量招聘 |
| 导向式面谈 | 是非正式面谈和标准式面谈的折衷方案。即只规定提问若干典型问题，面试官灵活掌握，引导应征者回答有关问题，根据需要，深浅适度，从而获知必要情况。这种方法又叫典型面谈或引导面谈 | 适用面宽，被广泛运用 |
| 流水式面谈 | 每一个应征者按次序分别与几个面试官就不同的问题进行面谈。面谈结束后，面试官聚集一起，汇合及比较各自的观察与判断。这种方法能对应征人所具有的各种特殊兴趣予以全面考验，几道关口一般不会有所遗漏 | 便于对人全面而精致的了解，适用于中层以上或非常重要的新人的招聘 |

（2）面谈的阶段管理

面谈的阶段按深浅程度可分为两个阶段，即初步面谈和深入面谈。如果申请人在初始阶段不合格，则不应进入深入阶段的面谈。

1) 初步面谈

初步面谈主要是谈一些最基本的、最一般的问题，如工作经历与经验、家庭背景、工作与居住地点变迁、以往的奖励、因何应聘及最近身体状况等。有表 6-2 情况之一者，可考虑予以淘汰。

表6-2 初步面谈人员表现汇总

| 表现 | 结论 |
| --- | --- |
| 在一年中，失业超过三次 | 可能适应能力较差 |
| 信用可疑 | 可能会向顾客借钱或挪用公款 |
| 有坏习惯记录 | 习惯是很难改变的 |
| 身体有缺陷 | 顾客会有不良反应和感觉 |
| 债务过重 | 收入耗去太多，压力太大 |
| 没有经验（部分岗位要求） | 难以迅速开展工作 |
| 离不开妻子或丈夫，家庭拖累重 | 会经常找借口不出差 |
| 一年中换过三个以上的工作单位 | 惯于跳槽者，不会安心工作 |
| 在过去几年中，经常变更地址 | 生活不稳定 |
| 最近几年有入院治疗的记录 | 可能身体不好，不能很好胜任工作 |
| 最近离婚、分居或丧偶 | 还处于创伤恢复期，会影响工作情绪，但要根据应聘人的性格决定，有的人会将更多的精力投入到工作中 |

2) 深入面谈

经过初步面谈确认应聘者基本满足要求后，就需要进一步了解其更详细的情况。要使深入面谈获得满意的结果，通常需要花费不少时间，因此在面谈之前应有良好的计划。你应该安排一段不受打扰的时间进行面谈，你可以不接听电话、挂上“请勿打扰”的牌子、紧闭房门。除了特殊重大事情外，任何事都不得打扰面谈的进行。如果你未做到这些，就极可能在应征者最后要开口告诉你真正想知道的事情时，被突如其来的干扰打断。这种干扰将完全打断有深度的谈话，所以绝不允许此事发生。

以下几项原则，将使面谈更有意义，也可获得满意的结果：

- 腾出一段较长的不易受打扰的时间；
- 确保面谈双方有一个舒适的环境；
- 让应聘者尽量发言，并以关键问题引导他；
- 不要询问履历表上已有答案的问题；
- 先闲聊一阵以平静应聘者的情绪；
- 在谈话进行时要随时记笔记——当你面谈好几个应聘者时，切勿依赖自己的记忆；
- 塑造友善舒适的气氛，避免以盖世太保的方式询问应聘者；
- 仔细倾听应聘者的每一句话；
- 设身处地地思考应聘者的意见、态度、口吻及感受；
- 常用“是的”、“嗯”等含有鼓励的字眼，让应聘者继续发言；
- 问到有关私人或较为困难的问题时不必担心，你可以一直探询到获得所需情报时为止；
- 当应聘者贡献出有用的情报时，勿吝惜恭维他；
- 请用委婉的方式通知未被录取的应聘者，且勿让应聘者在家空等；
- 如果你必须约见数位应聘者，就应让他们每一个人都知道何时可获得回音，到时也一定要与他们取得联系，让他们知道你的最后决定；
- 如果应聘者的答复模糊不清，你应该继续探询，直到获得满意的答案为止。

应聘者通常有某种心理负担，而且防卫心理很重。他们很想得到这份工作，否则就不会前来面试。他们通常的心理是：害怕不能给面试官一个好印象；害怕被拒绝；害怕面试官获得一些不利于自己的信息，以致决定不雇佣他们。因而，他们会采取防御性的措施，除非必要，他们不会透露任何对自己不利的信息。除非面试官提及，否则他们不会主动提供信息给面试官，因此，应运用各种面谈技巧获得足够的信息，作为将来甄选决策的基础。

作为面试官应了解应聘者的以下信息：

- 他对赞扬与批评的反映如何？
- 他是否愿意接受具有挑战性的任务？
- 他过去是否有辉煌的成就与十足的野心？
- 他是否愿意学习及成长？
- 他是否具有相关工作的经验？
- 他对上级的监督、从属关系及沟通是否表现出正确的态度？
- 他是否具有营销工作所需的各种能力？
- 在现在的薪水范围内，他是否能善做调配？
- 他是否能自我训练？
- 他稳定吗？

**表6-3 与应聘者沟通内容汇总**

| | 沟通内容 |
|---|---|
| 大学时代 | 你可以用一个较广泛的话题开始："你能不能告诉我一些你的大学生活情况？"然后，你可以再继续深入探询。<br>-你最喜欢的科目、教授、讲师是什么？为什么？<br>-你做了哪些工作？包括兼职性的工作？<br>-你为何选修某些特殊的科目？<br>-你计划如何运用学校的所学于工作中？<br>-如果你可以重新过一次大学生活，你会如何安排？<br>-你读大学的学费如何得来？<br>-你为何未继续深造？ |

（续表）

| | |
|---|---|
| 工作经验 | 在此阶段，你应该分别询问应聘者所从事过的每一份工作。你可以知道应聘者是一个稳定性高的工作者，还是一个经常换工作的人。应聘者过去的历史是否显示他具有高度的稳定性，有无任何成就、野心、进取心，以及与他人合作的情形如何。当询问每一份工作时，请以较宽泛的问题来开头：“请你告诉我，你在A洗涤用品公司的工作情形。”然后再尽可能地询问各种细节。<br>-你负责哪几项工作？<br>-你在那家公司有无获得晋升？<br>-请你描述一下你的上司？<br>-请你稍微描述一下你的工作伙伴？<br>-请你随便谈谈那家公司的一些情形？<br>-请问你当初为何选择进入那家公司？<br>-你为何离开那家公司？(或你为何想要离开？)<br>-请描述一下那里的工作环境？<br>-如果由你来掌管那家公司，你会如何改变？ |
| 职业发展 | -你为什么来本公司应聘？<br>-请问你对本公司了解多少？<br>-你未来的计划如何？<br>-未来五年内，你计划赚多少钱？<br>-请告诉我，你的嗜好有哪些？<br>-就你应聘的工作而言，你认为你需要接受哪一类的特殊训练？<br>-请你描述一下你的职业发展计划。<br>-如果你要改变职业，你会选择哪种职业？<br>-你最喜欢在哪一种环境下工作？为什么？<br>-你认为自己有哪些特性，使你适合担任此项工作？如果公司雇佣你，会从你身上得到哪些好处？<br>-相应地，你希望从公司得到些什么？ |

妥善地做好面谈的准备工作，即可避免遗漏所需的信息。你可以根据应聘者的经历，一项一项与他沟通。

此时，你应该对应聘者的喜好、态度、能力、沟通及社交技巧有了一定程度的了解。因此，你基本可以做一个暂时性的决定，是否雇佣这名应聘者。此外，还须向以前的雇主打听、查证应聘者提供的信息。

通过深入面谈，可以对应聘者有一个较深入和全面的了解。通常可以用一个评定表综合对其进行打分，以便参考（表 6-4）。

表6-4 应聘者的综合评分表

| 评定项目 | 评定标准 | 评定等级 | | | |
|---|---|---|---|---|---|
| | | 优 | 良 | 中 | 差 |
| 仪表 | 外表很好、体格正常、干净整洁、健康良好 | | | | |
| 口才 | 吐字清晰、用词恰当、表达透彻、逻辑性强 | | | | |
| 知识 | 大学学历、常识丰富 | | | | |
| 经验 | 专业工作经验及同类工作经验充足 | | | | |
| 智慧 | 思路敏捷、考虑细致、分析合理、理解力强 | | | | |
| 进取 | 上进心强、不过分计较地位权力 | | | | |
| 诚意 | 态度明朗、不易动摇、毫无做作 | | | | |
| 毅力 | 不屈不挠、不轻易变更工作 | | | | |
| 说服 | 能引人注意、激发兴趣、使人领悟、辩论能力强 | | | | |
| 友情 | 唤起他人同情、有爱心、对朋友真诚 | | | | |
| 成熟 | 目标明确、责任心强、认识现实、自律性强 | | | | |
| 抱负 | 谋求发展、发挥潜能、争取最大工作成绩 | | | | |
| 综合评估 | | | | | |
| 评语：<br>面试官： 职位： | | | | | |

事实上，很多公司将初次面谈和深入面谈都记录在一张表上，以便查阅，下面的“面谈记录表”可以作为参考（见表 6-5）。

**表6-5　应聘者面谈记录表**

<table>
<tr><td>应征职位</td><td colspan="7"></td></tr>
<tr><td>姓名</td><td></td><td>出生日期</td><td colspan="2">年　月　日</td><td>籍贯</td><td colspan="2">省　市　县</td></tr>
<tr><td>婚姻状况</td><td colspan="2">□未婚□已婚□已有子女</td><td>性别</td><td></td><td>爱好</td><td colspan="2"></td></tr>
<tr><td>高中</td><td colspan="2"></td><td colspan="2">交通工具</td><td colspan="3">□汽车□自行车□公交<br>□徒步□其他</td></tr>
<tr><td>大学</td><td colspan="7">大学　系　专业　（　）年度 毕（肄）业</td></tr>
<tr><td rowspan="4">工作<br>经历</td><td>服务单位</td><td>服务时间</td><td colspan="2">待遇</td><td colspan="3">离职原因</td></tr>
<tr><td></td><td></td><td colspan="2"></td><td colspan="3"></td></tr>
<tr><td></td><td></td><td colspan="2"></td><td colspan="3"></td></tr>
<tr><td></td><td></td><td colspan="2"></td><td colspan="3"></td></tr>
<tr><td rowspan="2">身体状况</td><td rowspan="2">身高　CM<br>体重　Kg</td><td rowspan="2">经济状况</td><td rowspan="2" colspan="2"></td><td>期望薪酬</td><td colspan="2">元</td></tr>
<tr><td>可到岗时间</td><td colspan="2">年　月　日</td></tr>
<tr><td>联系地址<br>电话</td><td colspan="7"></td></tr>
<tr><td rowspan="9">面谈<br>记录</td><td>评核项目</td><td>优</td><td>良</td><td>可接受</td><td>勉强</td><td>差</td><td rowspan="9">综合<br>评语：</td></tr>
<tr><td>仪态</td><td></td><td></td><td></td><td></td><td></td></tr>
<tr><td>反应</td><td></td><td></td><td></td><td></td><td></td></tr>
<tr><td>专业知识</td><td></td><td></td><td></td><td></td><td></td></tr>
<tr><td>个性</td><td></td><td></td><td></td><td></td><td></td></tr>
<tr><td>谈吐</td><td></td><td></td><td></td><td></td><td></td></tr>
<tr><td>外语</td><td></td><td></td><td></td><td></td><td></td></tr>
<tr><td></td><td></td><td></td><td></td><td></td><td></td></tr>
<tr><td></td><td></td><td></td><td></td><td></td><td></td></tr>
<tr><td colspan="7">□不予考虑　　□再复试　　□予以录取</td><td></td></tr>
<tr><td colspan="2">月　日 正式上班</td><td colspan="3">予以薪资　元</td><td colspan="3">面谈人签字：</td></tr>
</table>

## 二、人员的选定

### 1.信息查证

查证应聘表格及面谈中所获得的信息，最好的办法就是询问应聘者的前任雇主，特别是应聘者的顶头上司。在询问时，可提出下列问题：

- 他到底从事哪一方面的工作？
- 他与上司、同事及部属相处的情形如何？
- 他是否能完全掌握上级的指示？
- 他为何离职？
- 如果贵公司又有职务空缺，贵公司的政策亦许可，请问你是否愿意再雇佣他？如果不愿意，为什么？

你一定要留意他们如何回答这些问题，由此你可以察觉他们的感受与态度。除非应聘者确实同意，否则千万不要拜访应聘者还在上班的那家公司。这种行动不利于应聘者之前的工作，是不可原谅的。当以上程序完成后，你就可以选择自己所需要的人了。

### 2.综合评定

应聘人员评定表如表6-6所示。

表6-6 应聘人员评定内容

| 基本条件 | 人才规格设定 |
| --- | --- |
| 有礼貌、能使他人产生好感<br>行动活泼、机敏<br>诚实可靠<br>能服从公司的指示 | 第一印象 |

（续表）

| | |
|---|---|
| 受人喜爱的性格<br>个性乐观<br>具有自我发展和向上求进的心理 | 未来潜力 |
| 身体健康<br>能自我管理 | 背景资料 |

## 第二节 市场营销人员的培训

教育是国家之本，培训是企业之本。正如一个冠军的球队不但需要球星，更需要在一个好教练的带领下进行正确的训练，一个有战斗力的团队在初选组合之后，也更需要一个善于培训的管理者来不断调教指点，并引入外部的培训力量提升团队素质。营销经理是教练的最佳人选，不论你是否能亲自操刀，你都有责任建立起一个有针对性的、科学的培训体系。

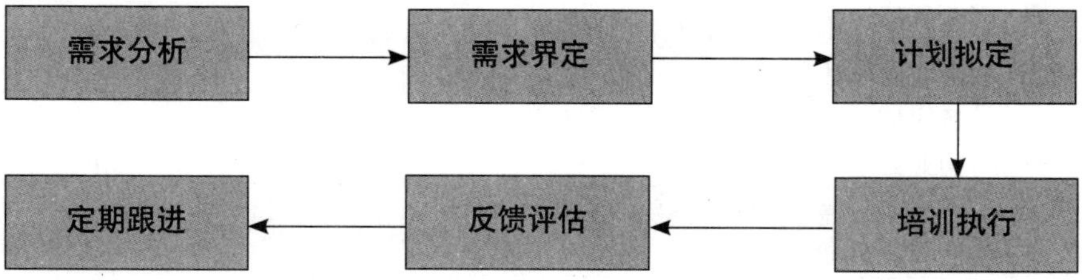


图6-2 培训流程图

### 一、培训的流程管理

#### 1.需求分析和界定

培训需求分析和界定能够帮助企业更有效和有针对性地推行企业内

部培训，步骤如下：

第一步：通过不同的调查方式（调查表、调研、小组讨论和面谈）搜集部门内部对培训的需求。

培训需求分析方式有：上层管理人员面谈、员工问卷调查、目标培训对象抽样调研。其中，问卷调查是最常用、最简便的方式。员工培训需求问卷调查表见表 6-7。

**表6-7 员工培训需求问卷调查表**

| 内容 | | 得分 | | | | |
|---|---|---|---|---|---|---|
| | | 5（很赞成） | 4（赞成） | 3（中立） | 2（不赞成） | 1（很不赞成） |
| 策略和方针的理解 | 我了解公司和部门现阶段的业务发展策略 | | | | | |
| | 我了解公司和部门未来1~3年的业务发展策略 | | | | | |
| | 我了解公司和部门现阶段的组织架构 | | | | | |
| | 我了解公司和部门在未来1~3年的组织发展计划 | | | | | |
| | 我比较关心行业的发展趋向和对公司业务发展的影响 | | | | | |
| 技能和业务知识水平 | 我已经掌握了工作所需要的基本技能和业务知识 | | | | | |
| | 我希望学习最新的业务技能和知识 | | | | | |
| 工作态度 | 我能够迅速地解决工作中出现的问题 | | | | | |
| | 我能够和上级经理、部门同事和其他部门充分沟通、有效协作 | | | | | |
| | 我知道我的工作对公司的生意发展的作用 | | | | | |
| | 我希望和部门的上层领导能有经常的沟通 | | | | | |

完成下列问卷，对每个句子，圈出最能描述你的感受的答案。

第二步：分析数据和信息（衡量技能和业务知识的现状和理想状态之间的差距）。技能差距衡量表见表 6-8。

表6-8 技能差距衡量表

| | 现状 | 目标 | 差距 |
|---|---|---|---|
| 技术技能 | | | |
| 业务策略和公司背景 | | | |
| 工作态度 | | | |

第三步：预测业务的发展趋势，设定培训方向。

培训是一项培养组织能力的投资，不能进行盲目投资。在选择培训方向时，要为行业和组织的发展留有空间，尽量做到未雨绸缪。

第四步：根据培训费用、培训时间、部门日常业务流程，选择适当的培训形式。

就培训本身而言，它确实占用了企业人员的时间，在一定程度上影响了企业运作，同时费用不菲。因此，对培训方式的选取需要结合培训时间，部门日常业务运作和培训等综合仔细考虑，选择最佳的培训方式。

第五步：初步评估培训的投入和产出率，确定培训的效果。

初步评估培训的投入和产出率，能够帮助培训策划者更好地衡量培训的效果，也可以凭借这些投入产出的比率，扭转某些企业内部人员对培训投入的错误看法。

## 2.培训计划的拟定

培训计划的拟定主要根据对企业内部人员的培训需要、分析结果做出书面计划。表 6-9 是一个典型的培训计划表格。

表6-9 培训计划表

| 计划日期： | 计划人： |
|---|---|
| 培训主题 | |
| 培训对象 | |
| 培训目标 | |
| 培训内容纲要 | |
| 培训所需的时间 | |
| 培训费用预算 | |
| 培训人员或培训公司 | |
| 培训资料 | |
| 培训跟进 | |
| 其他 | |

### 3.培训计划的执行

在培训计划的执行中，首先要考虑培训内容的基本设计，特别在短期培训中，这是最重要的组成部分。我们可以参考表6-10中培训计划的流程来设计短期培训内容。

表6-10 短期培训的内容

| 培训需求分析 | |
|---|---|
| 基本能力分析 | |
| 培训对象的作用 | |
| 工作职责范围 | |
| 素质要求 | |
| 对培训方式的接受程度 | |

（续表）

| 培训计划 | |
|---|---|
| 培训方式 | |
| 培训内容 | |
| **培训执行** | |
| 负责人 | |
| 培训原则 | |
| 培训评估和跟进 | |
| 课程评估表格 | |
| 培训效果评估 | |
| 定期跟进 | |

下面，我们以零售店内导购代表的技能培训计划为例，设计短期培训的内容。

**表6-11　零售店导购代表的短期培训内容**

| 培训需求分析 | |
|---|---|
| 基本能力分析 | ● 不了解产品和企业；<br>● 没有实际的店内导购经验；<br>● 不熟悉零售企业的内部管理和运作规程； |
| 培训对象的作用 | ● 刺激顾客在店内的消费，提高终端的销量；<br>● 帮助树立品牌形象； |
| 工作职责范围 | ● 终端争夺中的消费者教育工作；<br>● 和商店基层人员的关系维护和发展；<br>● 竞争对手的活动反馈；<br>● 店内形象的维持；<br>● 店内形象的报告；<br>● 其他店内导购应负责的或商店安排的合理工作； |

（续表）

| | |
|---|---|
| 素质要求 | ● 沟通能力；<br>● 刻苦工作的品质；<br>● 诚实正直； |
| 对培训方式的接受程度 | 高中毕业程度，理解力和知识面有一定局限 |
| **培训计划** | |
| 培训方式 | 演示和授课为主 |
| 培训内容 | ● 产品知识：品牌的基本知识、产品特征、促销工作使用、售后服务范围；<br>● 组织架构：主要是指厂家和零售商运作的衔接部门具体操作；<br>● 规章制度：厂家的产品管理制度、零售商的店内管理制度；<br>● 专业技巧：导购技巧、售点陈列维护、沟通技巧；<br>● 素质培训：敬业精神、服务意识、创新精神； |
| **培训执行** | |
| 负责人 | 零售卖场及导购代表管理专员 |
| 培训原则 | ● 生动形象的讲演方式；<br>● 配合丰富的实例；<br>● 简单的检查监督方式； |
| 培训评估和跟进 | |
| 课程评估表格 | |
| 培训效果评估 | |
| 定期跟进 | |

在具体执行中，可以有授课、情境模拟等不同的方式和形式。在此，我们针对课堂授课的形式说明培训计划执行中需要遵循的原则，详见表6-12。

表6-12 课堂授课式培训执行的原则

| 培训执行原则 | 实施 |
| --- | --- |
| 预习培训的内容 | 事先给受训者介绍培训内容的提纲，总的提纲应包括一定目标 |
| 将培训内容分解为便于讲授的小的组成部分 | 讲述的内容划分成容易理解的小的组成部分 |
| 结合新旧观点 | 将新的观点与受训者已接受的旧观点联系起来；这种论点之间相互联系的逻辑关联能够帮助受训者加深记忆；穿插一些与培训内容有关系、简单、有趣的小故事 |
| 保持良好的第一印象 | 第一印象是保留得最长久的，在培训之前要做好培训计划以保证第一印象是一个正确的印象。每次介绍一个新的培训课程时，都应该坚持这一原则 |
| 加强培训效果 | 通过抑扬顿挫的语调来形成深刻的印象，同时在论述关键问题时加入生动有趣的例子，会给受训者留下鲜明而长期的印象 |
| 经常重复 | 用经常重复的方式来讲清楚要说的话，给良好的第一印象一种累积效应，久而久之，可以帮助他们培养许多正确的工作习惯 |
| 肯定培训结果 | 要使受训者乐于接受建设性的批评，就要先指出他们好的一面，然后再分析处理不好的部分，并解释怎样进行改进。在你批评的时候，不要批评那个人，而只是批评处理这个问题的方法 |
| 将部分重整为整体 | 讲授完所有培训内容后应该总结，把每部分培训内容重新组合成整体来阐述，能够加强受训者对培训内容的整体认识 |

#### 4.评估反馈

对培训计划和执行进行客观的评估，能够帮助培训策划者和执行者调整培训计划和策略，提高培训的针对性以及正确选择培训方式和培训者，从而提高培训的投入产出率。

进行评估时，应该要求参加培训者给予书面反馈。

需要注意的是，组织接受培训的人员进行小组讨论或者与受训者单个面谈也可以成为培训计划的反馈途径，但我们希望尽量采用书面的方式。其好处是：

- 减少第三方总结造成的信息缺失；
- 提高培训周期的效率；
- 加强受训者对培训内容的印象。

表 6-13 为培训期望表，要求受训者和其上级经理在培训前和培训后详细填写，并提交给负责培训的有关人员。

**表6-13 培训期望表**

| | |
|---|---|
| 员工名称:<br>培训课程:<br>培训日期: | |
| 完成培训课程后，我希望能：（请写出对业务技能和知识的期望） | |
| 受训者 | 上级经理 |
| | |
| 完成培训课程后，我希望能将所学的技能和知识应用在实际工作当中。 | |
| 希望掌握的技巧 | 实际应用实例 |
| | |
| □我希望参加培训课程<br>□我不希望参加培训课程 | □我希望参加培训课程<br>□我不希望参加培训课程 |
| 受训者签字 | 上级经理签字 |

### 5.定期跟进

培训的跟进是由培训导师和受训人共同完成。跟进的目的是为了巩固培训的效果、发现问题并及时解决。同时填写相应的培训跟进报告，以便总结和分析。接下来，以表6-14为例，说明如何对培训进行跟进（培训主题为处理反对意见的技巧）。

表6-14 培训跟进报告

| | |
|---|---|
| 发给： | 培训日期： |
| 发自： | 报告日期： |
| 培训者： | 受训者： |
| 培训主题：<br>处理反对意见技巧 | |
| 实地培训的目标：<br>运用处理反对意见步骤，确定买主的反对意见；<br>运用掌握的技巧确定新产品无法卖进商店的真实反对意见；<br>运用处理反对意见技巧成功处理两家以上商店反对意见，卖进该产品。 | |
| 结果对比目标：<br>成功确定了四家商店的真实反对意见；<br>成功处理了三家商店反对意见，达成销售。 | |
| 主要学习体会：<br>良好的沟通技巧可以帮助收集更多信息，从而帮助了解和确定买主的反对意见；<br>深入的客户渗透可以在很大程度上帮助我们处理反对意见；<br>遵循处理反对意见的四步骤，不要见一个反对意见处理一个；<br>处理反对意见最关键是确定和理解买主的真实反对意见；<br>有一些反对意见是不能很好地处理的。 | |
| 下一步：<br>运用处理反对意见去解决现实生意上的问题；<br>下次将于X月X日与你做一天实地接触，重温深入的客户渗透与说服性处理反对意见联系。 | |

## 二、部门团队不同成长阶段的培训安排

### 1.开始阶段

时间：部门团队成立之初，部门有新成员加入

培训人：部门甚至企业的高层领导以及专门技能培训专家

培训内容：见表 6-15。

**表6-15　开始阶段的培训安排**

| 培训类型 | 培训内容 | 培训人 | 培训方式 |
| --- | --- | --- | --- |
| 工作职责和工作计划 | 包括个人的工作职责、工作流程和半年内的工作计划 | 上级经理 | 一对一面谈 |
| 企业和部门背景 | 企业和部门的生意目标、成立背景、企业文化等，基本部门运作 | 部门领导 | 授课 |
| 市场发展动态 | 行业的特点，主要竞争对手介绍 | 业务主管 | 授课+讨论 |
| 技术知识培训 | 营销相关专业理论 | 专业讲师 | 授课+自学 |
| 专业技能培训 | 不同岗位需求的专业技能 | 内部成功的人员或专业讲师 | 授课+案例分析+角色扮演 |
| 基本素质培训 | 营销人员所要求具备的基本素质，如沟通技巧、主动性和创新精神 | 内部成功的人员或专业讲师 | 授课+案例分析+角色扮演 |

## 2.成长阶段

培训时间：团队成立三个月到半年之内

培训内容：见表6-16。

表6-16 成长阶段的培训安排

| 培训类型 | 培训内容 | 培训人 | 培训方式 |
| --- | --- | --- | --- |
| 工作计划和总结培训 | 三个月或半年的工作总结，包括工作成绩评估和工作能力分析，下半年度工作计划和重点 | 上级经理 | 一对一面谈 |
| 企业和部门信息培训 | 企业上一阶段生意总结，最新营销计划和策略 | 部门领导 | 授课 |
| 市场动态 | 行业的最新动态，主要竞争对手的营销动态 | 业务主管 | 讨论 |
| 技术知识培训 | 相关的专业知识，如最新的营销理论和国际国内动态 | 专业讲师 | 授课 |
| 专业技能培训 | 专业技能和持续提高，通过部门内部调查和领导层的反馈选取两到三个技能薄弱环节进行培训 | 内部成功的人员或专业讲师 | 授课+案例分析+角色扮演 |
| 基本素质培训 | 为解决团队合作中出现的问题需要的相关素质培训，如团队合作、组织沟通、项目管理 | 专业讲师 | 授课+案例分析+角色扮演 |

## 3.稳定阶段

培训时间：团队成立的半年到一年左右

培训内容：见表6-17。

表6-17　成长阶段的培训安排

| 培训类型 | 培训内容 | 培训人 | 培训方式 |
| --- | --- | --- | --- |
| 工作职责和工作计划 | 年度工作总结，包括工作成绩评估和工作能力分析，下半年度的工作计划和重点 | 上级经理 | 一对一面谈 |
| 企业和部门背景 | 团队业务策略与企业总体策略和生意表现的关系，最新的企业动向 | 部门领导 | 授课 |
| 市场发展动态 | 行业趋势和竞争对手发展方向 | 业务主管 | 讨论 |
| 技术知识培训 | 行业内先进的专业知识 | 专业讲师 | 授课 |
| 专业技能培训 | 工作简化与方法改善和培训能力培训，挖掘团队的潜能 | 专业讲师 | 授课+案例分析+角色扮演 |
| 基本素质培训 | 领导和创新精神 | 专业讲师 | 授课+案例分析+角色扮演 |

## 海尔员工的在职培训细则

在海尔集团，员工在职训练是主管人员日常管理工作的重要组成部分，所以在实际的运作中，即采取日常管理与培训管理组织并行的方法。具体说来，可分为计划、实施、结果、检讨四部分。

### 1.在职培训的主要内容

（1）关于在职培训计划

①首先要员工提出这一期的“自我学习计划”和“重点发展计划”。

②由主管检查每个员工的训练要点。

③以单个员工访谈的形式，共同确认员工的在职训练计划。

（2）在职培训的实施

①依据员工的个人培训发展计划和部门工作计划安排工作。

②在日常工作中，对工作和培训进行自我控制。

③随时激励员工进步，并做指导。

（3）在职培训的检查评估

①员工结合自身情况进行自我在职培训反省。

②根据计划和培训标准，对每个员工取得的成绩及其进步进行检查和评估。

③员工个别谈话，了解员工在知识、技能和态度方面尚存的差距，为下一周期在职培训提供参照。

**2.在职培训计划的拟定**

（1）拟定计划时特别注意事项

①激发员工积极工作的热情，并在工作中反省自身的局限。

②要解决工作中的问题，该学习些什么？要发展，应该学什么？启发什么？换句话说，要员工确实了解自己用功的重点。

③帮助员工创造能发挥全部能力、完成工作的机会和环境。

（2）确定在职培训的重点

实施在职训练，作为主管人员必须首先把握好“要指导些什么”。为此必须做好下列几件事情：

①掌握员工担任的工作，并将其逐条逐件列出来。

②完成工作所需要的标准知识和技能的内容与程度，并逐一写出来。这是主管人员指导员工培训的基准。

③结合前面的基准，将员工现在的工作情形、工作成果、完成的

程度，一一加以核对和检讨。同时假定要他从事高一层的工作时，他欠缺的是什么，问题在哪里，也就是找出需要进行培训和指导的地方。

④上述需要培训的项目中，有些可以通过在职训练加以指导，有些则必须参加脱产培训才能获得较大的效果。因此要对通过在职培训满足的需要和通过脱产培训满足的需要分别加以注明。

⑤根据“需要培训”的问题。在个别谈话时，要首先争取员工的合作与理解。将服务单位的业务目标向员工说清楚，明确指出该员工所应该承担的具体工作及需要达到的程度。在此基础上，与员工逐项对照检讨是否已经达到要求，或者是否可以做得更好。同时鼓励员工准备一些有助于改善工作的提案，或工作上的疑问，在个别谈话时提出来。

⑥至此，准备阶段的员工谈话已告完成。接下来是个别深入交谈，目的是明确员工所选定的工作目标、自我训练计划和在职训练计划。

⑦确定在职训练计划时特别要注意的是，拟定的计划一定要适合员工的能力水准。这个能力水准不能仅以员工受教育的程度为依据，同时要重点考虑员工进入企业时间长短的差异，一般来说，大约可以分为三个阶段：

第一阶段：进入公司2～3年，无法独立完成工作的阶段。这时需要对每个员工加强了解，发现其专长和弱点，根据其专长安排合适的工作。同时拟定在职培养计划时，要争取做到从主管或同事辅助员工工作，直到员工自己独立工作的转变。

第二阶段：进入公司5～6年，能独挡一面进行工作的阶段。处于这一阶段的员工肩负着企业的主要工作任务，因此对其在职培养的计划拟定，一定要重点考虑其如何改进工作、提升工作成效。但在工作量与在职培养计划两者之间，需要做出很好的协调。

第三阶段：工作老手或候补中层管理者的阶段。处于这一阶段的员工，仅局限于胜任工作方面的在职培训已经无法满足其需要，因此要着重安排其为胜任更高一级工作所欠缺的知识和技能方面的培养内容，并为其提供适当的实践机会，更换工作内容，了解更多的管理者需要掌握的其他工作情况，以充实其工作经验，便于今后的管理所需。

### 3.在职培训的实施方法

（1）实施在职培训应注意的事项

①主管人员应该意识到“日常管理就是训练”，与员工接触时不要忘记“站在教育和指导的立场接触”，有时要进行必要的示范。

②对员工要充分信任，并且将失误视为培训过程中难免出现的问题。

③在职训练就是日常管理，不是搞运动，而是日积月累的行为。

④作为主管必须明白，员工在日常工作的具体实践中，运用知识与技能达到目标的过程，也就是其成长的过程，员工自己也应明白这一点。同时主管人员要视学员的进步程度及时给予赞赏，激励员工继续努力。

（2）直接指导的原则性做法

①以身作则。“身教胜于言教”是自古名训。主管人员在日常工作上所表现的行动、态度及方法，有着强烈的教育力和影响力。不论是有意还是无意，主管人员的一举一动都会成为员工学习的榜样，所以主管人员必须先具备可以做为员工榜样的标准工作方法。主管人员对员工的成长，要做定期的观察与指导，因此需要利用自问自答的方式来加以检讨：

- 这个人的工作表现进步了吗？

- 有没有自我改善行动？
- 对改善工作的方法和机会敏感吗？
- 与同事的相处情形还好吗？

②掌握深具效果的培养方法。

步骤一：让他们做学习的准备；

步骤二：说明工作，让他们了解；

步骤三：让他们做；

步骤四：评点结果。

这是一种常用的教学方法，应用在实际在职培训中效果同样很好，但需要注意与员工的实际情况相结合。

③对员工在工作上所犯的小过错不要横加责难。每个人都会有过失，“老虎也有打盹的时候”。特别是刚刚进入企业的员工，对企业的一些工作程序和规章制度以及具体的工作还不够熟悉，而员工本人也希望能够做好，一旦出现小的失误，只要能够引起足够重视就可以。如果主管人员着意批评，就会挫伤员工的积极性，更不利于员工的培养。

④创造宽松的空间。过分严格会导致员工失去自由发挥的空间，也会扼杀员工的创造能力。因此，主管人员要特别注意不必要求员工完全按照自己的一套工作，从而给员工更大的发挥空间。对于主管本人来说也是学习的好机会。

⑤经常进行过程跟进。有很多管理者给员工高度的自由，只到最后才过问工作的结果。这对于较成熟的员工来说不失为一种好方法。但对于一般员工来说，还是要经常进行过程跟进从而确保最终效果。“授权好，但跟进更好”。在在职培训过程中，主管人员要经常与员工确认目标达成情况和成长的进度，对于员工进行必要的提示，同时对于发现

的新问题及时采取纠正措施，对于发现的进步给予必要的表扬，从而令员工认识到自己取得的阶段性成果，建立起更加努力学习和工作的信心。

4.在职训练的评估方法

到了阶段性在职培训计划结束时，主管人员当然要检讨这一期在职训练的结果。检讨方法如下：

（1）在职培训评估注意事项

①要让员工进行自我评价，帮助员工进行自我重新认识，通过发现和肯定自己的进步，使员工增加信心，从而能够迎接更加艰巨的工作挑战，并增进继续在工作中展开在职培训的勇气。

②在职培训的评估要以计划中制订的培训基准为标准，并以实际工作成效为依据。

③要注意经常在培训计划过程中展开评估，而不要到培训计划结束后才进行一次性评估。

④对培训评估的结果要充分重视。从中发现员工在职培训中存在的问题，并为下一步的在职培训提供依据。

（2）在职培训评估的方法

①让受训人员根据计划，自我检讨受训期间取得的业务成果。员工对计划期间的成果做大胆而真实的自我评价，依据计划的在职培训基准，核对自己哪些已经实现，哪些没有实现。每一项都要做到具体量化或标准化，并具体分析没有实现的原因。总结出计划期间自我培养的经验和不足，在此基础上填写有关的在职培训鉴定表格，上交给辅导自己在职培训的主管人员。

②主管人员与受训人员进行面谈，共同分析受训期间员工的长进

和仍然存在的问题。主管人员准备好评价在职培训员工的资料，与员工进行个别谈话，谈话期间要让员工充分陈述培训期间的体会、收获和不足，并据此为员工填写培训评语，征询员工本人的意见，同时提出下一步整改的意见供员工参考。

③填写在职培训评价报告，留作员工个人发展的参考资料。同时根据受训人员仍然存在的不足开展下一轮在职培训，或安排其他的培训项目。

## 第三节 市场营销人员的团队合作

在近 20 多年来，团队合作成为各大企业组织架构的主要组合方式，它不同于传统意义上的部门结构或其他形式的稳定的工作群体，它有助于组织更好地利用员工的才能，对市场的多变环境反应更灵活和迅速，同时能够促进员工参与决策过程，增强组织的民主气氛，提高员工的积极性。团队和工作群体不是一回事。工作群体中的成员不一定要参与到需要共同努力的集体工作中，群体工作的绩效仅仅是每个群体成员个人贡献的总和。而团队通过其成员的共同努力能够产生积极协同作用，其团队成员努力的结果使团队的绩效远大于个人绩效的总和。

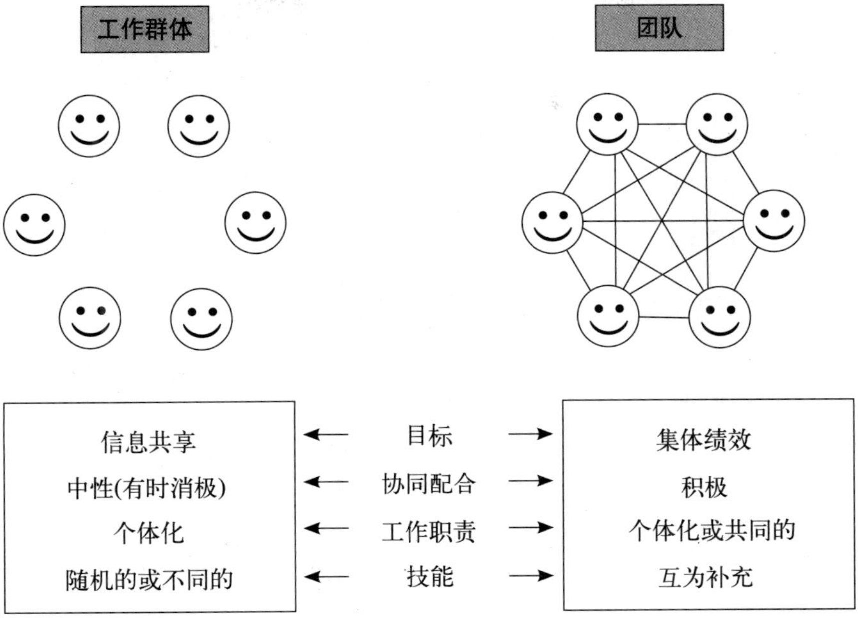


图6-3 工作群体和团队的对比图

对于市场营销部门来说更需要团队合作。因为，营销部门内的每个职能工作的顺利进行都需要其他职能部门提供支持。如果每个职能部门的员工各自为政，无论他们有多么强的工作能力，也无法对部门整体工作的提高带来多大帮助，也许反而会影响整体部门的业绩。例如，在奥运会的篮球比赛中，美国队通常是将NBA中的顶尖球员组合成他们的“梦之队”。也许很多人会想：既然NBA里的顶尖球员是世界上最优秀的，那么由他们组成的球队肯定是奥运会的冠军。但事实并非如此，原因就是“梦之队”中的球员来自于各个不同的球队，虽然他们个人能力是超强的，但他们缺乏团队合作。

下面，我们将从成功的团队合作模式（图6-4所示）来进行说明。

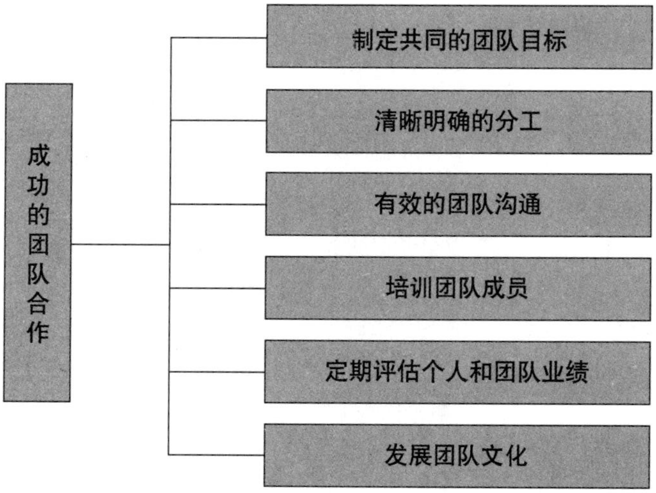


图6-4 团队合作模式图

## 一、制定共同的团队目标

一个大家共同追求的、有远见的目标是团队成功的基石。它能够为团队成员指引方向，提供推动力，使团队成员愿意为它贡献力量。根据对著名企业的成功团队的调查，有效的团队目标一般具有以下四个特点见表 6-18。

表6-18 团队目标的特点

| 特点 | 说明 |
| --- | --- |
| 可衡量 | 目标必须是明确的，同时要有一组明确的数据，以作为检查目标是否达成的依据。如果制订的目标无法衡量，那么就无从验证针对目标所做努力的效果 |

（续表）

| | |
|---|---|
| 切实可行 | 目标必须基于实际情况，如团队整体素质，企业发展现状等。但切实可行不等同于保守。目标必须比实际预期具有更大难度或挑战性，激发团队成员的潜力，实现最大的团队价值 |
| 有时间限制 | 目标必须有一个明确的完成时间，让团队成员知道他们何时完成目标，再根据时间期限对资源进行规划，逐步完成预期任务。没有时间限制的目标，只能算是一个期望，因为在没有时间要求的情况下，人们总是忙于手头上紧急的事情，无法发挥团队整体协作的优势 |
| 团队一致认同 | 团队的目标是整个团队行动的方针和指引，如果没有获得全体的认可，就不可能保证根据目标制订的行动方针得到实现。当然，获得团队的一致认同不是一个简单的过程，必须要依靠团队的领导不断通过说服技巧和影响力，争取团队成员的支持 |

## 二、清晰明确的分工

工作职责的划定让团队成员清楚地知道目标、工作职责范围以及每个成员在组织架构中所处的位置，能够有效地帮助他们理解个人的工作对团队的价值，增强对组织的归属感。同时，能够有效避免团队合作中互相推卸责任、沟通不畅的问题，提高工作效率。工作职责表是团队成员日常工作的指引，明确地列出了团队成员的工作职责和目标，并有效地和整个团队的目标结合，能够保证个人的目标和团队目标的一致性。同时，工作职责表也是绩效评估和个人技能发展规划的依据。因此，工作职责表的制订必须遵照以下的原则：

- 具体、明确；
- 符合统一的团队目标；
- 清晰的组织沟通渠道。

表6-19 ××公司特殊渠道营销部××省分公司销售分析主管工作职责示例表时间

| 基本信息 | |
|---|---|
| 工作岗位 | 销售分析主管 |
| 所在部门/科室 | 特殊渠道营销部/销售科 |
| 工作地点 | ××省分公司 |
| 工作职责规定 | |
| **部门生意目标描述** | |
| 基本工作职责描述 | ● 负责分公司特殊渠道系统销售动态的数据跟踪，及时提供各类销售动态报表；<br>● 负责分公司特殊渠道系统整体月度、季度、年度销售情况（含各项综合指标）的统计和分析；<br>● 根据分公司客户服务部的中长期客户服务战略和年度客户服务计划，规划和制定特殊渠道服务策略；<br>● 与分公司客户服务部和各区域市场服务中心协调，监督执行； |
| 主要资格和专业技能 | ● 管理、统计相关专业本科以上学历；<br>● 两年以上相关工作经验；<br>● 具备一定营销理论知识，有较强的统计分析能力；<br>● 熟练操作办公软件；<br>● 熟练的管理和协调能力；<br>● 熟悉企业组织架构和生意运作体系； |
| 组织中的位置 | 上级经理：××省分公司经理、总部特殊渠道营销部部长<br>合作部门和科室：客户服务部、财务部、各区域销售分公司 |

除了制定工作职责表之外，还需要对团队工作的进展情况进行跟踪。团队工作跟踪表如表6-20所示。

表6-20 团队工作跟踪表

| | | |
|---|---|---|
| 团队名称 | | |
| 团队目的 | | |
| 团队目标 | | |
| 团队领导 | | |
| 角色 | 任务 | 责任 |
| A | | |
| B | | |
| C | | |
| 工作进度 | | |
| 团队的评价 | | |
| 应该改进的方面 | | |

## 三、有效的团队沟通

沟通是一个比较复杂的人际交流过程，我们在这里重点谈的是如何在团队成员之间，团队与其他部门或团队之间，团队和企业外部之间进行有效沟通。实际上，我们每天不断使用的人际沟通技巧和原则同样适用于团队沟通。在实现团队目标的过程中，团队成员之间，团队与其他部门或团队之间，团队和企业外部之间，不可避免需要大量的沟通。有效的沟通能够更好地贯彻团队和企业的目标和原则，增进团队成员间的相互理解，培养良好的部门协作气氛，最终更有效地实现团队的共同目标。

### 1.沟通的类型

团队沟通的类型主要分横向沟通和纵向沟通。

**表6-21 团队沟通的类型**

| | 横向沟通 | 纵向沟通 |
|---|---|---|
| 定义 | 不同团队或部门，没有隶属关系的企业成员之间的交叉沟通 | 组织中沿着组织结构直线等级进行的沟通，包括上行沟通和下行沟通 |
| 对象 | 同级的企业成员 | 团队成员中上下级 |
| 优点 | 没有直接的隶属关系可以让成员之间更加容易自由地交流 | 相互的了解和工作的关联性能够大大提高沟通的效率 |
| 障碍 | 本位主义、个人的短视行为、性格冲突 | 单向沟通：如不善聆听、草率评判 |
| 沟通方式 | 跨团队或部门沟通多采用会议、备忘录、报告等；团队成员之间多采用面谈和备忘录的方式 | 采取各种形式的频繁沟通 |

**2.有效沟通的原则**

（1）公开性原则

团队沟通的公开性原则是指在团队沟通过程中，团队沟通的方式、方法和渠道及其沟通的内容必须公开。即应当对参与沟通的个人和团队、部门都全面公开，而不能只对某些沟通成员公开，对另一些沟通人员不公开。只有所有的团队沟通成员都十分清楚地知道自己应该参与沟通的详细过程和要求，沟通成员间才能遵循规则，产生正确完整的沟通行为。这是对企业中绝大多数的无需保密的团队沟通行为而言。对于企业需要严格保密的团队沟通其实也是如此，即对保密性团队内部成员来说，团队沟通的方式、方法、渠道、内容仍然是公开的。在该保密性沟通系统内，人人都应该清楚：一是该团队沟通系统只对系统内成员是开放的；二是在该系统内自己和别人应怎样做出、做出什么样的信息传送与反馈；三是在该保密团队沟通系统中，自己只有权利掌握自己有权获取和掌握的信息；四是按照企业的要求，该保密沟通系统内的信息对系统外成员严格保密。公开性不是指团队的所有信息都应该对外公开，而是指团队沟通的规则、方式、方法、渠道、内容要求必须公开。没有公开的团队沟通规则，正确的沟通行为过程就会失去方向和指引。团队沟通的公开性受损，将导致整体或局部的团队沟通系统产生沟通遮蔽或沟通盲点，致使某些应该参与沟通的成员或群体无法知道并确认自己应该参与及怎样参与沟通，团队沟通也就无法正确实施。

（2）简洁性原则

团队沟通的简洁性原则包括好几层意思。一层意思是指沟通的具体方式、方法设计应当尽量简单明了，以便于所有沟通成员掌握和运用。只要利用简单沟通方式、方法能够沟通良好，并有效达到沟通目标的沟通过程，就不应当采用复杂、繁琐、迂回的沟通方式、方法进行沟通。一两句话就能达到沟通效果的，更应该采取口头通知的方式，而不应该闲聊一两小时来沟通。如果不注意具体的沟通方式、方法的简洁性，将降低团队沟通的效率。另一层意思是指团队沟通应当采用最短沟通渠道或路径进行沟通。如果能面谈就无需叫人转告。渠道简洁性的目的在于提高信息传递速度，通过减少渠道环节降低信息损耗或变形的可能性。团队沟通的简洁性还包括沟通内容的编码简洁性及解码简洁性，防止将简单的信息人为地复杂化，致使沟通双方无法准确互相理解。总之，团队沟通的简洁性要求体现在团队沟通的各个方面，即团队沟通总体模式的简洁性。

（3）明确性原则

团队沟通的明确性是指团队沟通在公开的基础上，必须将沟通的各项事宜，如渠道的结构、沟通的时间要求、地点要求、内容要求、频率要求等，进行明确、清晰的告示，要尽量避免含糊不清。其目的在于使全体成员准确理解团队所期望的沟通要求，明白他们在沟通中所担当的角色，即他们所应当履行的沟通职责和义务，从而最大限度地排除沟通成员对沟通要求的模糊和误解，保证团队沟通能够顺畅高效地进行，顺利达到团队沟通的预期目标。明确性原则要求团队成员修炼和提高准确分辨、总结、表达、传递管理信息的能力。信息的沟通尽量做到言简意赅，深入浅出，便于信息接受者准确把握自己所传递信息的真实内在意义。

（4）适度性原则

团队沟通的适度性原则，是指团队沟通的渠道设置及沟通频率不能太多，也不能太少；应当根据团队具体业务与管理的需要，适度适当，以能达到目的为基准。渠道太多会造成沟通成本太高，企业资源浪费；太少又会使得必要的团队沟通缺乏渠道和机会，信息交流受到人为限制，工作质量和效率受到影响，严重时影响工作的成败。

（5）针对性原则

团队沟通的针对性原则，是指所有团队沟通的活动与过程设计，都是为了解决某些具体问题，支持、维护业务的正常高效运行而设置的，每一项团队沟通活动都有其明确合理的针对性。虽然不同企业的管理风格与团队沟通具有一定的共性，但每个企业的内外部条件与管理传统等等因素却是个别的独特的，因此，每个具体的团队沟通活动均应该有自己的个性化特征。这就要求我们在设置团队沟通模式时，必须充分考虑到具体企业的实际情况；所设置和采用的团队沟通模式，必须切合企业的实际管理需要，企业团队沟通模式的设置必须有针对性。

以上是就整体沟通模式而言。具体到团队沟通模式里面的具体沟通渠道、方式、内容等设计，也必须具有明确的针对性。即必须考虑到设计这一沟通渠道、沟通内容的目的是什么，是为了完成哪项工作，达到什么目的。凡是无助于完成任务的沟通设计，无论其表面看起来多么好，多么有吸引力，都应该毫不犹豫地抛弃;而对于那些明显有益于团队工作，少了就会产生不利影响的沟通设计，则应该将其加入和融入总体团队沟通模式之中。

（6）同步性原则

团队沟通的同步性原则，是指在团队沟通过程中，必须遵循这样的原则：沟通的双方或多方应当全部进入沟通系统和沟通角色，沟通必须是双向的交流过程，而不应当是单向或其中一方信息处于封闭或半封闭状态。也就是说，成功的团队沟通必须是在沟通主体之间互动的，双方处于平等交流地位的沟通，而不是一方强迫另一方接受自己的信息，或人为地拒绝接受对方的信息，即双方均应当对沟通同时具有适当、及时、同步的反应：互相理解，充分把握住对方所传达信息的意义。当团队沟通的双方或多方处于相距遥远的两个或多个地点，所进行沟通的信息发送与接受存在时间差异的时候，同步性就有可能会因为缺乏现场交流而受到严重威胁。要说明的是团队沟通的同步性并不纯粹或主要指沟通在时间上的同步性，而是指团队沟通的双方或多方应该适时进入角色，相互进行信息传送与反馈，强调的是其行为过程的互动性和沟通角色的同步性。当然，时间上的同步性无疑也是十分重要的，如果能不断提高团队沟通在时间上的同步性，则有利于达到团队沟通目的。

（7）完整性原则

同步性原则强调的是团队沟通的互动性。而团队沟通的完整性原则强调的是团队沟通过程的完整无缺。企业在设置团队沟通模式时，必须注意使每一个团队沟通行为过程各要素齐全，环节齐全，尤其是不能缺少必要的反馈过程。只有团队沟通的过程完整无缺，信息的流动才能畅通无阻，团队沟通的职能才能够充分实现。团队沟通过程本身不完整，团队沟通必然受阻。

在实践中，团队沟通多多少少会出现一些过程不完整情形：一是没有信息发送者，或信息发送者不明，信息没人发送，自然没有人能接受；二是没有传递的沟通渠道，信息发送者不知道有什么渠道可以向接受者发送信息；三是接受者不明，到底信息应该发给谁，没有明确方向；四是有渠道，有发送者，有接受者，但没有设定具体沟通方式，如本来应该通过电话沟通的，他却采用信件沟通，原因是企业没有规定他打个电话就行了；五，其他一些情形。

团队沟通过程不完整，如缺乏反馈，就会使原本设想得很好的团队沟通受阻，对企业管理和团队沟通不利。

（8）连续性原则

团队沟通的连续性原则，是指大多数团队沟通行为过程，尤其是例行日常团队沟通活动，并非一次沟通就可以一劳永逸地完成沟通工作任务的，而是要通过反反复复多次的沟通，才能较好地履行和完成团队沟通的工作职责。连续性是企业经营活动本身所具有的客观属性，团队沟通自然也具有这一客观属性。

连续性原则要求在进行团队沟通时注意以下三大方面：一是团队沟通在时间上的连续性；二是团队沟通在方式、方法、渠道等，即沟通模式上的连续性；三是沟通内容上的连续性。时间上的连续性要求团队沟通行为要持续地进行。而沟通模式上的连续性则要求一方面要慎重选择适合团队沟通的高效简洁模式，另一方面要求在使用和改变企业团队沟通模式时要考虑到人们的习惯，尽量使其具备操作上的连续性。内容上的连续性与模式上的连续性均是从提高团队沟通的熟练与效率的角度出发考虑问题。

（9）效率性原则

团队沟通活动可以衡量而且应当追求其活动效率。团队沟通的效率体现在沟通的各个要素与环节。以远程正式书面沟通渠道效率为例。远程正式书面沟通在现代至少可以采用以下几种渠道：业务信件，业务传真和电子邮件（Email）。在一般情况下，Email 沟通效率最高，传真次之，信件较差。又如编码效率，有人可以在一小时内完成一份业务文件的起草，而另一个人可能需要一两天时间才能完成；有的人具有很强的综合分析与语言组织、表达能力，很复杂的问题在他嘴里，只需要三五分钟就可以向大家说清楚，但有的人可能编码能力太差，他花上再多时间也还是没法说清。所有这些团队沟通过程的要素与环节的效率，最后都反映到整个沟通活动上来，构成了企业进行团队沟通活动的总体效率。

（10）效益性原则

团队沟通是需要成本的，而且这些成本，如文件纸张、人员、会议费用等，都是可以量化的，因此、团队沟通的成本是不难理解和把握的。同时，团队沟通也是能增加或减少产出的。虽然有的团队沟通活动的产出较难量化处理，但仍有相当一部分沟通的产出可以量化。例如，采用电脑信息化后，节约下来的团队沟通成本就是其为企业增加的产出。即使有些团队沟通的产出无法精确地量化，但还是能够通过某种方式进行评估的。既然团队沟通有成本有产出，自然也就应该衡量其效益——团队沟通的产出与成本的比例关系。在工作中，企业时常会碰到下列一些情形：某些团队沟通活动虽然有益于企业经营，但做起来相当繁琐，需要投入大量的人力、物力；或者现在要进行团队沟通，有几种方式模式可选择，有的模式成本很高，效果也很好，有的模式成本低，但效果一般等。以上问题迫使企业必须思考和重视团队沟通效益问题。具体在进行团队沟通时，考察沟通效益是完全可能和必要的。在具体的沟通设置总体沟通模式设计上，应该根据资源和能力对不同效益的沟通方式、模式进行选择和组合，确保整个团队沟通效果最好，效益最大化。

### 3.有效沟通的方法

团队工作最大的难题，就是沟通。现代企业都非常注重沟通，既重视外部的沟通，更重视与内部员工的沟通，只有通过沟通才会产生凝聚力。要做好团队的沟通，有下列建议。

| | |
|---|---|
| 制定明确的团队沟通原则与时间表，并且强力执行 | 团队从一开始就要建立沟通共识，包括如何立即回复电子邮件、何时使用视讯会议、谁有决策权。有经验的经理人会在团队组成之时给成员一份计划书，包括解释工作流程、沟通原则、进度报告与会议时间等，如规定任一成员与客户联络后，要将联络内容以电子邮件告诉所有成员，才不会有人询问客户同样的问题。 |
| 尽可能利用看得到的沟通方式 | 有声音比没声音的好，有影像比没影像的好，这是不变的道理。所以，团队要尽量多组织面对面的聚会机会，加强沟通。如果无法当面沟通，也可以使用多方通话或是视讯会议。对于懒于沟通的人，尤其要加强沟通。如果有新成员加入，要发送欢迎讯息给所有人，其中要包括所有成员的电话与电子邮件地址、附上新成员的简历，并要求新成员附上自我介绍，让所有的成员认识他，也鼓励他与大家联络。 |
| 沟通要即时、正面、言之有物 | 团队沟通重结果，沟通内容要重实际且愈快愈好。由于书面文字有时候比口语更容易伤人，而且既没有非语言讯息缓和，又无法观察对方的反应，对方又可能处于孤立的情境，所以要特别留意遣词用字，不论是建议或批评，最好都以正面的方式措词。 |
| 鼓励进行非正式沟通 | 应该鼓励团队成员间经常联络情感。比如，组织一些非工作的娱乐活动，让成员间建立工作之外的友谊。特别是遇上成员生日或是取得一定成绩，可以举行聚会大肆庆贺，甚至要送个蛋糕或其他礼品给因工不在场的成员。 |

另外，一些成功的企业也有一些值得借鉴的好做法。

| | |
|---|---|
| 讲故事 | 波音公司在1994年以前遇到一些困难，总裁康迪上任后，经常邀请高级经理们到自己的家中共进晚餐，然后在屋外围着火堆讲述有关波音的故事。康迪请这些经理们把不好的故事写下来扔到火里烧掉，以此埋葬波音历史上的"阴暗"面，只保留那些振奋人心的故事，以此鼓舞士气。 |
| 聊天 | 奥田是丰田公司第一位非丰田家族成员的总裁，在长期的职业生涯中，奥田赢得了公司内部许多人士的深深爱戴。他有1／3 的时间在丰田城里度过，常常和公司里的多名工程师聊天，聊最近的工作，聊生活上的困难。另有1／3的时间用来走访5000名经销商，和他们聊业务，听取他们的意见。 |
| 解除员工后顾之忧 | 某航空公司总裁凯勒尔了解到员工最大的担心是失业，因为很多航空公司都是在旺季时大量招人，在淡季时辞退员工。凯勒尔上任后宣布永不裁员。他认为不解除员工的后顾之忧，员工就没有安全感和忠诚心。从此，该公司以淡季为标准配备人员，当旺季到来时，所有员工都会毫无怨言地加班加点。 |
| 帮员工制定发展计划 | 爱立信是一个"百年老店"，每年公司的员工都会有一次与人力资源经理或主管经理的个人面谈时间，在上级的帮助下制订个人发展计划以跟上公司业务发展，甚至超越公司发展步伐。 |

## 团队管理的翁格玛利效应

翁格玛利效应是教育心理学中的术语，意思是对受教育者进行心理暗示：你很行，你能够学得更好……从而使被教育者认识自我，挖掘潜力，增强信心，变压力为动力，快速适应岗位需要。在现代企业里，翁格玛利效应不仅传达了管理者对员工的信任度和期望值，还更加适用于团队精神的培养。即使是在强者生存的竞争性工作团队里，许多员工虽然已习惯于单兵突进，我们仍能够发现翁格玛利效应是其中最有效的灵丹妙药。

麦肯锡管理顾问公司的专家布兰佳认为，团队就是有互补技能的一小群人，为共同的目的，建立一系列目标并通过共同努力而达成。有效的团队往往是由跨功能、不同背景、不同部门的人员组成的协作体，通过相互补充，相互激发各自的潜力而完成特定的任务，从而提升士气和生产力。布兰佳在其著作《聪明的团队》一书中还指出，工作团队想要具备高效率，必须具有目标、授权、沟通、弹性、绩效、赞赏和士气等七项特质，而给予肯定和赞赏的特质是尤为重要的。事实上，对于团队管理，布兰佳的观点和翁格玛利效应有异曲同工之妙。

无独有偶，通用电气的前任CEO韦尔奇就是翁格玛利效应的实践者。他认为，团队管理的最佳途径并不是通过"肩膀上的杠杠"（如头衔）来实现的，而是致力于确保每个人都知道最紧要的东西是构想，并激励他们完成构想。

韦尔奇在自传中用很多词汇描述那个理想的团队状态，如"无边界"理论、四E素质（精力、激发活力、锐气、执行力）等，以此来暗示团队成员"If you want，you can（如果你想，你就可以）"。在这方面，韦尔奇还是一个递送手写便条表示感谢的高手，这虽然花不了多少时间，却几乎总是能立竿见影。因此，韦尔奇说："给人以自信是到目前为止我所能做的最重要的事情。"

越来越多的企业家和管理专家逐渐认识到，作为企业的团队要想恢复竞争活力，必须激励和善用企业的人才。不管是国外的企业，抑或是国内的企业，也都开始采用团队的工作方式，有些公司还因此成功地扭转了企业的命运，这些都增加了企业界对团队管理的兴趣。我们都知道，团队管理可以产生正协同效应，也就是说，团队的产出比成员单个工作的产出之和大，因为翁格玛利效应可以刺激个人的努力，所以2加2可以等于5。今天，积极的企业领导者不但把翁格玛利效应看作生存的工具，而且把它作为团队管理中不可或缺的部分。

## 四、发展团队文化

积极的团队文化通常有以下特点：

- 创新精神；
- 注意细节操作；
- 追求实际结果；
- 员工的进取心和竞争性；
- 稳定性和长期性；
- 凝聚力。

团队凝聚力与团队生产率是相互影响的。团队成员之间的友好关系有助于降低紧张情绪，提供一个顺利实现团队目标的良好环境。试想一下，经过共同努力达到共同的目标，团队成员对团队的归属感是无法比拟的。而这种团队的忠诚也会激励着团队中的个人朝团队的目标不断努力，推动整个团队前进。

团队文化的形成过程如图 6-5 所示。

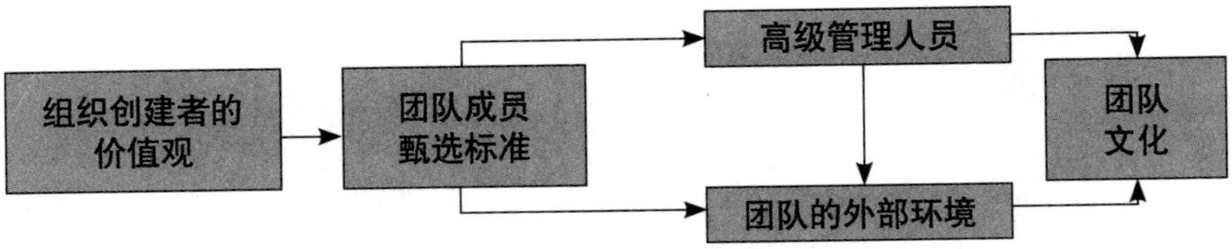


图6-5 团队文化的形成

### 1.打造墙壁文化

所谓墙壁文化建设，也就是办“学习园地”、“任务倒计时牌”、“龙虎榜”、“企业文化牌块”、“阅报栏”等，这充分体现出了企业的工作环境和文化氛围，使员工能够充分发挥个人的独特性，从而实现企业共同的价值观和业务目标。一支团结的队伍，如果能充分发挥员工多元化的个人经历、工作经验和技能，将会使团队立于不败之地！

### 2.培养学习的氛围

学习就是持续不断地提高团队的基本智力，它是使团队取胜的法宝。要启发团队成员去不断地学习，因为他们从学习中获得的兴奋和能量是巨大的——这是激发团队潜力的办法。要打造最佳的团队，第一件事是给这个团队一个学习的环境。

领导是团队真正的“发动机”。要成为一个好领导，就得做一个好教师。如果现在不是这样，你就要接受这个挑战，去尝试，去使你的公司变成这样一个“学校”。跟着一个不想当教师而只想当老板的领导是没有前途的——首先是这个组织不会有前途，其次是你的职业生涯没有前途。

你要使你的员工总有一种对新东西的渴望，让他们每个人早上一起床就跃跃欲试，使学习成为一种生活方式，一种持续的心境。

最重要的是不要仅仅为了学习而学习，要让学习成为一种驱动力。

你要不断地给团队成员一个又一个目标，让他们通过自己不断的学习来实现。这无疑是一件最能激发团队潜能的事情。如果在一个团队内部，所有的成员整天都没有一个目标，那么这个团队的精神就会涣散，团队的结构就会僵死成松散。这样的话，这个团队离崩溃就不远了。管理层在学习氛围的行程中起到相当大的决定作用。管理层必须一马当先、以身作则，这样才能形成真正的学习型团队文化。

### 3.教练式的领导

身为营销经理，要定期或不定期地从自身职业心得、工作技巧或生活态度等方面出发，给团队成员进行相关的培训。这不但可以提高成员的工作技能，还可以帮助他们树立正确的工作态度，同时也可以加强上下级间的沟通。

### 4.团队成员间的交流和互训

团队成员间的交流可以是部门内的员工做心得上的交流，包括成功的经验和失败的教训。通过相互分享各自的经验可以促进团队共同成长。同时也可以大大减少组织的学习成本，提高员工成长速度。因此，身为营销经理的你除了鼓励员工私下交流和一对一交流外，还应该时时开展相关的交流平台，如茶话会、经验分享会等。

同时，根据团队成员各自的特长，安排他们进行互训。在某方面技能突出者可以担任内部培训师。由于工作环境相同、相互了解，这样有针对性的培训在不增加企业培训费用的同时却能极大地提高员工的工作效率。

### 5.围绕书籍开展学习

| | |
|---|---|
| 读书计划 | 作为营销经理，你要协助团队成员制订读书计划，包括阅读工作和生活方面的好书。工作方面，可以针对团队成员的岗位及未来的职业规划，由上级直接主管或负责人力资源的人协助制订读书清单和读书时间表，促进员工养成学习习惯。生活方面，针对成员的婚姻、健康、子女教育等方面，鼓励成员通过学习安排好生活。另外，也可鼓励团队成员根据兴趣，广泛阅读大量人文书籍，提升生活情趣和文化修养。 |
| 讲书计划 | 为了形成成员间的互动，以打破各自读书的封闭和难以坚持的状态，必须进行讲书计划。讲书计划要求各个成员定期从自己读的书中选出一本来给大家宣讲。这一方面可以提升员工的演讲能力，另一方面也可以让大家从别人的总结和体会中受益。而更重要的是，让每个成员有成就感，让每个人都知道自己是团队中重要的一员。 |
| 送书计划 | 营销经理应该根据部门内团队成员的人数和企业的财务预算，定期赠送员工一本好书。可以一月一本或一季度一本。书籍可以选择营销理论方面的书籍，根据各个岗位的工作特点，分别赠送与其工作相关的书籍，《派力营销图书》就是一个专门为营销人员设计的理论和实践相结合的工具库，营销领域的各个方面都有专门的书籍；同时也可以选择一些励志、健康、人文等有普遍意义的好书。 |

## 创建高绩效团队的五大要诀

### 营造一种支持性的人力资源环境

为了创建一支高绩效的团队，管理层应该努力营造一种支持性的人力资源环境，包括倡导成员多为集体考虑问题，留下足够多的时间供大家交流，以及对成员取得成绩的能力表示信心。这些支持性的做法帮助组织向团队合作迈出了必要的一步，因为这些步骤促进了更深一步的协调、信任和彼此之间的欣赏。管理者需要为此架构一种良好的沟通平台。

### 团队成员的自豪感

每位成员都希望拥有一支光荣的团队，而一支光荣的团队往往会有自己独特的标志。如果缺少这种标志，或者这种标志遭到损坏，员工作为团队成员的自豪感就会荡然无存。许多管理者不知道，团队成员的自豪感正是成员们愿意为团队奉献的精神动力。因此，从创建公司的形象系统，到鼓励各部门、各项目小组营造一种英雄主义的亚文化，都会对团队的创造力产生积极的、深远的影响。

### 让每一位成员的才能与角色相匹配

团队成员必须具备履行工作职责的胜任能力，并且善于与其他团队成员合作。只有这样，每一位成员才会清楚自己的角色，清楚自己在每一个职能流程中的工作位置以及上一道工序和下一道工序。只有这样，每一个进入团队的人才能真正成为一个团队成员。如果做到了这一点时，成员们就能根据条件的需要，迅速行动起来，而不需要有人下命令——换言之，团队成员能根据工作的需要自发地做出反应，采取适当的行动来完成团队的目标。例如，在医院的某个手术小组，如果在某个环节上，没有人在适当的时间按适当的要求去履行职责，病人就会有危险。同样的道理，公司为客户提供的服务质量也会由于某个人的失职而无法保证。所以，高效率的团队需要每一位成员的才能都能够与角色相匹配，并要求所有的人都全力以赴。

### 设定具有挑战性的团队目标

主管人员的职责是激励整个团队向总体目标努力，而不是强调个人的工作量。如果做得好，一位劳动模范也许会起到领头羊的作用。然而在不同的工作环境下，这种做法却很可能打击团队的合作。

正确的做法是，为团队设定一个具有挑战性的目标，并鼓励每一位成员的团队协作精神。当人们意识到，只有所有成员全力以赴才能实现这个目标时，这种目标就会集中员工的注意力，一些内部的小矛盾也就往往消失于无形了。此时，如果还有人自私自利，其他人就会谴责他不顾大局。这样，就能形成更加紧密团结的团队。

**正确的绩效评估**

一个卓有成效的绩效评估体系通常包括两种评估形式：正式评估和日常管理中的及时评估。企业之所以要进行绩效评估，首先是希望通过对员工的考核，判断他们是否称职，从而切实保证他们与职位的匹配以及报酬、培训等工作的科学性，这就是绩效评估的评核性；其次是希望通过绩效评估，帮助员工找出自己绩效差的真正原因，激发员工的潜能，我们把此称做绩效评估的发展性。

与绩效评估紧密相关的工作，就是如何科学地支付报酬。作为对团队所有员工绩效的认可形式，这些报酬体系，首先在设计上应该表现出“对内具有公平性，对外具有竞争力”的特点。无论是金钱报酬或非金钱报酬，其目的应该在于激发员工的创造力和团队合作精神。

当一个项目小组或一位员工表现杰出时，我们就需要通过绩效评估来给予奖励。很多时候我们会发现，仅仅发放金钱或仅仅发放奖状是不够的，而必须同时发放金钱和奖状。例如，在颁发奖金的同时，也颁发“本月度最优秀团队”或“本月度最优秀员工”之类的奖杯、奖状。这样，那些钞票就会变得富有感情色彩，令人激动万分。

# 第四节 市场营销人员的薪酬与绩效考核

## 一、市场营销人员薪酬与绩效考核的重要性

近年来，营销工作的重要性已经得到了企业的一致认同。对当前我国许多行业来说，营销成功是企业成功最为的关键要素，营销是迅速提升竞争力的主要途径。而能否做好营销工作，提升企业的竞争力，关键还在于能否调动营销部门人员的工作积极性和创造性。这就需要为营销人员建立起灵活且具有竞争力的薪酬与考核体系。同时，薪酬与绩效考核也是企业留住优秀营销人员的重要手段。

### 1.快速抓住市场机遇

营销部门作为企业与市场和消费者联系最紧密的部门，其对关乎企业生存和发展的市场发展趋势、竞争形势、消费者需求的变动等信息有着最为直接和最为敏感的判断，能否迅速地把握并将这些信息传递给企业的高层决策者意义重大，因为在当前激烈的市场竞争形势下，能否在竞争中较对手更快一步，对确立企业在竞争中的优势至关重要。而要获得这些准确而真实的信息，最直接、方便、有效和经济的方法就是由企业众多的“浸泡”在市场中的营销人员来提供，但企业不要期望通过命令的方式来实现这一目标，因为我们可以命令营销人员去执行搜集市场信息的任务，却不能命令人们开动脑筋去思考和判断，通过命令方式搜集的信息可能是无效的甚至是错误的。因此应该做的是通过相应的激励机制，鼓励营销人员主动地去关心、搜集、思考相关的市场问题，而薪酬与考核在一定范围内被证明是最有效的手段之一。

**2.激发和保持团队活力**

营销部门是公司市场开拓的先锋，这就要求公司的这支“火箭”部队永葆青春、始终保持高昂的战斗热情，避免队伍的老化，以快速应对市场变化，而要实现此目标就必须建立起有效的团队内部激励体系，其首先要解决的就是合理薪酬激励体系和公平考核制度的确立问题。

通常随着企业业务的发展、规模的扩大，企业如果不及时地调整营销人员的薪酬和考核体系的话，企业营销队伍就会不可避免地出现老化现象，具体的表现为：

（1）从事具体市场营销工作的业务员手中拥有了一定数量的客户后，工作上往往安于现状，易于感情用事。对于个性相投的客户多拜访、常拜访，向厂家争取些政策向这些“哥们儿”客户倾斜，对于需要争取的潜在客户缺乏耐心，甚至往往就懒得再开发新客户。因为发掘客户隐含着“挖黄金”的意思，为了发现金子，你必须搬运走许多泥土。在任何一个区域都有一个全民市场，一群意向客户和一个真正有反应的客户，业务员要挖到这个真正成为贸易伙伴的客户，就要遭遇很多次拒绝，如同搬动很多泥土和凿开很多岩石。

（2）由于企业的考核、晋升、薪酬等制度未能让营销人员看到希望，从而导致员工对所从事的营销工作缺乏自信心和自豪感，认为所从事的营销工作是被生活所迫不得已而为之，挣的钱不多不少正好够一家人吃饱，撑不着也饿不死。因此，工作也就没有积极性，反而抱怨、借口特别多。

（3）有一部分人一心钻到钱眼里，只为个人眼前的奖金提成而工作，而将企业的长远利益放置一旁，更有甚者会算计着在企业打工怎么也比自己开店做生意划算，尽可能从企业中为个人捞到更多的利益，因此想方设法寄生在企业里不肯离去。

事实上，出现以上种种问题的主要责任并不在于营销人员。企业作为一个组织，在与员工就薪酬与考核问题上所进行的重复博弈过程中承担着更多的制定规则、信守承诺和信息披露的职责，企业薪酬与考核的指挥棒指向哪个方向，通常员工就会向那个方向努力。因此，在面对上述一系列问题时，企业首先应该反思的是自身薪酬与考核制度是否出了问题，同时，由于市场形势始终处在不断地变化中，营销人员个人追求、家庭状况等也处在不断地变化过程中，所以要求企业对营销人员的薪酬与考核制度进行不断地适时调整，维持一个动态的平衡。

### 3.“人尽其才”

要想使营销团队取得良好的效益，首先要保证团队中的每一位成员都尽心尽力地工作，这是最基本的管理学原则，而要想让每一个团队成员都能尽心尽力，可以从以下两个角度去考虑：

一方面，将营销人员作为普通的人来看待。其基本原则是“如果你想让一个人为你尽心尽力地工作，最好的方法就是：给他所想要的东西。”为此，可以将一个人的需求按层级分解为：基本需求、情感需求、精神需求以及理想和价值追求等几个层级（见图 6-6 所示）。同时，企业也应结合自身的实力、发展战略、竞争中所处的地位等来确定企业的整体薪酬水平，明确满足不同部门、不同级别人员不同层次需要的薪酬政策，在这一点上无论是对企业营销人员还是其他部门人员，均是普遍适用的。

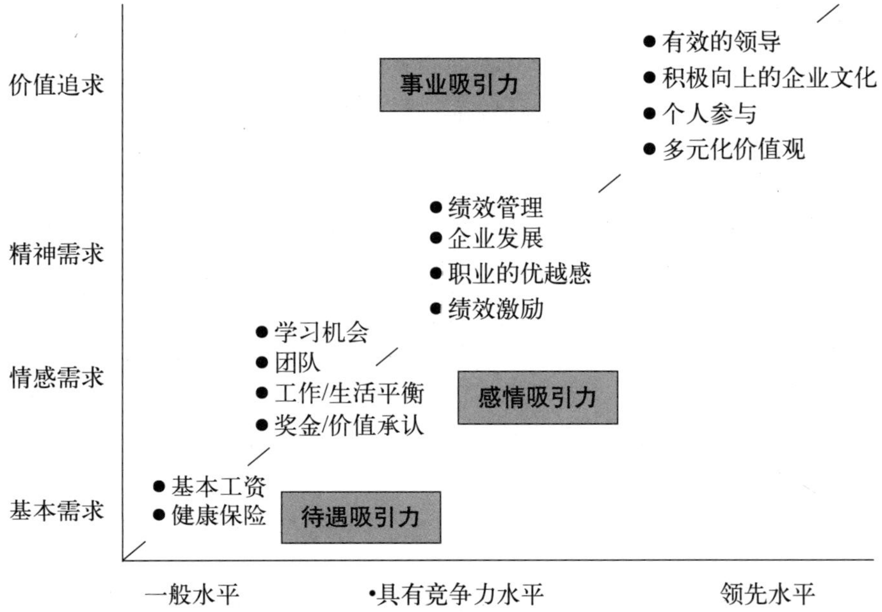


**图6-6 公司地位、需求层次与薪酬水平关系图**

另一方面，营销工作的特殊性又使得营销人员与企业内的生产、研发、技术、行政等人员相比较，成为企业中最为活跃，同时也是流动性最大的一类人员。

如果我们将企业中员工所从事的工作按照行为可控程度和产出可衡量性的高低进行分解的话（见图 6-7），则一般认为营销人员的行为可控制程度较低，而产出的可衡量性则相对较高，按照这种思路，企业往往在营销人员的考评中会过于看重结果。

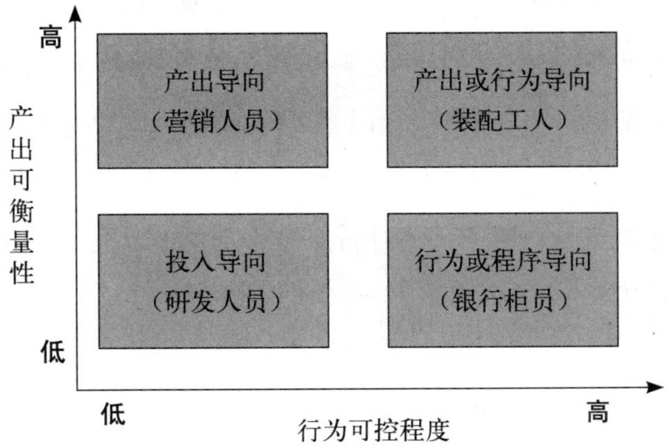


**图6-7 传统的岗位特点与考核重点关系图**

主要体现以下方面：考核的重心几乎全部放在销售量、销售额、利润额、市场份额等财务数字指标上，而忽视了对于如何达成这些数字指标过程的考核。与之相对应的薪酬制度自然会引导营销人员将关注的重心放在短期的财务业绩上，结果就是让整个企业充斥着短期行为。

因此，作为营销人员管理中最直接有效管理手段的薪酬与考核管理制度绝不是一个简单的给钱多少的问题，它必须结合企业的发展战略、经营计划等而保持一个动态的适时调整，并且制定过程必须有营销人员的全程参与，让每一位营销人员在与其上下级、同事充分沟通的基础上，使其自身行为自觉地符合企业短期及长期的利益。

营销人员在市场开拓的过程中总是经常面对未知，承担着巨大的市场风险，特别是在开拓新市场、新产品、新渠道的过程中更是如此。因此，营销人员更需要有宏伟的目标作为指引并不断受到激励。从另一个角度讲，市场营销人员工作的成功往往会给企业带来巨大的回报。营销人才作为企业的稀缺资源，由于其富有市场运营经验和客情关系，其创造性的价值往往超出常人几倍甚至几十倍。在中国经济发展阶段和劳动者收入水平的现状下，要留住这些稀缺人才，保证他们不离队、不跳槽，合理的报酬是基本前提。而且，由于营销人员的收入中存在相当比例的风险收入，你必须给这些英雄们一大堆银子来补偿其所承担的压力和风险。企业不可能期望以一两千元的月薪留住为公司创造几十万甚至上百万利润的营销英雄。

### 4.在合作中取得企业与市场营销人员的共赢

"国家兴亡，匹夫有责"、"企业成败，人人有份"，这是大家都明白和能够接受的理念，但问题的关键在于如何将这些理念真正地贯彻到实际工作中去。事实上，企业和员工作为独立的经济个体，有着各自的经济利益，他们追求的最终目的是自身利益的最大化，或者至少是自身可以接受的次优化水平。因此，在企业和员工双方围绕着薪酬考核与贡献之间的多重博弈过程中，企业作为最终经营结果的承担者，如果想实现营销人员与企业共赢的结果，应该首先做好以下工作：

改变观念、树立营销人力资源投资报酬率的意识。以往有关营销人员的薪酬更多地被看做一种不可避免的成本，事实上针对营销人员的各种开支，更多地应当从一个投资的角度来看，只要能确保相应的开支为企业带来预期的投资报酬率，则为留住和激励作为企业最紧缺人才——营销人员的相应薪酬开支更多应该被看做是打造企业营销竞争力，实现组织目标的强有力工具。

确立公平、合理、动态、具备激励性和员工参与型的营销人员薪酬体系，着重解决下列问题：

- 待遇的公平问题。待遇不公平不能服众，太公平却难以服"人"——

公与“不公”之间，如何定夺？

● 薪酬的高低问题。薪酬低了留不住人，高了却不一定能留住人——高低之间，如何取舍？

● 奖金的发放问题。奖金不发不能激励士气，发了却可能分裂团队——发与不发之间，如何安排？

## 二、市场营销人员薪酬与绩效考核中的常见问题

### 1.过度强调“结果”的考核体系导致市场营销队伍的短期行为盛行

企业在营销人员的绩效考核上的结果导向主要体现在：单纯地追求财务数字指标，比如销售量、销售额、利润额、市场份额等，而对于如何达成这些数字则并不重视和实施考核。事实上，企业追求财务数字本身并没有错，企业运营的结果最终要体现在财务指标上，但问题的关键不在于企业是否追求财务数字，而在于企业用什么样的态度、方式来追求。目前，许多企业结果导向的误区在于，所谓结果就是追求短时间内的财务数字，对如何达到这些数字并不重视。具体可分为对结果认识的表面化，对结果态度的短视化。

误区一：对结果的认识表面化

现在一提到结果，企业都会直接将其与销售有关的一系列财务数字联系起来，从而形成了“财务数字就是结果”的观念。这种认识把结果简单化了。一家企业会把销售额达到5亿元作为绩效考核的指标，这明显只是一个财务数字，是一个结果，但是对于新产品的推广、产品的铺货率、品牌的知名度、冲货次数的多少等指标，它们就不能作为结果被考核了吗？事实上，把这些指标纳入到结果考核中，将会对最终财务数

字结果的实现产生极大的地促进作用。

由此可见，“结果”其实是综合性的概念，最终结果是“结果”，阶段性结果也是“结果”。如果不重视阶段性结果，企业就会丧失动态调整的机会，很多问题会被掩盖，成为危机爆发的“火药桶”。所以，企业在开展绩效考核时，一定要把阶段性结果和最终结果整合起来，对阶段性结果的考核实质上就是对过程的考核，就是对行为的激励。

另外，要使员工真正意识到考核不是目的，也不仅仅是为了奖罚，其最终目的是为了实现企业的战略目标，同时也是为实现员工自身利益服务的，因为没有企业的发展和获利，企业员工的利益也将无法保证，“皮之不存，毛将焉附”，希望员工从思想上深刻领会公司的战略要求，意识到自己工作中的一言一行都将是实现企业战略目标的一部分，都将关乎自己的薪酬与考核，从而自觉地使自己的实际行动与公司的战略要求保持一致。

误区二：对结果的态度短视化

很多企业在进行绩效考核时，往往只盯着当年的财务数字指标，要求销售人员竭尽全力完成，对于其他过程指标都可以不考虑，可这种考核的结果往往会造成一种“今朝有酒今朝醉”的局面。例如，销售人员为了能完成指标，拿到可观的奖金，往往会“不择手段”，滥用返利、怂恿或默许经销商冲货、空头许诺、不切实际地压货等；另外，为了扩大自己的销售额，除了开拓自己负责的区域以外，许多销区还向相邻销区的经销商以优惠条件批发产品，以至于最后各销区之间互相抢占对方地盘，最终产生市场秩序混乱、渠道库存积压、经销商和批发商一片怨言等严重的“后遗症”，使得企业失去了业绩持续增长的基础。

企业看重财务数字指标是没有错的，但如果不顾未来的成长而透支市场的果实，只会给企业带来致命的打击，盲目追求当年财务数字导致一夜间消失的企业实在是太多了。因此，在企业发展壮大并逐渐走向规范化的过程中，企业必须跳出对“结果”的认识误区，从过程和持续发展的角度来看待对结果的绩效考核。

#### 2. 简单粗放的市场营销人员薪酬制度不具有指导和激励性

对于营销薪酬制度来说，主要的问题是如何在科学公平地分配任务的基础上、正确地考核工作成果并给予合理的回报。大多数中小企业在其发展的初级阶段采取的多为销量提成办法，即“多劳多得，上不封顶，下不保底”，销得多提得多。

随着中国市场经济的不断发展，企业规模的不断扩大，各种产品和服务市场已凸现买方市场的特征，粗放的营销人员薪酬管理模式已显得越来越不适应日趋激烈的外部市场竞争形势和内部加强管理的需求，具体表现为：

（1）随着企业产品、市场地域、客户群体等不断扩展，原先看似公平的销量提成薪酬制度会因各地、各类细分市场千差万别的现实情况而造成事实上的不平等。即由于各地、各细分市场的消费习惯、市场成熟度、开发难易程度等的差异会造成营销人员付出同样的努力，却有可能获得有差别的报酬，这首先就违背了薪酬的公平原则。

（2）为了更好地开拓市场，赢得竞争优势，许多企业已开始实施为更多目标客户提供更好产品和服务的精细化营销战略，这也对营销人员提出了更高的要求，而要想保证企业的营销战略能够落到实处，相应的营销人员薪酬与考核制度必须发挥其导向作用。

**3.市场营销人员流动过于频繁，集体跳槽现象屡见不鲜**

由于简单、粗放的薪酬管理体系和“唯量论”的考核体系，导致营销人员对企业缺乏信任感和忠诚感，二者之间体现更多的是一种简单雇佣关系。

在此情况下，企业的基层营销人员为了获得更好的物质条件而在职场上跳来窜去的现象是再平常不过的事了。就是企业的一些中高层营销管理人才，由于不能获得合理的薪酬和事业发展的空间所发生的集体跳槽现象也屡见不鲜。例如陆华强事件，2000 年 11 月，创维彩电销售负责人陆华强投奔对手高路华，并且带去了 150 多位销售精英，其中，有 11 位是原创维片区经理，20 多位是管理上的核心干部。陆华强带走的不仅仅是销售队伍,更带走了创维的大部分客户。创维遭遇到前所未有的困难，用当时董事长黄宏生的话说，创维离倒闭只有三个月的时间了。关于其中的原因，各种版本都有，不过，劳资关系分歧无疑是陆华强事件的原因之一。

适度的人员流动对保持营销人员队伍的活力是有益的，但若企业不能以良好的发展前景、合理的具有激励性的薪酬留住企业核心营销人才，而任其流失，甚至是“率部造反”的集体跳槽，则会对企业的发展带来极为不利的影响，表现在：

（1）营销人员离开公司时通常会将其客户的关系也带走，直接导致企业在短时间内无法再从这些客户那里获得稳定的利润。而新员工要建立这种社会关系还需要花很长时间，投入更多的成本。尤其是在中国，相对而言这种社会关系是企业营销的最重要手段之一。这样的损失是无法估量的，很多中小企业就是在这种打击下倒闭的。

（2）走了一批员工，就必须招进新的员工来顶替其位置，而新员工的成本会很高，因为这包括招聘费用、培训费用等。虽然这些损失费用是可以量化的，但无疑也是让企业增加了新的成本。另外，科学测试证明，新招的员工在其最初的工作时间里，工作效率一般只有原员工的30%～50%，而工作满三个月左右，新员工也才能发挥到老员工80%～100%的工作效率。这些损失的工作效率也需要企业承担成本，这种成本虽然不是长期性，但对企业短期的影响也是不可小视。

（3）榜样的力量是无穷的，这句话同样适用于集体跳槽。一个团队的集体离开，可能有多种原因，但相对于一家企业来说，可能是一样的，那么有这些员工的离开，可能会导致其他的员工也因为同样的原因选择离开公司。这种波动是直接影响工作效率的，会使企业无法正常地运作起来。

## 猎人与狗的故事

曾经在网上流行着这样一个猎人与狗的故事，聪明的猎人与智慧的狗在述说着他们创造财富的历程！在企业发展的道路上，在个人成长的道路上，车到山前的烦恼、险处重生的狂欢、柳暗花明的惊喜，会产生多少令人感叹与深思的片断。

### 故事是这样开始的

目标。一条猎狗将兔子赶出了窝，一直追赶他，追了很久仍没有捉到。猎人看到此种情景，讥笑猎狗说："你们两个之间小的跑得反而比大的快。"猎狗回答说："那当然了，因为我们跑的动机是不同的。我仅仅为了一顿饭而跑，他却是为了性命而跑呀！"猎人想：猎狗说的对啊，那我要想得到更多的猎物，得想个好法子。于是，猎人又买来几条猎狗，凡是能够在打猎中捉到兔子的，就可以得到几根骨头，捉不到的就没有饭吃。这一招果然有用，猎狗们纷纷去努力追兔子，因为谁都不愿意看着别人有骨头吃，而自己没有吃的。

动力。就这样过了一段时间，问题又出现了。大兔子非常难捉到，小兔子好捉，但捉到大兔子得到的奖赏和捉到小兔子得到的奖赏差不多，猎狗们善于观察，发现了这个窍门，专门去捉小兔子。慢慢地，大家都发现了这个窍门。猎人对猎狗说：“最近你们捉的兔子越来越小了，为什么？”猎狗们说：“反正没有多大的区别，为什么费那么大的劲去捉那些大的呢？”

长期的骨头。猎人经过思考后，决定不将分得骨头的数量与是否捉到兔子挂钩，而是采用每过一段时间，就统计一次猎狗捉到兔子的总重量，按照重量来评价猎狗，并决定一段时间内的待遇。于是，猎狗们捉到兔子的数量和重量都增加了，猎人很开心。但是过了一段时间，猎人发现，猎狗们捉兔子的数量又少了，而且越有经验的猎狗，捉兔子的数量下降的就越利害。于是猎人又问猎狗，猎狗说：“我们把最好的时间都奉献给了主人，但是我们随着时间的推移会老，当我们捉不到兔子的时候，您还会给我们骨头吃吗？”

骨头与肉兼而有之。分析与汇总了所有猎狗捉到兔子的数量与重量后，猎人作了论功行赏的决定，规定：如果捉到的兔子超过了一定的数量后，即使捉不到兔子，每顿也可以得到一定数量的骨头。猎狗们都很高兴，大家都努力去达到猎人规定的数量。一段时间过后，终于有一些猎狗达到了猎人规定的数量。这时，其中有一只猎狗说：“我们这么努力，只得到几根骨头，而我们捉的猎物远远超过了这几根骨头。我们为什么不能给自己捉兔子呢？”于是，有些猎狗离开了猎人，自己捉兔子去了。

猎人意识到猎狗正在流失，并且那些流失的猎狗像野狗一般和自己的猎狗抢兔子。情况变得越来越糟，猎人不得已引诱了一条野狗，问它到底野狗比猎狗强在哪里。野狗说：“猎狗吃的是骨头，吐出来的是肉啊！”接着又道：“也不是所有的野狗都顿顿有肉吃，大部分最后骨头都没的舔！不然也不至于被你诱惑。”于是猎人进行了改革，使得每条猎狗除骨头外，可获得其所猎兔肉总量的n%，而且随着服务时间加长，贡献变大，该比例还可递增，并有权分享猎人总兔肉的m%。就这样，猎狗们与猎人一起努力，将野狗们逼得叫苦连天，纷纷强烈要求重归猎狗队伍。

**故事还在继续……**

只有永远的利益，没有永远的朋友。日子一天一天地过去，冬天到了，兔子越来越少，猎人们的收成也一天不如一天。而那些服务时间长的老猎狗们老得不能捉到兔子，但仍然在无忧无虑地享受着那些他们自以为应得的大份食物。终于有一天猎人再也不能忍受，把他们扫地出门，因为猎人需要更加身强力壮的猎狗。

MicroBone Co的诞生。被扫地出门的老猎狗们得到了一笔不菲的赔偿金，于是他们成立了MicroBone公司。他们采用连锁加盟的方式招募野狗，向野狗们传授猎兔的技巧，他们从猎得的兔子中抽取一部分作为管理费。当赔偿金几乎全部用于广告后，他们终于有了足够多的野狗加盟，公司开始赢利。一年后，他们收购了猎人的家当……

MicroBone Co的发展。MicroBone公司许诺给加盟的野狗能得到公司 n% 的股份，这实在是太有诱惑力了。这些自认为是怀才不遇的野狗们都以为找到了知音：终于做公司的主人了，不用再忍受猎人们呼来唤去的不快，不用再为捉到足够多的兔子而累死累活，也不用眼巴巴地乞求猎人多给两根骨头而扮得楚楚可怜。这一切对这些野狗来说，比多吃两根骨头更加受用。于是野狗们拖家带口地加入了 MicroBone 公司，一些在猎人门下的年轻猎狗也开始蠢蠢欲动，甚至很多自以为聪明实际愚蠢的猎人也想加入。好多同类型的公司像雨后春笋般地成立了，BoneEase，Bonecom，ChinaBone……一时间，森林里热闹起来。

F4 的诞生。猎人凭借出售公司的钱走上了老猎狗走过的路，最后千辛万苦要与 MicroBone 公司谈判的时候，老猎狗出人意料地顺利答应了猎人，把 MicroBone 公司卖给了猎人。老猎狗们从此不再经营公司，转而开始写自传：《老猎狗的一生》；又写《如何成为出色的猎狗》，《如何从一只普通猎狗成为一只管理层的猎狗》，《猎狗成功秘诀》《成功猎狗 500 条》，《穷猎狗，富猎狗》，并且将老猎狗的故事搬上屏幕，取名《猎狗花园》，4 只老猎狗成为了家喻户晓的明星 F4，收版权费，没有风险，利润更高。

**结论："干活的总是拿得少的，拿得多的都是不干活的"。**

故事是不是很精彩？当然。虽然这只是一篇小故事，里面却包含了非常多的含义，仅从企业与员工有关薪酬与考核的角度来看，整个故事的发展也可以说是公司薪酬与考核管理制度变迁的小小缩影，最初分配的依据是数量，忽视了质量，即兔子也有大小之分，工作也有难易差别。

完全依据数量进行分配，就好像吃大锅饭，干好干坏一个样，严重影响了工作人员的积极性，导致大兔子越来越少；于是进行改革，按照一段时间内兔子的数量和质量进行考核，并决定下一阶段的分配量。但因分配仅仅考虑了短期利益，忽视了猎狗的长远利益，又引起了新的不满。其后，在考虑猎狗的长期利益时，直接与猎物挂钩，却影响了猎人的利益，于是雇主与雇员发生了冲突。因此，如何实现短期利益和长期利益相结合，在不损害雇主利益的前提下，将能工巧匠留在公司长期卖力服务才是最终的目的。

当然文中“干活的总是拿得少的，拿得多的都是不干活的”这一结论听起来有些偏激，作为一句调侃的语句，姑且将“干活”理解为体力劳动好了。事实上那些不“干活”而又拿得多的人所从事的更多的是一种复杂劳动，因为在知识经济时代，知识、经验等能创造更多的价值。

猎人从一个行业的领导者沦落为一个跟随者，猎狗从一个名不见经传的“蓝领”摇身一变成为明星人物的启示：

**1. 不同的企业发展阶段，应采取不同的发展模式与组织模式，并配合相应的薪酬与考核制度，以保持企业持续发展。**

猎狗们成长起来，猎人做强了，就要考虑更大的事情；做大需要组织的保证与团队的力量，而这时，猎狗们温饱问题已经解决，按照马斯洛的需求理论，他们将有更高的要求，这时企业如果赋予他们适当的责权利，甚至让他们拥有公司的部分股份，让一些有经验、有干劲的老猎狗负责一个区域的管理，这样猎狗们在成就自己的事业的同时，猎人的收获也会迅速提高。猎人可以从亲自参与猎兔的一线管理工作，退居到董事长的角色，仅参与重大事务的决策等。否则做强以后不做大，企业也会出问题。

**2. 仅有激励是不够的，还需要约束，薪酬结构设计既是一门学问，又是一门艺术，掌握薪酬结构的设计既需要知识，更需要智慧。**

猎人怎样保持猎狗的积极性与能动性？仅有激励是不够的，还需要约束。故事中猎人犯了一个错误：本想进行长期的激励却短期兑现了，失去了长期激励的约束性，便失去了长期激励的意义，充足的食物让猎狗们饱食终日，失去了工作的能动性。激励制度的设计要考虑双方的长期合作，它是一把双刃剑，否则，双方是无法“白头到老”的，比如给核心员工期权便可以部分地解决这一问题。薪酬结构之所以多种多样，如此复杂，其实也体现了管理者的智慧。

**3. 为不同能力的猎狗提供其各自发展的空间，人尽其才，要切实尊重人才，为他们的成长与职业生涯考虑，这样才能真正做到企业与员工一起成长，营销人员的人均产出最大化才不是一句空话。**

否则，将会把自己培养的员工推向社会。因为，如果不给猎狗们提供一片天空，自然地，他们就会创造自己的天空。比如，用年老但经验丰富的老猎狗在企业内负责内部培训，培养新进入的猎狗迅速掌握捉兔子的本领，可能比让老猎狗自己去捉兔子更能为企业创造业绩。

当然，企业现实中的现象和问题可能比故事还要复杂的多，仅从上面的故事，我们便可以看到：薪酬与考核在企业管理中绝不应该成为一个孤岛，它必须与企业战略、各阶段的最佳发展模式等密切相连。企业处在不同的发展阶段，自然会有不同的目标、发展战略及相应的实施计划，但再完美的战略和计划也是由人来制定和执行的，尤其重要的就是要通过企业各部门、各岗位人员的日常辛勤工作以将企业的战略规划、行动计划付诸实施的执行工作，从而避免企业的远景、目标成为“空中楼阁”，企业战略成为档案柜中的“文物”。

而要保证企业全体员工忠实、尽心、积极主动地履行自己的职责，企业就必须通过各种制度设计为企业员工积极性、主动性的发挥创造所必需的环境和条件，其中最为基础的就是要明确有关员工薪酬与考核的相关制度并能做到严格执行和适时调整，因为有关薪酬与考核的内容是作为公司（代表企业的所有者——雇主或实际控制者）与雇员之间所签合约的基本条款，即对雇员来讲其义务就是：要干何种活，干到何种程度？其权利则是：能够从公司获得多少报酬。与之对应的就是公司希望其员工完成工作的数量、质量及支付的相应报酬。

**4. 任何有经验的管理者都会意识到：有关薪酬与考核方面的制度与规定是最能影响员工工作积极性和工作成果的。**

如果单个员工对自己工作的付出和所得感到不满意，或不公平，这会直接影响到其工作的积极性，从而使其所从事的工作环节出现问题，这将给企业的经营带来风险，不利于企业的长期发展；如果这种对企业薪酬与考核方面不满的情绪在公司蔓延而成为一种较为普遍的气候，则企业的一切战略和计划都将有可能落空。

## 第五节 市场营销人员应具备的几种能力

从一名营销新人成长为营销经理需要多久？这个问题恐怕无法给出一个肯定的答案。不同的人能力不同，而对于营销经理这一岗位来说，需要的能力是基本一样的。以下几种能力是营销经理应具备的，也是每位有志于成为营销经理的营销人员应具备的。

### 一、学习能力

任何人都必须不断地学习。这里的学习并不仅指学习书本知识，而且包括学习自我和他人以及社会上各种各样的成功与失败的经验和教训，靠自己的悟性来提高自己的综合能力。有些知识可以在书本上学到，而有些则需要靠自己的悟性。现在的社会是一个知识经济横行、新事物层出不穷的社会，营销人员必须通过不断地学习跟上时代的步伐，不断前进。抓住一切机会去学习。

### 二、分析和市场洞察能力

分析和市场洞察能力要求营销人员运用科学的方法来制定决策，而不是依靠直觉。靠直觉看市场会给企业带来很大的风险。经验固然重要，但经验只是对过去已发生事情的积累，而市场以及环境是不断变化的，过去的经验并不一定适用于现在和未来。因此，就需要运用科学、专业的方法来进行分析，同时结合自己的经验以此达到最优决策。

对于营销新人来说，一定要通过向前辈学习培养自己的分析能力，并通过一线市场来逐步提高自己的市场洞察力。平时要阅读一些专业书籍，以此不断提高自己。同时，也不要忽视对报纸、杂志的阅读。

## 三、策划和文字处理能力

一个合格的营销经理，一定要能够随时提笔写方案和报告，制订营销目标、战略和计划。文字处理能力方面，不要求你有多好的文采，但要有逻辑能力，写出的东西必须让人一目了然。文字处理主要包括企划方案的撰写、市场报告的起草、会议文件和纪要的拟定、市场经验的总结提炼、企业内刊稿件的撰写等。

营销新人在平时的工作中要注意收集和整理一些知名公司的策划方案，进行学习模仿。对于市场报告、会议文件纪要等公文，只要平时多学习公司内部的相关资料，就可以模仿写作了。另外，坚持目标导向，站在读者角度考虑问题，并且经常练笔，大约半年以后，就可以自己独立写作。

## 四、沟通表达能力

营销经理的沟通表达能力主要体现在对内和对外沟通两个方面。对内沟通又可以分为对上沟通和对下沟通两类；对外沟通，可以分为对合作机构沟通和公众沟通。对上沟通，就是要清楚地反映市场实际问题，征得上级对于市场工作（特别是资源投入方案）的理解和支持。对下沟通，就是要帮助下级理解公司的营销战略、策略及计划，以保证他们能够高效率地完成自己的工作。对合作机构的沟通，就是需要双方共同协商制订计划和方案。对公众的沟通，实际是站在公司层面向媒体和社会宣传公司形象，要求有一定的公关技巧。

沟通表达技术层面的东西可以通过自学或者培训获得，但是技巧的培养需要个人坚持不懈的努力。对于营销新人来说，一条捷径就是认真观摩学习国内营销界一些知名培训师的讲座 VCD，从内容到表达全面地模仿学习。

## 五、管理能力

作为一名营销经理，必须管理好自己的团队以及各种工作，把工作安排得井然有序，有条不紊，保持营销工作的正常运转。因此，营销经理首先要懂得管理知识并能灵活运用。要有足够的理论与实践水平指导，并且要善于通过制度加强管理。

## 六、活动组织能力

虽然市场营销部是企业的参谋部，但有些时候，营销人员依然需要面对大量的卖场、社区等场所促销活动和公关的组织工作。一般来说，一项活动的组织离不开计划、组织、协调、控制等方面的工作。

在战争中学习战争，在活动中学会组织活动。提高活动组织能力的关键是需要多参与活动，多留心记录总结。首先，需要自己收集整理一些活动的模板，按照这些模板来具体实施自己的活动，可以避免遗漏。另外，养成活动之前有计划、活动之后有总结的习惯，亲自参与组织过三次以上大型活动以后，就能建立活动组织的基本意识。剩下的时间，就要慢慢积累和磨炼。

## 七、控制能力

任何事情都不可能完全按照预先制订的计划进行，企业的营销活动更是如此。一项活动实施之后必然会受到竞争对手以及其他环境因素的影响而偏离预先的“轨道”。作为一名营销经理，必须要能够把控局势，随时调整行动。

## 八、压力承受能力

市场营销能力直接决定了企业竞争力，换句话说，企业的命运就掌握在了营销经理手中。可想而知，营销经理以及营销人员面临着巨大的压力。压力承受能力是营销人员必须具备的内在能力。作为一名营销经理所面临的压力来自方方面面：有限资源投入的压力，工作强度的压力，竞争对手的压力，上级领导的压力，目标达成的压力等等。

营销人员要注意健康工作。身体是革命的本钱，经常锻炼身体，经常自我调节，全面锻炼自己的承压能力。

总的来说，营销人员应具备全面的分析、计划、执行和控制能力。

# 参考文献

[1]（美）菲利普·科特勒/著 营销管理（新千年版 第10版）梅汝和 梅清豪/译 世纪出版集团 上海人民出版社，2001

[2]（美）菲利普·科特勒 凯文·莱恩·凯勒/著 营销管理（第12版）梅清豪/译 世纪出版集团 上海人民出版社，2006

[3]（美）菲利普·科特勒/著 营销战略全书 谢德高/编译 九州出版社，2002

[4]（美）迈克尔·D·赫特 托马斯·W·斯潘/著 组织间营销管理（第8版）朱凌 梁玮 曹毅然/译校，中国人民大学出版社，2006

[5]（美）巴里·伯曼 乔尔·R·埃文斯/著 零售管理（第7版）吕一林 熊鲜菊等/译，中国人民大学出版社，2002